金程教育
GOLDEN FUTURE

通关宝®系列

FRM

二级中文精读（上）

金程金融研究院　编著

民主与建设出版社
·北京·

图书在版编目(CIP)数据

FRM 二级中文精读：上下 / 金程金融研究院编著 . —北京：
民主与建设出版社，2019.9

ISBN 978 - 7 - 5139 - 2621 - 8

Ⅰ.①F… Ⅱ.①金… Ⅲ.①金融风险－风险管理－
资格考试－自学参考资料 Ⅳ.①F830.9

中国版本图书馆 CIP 数据核字(2019)第 194694 号

FRM 二级中文精读

FRM ER JI ZHONG WEN JING DU

出 版 人	李声笑	
编　 　著	金程金融研究院	
责任编辑	程　旭	
封面设计	杨旭雯	
出版发行	民主与建设出版社有限责任公司	
电　　话	(010)59417747　59419778	
社　　址	北京市海淀区西三环中路 10 号望海楼 E 座 7 层	
邮　　编	100142	
印　　刷	北京彩虹伟业印刷有限公司	
版　　次	2019 年 11 月第 1 版	
印　　次	2019 年 11 月第 1 次印刷	
开　　本	787 毫米×1092 毫米　　1/16	
印　　张	29.75	
字　　数	600 千字	
书　　号	ISBN 978 - 7 - 5139 - 2621 - 8	
定　　价	299.00 元(全二册)	

编 委 会

组　　编：金程金融研究院

编　　委：（姓名按拼音）

梁震宇　杨玲琪　么　峥　周　琪

编组成员：（姓名按拼音）

高　云　马如冰　年文秀　吴　帆

特别鸣谢：汤震宇　洪　波

作者简介

梁震宇

  金程教育资深培训师，FRM 持证人，CQF、CATTI 二级口译持证人，航海专业学士、经济学硕士，IAQF 会员、SIAM 会员、中国翻译家协会会员。曾任上海海事大学外国语学院口译讲师，拥有 200 余场国际会议口译经验。现为职业算法交易员、宽客，在金融工程之波动率建模、机器学习、基于期权的算法交易等研究领域颇有见地。Best or nothing，秉承着这样的信念，在 FRM 教学教研工作中，获得学员的一致好评。

杨玲琪

  金程教育资深培训师，FRM 持证人，并获得香港金融工程师专业认证。曾就职于国有银行对公业务部，负责国有企业、五百强企业对公业务工作开展。主导并参与多个银行业金融机构内部培训项目，并参与编译固定收益证券分析（原书第二版）。累计多年专业与实务经验，结合金融风险管理体系教学教研经验，在金融风险管理学术研究领域具有独到的见解。讲授 FRM 课程，清晰易懂，深入浅出，广受学员好评。

么峥

金程教育资深培训师，FRM 持证人，浙江大学理学学士和金融硕士。曾就职于国内大型股份制银行风险管理部，负责巴塞尔协议实施、模型验证等相关工作，具有丰富的实操经验。讲授 FRM 一级全部科目、二级操作风险与巴塞尔协议。在多年的教学教研中积累了丰富的经验，通过通俗易懂的讲解，结合实际案例，帮助学员透彻理解知识点，深得学员好评。

周琪

金程教育资深培训师，FRM 持证人，通过 CFA 三级，毕业于中央财经大学。现为金程教育产品研发部负责人，兼任 CFA/FRM 双证培训师，负责 CFA/FRM 项目资料体系建设和学术研发工作，参与编写 CFA/FRM 中文精读系列资料。多年的教学研究，一直秉持"知变则胜，守常必败"的教研态度，不断探索和创新，积累了丰富的经验，授课风格轻松幽默，通俗易懂，深受学员喜爱。

前　言

　　金融是现代经济的核心，在经济全球化趋势下，金融市场在走向一体化的进程中面临着诸多错综复杂、瞬息万变、难以掌控的风险，当金融市场面临困境或发生危机时，如何有效管理风险往往是企业成功与否的关键。因而了解金融市场基础知识和基本原理，掌握金融风险管理工具的使用方法，是现代市场经济条件下所有正在从事或准备从事金融风险管理工作的人员必须具备的素质和能力。

　　FRM（Financial Risk Manager，金融风险管理师）作为全球金融风险管理领域的权威资格证书，由美国全球风险管理协会（GARP）设立。作为拥有来自超过195个国家15万名会员的世界最大金融协会组织之一，GARP协会主要由风险管理方面的专业人员、从业人员和研究人员组成，旨在通过对金融市场中的市场风险、信用风险、操作风险、流动性风险、对冲基金投资风险、行业监管等多个领域进行学术交流，实施教育计划，建立金融风险管理领域的行业标准。

　　FRM考试目前在全球范围内都设有考点。自考试设立20年以来，不仅得到华尔街和其他欧美著名金融机构的认可，而且获得了中国银保监会和中华人民共和国人力资源和社会保障部的认证，并被用人单位广泛接受。随着国家金融监管机构以及各大金融机构对于金融风险管理专业人员的需求不断增加，很多机构会以是否为FRM持证人作为衡量金融风险管理从业人员专业形象和技能水平的标准。

　　秉承"服务社会，帮助他人，成就自己"的价值观，金程教育始终以"专业来自101％的投入"的理念，全心全意地为客户持续创造价值。经过十多年的实践和积累，金程教育自主开发了一系列针对FRM考试的辅导书籍，如《FRM一级中文精读》《FRM二级中文精读》等。

　　本书紧扣GARP协会官方FRM考试最新考纲，基于FRM二级考试五个科目，及各科目对应的考点、考点剖析、题目等，梳理出 FRM 二级考试的知识脉络，以达到事半功倍的备考效果，实现通过考试和掌握知识的目的，真正做到学为所用。最后真诚地祝愿每位 FRM 考生都能顺利通过考试，走向更加辉煌的职业生涯！

金程金融研究院

2019 年 9 月

目　录

第一部分　市场风险测量与管理

第二部分　信用风险测量与管理

第三部分　操作风险和全面风险管理

第四部分　巴塞尔协议

第五部分 风险管理与投资管理

第一部分

市场风险测量与管理

知识导引

这门课是性价比比较高的一门课，整体难度不大。可以分为以下六大部分：

第一大部分，关于 VaR 的相关介绍，包含 VaR 的计算、VaR 的回测及 VaR 的映射。本章节计算题较多，是考试的重点。

第二大部分，涉及巴塞尔协议中关于银行交易账簿的讨论。银行的金融工具和商品头寸可划分为银行账簿（banking book）和交易账簿（troding book）两大类。交易账簿指能够在有组织的金融市场上被迅速买卖且持有时间较短的资产、负债和衍生产品头寸，其目的是为了获得短期收益，主要面临的是市场风险。银行账簿指那些流动性较差或者持有时间较长的资产和负债所构成的头寸，主要面临的是信用风险。所以这里讨论的是银行交易账簿。

第三大部分，相关系数建模。一级《定量分析》，涉及到相关系数建模的方法，有 EWMA 和 GARCH(1，1)，但这两个模型比较简单。所以，在接下来的二级我们又将深刻地讨论其他的相关性模型的话题。先介绍相关系数的基本内容、相关系数的实证发现，再介绍相关系数的统计模型和金融模型。

第四大部分，回归对冲。对于债券的对冲通常采用的是 DV01 对冲，但是存在很大的缺陷。本章节把对冲和回归结合在了一起，能够起到更好的对冲效果。

第五大部分，利率期限结构。本章节要求会运用利率二叉树法对衍生品进行定价，同时掌握利率二叉树的构建方法。由于这其中涉及了很多的利率二叉树的模型，是学习的难点。

第六大部分，波动率微笑。主要涉及外汇期权和股票期权的波动率微笑。

—— 第 1 章 ——
VaR 及其他风险度量

一、市场风险度量	1. 参数方法计算 VaR	★★★
	2. 一致性风险度量	★
	3. ES	★★★
	4. 分位数-分位数散点图	★★★
二、非参数方法	1. 非参数方法计算 VaR	★★★
	2. 半参数法或混合法计算 VaR	★★★
三、回测 VaR	1. 二项分布检验	★★★
	2. Kupiec 检验	★★
	3. 克里斯多芬森检验	★
	4. 巴塞尔规则	★★
四、VaR 映射	1. 债券的映射	★★★
	2. 其他衍生品的映射	★★

本章导论

本章节是这门课程学习的重点及难点，在历年考试中占比较高。首先，主要讲述参数方法计算 VaR；其次，非参数和半参数方法计算 VaR；再次，VaR 回测，检验 VaR 模型的可信度；最后，VaR 映射，采用映射的方式计算单个资产或组合的 VaR。

1. 市场风险度量

1.1　参数 VaR

在学习 VaR 的度量方法之前，先引入一个小例子。假如，某个投资者持有股票 S，一种情况是给出股价的数据，分别是 10 美元、15 美元、12 美元、7 美元、9 美元、11 美元等。另外一种情况是给出股票的收益率（return）数据，分别是 2％、−1％、−13％、−2％、7％等。现在计算 95％置信水平的 VaR。请问在计算 VaR 时，用股票价格的数据还是用股票收益率的数据计算 VaR 更好些？用收益率的数据计算 VaR 值更好些。

这是什么原因呢？假如计算出的 VaR＝3 美元，代表在一定时间范围内、一定置信水平下，可能出现的最大损失是 3 美元。

假如，现在持有另外一支股票 W，同样的持有期、同样的置信水平，它的 VaR＝5 美元。这两个 VaR 值具有可比性吗？其实并不具有。比如 S 股票代表中国银行，W 股票代表贵州茅台，它们的股价相差太多，只是价格数据得出的 VaR 值，没有可比性。我们希望不仅要知道对应的风险水平，还希望可以与其他的 VaR 进行对比。所以，一般来说 VaR 值的计算，用的是收益率 VaR。

> **算术收益率和几何收益率**

收益率有两种形式：算术收益率（arithmetic return）和几何收益率（geometric return）。

算术收益率

比如说，已知第一天股票价格 P_{t-1}、第二天的股票价格 P_t，期间没有任何分红，那么收益率应该怎么算呢？把 P_t 减 P_{t-1} 再除以 P_{t-1}，得出的收益率，叫做算术收益率。

$$r_t = \frac{P_t + D_t - P_{t-1}}{P_{t-1}} = \frac{P_t + D_t}{P_{t-1}} - 1$$

Dt 是分红，如果没有分红的话 $Dt＝0$。

几何收益率

几何收益率表示的是对数收益率。

$$R_t = \ln\left(\frac{P_t + D_t}{P_{t-1}}\right) = \ln(1 + r_t)$$

名师解惑

对几何收益率做泰勒展开，可得：

$$R_t = \ln\left(\frac{P_t + D_t}{P_{t-1}}\right) = \ln(1 + r_t) = r_t - \frac{1}{2}r_t^2 + \frac{1}{3}r_t^3 - \cdots$$

备考指南—
考试中，给出什么数据就用什么数据。不一定非要转化成收益率，再计算 VaR 值。

备考指南—
这两个收益率的计算方式，作为概念了解即可。

当收益率很小时 $,R_t \approx r_t$。所以，当收益率比较小时，两者之间的差别可以忽略不计，但当收益率变大时，两者之间的差别会变大。

当期限比较短时，收益率较低，此时几何收益率和算术收益率差别不大，可以忽略不计。但当期限比较长时，两者之间的差别会变大。

名师解惑

为什么会有几何收益率呢？原版书在这里只是简单讲述，没有过多的介绍，所以我们只需了解即可。

假如现在要研究一组数据，没有分红，算术收益率 $r_t = \dfrac{P_t - P_{t-1}}{P_{t-1}}$。这个收益率，可以有日收益率、月收益率，还可以有年收益率。如果要计算 VaR 值，用哪一个收益率会比较合理呢？

如果用年收益率，假设 r_t 表示年收益率，所以 P_{t-1} 和 P_t 分别表示年初和年末的资产价格。要计算 VaR，有一个收益率肯定是不够的，可能需要多个收益率。如果要对一组数据进行统计分析，根据中心极限定理可知，至少需要 30 个数据。如果数据比较少，中心极限定理是不适用的。那么这里至少需要 30 个年收益率，即需要搜集 30 年的数据。这对成立不久的企业来说，显然是达不到这个数据要求的，是不是就无法计算 VaR？很明显这家企业的 VaR 值是可以计算出来的。

所以，在选择数据时，如果选择一年或者更长时间的统计维度，数据量会减少，这对于计算来说是不利的。比如，以天为计算维度，每天都会有一个股票价格，那么可以找到对应的收益率。这样的话，数据量也是最多的。当然也有劣势，收益率会比较小。根据极限知识可知，当 x 趋向于 0 时，

$$\ln(x+1) \sim x$$

那么，当收益率 r_t 趋向于 0 时，$R_t = \ln(1+r_t) = \ln\left(\dfrac{P_t}{P_{t-1}}\right)$ 趋向于 r_t。所以，当收益率 r_t 很小时，可以用 $\ln\left(\dfrac{P_t}{P_{t-1}}\right)$ 进行近似替代。

上述讲解了在 VaR 的计算中使用到的数据，接下来要对 VaR 进行计算。关于 VaR 的计算有很多种方法，本章节主要介绍的是参数 VaR(parametric VaR)。参数 VaR 的计算，有两种方式：normal VaR 和 lognormal VaR。

—备考指南—
这两种方法是计算 VaR 的基础，历年考试均有考察。注意 lognormal VaR 公式。

➤ Normal VaR

参数法的计算公式相对简单：

$$\text{VaR} = |\mu - z_a\sigma|$$
$$\text{VaR} = |\mu - z_a\sigma|P_{t-1}$$

μ 表示损益的均值；

σ 表示损益的标准差；

z_a 表示标准正态分布对应于置信水平 α 的分位数。

P_{t-1} 表示初始时刻的资产价值。

Normal VaR，假定损益服从正态分布（normal distribution）。因为通常 $\mu - z_a\sigma$ 算出来的是负数。所以，对 $\mu - z_a\sigma$ 加上绝对值或者负号，使之表示为正数。所以，VaR 也可以表示为：

$$VaR = -(\mu - z_a\sigma)$$
$$VaR = -(\mu - z_a\sigma)P_{t-1}$$

图 1-1 是 95％置信水平的 VaR。

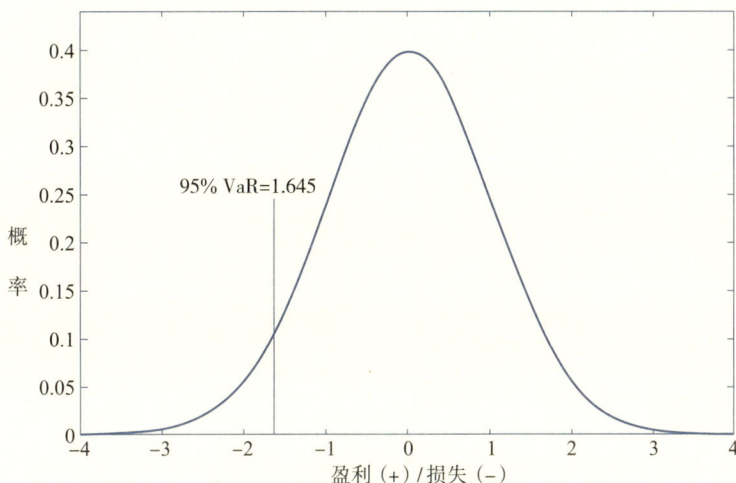

图 1-1　95％置信水平的 VaR

在这个损益分布里，左边表示的是损失，右边表示的是收益。相当于"－"表示的是损失，"＋"表示的是收益。

> **例**
>
> 假设 XYZ 公司的损益分布是正态分布，年化均值是 16 000 000 美元和标准差 11 000 000 美元。使用参数法计算在 95％和 99％置信水平下的 VaR 值。
>
> **【解析】**
>
> 95％置信水平下对应的分位数是 1.65 或者 1.645，99％置信水平对应的分位数是 2.33。
>
> 所以，
>
> VaR（95％）＝－16 000 000 美元＋11 000 000 美元×1.65＝2 150 000 美元
>
> VaR（99％）＝－16 000 000 美元＋11 000 000 美元×2.33＝9 630 000 美元

➢ **Lognormal VaR**

假设几何收益率服从均值为 μ，标准差 σ 的正态分布，这意味着资产价格服从对数正态分布，得出的 VaR，叫做 lognormal VaR。

$$VaR = 1 - e^{\mu - z_a\sigma}$$

$$VaR = (1 - e^{\mu - z_a \sigma}) P_{t-1}$$

μ 表示损益的均值；

σ 表示损益的标准差；

z_a 表示标准正态分布对应置信水平 α 的分位数；

P_{t-1} 表示初始时刻的资产价值。

例

一个多元化的投资组合的几何收益率呈现正态分布，均值和标准差分别为 11% 和 21%。假设初始投资组合价值为 100 美元，计算 5% 和 1% 的 lognormal VaR。

【解析】

95% 置信水平下对应的分位数是 1.65 或者 1.645，99% 置信水平下对应的分位数是 2.33。

代入公式，所以，

$$lognormal\ VaR(5\%) = 100 \times (1 - e^{0.11 - 0.21 \times 1.65}) = 21.06\ 美元$$
$$lognormal\ VaR(1\%) = 100 \times (1 - e^{0.11 - 0.21 \times 2.33}) = 31.57\ 美元$$

假如题目给出初始组合价值是 100 美元，期末组合价值是 120 美元，计算 VaR 值要用初始的组合价值 100 美元，而不是 120 美元。

名师解惑

对数正态分布下的 VaR 不仅是重点考核知识点，也是必考知识点，几乎每年都考。

—备考指南—
作为风险计量的
一种方式，了解
即可。

1.2　一致性风险度量

虽然 VaR 有很多优点，但也存在着较多的缺点。其中一个缺点是，在 VaR 值计算过程中，数据的利用效率比较低，而且代表性不明显。这是因为 VaR 值的计算，是用一个损失数据代表了所有的损失情况，这显然是不合理的。通过对其进行修正可以得到一致性风险度量方法(Coherent Risk Measures)。

在一级时，我们学过一致性风险度量方法，需要具备四种特点：单调性、次可加性、正齐次性和平移不变性。只介绍了它的特点，但并没有讲述它是怎么计算的。

一致性风险度量方法是损失分布的分位数(q_p)的加权平均。其计算公式为：

—备考指南—
不要求记忆此公
式，但要明白其
中含义。

$$M_\Phi = \int_0^1 \Phi(p) q_p d p$$

$\Phi(p)$ 表示权重函数，是用一个函数来表示的，用户自己指定；q_p 表示对应的分位数；p 表示置信水平。

名师解惑

对 $M_{\Phi} = \int_0^1 \Phi(\mathrm{p}) q_p d\mathrm{p}$ 的理解

这个公式是积分的形式，比较复杂，它和 $\sum(\mathrm{loss}_i * w_i)$ 类似。所有的损失数据乘以各自权重再求和，相当于计算了所有损失数据的平均值，但这个平均值是一个加权平均值。并且可以对权重进行调整，这种方法称之为一致性风险度量方法。

一致性风险度量方法是损失分布分位数的加权平均。这里的分位数（quantiles）和上述的损失（loss_i）表示的含义是一样的。

比如有 100 个损失数据，损失由大到小排序：-100、-99、-98、-97、-96、-95、-94、-93 等 100 个损失数据。这里的 -95 可以把它称之为百分之多少的 VaR 值？是 95％ 的 VaR 值。95％ 的 VaR 值，我们找第六大损失数据。-96 是 96％ 的 VaR 值，-97 是 97％ 的 VaR 值，-98 是 98％ 的 VaR 值，-99 是 99％ 的 VaR 值，等等，每一个 VaR 值都是一个分位数。

那么这里为什么用积分的形式？因为这里认为损失数据是一个连续的随机变量。连续的随机变量求和，是求积分。而 $\sum(\mathrm{loss}_i * w_i)$，是一种离散的形式。

$\Phi(p)$ 表示方法有很多种，只要满足一致性风险度量方法的四条性质（单调性、次可加性、正齐次性和平移不变性）即可。原版书特别的指定了一种权重函数公式——指数加权函数（exponential weighting function）。

$$\Phi_{\gamma}(\mathrm{p}) = \frac{\mathrm{e}^{-(1-p)/\gamma}}{\gamma(1 - \mathrm{e}^{-1/\gamma})}$$

γ 是常数，它是根据客户的风险厌恶程度决定的。

备考指南—
γ 通常题目会直接给出，不用计算。

例

按指数函数加权的 VaR 作为风险度量的估计值。假设损失的平均值和标准差为 0 和 1，权重公式 $\Phi_{\gamma}(\mathrm{p}) = \frac{\mathrm{e}^{-(1-p)/\gamma}}{\gamma(1 - \mathrm{e}^{-1/\gamma})}$（$\gamma = 0.05$），表 1-1 是指数谱风险度量。

表 1-1　指数谱风险度量

置信水平（α）	αVaR	权重 $\Phi(\alpha)$	$\Phi(\alpha) \times \alpha$VaR
10％	$-1.281\,6$	0	0.000 0
20％	$-0.841\,6$	0	0.000 0
30％	$-0.524\,4$	0	0.000 0
40％	$-0.253\,3$	0.000 1	0.000 0
50％	0	0.000 9	0.000 0
60％	0.253 3	0.006 7	0.001 7
70％	0.524 4	0.049 6	0.026 0
80％	0.841 6	0.366 3	0.308 3
90％	1.281 6	2.706 7	3.468 9
风险计量＝$\Phi(\alpha) * \alpha$VaR 的平均值			0.422 6

【解析】

第一列是置信水平。

第二列是不同的置信水平对应的 VaR 值。"－"表示盈利，"＋"表示损失。比如 50% 置信水平的 VaR 正好是零，相当于损益分布中间的位置，就是零。比如 90% 置信水平的 VaR，是 1.281 6，指的是单尾 10%、双尾 20% 对应的分位数。双尾 20% 的分位数是 1.281 6。如果是负数，比如 －1.281 6，表示有收益。如果是正数，比如 0.841 6，表示有亏损。

第三列是权重。根据 $\Phi_\gamma(p) = \dfrac{e^{-(1-p)/\gamma}}{\gamma(1-e^{-1/\gamma})}$ 得出。收益数据权重非常低。亏损数据权重相对高一些。

第四列，对应置信水平的 VaR 乘以对应的权重之和，再除以 9，得到 0.422 6。

但其实这个值对风险的估计也不太精确。那么有哪些方法可以提高它的精确度呢？前面也提到了，为什么 VaR 值不准？就是因为 VaR 只用了一个数，而现在用了九个数，因此如果想更精确，需要使用更多的数据，比如 90 个、900 个、9 000 个等。如表 1-2：

表 1-2　尾部切片数与指数谱风险度量

尾部切片数 n 的函数的指数谱风险度量	
尾部切片数	指数谱风险度量估计
10	0.422 7
50	1.373 9
100	1.585 3
500	1.789 6
1 000	1.819 7
5 000	1.846 1
10 000	1.849 8
50 000	1.852 9
100 000	1.853 3
500 000	1.853 6

如果整个损益分布切成 10 份，那么这样算出来的一致性风险度量大概是 0.422 7。如果切成 50 份，那么得出的一致性风险度量是 1.373 9。同样的，当切的份额数越来越多，相当于 n 越来越大时，对应风险度量的这个数字逐渐地趋近于某个极限值。这个极限值就是最好的风险度量。所以当切的份额数逐渐增加时，能够提高计量的精确度。

名师解惑

当切的份额数增加时，能够提高计量的精确度。这也是为什么开篇在介绍这个公式 $M_\Phi = \int_0^1 \Phi(p) q_p \, dp$ 时。为什么求积分？其实不存在所谓的离散的，因为离散肯定会有误差，最终一定是切了无限份。切了无限份之后，那么是一个连续性的随机变量，因此才需要求积分。那么最终求出来是 1.853 6。

当切的份额数增加时，即当 n 增大时，VaR 值是变大的，但不会越来越大，本质上会趋向一个极限值，可以通过求极限的方式求解。

1.3　ES

—考纲要求—
给定数据会计算 ES，并且掌握其性质。

ES(expected shortfall)，也叫条件 VaR(conditional VaR)。

一致性风险度量方法很复杂，我们从简单入手，假设权重公式等于 n 分之一，即每个数的权重都是相同的，这不就可以了吗？但收益和损失的权重怎么能一样呢？这显然是不合理的。VaR 既然衡量的是损失，至少要保证损失的权重更高一些，最终权重就演变成

$$\Phi_\gamma(p) = \begin{cases} \dfrac{1}{n} & \text{当损失} > VaR \\ 0 & \text{当损失} \leqslant VaR \end{cases}$$

这个权重就是 ES 的权重。

其实 ES 是一致性风险度量方法简化权重后的产物。因为一致性风险度量方法里的权重方程过于复杂，而复杂的模型很有可能产生模型风险。

ES，指的是损失超过 VaR 的预期值(expected value)。这个预期值是简单的算术平均，权重是相同的。有时也叫做条件 VaR(简称 CVaR)，如图 1-2。

—备考指南—
在目前的 FRM 体系下，这个预期值或者说这个期望，是简单的算术平均。

名师解惑

在 FRM 二级里，CVaR 可以表示很多意思，所以考试中尽量看全称，这里的 CVaR 是条件 VaR(conditional VaR)的缩写。比如在信用风险里，CVaR 是信用 VaR(credit VaR)的缩写；在投资组合里，CVaR 是成分 VaR (component VaR)的缩写。

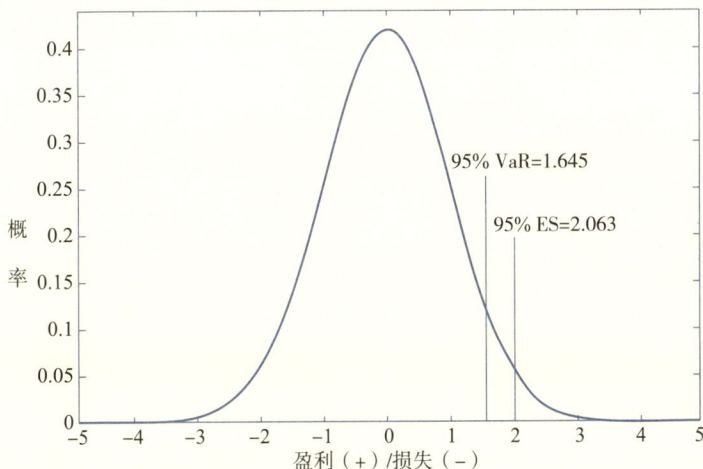

图 1-2　95％置信水平的 VaR 和 ES

在图1-2中，如果95%的VaR算出来是1.645，那么ES算出来应该更高一些，大概是2.063，因为ES是超过VaR的损失的平均数。

名师解惑

学完上述知识点，如果课后有时间有兴趣的话，可以在哪些方面深入研究呢？第一个，可以研究下满足一致性风险度量方法下四个条件的权重函数，它应该具有哪些性质？第二个，为什么它的极限求出来是 $M_\Phi = \int_0^1 \Phi(p)q_p dp$ 这个式子？如果以正态分布为例，能不能将所谓的极限求出来？这两个其实是更偏向于量化方向。

1.4 分位数–分位数散点图

用参数法计算VaR值，不管是normal VaR还是lognormal VaR，都建立在比较严苛的假设前提之下：要么服从正态分布，要么服从对数正态分布。如果使用参数法计算VaR值，那么数据就必须服从正态分布或者对数正态分布。那么如何判断一个分布是否是某一特定的分布呢？可以采用QQ曲线来分析。

名师解惑

判断是哪种分布，除了可以通过QQ曲线方法来判断，还可以采用下面的方法。

第一种方法：将数据转化到频数分布直方图，然后初步判断形状像不像正态分布。这个方法比较直白、粗糙。再者通过统计学的知识，将其统计数据和特定分布的统计数据进行比较。但是，如果统计数据相同，就一定能证明它是正态分布吗？不一定。所以第一种方法是有局限性的。

第二种方法：进行拟合度测试(fitness test)。其实这是个非常抽象的统计方法。比如，有一个分布看起来有点像正态分布，也有点像t分布。到底是正态分布还是t分布呢？可以把正态分布和t分布画出来，找出它们之间的差距，这个差距有点类似回归里的残差。这叫做拟合度测试。通过拟合度测试，就可以知道哪一个分布是最拟合的。但其实这种方法依然存在局限性，因为判断的准确与否是和个人的经验和想象能力挂钩。

原版书上介绍了一种相对来说比较好的方法，那么这种方法叫做QQ曲线。

QQ曲线的全称叫做分位数–分位数散点图(quantile-quantile plots，简写QQ plots)。QQ曲线研究的是一个图形。横坐标是特定的理论分布的分位数，比如正态分布的分位数。纵坐标是经验分布的分位数，要求的分布的分位数。

QQ 曲线为直线表示数据和分布吻合较好，可以确认实际数据来自于这个理论分布。

图 1-3 提供了来自于正态分布的数据 QQ 曲线，其理论参考分布也是正态分布。这个曲线几乎是一条直线：中心位置的部分和直线非常接近，尾部极端数据的线性稍微差一点。但是，还是可以认为 QQ 曲线整体上呈现较好的线性关系。这个是经验数据吻合理论分布的 QQ 曲线方面的典型例子。

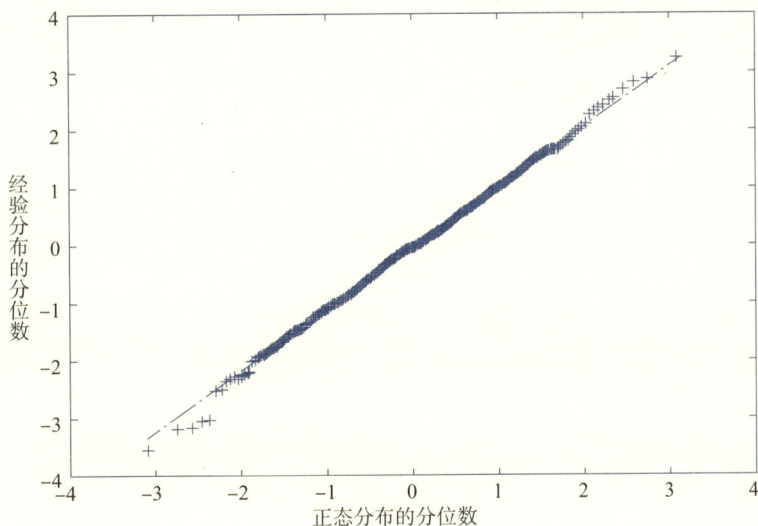

图 1-3　QQ 曲线(正常)

相反，图 1-4 呈现出的是经验分布和理论分布不一致的很好的例子。很显然 QQ 曲线是非线性的：尽管中心位置的部分有线性，但是尾部却出现了显著不一致的情况。这意味着经验分布出现肥尾。

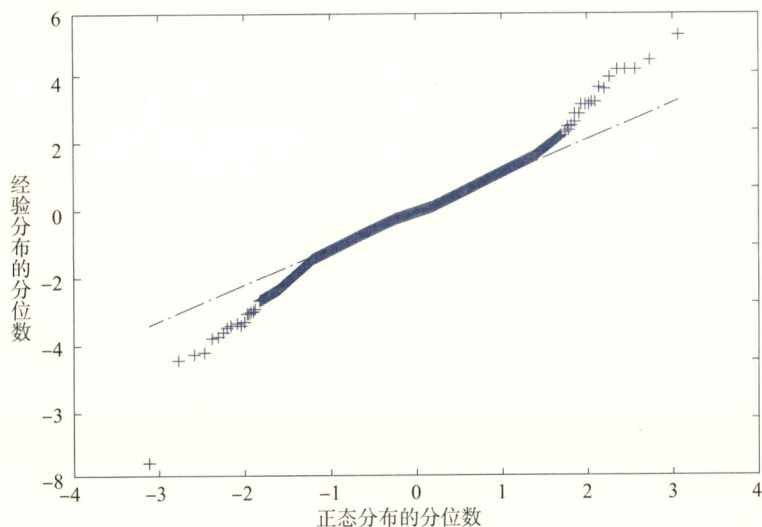

图 1-4　QQ 曲线(有偏)

QQ 曲线的作用：

首先，如果经验数据来自于理论分布，QQ 曲线应该是一条直线。那么可以得出数据服从的分布。要首先预设出多种理论分布，然后比较 QQ 曲线。无线性的 QQ 曲线对应的分布都要被排除，有线性的 QQ 曲线对应的分布则被认为是该数据的分布。

其次，若经验分布比理论分布出现偏离，要会判断是一个尾部出现偏离还是两个尾部出现偏离？是肥尾还是瘦尾？

如何判断肥尾或是瘦尾

首先，找出经验分布和理论分布的分位数。比如，图 1-4 中正态分布−2 的分位数对应经验分布的约−4 的分位数。

其次，比较分位数。如图 1-5，可得左尾较肥。同理，可得右尾也比较肥。

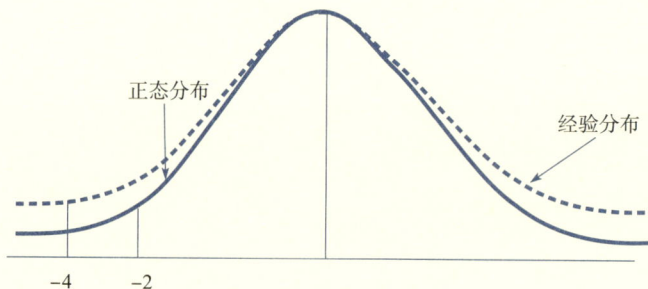

图 1-5　正态分布与经验分布

名师解惑

　　这个知识点一直以来都是二级市场风险科目里一个非常具有标志性的考题。

2. 非参数方法

备考指南—
非参数法计算
VaR，主要指历
史模拟法计算
VaR。

2.1　非参数方法计算 VaR

非参数法计算 VaR，典型的是历史模拟法计算 VaR。所谓的历史模拟法，把所有损益数据进行排序，然后找到相应置信水平的损失就可以了。比如 100 个损益数据，损失由大到小排序，95% 置信水平下的 VaR，对应的是第五大损失还是第六大损失？二级市场风险的原版书上用的是第六个，由

$$(1-\alpha)*n+1$$

决定。α 是对应的置信水平，n 是数据个数。

名师解惑

100 个损失数据，损失由大到小排序，95％的 VaR，对应的是第五个还是第六个损失数据？是第五个还是第六个，行业里从来就没有定论。所以当考试同时出现了第五和第六个损失数据的时候，建议以原版书为准，采用的是第六个。

例

现在有 30 个损益数据，单位是美元，由损失大到小排列如下：

−16，−14，−10，−7，−7，−5，−4，−4，−4，−3，−1，−1，0，0，0，1，2，2，4，6，7，8，9，11，12，12，14，18，21，23，计算 90％置信水平下的 VaR 和 90％置信水平下的 ES?

【解析】

90％置信水平下的 VaR 是第四个数，因为 $30×(1-90\%)+1=4$。所以：

VaR＝7 美元

90％置信水平下的 ES 是 −16，−14，−10 的平均数，所以：

$$ES=\frac{16+14+10}{3}=13.3（美元）$$

非参数法是建立在历史会重演这个假设之下的，即用 n 个历史损失数据，得出 VaR，可以在一定程度上代表未来的损失情况。

非参数方法有很多优点，比如，不存在处理**方差-协方差矩阵**（variance-covariance matrices）、**维度诅咒**（curses of dimensionality）等问题。

方差-协方差矩阵，处理的是协方差或者相关系数的问题。比如，VaR $=-(\mu-z_a\sigma)$，计算一个资产的 VaR 是不需要计算相关系数或者协方差的，μ 和 σ 没用到协方差，z_a 是查正态分布表查出来的。但当计算组合的 VaR 时是需要协方差的，所以需要估计协方差或相关系数。很显然参数法下计算 VaR 需要计算相关系数或协方差，而在历史模拟法中不需要。

维度诅咒。假设现在一个组合包含 4 个资产，计算组合的 VaR。要计算组合的 VaR，就需要有组合的标准差。计算组合的标准差，就会使用协方差或相关系数。一共有多少个协方差或相关系数？$\frac{n(n+1)}{2}$ 个或者 C_n^2 个，因为两两资产之间都存在着协方差或相关系数，所以当资产个数 n 增加时，要估计的协方差或相关系数是越来越多的，其不是线性增长的，而是呈现抛物线式的增长，远超过线性增长速度。这称为维度诅咒。n 越多，在参数法下需要估计的参数就会越多，但历史模拟法中是不需要关注的。

➢ **使用自举法的历史模拟法**

假设有 4 个数据，计算 95％置信水平下的 VaR 值，是找不出来的。如果有 10 个数据，最多也只能找 90％置信水平下的 VaR 值。如果有 100 个数据，就可

备考指南—
使用自举法的历史模拟法，与传统的历史模拟法相比，最主要是对数据进行有放回的重抽样。

以找 95% 置信水平下的 VaR 值了。

所以，当数据量很少时，使用历史模拟法计算 VaR 是有问题的。所以，历史模拟法首先需要数据的量要足够多，当数据越来越多时，离散分布会慢慢接近于连续分布。

怎么来解决数据不足的问题？所选的方式叫做**自举法的历史模拟法**（bootstrap historical simulation approach）。bootstrap 称之为重抽样，是一种增加样本量的方式。

比如说，现在只有四个数据，分别是 X_1、X_2、X_3、X_4。怎么样增加样本量呢？可以把 X_1、X_2 这两个数据找出来，算平均数 $\dfrac{X_1+X_2}{2}$，这样第五个样本是不是就出来了？同样，可以得到 X_3、X_4 的平均数 $\dfrac{X_3+X_4}{2}$，第六个样本也找出来了。这是两两之间找平均数，还可以三个三个、四个等找平均数。样本数是不是增加出来了？

名师解惑

假设现在有 X_1、X_2、X_3、X_4、$\dfrac{X_1+X_2}{2}$、$\dfrac{X_3+X_4}{2}$ 六个样本，自由度等于多少？自由度表示可以自由变动的变量的个数。这里可以自由变动的变量个数是四个。所以，从这个角度再回顾一下一级的自由度，理解起来会更加充分一些。

所以，自举法的历史模拟法不会改变自由度，但是可以增加样本容量。正是因为它的自由度不变，样本量增加了，所以也带来了一些问题。增加的样本，是没有独立性的，因为它依赖于前面几个数。独立性降低了，数据之间连独立性都没有，那么这些数据用处就大打折扣了。但它在一定程度上解决了样本数据量不足的问题，否则就无法计算出 VaR 值。

有了一定的数据量之后，就可以利用传统的历史模拟法，计算 VaR 或 ES。

自举法的历史模拟法，是一种简单易懂的方法。这种方法通常比"原始"样本估计的 VaR 值更精确。更精确的原因是样本量增加了。

这是第一种，它解决的是样本数据量过少的问题。

> **使用非参数密度估计的历史模拟法**

历史模拟法，只能算一些离散的置信度。比如 100 个损失数据，却要算 95.1% 置信水平下的 VaR 值，很难算出来。这就引出了一种新的方法叫做非参数密度估计（non-parametric density estimation）历史模拟法。密度估计法概括出来是线性插值法，如图 1-6。

比如初始的数据，假设 A 点是 95% 置信水平下的 VaR，B 点是 96% 置信水平下的 VaR。那么 95.1% 置信

备考指南——掌握此种方法的好处及劣势。

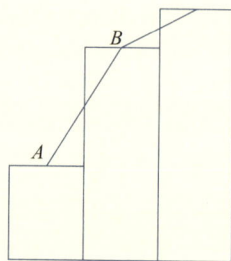

图 1-6 非参数密度估计历史模拟法

水平下的怎么算？把这两个点连线，95.1％更靠近 95％，然后把这根线平均分成十段，找到这里的第一段，这个数就是 95.1％置信水平下对应的 VaR。

例

现在有 30 个损益数据，单位美元，损失由大到小如下：

-16，-14，-10，-7，-7，-5，
-4，-4，-4，-3，-1，-1，0，0，0，
1，2，2，4，6，7，8，9，11，12，12，14，
18，21，23，已知 90％置信水平下的 VaR 等于 7 美元，93％置信水平下的 VaR 等于 10 美元，计算 91％置信水平下的 VaR？

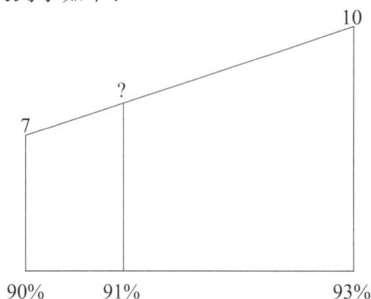

【解析】

可以使用相似三角形原理。

$$7+\frac{91\%-90\%}{93\%-90\%}\times(10-7)=8(美元)$$

所以，91％置信水平下的 VaR 是 8 美元.

图 1-7　相似三角形原理

在上面这个例子中，得出 91％置信水平下的 VaR 是 8 美元。这个损失数据在历史中并没有出现过，但是历史模拟法的假设是过去的损失，能够预测未来。这与历史模拟法的假设是违背的，这是对它的主要批判。

名师解惑

历史模拟法主要考察的是通过简单的排序，找到对应置信水平下的 VaR，很少考到使用自举法和非参数密度估计的历史模拟法，基本上还是定性的考查。

备考指南——
实务中，优先使用自举法的历史模拟法。再考虑非参数密度估计的历史模拟法，因为非参数密度估计误差相对来说比较大。

在实务中更常用非参数法来计算 VaR 值，是因为参数法的假设要求实在太严苛了，市场上资产的收益率很难正好服从正态分布。

➤ **对传统历史模拟法的指责**

第一，老数据的存活期限比较短。

比如现在有 102 天前、101 天前、100 天前、99 天前、98 天前……3 天前、2 天前、1 天前及零时刻的数据集。要求用历史模拟法计算 VaR。找 100 个数就可以计算一个 VaR。比如，站在 2 天前这个时间点，往更早的时间看，找 100 个数，所以从第三天的数据开始，一直找到第 102 个数，正好 100 个数。找到这 100 天的 100 个损失数据，将数据排一排，如果要算 95％的 VaR 值，那么找到第六大损失，这就是用历史模拟法计算的 VaR 值。

同样的，站在 1 天前的时间点计算 VaR。从 1 天前的角度往前看，从第 2 天一直到 101 天，将这 100 天的 100 个损失数据，排一排，找到第六大损失，从

备考指南——
对于每条指责，可以结合对应的例子理解。这个知识点需要掌握。

而得出 VaR。这就是历史模拟法的演算路径。

这 100 天的数据，所谓的年龄（age）等于 n。n 就表示算 VaR 时一次性用到了多少个数。比如说用 100 个日数据算 VaR，那么每个数据存活的期限是 100 天。如果用 1 000 个日数据算 VaR，那么每个数据存活的期限是 1 000 天。所以，数据是有年纪的，我们在选择数据的时候需要考虑年纪对于计算 VaR 的影响。

第二，数据是离散的而非连续的。

每个数据到了 n 期，马上就消失了，这个过程是离散的。如果是连续的话，比如说从 10 变到 20，应该 10 先变到 10.1，再变成 10.2，是一个缓慢的变化过程。现在权重由原来 $1/n$ 的权重，突然变成零了，因为这个数据已经不用了。这个过程是离散的，相当于只要这个数据的年纪还没有到 100 天，那么它的权重是 $1/n$。但一旦它的年龄超过 100 天，权重就由 $1/n$ 变成 0。

第三，新的损失缓慢而突然出现。

新的损失缓慢出现怎么理解呢？100 个损益数据，计算 95％置信水平下的 VaR，要找第六大的损失，最大的六个损失分别是 70 美元、50 美元、40 美元、30 美元、20 美元、10 美元，那么 95％置信水平下的 VaR 是 10 美元。假如，70 美元这个损失是第 100 天的数据，这意味着这个数据明天就消失了，倘若明天出现了 100 美元的损失的话，对数据重新排序，发现 VaR 还是 10 美元。从这个角度看，风险没有增加，市场非常平静。但其实比较大的损失已经出现了，而这个 VaR 指标监控不出来的，相当于新的损失缓慢出现。

新的损失突然出现怎么理解呢？接着上面这个例子，比如说第一天出现了 100 美元的损失，再过一天出现了 200 美元的损失，这个时候 VaR 值是从 10 美元突变到 20 美元。如果说再过一天出现的损失不是 200 美元，而是 25 美元，结果得出的 VaR 是一样的。所以，所谓的新损失是突然出现的，是没有任何征兆，并非是缓慢出现的。

针对这种情况，解决的思路是什么呢？

第一种方式，可以选择在高置信水平计算 VaR，比如 99％置信水平下的 VaR 而非 95％的 VaR。如果找的是 99％置信水平下的 VaR，对数据的敏感程度会更高一些。比如，在上面这个例子里，现在要计算 99％置信水平下的 VaR 值，这个时候 VaR 值是 50 美元。突然有一天出现了 45 美元的损失，70 美元依然是第 100 天的数据。那么重新计算时，VaR 值就变成了 45 美元。VaR 的变动是不是更明显一点？但如果要找还是 95％置信水平下的 VaR 话，还是 10 美元。所以，通过计算更高置信水平下的 VaR 值，可以在一定程度上缓解这种情况。

第二种方式，不用 VaR 直接用 ES。基本上能够解决所有问题。ES 是超过一定损失的平均损失，不管怎么样，平均损失总是变了。而且平均损失的变化也不会出现突变。如果真的出现了 200 美元的损失，因为要平均一下，损失不会出现的特别明显，是逐步出现，而且反应的也比较快。

前面的这些思路用一个词概括，称之为鬼魂效应或鬼影效应（ghost effects）。

这个情况和前面非常契合，除了老数据的存活期限比较短这个特征之外。

　　➤ 长窗口期（window）问题

　　窗口期，表示的是一次性需要搜集多少个数据。前面的例子中搜集了 100 个数据，计算一个 VaR 值。也可以搜集 1 000 个数据、10 000 个数据，这称之为窗口期。所以，窗口期指的是 VaR 值计算中数据的数量。

　　如果窗口期的期限比较短，每个数据存活的期限也比较短。这是我们所不希望的，窗口期能不能更长一点呢？从实操的角度来看，其实更长不太好。更长的窗口期，会造成一些困扰。

　　第一个困扰，窗口期越长，老数据的问题越大。这里的老数据，指的是非常古老的数据。比如说，$N = 10\ 000$ 天，10 000 天就是 40 年。假如巴林银行还在，尼克里森时的损失数据还存在银行的数据库里，会影响 VaR 值的计算。

　　第二个困扰，需要更长的时间等待鬼影效应消失。因为鬼影效应，表示的是数据突然出现或突然消失。如果窗口期是 40 年的话，相当于每个数据需要等待 40 年才会出现或者消失。

　　第三个困扰，当前市场的新数据有可能被较早的数据所淹没。如果存在尼克里森时期的损失数据，假如算出 99% 置信水平下的 VaR 值就是那个时期的损失，因为损失数据比较大，比它更大的损失不太会出现的。当金融市场还是比较平和的，其实这些损失总体上是很小的，受 40 年前的数据影响，计算出的 VaR 比较大，得出当前金融市场的风险也是比较大的，显然是不合适的。

　　最后，窗口期太长，搜集数据也存在问题。如果窗口期真的是 40 年，要搜集到 40 年前的数据，可能是不好收集的。

　　窗口期太短，每一个数据的存活期太短，对数据的利用率不高。但是窗口期太长，也会有很多问题。比如，老数据问题、数据搜集问题等。所以窗口期的选择应该是合适为最好，行业里用的较多的是 100 天。

备考指南——
窗口期的选择，不宜过长，也不宜过短，适合最好。

　　➤ VaR 和 ES 曲线

　　前面提到过，鬼影效应问题，它可以通过 ES 进行处理。VaR 和 ES 之间的区别，如图 1-8。

备考指南——
根据给定的置信水平可以容易地产生相应的VaR或ES值，描点连线，即可形成VaR曲线或ES曲线。

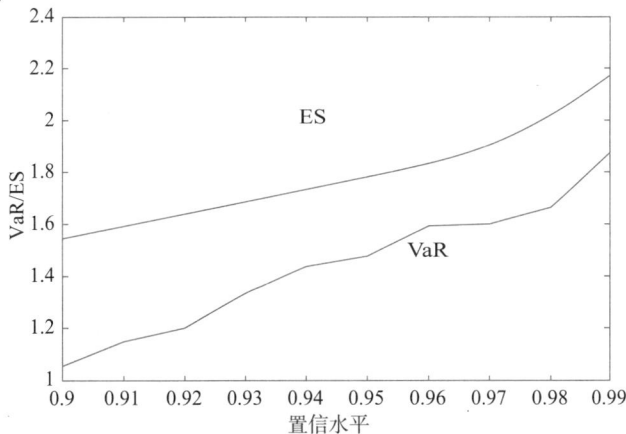

图 1-8　VaR/ES 曲线

根据给定的置信水平可以很容易地产生相应的 VaR 或 ES 值。如图 1-8，叫做 VaR/ES 曲线（VaR curve，ES curve）。纵轴是 VaR 或者 ES 的值，横轴是置信水平。VaR 的波动会比较大，因为它直接反映了各个具体损失观察的随机性。ES 曲线相对平滑，因为每个 ES 都是尾部损失的平均值。

图形特征：

第一，如果窗口期比较长，VaR 曲线会变得稀疏（sparser）。 假设只有 1 000 个数据，如果每 100 个数据算一个 VaR，至少能算出 10 个 VaR 值。如果 500 个数据算一个 VaR 值，是不是只能算两个了？当然，这里指的是数据没有重复利用。如果窗口期比较长，VaR 的数目会比较少，所以 VaR 曲线会变得稀疏。稀疏，指的是算出来的 VaR 个数比较少。

第二，VaR 曲线会变得特别不稳定。 与 VaR 相比，ES 曲线就会显得更加平滑。

第三，如果持有期（holding period）变长了，所观察到的数据变得更少。 窗口期，表示的是数据的个数。持有期（holding period），指的是每一个数据的持有期限。比如，要计算日 VaR（daily VaR），每个数据要以天作为统计维度。要算月 VaR（monthly VaR），那么是以月作为统计维度。很显然，当持有期上涨时，观测值变少。比如，一年的时间，以天做单位的话，能找到 250 个数据，以月做单位只能找 12 个数据。

前面说窗口期越长，得到的 VaR 数目比较少，比较稀疏。持有期变长，损失数据变少了。当然，损失数据的量变少，VaR 的个数肯定也会变小。一年的数据，要算日 VaR，能找到 250 个数据。但要算月 VaR 就只能找 12 个数据。

最后一个，即使我们有很长一段时间的数据，较早的观测数据可能与当前市场状况没有多大关系。

> **名师解惑**
>
> 窗口期特别短，和窗口期特别长相比，总归还是窗口期长一点的会好一些。窗口期长，获取的数据会更加全面一点，但是当窗口期特别长时，数据收集就有难度了。但是老数据有可能对今天来说参考不大意义。

> **备考指南——**
> 掌握非参数方法的优缺点。

> ➤ **非参数方法的优点**

第一，直观、简单、便于理解。

第二，不依赖于严苛的参数假设。

第三，适应任何类型的仓位（例如：做多和做空）。

> **备考指南——**
> 通常有两种仓位：一种做多，一种做空。也称之为多头和空头。

> **名师解惑**
>
> 假设说，现在你在赌场里玩游戏，你带 1 万美元。情景一，现在你手头上还有 1 000 万美元。第二种情况 1 万美元早就没了，问赌场借了 1 000 万美元，所以账户里已经亏空 1 万美元了。这个时候你会怎么做？在哪一种情景

下，你会愿意承担更多的风险？一种是赚了很多，一种是输红眼了。从身边的案例以及各种各样的金融案例来说，基本上在第二种情景下更愿意承担风险。人在输的情况下会变得不太理智，他非常希望用一盘来将之前的所有损失全部都捞回来。所以你赚钱和亏钱，它的损益的分布是不是应该不一样？同样的道理，其实严格意义上看，对于金融产品的收益和损失，这两个分布应该也是不一样的。有时找出来的损失数据服从正态分布，但是收益的数据不一定服从正态分布的。

所以这也是为什么对于不同的仓位，用参数法很难做。如果是多头仓位和空头仓位，在参数法做时方法应该不一样。但是历史模拟法就没有这个顾虑，因为只找损失的数据，不需要什么分布，这样一来的话它就会更加容易一些。

第四，对于非参数方法来说，并不存在处理方差-协方差矩阵、维度诅咒等问题。

第五，所用数据常常具有可获得性，这些数据可能来自公共资源（例如，彭博资讯）或者内部数据集。

第六，比较灵活。非参数法，可以被进一步的修正和改良，加入参数的成分，使之变成半参数法。

名师解惑

什么叫做半参数法呢？选项 A，将参数法和非参数法各取一半。选项 B，在参数法的基础上加入非参数的成分。选项 C，在非参数的成分上加入一些参数的成分。那么现在我们知道应该选择 C。半参数方法是在非参数方法的基础上加入参数，倒过来是不可以的。所以非参数法是主体。半参数法的核心依然是非参数法，最终计算 VaR 还是在排序，然后找损失。

➤ 非参数方法的缺点：

第一，严重依赖于历史数据。

第二，会产生鬼影效应。

第三，如果数据周期异常安静，非参数方法通常会产生过低的 VaR 或 ES 估计，反之亦然。因为非参数法认为历史可以代表未来，如果选取的这段历史时间市场是比较稳定的，那么认为未来也很稳定，反之亦然。

第四，很难处理极值损失。为什么这么说？比如，有 100 个损益数据，单位美元，损失由大到小排序如下：-70 美元、-50 美元、-40 美元、-30 美元等，计算 99% 置信水平下的 VaR。那么对应的是第二大损失数据，所以，VaR＝50 美元。现在突然有一个 $-10\,000\,000$ 美元的损失数据，这个损失数据称之为极端损失。此时，首先要有第一个怀疑，这个数据是否是对的？如果出现这么大的损失，银行应该会产生比较大的波动。此时要对这个数据进行调研，判断是不是在誊写的过程中出现错误了，从而进一步对其风险归类。

假设没有抄错的情况下，出现了这么大的损失，那应该怎样处理？本着严谨的角度，是需要使用的。历史模拟法，认为过去对未来是有一定预测度的。所以当把这个数据加入模型时，也意味着你认同未来这么大的损失是有可能发生的。如果说出现这么大的损失，是因为一个子公司的问题，公司领导的处理方法是让子公司直接倒闭清算。那么这个损失以后就不会再出现。如果类似的损失不会出现，理论上就不应该使用这个损失数据。

如果数据集中包含了不可能再发生的极端损失数据时，再把这个数据加进来，这样一来对未来的预测度就降低了，比较好的处理方法是，是删除此类数据。

但这样也存在着问题。这个数据不要了就真的能解决问题吗？未必。所以，把极端值全部去掉，这是比较消极的做法。比较合理的做法是根据公司和行业的特征，判断这个极值在未来有没有发生的可能性。如果有可能出现的话，就把它考虑进来，哪怕给它一个很小的权重，这是比较谨慎的做法。

备考指南——
半参数法计算
VaR，是在非参
数方法的基础上
加入参数，调整
得来的。半参数
法的核心依然是
非参数法。

考纲要求——
比较和对比这四
种半参数法。

2.2 半参数法或混合法计算 VaR

前面讲了参数法，也讲了非参数法。其中非参数法可以进一步的修正，加入参数的成分，形成半参数法（semi-parametric approach）。半参数法也称之为混合法（hybrid approach）。半参数法的核心依然是非参数法。主要有四种：

> **根据年龄加权的历史模拟法**

根据年龄加权的历史模拟法（age-weighted historical simulation），因为是Boudoukh，Richardson 和 Whitelaw 这三个人提出的，所以也叫做 BRW 法。

这种方法调整的是每一个历史数据的权重（weighted），不改变损失数据（loss data）。在前面章节，计算 95% 置信水平下的 VaR 值时，找到的是第六个数。为什么要找第六个数，而不是找第三个数、第五个数或第十个数呢？是因为我们认为在这 100 个数据里，每一个数据所占的权重是 1%。所以前面 5 个数合起来是 5%。所以，原来的假设是给了所有的数据相同的权重，都是 1%。

实际上，100 天前的数据，年纪已经较大。年纪较大的，不太能代表现在或者未来，给予的权重就应该小一点。所以，将权重从 n 分之一调整到了一个新的权重，那么这个新的权重就是 BRW 方法中需要计算的权重。**距离现在越近的数据，对于现在或未来的代表性越好，赋予数据的权重越高。距离现在越远的数据，对于现在或未来的代表性越差，赋予数据的权重越小，并且权重呈现指数递减。**

$$\omega_{(i)} = \frac{\lambda^{i-1}(1-\lambda)}{1-\lambda^n}$$

$\omega_{(i)}$ 表示的是第 i 天前的权重。

λ，叫做衰减因子，取值范围：$0 \leqslant \lambda \leqslant 1$。$\lambda$ 越 远离于 1，衰减的速度也就越大，相当于衰减越快。λ 越接近于 1，衰减的速度越小。衰减的速度到极限是 λ 等于 1，此时无衰减。当 $\lambda = 1$ 时，所有的数据都是一个相等的权重。

$$当 \lambda = 0.5 \text{ 时,} \begin{cases} i = 1, \dfrac{\lambda^0(1-\lambda)}{1-\lambda^n} \\[2mm] i = 2, \dfrac{\lambda^1(1-\lambda)}{1-\lambda^n} \\[2mm] i = 3, \dfrac{\lambda^2(1-\lambda)}{1-\lambda^n} \\[2mm] i = \cdots \end{cases}$$

可以得出越早的数据，它的权重呈现出一个等比数列。这个等比数列，越早的数据权重越小。

名师解惑

权重公式的来源：

如果 $\omega_{(1)}$ 为赋予 1 天前数据的权重，那么 $\lambda\omega_{(1)}$ 为赋予 2 天前数据的权重，$\lambda^2\omega_{(1)}$ 是 3 天的权重，以此类推，i 天前观测值的权重就是 $\lambda^{i-1}\omega_{(1)}$，权重呈现指数递减。总共 n 天。而所有数据权重加起来应该是 1. 即

$$\omega_{(1)} + \lambda\omega_{(1)} + \cdots + \lambda^{n-1}\omega_{(1)} = 1$$

可得：$\omega_{(1)} = \dfrac{1-\lambda}{1-\lambda^n}$。

所以，i 天前数据的权重是：

$$\omega_{(i)} = \dfrac{\lambda^{i-1}(1-\lambda)}{1-\lambda^n}$$

例

现在有 100 个损益数据。将损失的数据作如下划分，把损失由大到小进行排列，依次如表 1-3：

表 1-3　损益数据及相应权重

损失（美元）	i 天	权重
−100	3	2.9636%
−70	7	2.6237%
−60	20	1.7658%
−50	70	0.3851%
−40	65	0.4484%
−30	90	0.2094%

假设 $\lambda = 0.9$，用 BRW 法，计算 95% 置信水平下的 VaR。

【解析】

根据 $\omega_{(i)} = \dfrac{\lambda^{i-1}(1-\lambda)}{1-\lambda^n}$，算出每个损失数据新的权重。如第三列。

权重累计到 5% 是 −60 这个损失数据，所以，95% 置信水平下的 VaR＝60 美元。

而求 95% 置信水平下的 VaR，根据传统的历史模拟法，可得 VaR＝30 美元。

通过 BRW 法算出来的 VaR，可能比 30 美元大，也可能比 30 美元小。如果说，这些数据都是比较古老的数据，可能前面六个数据加起来的权重 1% 都不到，这也是有可能的。

BRW 法，主体依然是历史模拟法。在历史模拟法中每个数据的权重都是相同的，比如前面的例子，都是 1% 的权重。BRW 法中，每个数据的权重都不一样，呈现指数递减的形式。

BRW 法的优点：

第一，BRW 方法很好地推广了传统历史模拟法。因为可以将传统历史模拟法，看作是零衰变的特殊情况，相当于 $\lambda = 1$ 的情况。当 $\lambda = 1$ 时，所有数据的权重都是一样的。即历史模拟法是 BRW 方法的特殊情况，BRW 方法只是在历史模拟法的基础上进行了改进。

第二，在传统历史模拟法下，权重是 $1/n$。在 BRW 方法中，每个数据的权重，要根据具体的时间而定。如果是比较古老的数据，权重会低很多。如果是比较近的数据，权重会很高。

第三，BRW 方法能够降低鬼影效应。随着观测值年龄的增加，相应的权重会慢慢衰减。当它最终退出样本周期时，其权重也会从 $\lambda^n \omega(1)$ 变成 0，而不是从 $1/n$ 变成 0。所以，它能够降低鬼影效应，但并不是完全消除。

第四，保证了数据的有效性和利用率。BRW 方法可以使极端值的影响随着时间的流逝而降低，所以可以让样本容量随着时间的流逝而变大。在传统的历史模拟法中，只会用到 100 个数据，第 101 个数据就不要了，现在我们不会剔除任何一个数据，每个数据都会一直存在，只不过当它变成了第 101 天时，权重是 101 天的权重。变成第 1 000 天时，对应的权重就是 1 000 天的权重，这个权重非常小，近似等于 0 了。但最终是没有抛弃这个数据的，只是权重变低而已。所以，数据是一直在利用。没有将原来的数据遗漏，既然没有遗漏的话，也就不会出现所谓的跳跃（jump）。

➤ 根据波动率加权的历史模拟法

根据波动率加权的历史模拟法（volatility-weighted historical simulation），其基本思想是 Hull 和 White 提出的，所以也称之为 HW 模型。HW 模型，依然是在传统历史模拟法的基础上，对数据进行调整。BRW 模型调整的是权重，但损失数据是不变的。在 HW 模型中，权重不变，调整的是损失数据。

比如说，现在有 100 损失数据，前六大损失由大到小分别是 70 美元、60 美元、10 美元、40 美元、30 美元、10 美元，95％置信水平下的 VaR＝10 美元。
70 美元的损失发生在 50 天前，50 美元的损失发生在 20 天前，这两个损失数
据代表的风险程度是怎么样的？要思考一下，它们是否处在同一个金融市场？
损失 70 美元的这天，正好恰逢大盘大跌，大盘跌了 7％，这里跌个 70 美元，
我们认为很正常。但是如果发生 50 美元损失的这天，大盘波动非常小，涨了
3％。在大盘非常好的情形下，但这里出现了 50 美元的损失，所以是要特别注
意的。

　　因此，Hull 提出来要对损失数据进行调整，以反映当时的金融风险。根据
波动率来进行调整。公式如下：

$$\frac{r_{t,i}^*}{r_{t,i}}=\frac{\sigma_{T,i}}{\sigma_{t,i}}$$

$$\Rightarrow r_{t,i}^*=\frac{\sigma_{T,i}}{\sigma_{t,i}}\times r_{t,i}$$

$\sigma_{T,i}$ 表示资产 i 当前的波动率的预测；

$\sigma_{t,i}$ 表示资产 i 在第 t 天的波动率的预测；

$r_{t,i}$ 表示资产 i 在第 t 天的真实收益率；

$r_{t,i}^*$ 表示调整之后的收益率数据。

　　T 表示当前情况，t 表示历史情况。这样就可以用 $r_{t,i}^*$ 来代替 $r_{t,i}$，计算
VaR 值。

　　接上面这个例子，假设历史波动率如表 1-4，而 $\sigma_{T,i}=6\%$。

表 1-4　损益数据与对应波动率

$r_{t,i}$	$\sigma_{t,i}$
−70	5％
−60	1％
−50	2％
−40	3％
−30	1％
−10	1％

　　$\sigma_{T,i}=6\%$ 表示今天的波动率。以 60 这个损失数据为例，波动率只有 1％时，
损失 60 美元。如果有 6％的波动率，那么损失数据会更大。在观察数据时，
Hull 提出来，每一天的波动率都不一样，不同的波动率出现不同损失，大家
的度量维度都不一样，怎么能站在同一个数据上进行比较呢？所以首先要统
一，要把每一天的数据都站在今天的角度考虑：如果这个损失放在今天它应该
是多大？

　　比如第一损失数据 70 美元，对应的波动率是 5％，今天的波动率是 6％，那
么站在今天的角度损失应该是 70×6％÷5％＝84（美元），损失数据变得更大。

┗ 备考指南─
这里的例子，用
到的是损益数
据，未用收益率
数据。是一样的
思路。

同样道理，每一个都进行这样的处理，结果如表 1-5：

表 1-5　调整后的损益数据

$r_{t,i}$	$\sigma_{t,i}$	$r_{t,i}^{*}$
−70	5％	−84
−60	1％	−360
−50	2％	−150
−40	3％	−80
−30	1％	−180
−10	1％	−60

这样一来，损失的大小顺序就变了。所以计算 95％的 VaR，需要重新排序。如表 1-6。

表 1-6　调整后的损益数据排序

$r_{t,i}$	$\sigma_{t,i}$	$r_{t,i}^{*}$
−60	1％	−360
−30	1％	−180
−50	2％	−150
−70	5％	−84
−40	3％	−80
−10	1％	−60

经过这样的调整，使得大家都是站在同一个波动率的角度，所以用调整后数据计算 VaR 值就合理很多。按照这样的方式，将所有的损失数据通过处理，形成新数据，将新数据重新进行排序，然后找到第六个数据作为 95％的 VaR 即可。因此用 HW 方法计算 95％置信水平下的 VaR＝60 美元。

▍名师解惑

　　用 HW 方法计算 VaR，还要注意一下几点。第一，计算 95％置信水平下的 VaR，是不是找到的一定是第六个损失或者某个损失？这个是不一定的。可能原来有一个数据是 1 美元的损失，但是那天的波动率其实是 0.000001。如果站在今天的角度，这个 1 美元的损失数据是不是可以扩大非常多？搞不好它就成为最大的损失了。

　　第二，原来的损失，最大是 70 美元，经过重新排序时，可能最大损失是 360 美元。这个损失数前所未有，从来就没有出现过。所以得出的 VaR，可能是比所有的搜集到的损失数据都大。

HW 方法的优点：

第一，以一种自然和直接的方式考虑了波动性的变化。

第二，对当前的波动率比较敏感，因为都是站在当前的波动率角度。在刚刚的例子中，当前的波动率是 6%，如果变成 0.6%，所有的损益数据都等比例缩小了十倍。那么，算出来的 VaR 也缩小了十倍。

第三，用这种方法得到的 VaR 和 ES，有可能超过历史数据集中的最大损失。这是 HW 方法的特点。在 BRW 方法中，是不会出现一个比历史损失更大的数值的 VaR 或 ES，因为没有对损失进行调整，只是调整了权重。

最后，对于 VaR 估计，这个方法优于 BRW 方法。这个是 Hull 说的。

➤ **相关性加权的历史模拟法**

相关性加权的历史模拟法（correlation-weighted historical simulation），通过调整历史数据以反映历史数据与当前数据的相关性。相关性加权的历史模拟法略微复杂。

通常认为，当市场波动率比较高时，市场容易出现风险，此时比较有代表性的是违约之间的相关系数也会上涨。所以，相关系数的上涨，也预示着市场将有比较大的风险出现。这两个指标是同项指标，所以，有时用波动率进行调整，有时也用相关性来进行调整。整体思想是一样的。

假设，现在有 N 个资产，如果按照今天的波动率进行调整，调整 N 次就可以了。有多少个损失数据，调整多少次就可以了。现在有个资产组合，i 天前的波动率等于 5%，当前的波动率等于 6%。这个组合调一次就可以了，而且只用到了 5% 和 6% 这两个数据。

现在，用相关系数调整，用什么相关系数呢？组合里可能有十个资产，两两之间相关系数就有 C_{10}^2 个。到底用哪个相关系数呢？因为每个资产在组合里都有权重，可能某个资产在组合中的权重非常大，相关系数应该被更多的考虑到，

这是不是很正常？所以，这个方法要用到矩阵估值，比如说 $\begin{vmatrix} \rho_{11} & \rho_{12} & \rho_{13} \\ \rho_{21} & \rho_{22} & \rho_{23} \\ \rho_{31} & \rho_{32} & \rho_{33} \end{vmatrix}$ 。

用矩阵的方法来进行调整的话，会复杂很多。在 FRM 一级、二级中，并不要求大家掌握，只需了解即可。相关性加权的历史模拟法，用到的参数比较多，计算出来的结果更加精确。

➤ **滤波历史模拟法**

滤波历史模拟法（filtered historical simulation），也称 FHS 方法。不管是相关性加权的历史模拟法还是滤波历史模拟法，都是在 HW 模型上衍生的。FHS 方法认为波动率调整，这个调整太过于全面，因为一个资产组合就一个波动率，波动率调整不够精细，所以相关系数调整就会好一些，每个资产都考虑到了。

在 HW 方法里，当前的波动率要用 GARCH 模型算出来。

FHS 方法是用 GARCH(1，1)模型把波动率算出来，用波动率再代入到前面的 HW 模型里。所以，FHS 方法本质上是 HW 方法的升级版本。

FHS 方法的优点：

第一，将历史模拟法和 GARCH(1，1)模型结合在一起，考虑了市场波动条件的变化。

第二，它的计算速度很快，甚至对于大型投资组合也是如此。这需要利用计算机软件。

第三，与前面的 HW 方法一样，FHS 允许获得的 VaR 和 ES 估计，超过数据集中的最大历史损失。因为它是 HW 方法调整过来的，所以与前面的 HW 方法拥有相同的性质，VaR 和 ES 可以超过历史最大值，只是波动率的计算方法不太一样而已。

第四，在不借助资产回报的方差-协方差矩阵或者条件分布方面的情况下，仍然能够保持数据中的相关性结构。

第五，可以考虑资产回报中的自相关性。

这个方法是所有混合法里最后的一个方法，所以从目前来看，也是最好的一种方法。

3. 回测 VaR

只有能较为准确预测风险的模型，才是有用的。所以通常会对 VaR 模型，进行验证。模型的验证过程，通常使用一系列工具，包括回测、压力测试等。回测 **VaR(Backtesting VaR)** 是用来检验实际亏损和预期值是否一致的常用的统计方法。

假设，一年有 250 个交易日，就会有 250 个日数据，得出 99% 置信水平下的 VaR 是 10 000 000 美元。99% 置信水平下的日 VaR，表示一天之内有 99% 的概率损失是不超过 10 000 000 美元的。所以，在一年里应该有 99% 的天数，损失是不会超过 10 000 000 美元。相当于只有 1% 的天数，损失是会超过 10 000 000 美元的。250 天的 1% 是 2.5 天，相当于平均而言，一年中应该有 2.5 天的损失会超过 10 000 000 美元。而如果损失大于 VaR 值的是 10 天，就说明 VaR 的估计偏低了。

超过 VaR 值的数目，应该与对应的置信水平保持一致。比如在刚刚的例子中，理论上超过 VaR 值的数目，与 2.5 个 $((1-99\%)\times250=2.5)$ 应该是一致的。如果不一致，说明 VaR 值是有问题的。

例外值(exceedances 或者 exceptions)的个数指的是损失大于 VaR 值的个数。如果有太多的例外值，说明 VaR 值低估了，模型低估了风险，此时分配金融机构或业务部门的资本金可能不够，监管机构可能会对机构加以惩罚；如果有太少的例外值，说明 VaR 值高估了，模型高估了风险，导致配置更多的资本，会造成资源的浪费。

➢ **对 VaR 模型进行回测的困难**

—考纲要求—
解释在回测VaR
模型时的困难。

第一，冻结问题。为什么要做回测？如果算出 VaR 值之后，认为是对的，就不做检验了，相当于你认为这个 VaR 被冻住(frozen)了，不会发生什么改变，其实 VaR 值是会发生改变的，所以有必要对 VaR 值做回测检验。

第二，因为每一天的组合都是会变化的。换句话说，真实的组合是会受污染(contaminated)的。受污染是什么意思？比如说一个组合包含债券、股票、房地产等，你改变某一类的资金配比，这个过程就是受污染。简单来说受污染就是受到改变的意思。因为组合是会改变的，所以 VaR 值会产生变化，因此需要不停地做回测。

那么，回测时又有问题了。到底回测的是日 VaR？还是月 VaR？还是年 VaR？从实务的角度，回测日 VaR 比较好。主要是因为日 VaR 的数据多。举个例子，某个银行如果要回测年 VaR，它一共存在就 30 年，总共就 30 个 VaR 值。建模可能就用掉了 25 个，还剩下 5 个来做测验，这是不准的！数据太少，不能够说清楚谁对谁错的问题。

—考纲要求—
掌握基于例外字
或者失效率，对
VaR模型进行回
测。

3.1　二项分布模型

根据二项分布模型来做假设检验。假设每一天的损失之间是独立的。每一天的损失就只有两种可能性，有 α 的概率，损失数据是大于 VaR 值的。有 $1-\alpha$ 的概率，损失的数据是小于等于 VaR 值的。

$$\begin{cases} 损失 > \text{VaR} & \alpha \\ 损失 \leqslant \text{VaR} & 1-\alpha \end{cases}$$

这就像投篮一样，有 α 的概率投中，有 $1-\alpha$ 的概率没投中。投了 250 次篮，投篮命中的次数服从什么分布？二项分布。做了 N 次独立的试验，成功的次数是服从二项分布的。同样的道理，现在找了 250 个损失数据，损失超过 VaR 值的次数，也是服从二项分布的。即出现例外值的数目也是服从二项分布的：

$$f(x) = C_T^x p^x (1-p)^{T-x}$$

$$E(x) = pT \qquad V(x) = p(1-p)T$$

x 是例外值的个数；

p 是 VaR 值的显著性水平，相当于上面的 α；

T 是样本个数。

在回测中，$\dfrac{x}{T}$ 也叫失效率(failure rate)。

当 T 比较大时，二项分布接近正态分布。所以，检验统计量 $z = \dfrac{x-pT}{\sqrt{p(1-p)T}} \approx N(0,1)$。

备考指南——
如果要对损失发生的时间进行回测，就需要利用到后面的克里斯多芬森检验方法。

例

1998 年，摩根大通的日收入低于 95％置信水平 VaR 有 20 天，占总收入的 5％以上。这 20 天中有 9 天发生在 8 月至 10 月期间。

【解析】

20 天表示例外值的个数。在一年里超过 VaR 的损失共有 20 个。从理论上看例外值应该是 12.5 个。如果出现的例外值是 12，或者是 13 个，基本上可以认为原来 VaR 值计算大致是准确的。如果说例外值算出来比 12.5 大很多，或者比它小很多，那就说明 VaR 值是有问题的。比如这道题目里例外值是 20 个，比 12.5 大很多，说明原来的 VaR 值是低估了。同样道理，如果算出来是 2 个，说明原来的 VaR 值高估了。上述只是感官判断，那么出现 20 个例外值，这个 VaR 值是否正确呢？所以要对其进行假设检验，即计算例外值偏离 12.5 到底有多大的程度，将其进行标准化处理。

$$z = \frac{x - pT}{\sqrt{p(1-p)T}} = \frac{20 - 0.05 \times 252}{\sqrt{0.05(1-0.05)252}} = 2.14 > 1.96$$

2.14，表示是 20 超过平均值 12.5 个，共有 2.14 个标准差单位。20 和 12.5，差了 2.14 个标准差。差的还是很远的。那么 2.14 标准差怎么判断？那就要看一下假设检验的要求是什么了？如果要做一个 95％的假设检验，分位数是左右尾分别是正负 1.96。2.14 大于 1.96，相当于落入拒绝域。落入拒绝域，拒绝原假设。拒绝原假设说明 VaR 模型是不好的。

➤ **回测的步骤**

如果一年中出现 5 个例外值，99％的 VaR 在 5％的显著性水平上是否合理？应该怎么做？

首先，提出假设。原假设是 VaR 值是对的，备择假设 VaR 值是错的。

其次，计算检验统计量。

$$z = \frac{x - pT}{\sqrt{p(1-p)T}} = \frac{5 - 0.01 \times 252}{\sqrt{0.01(1-0.01)252}} = 1.57$$

再次，检验统计量和关键值比较。检验的 5％显著性水平，对应的分位数是 1.96。

最后，得出结论：1.57 小于 1.96，落入非拒绝域，所以不拒绝原假设。

例

如果一年中出现 20 个例外值，95％的 VaR 在 1％的显著性水平上是否合理？

首先，依然是提出原假设和备择假设。

其次，计算检验统计量：

$$z = \frac{x - pT}{\sqrt{p(1-p)T}} = \frac{20 - 0.05 \times 252}{\sqrt{0.05(1-0.05)252}} = 2.14$$

再次，2.14 小于 2.58。检验的 1％显著性水平，对应的分位数是 2.58。

最后，得出结论：落入非拒绝域。所以，不拒绝原假设。

名师解惑

通过检验，得出"落入非拒绝域"结论。因此可以说明这个 VaR 模型怎么样？是对的？还是错的？首先说 VaR 模型是错的，结论肯定是错误的。也不能说 VaR 模型是对的。在假设检验里，我们提到过永远不能接受原假设。所以只能这么说，"你说 VaR 模型是错的"，这句话是错误的。

这个模型称之为二项分布模型。也是最简单的一个模型，但是劣势很多。比如，损失与损失之间真的是独立的吗？通常损失与损失之间它不是独立的。二项分布模型还会涉及到比较复杂的一些计算，等等。在这种情况下的话，我们提出了其他的模型。

名师解惑

非拒绝域表格（nonrejection region）

前面在用二项分布模型计算不是挺麻烦的吗？简化一下，我们自己本身就可以构建一张表，直观的表示拒绝域和非拒绝域。

第一行，是例外值。第二行，算一个检验统计量，就是 z 值。第三行，是关键值。第四行，是结论。

比如说，一年的 95% 的 VaR，检验的 5% 显著性水平。在上面的例子中，例外值是 20 个，对应的 z 值是 2.14，关键值是 1.96，最终得出来的结论是 VaR 模型是错误的。错误就打个"×"。假如说例外值是 12，对应的 z 值是 -0.17，关键值是 1.96，最终得出来的结论不能说 VaR 模型是对的，只能说"VaR 模型是错的"，这句话是错的。其实就是说明不拒绝原假设，用"√"表示。按照这种方法，把张表补充全，如表 1-7。

> 备考指南——用二项分布得出的非拒绝域表格，属于拓展内容，了解即可。

表 1-7　非拒绝域表格

例外值	…	5	6	7	…	12	13	…	19	20	…
z 值	…	-2.20	-1.91	-1.62	…	-0.17	0.12	…	1.85	2.14	…
关键值	…	-1.96	-1.96	-1.96	…	1.96	1.96	…	1.96	1.96	…
结论	…	×	√	√	…	√	√	…	√	×	…

从表 1-7，例外值从 6 到 19 的这个区域，都是不拒绝原假设区域，称之为非拒绝区域。

所以，当已有这张表的情况下，只要告诉我例外值是多少，查表就可以得到结论，这样就简单很多。书上给我们提供了这样的分析方法，其实就是为了方便简化。上述这个表格是根据二项分布模型得到的。

> 备考指南——一类错误是去真，二类错误是存伪。

➢ **一类错误和二类错误**

假设检验里肯定会有一类错误和二类错误，如表 1-8。一类错误是"去真"，

> 考纲要求——识别在检验时，出现的是一类错误还是二类错误。

二类错误是"存伪"。理想情况下，我们希望设置一个比较低的一类错误率，然后进行测试，得到比较低的二类错误率，在这种情况下，测试被认为是强大的。然而，这是非常困难的。

表 1-8 一类错误和二类错误

决策	正确	不正确
接受	OK	二类错误
拒绝	一类错误	检测能力

3.2 Kupiec 检验

损失通常会呈现肥尾的特点，从这个角度而言，前面假设是正态分布是有问题的。因此要对它进行进一步的修正，以体现出肥尾的特点。Kupiec 在 1995 年对前面的检验统计量 $= \dfrac{x-\mu}{\sigma}$ 进行了修正，得出统计量：

$$LR_{uc} = -2\ln\left[(1-p)^{T-N}p^N\right] + 2\ln\left\{\left[1-(N/T)^{T-N}\right](N/T)^N\right\}$$

如果 LR 大于 3.841，此时拒绝原假设，说明这个 VaR 模型是错误的，是不好的。

如果 LR 小于 3.841，也不能说这个模型是好的。

名师解惑

这个公式很复杂，考试不要求大家记住。那考什么呢？通过这个公式，是可以算出一个值，这个值和 3.84 比就行了。

这个方法的话要清楚为什么会有这样的由来，因为要反映肥尾特征。具体是怎么修正的，这一点不要求大家掌握，只知道有 Kupiec 这种检验的思路就可以了。有检验的思路之后，同样的，也可以做非拒绝域。

表 1-9 是通过 Kupiec 检验模型得到的非拒绝域表格，和上面的二项分布方法得到的非拒绝域表格，略有差异。主要是统计量的计算方式及关键值不同。

表 1-9 Kupiec 检验非拒绝域表格

模型回测，95％接受测试置信水平下			
概率水平	置信水平下	失效次数 N 的非拒绝域		
		T＝252 天	T＝510 天	T＝1 000 天
0.01	99％	N＜7	1＜N＜11	4＜N＜17
0.025	97.5％	2＜N＜12	6＜N＜21	15＜N＜36
0.05	95％	6＜N＜20	16＜N＜36	37＜N＜65
0.075	92.5％	11＜N＜28	27＜N＜51	59＜N＜92
0.10	90％	16＜N＜36	38＜N＜65	81＜N＜120

从表 1-9 可以发现，90％置信水平的 VaR，T＝252 天，例外值个数处在 16 到 36 之间是非拒绝的，即形成非拒绝域。所以只要例外值个数比 16 更小，或者比 36 更大，就可以拒绝原假设，说明模型是错误的。还分别给了 510 天、1 000 天的对应的非拒绝域。

窗口期越长，拒绝越容易。窗口期指的是数据的个数。为了控制变量，假设只选取 95％的 VaR。当 T 是 252 天时，非拒绝域是 7、8、9、……、18、19，一共有 13 个数。当 T 是 510 天时，非拒绝域是 17、18、……、35，一共 19 个数。当 T 是 1 000 天时，非拒绝域是 38、39、……、64，一共 27 个。剔除单位的影响，$\frac{13}{252} = 5.16\%$，是不被拒绝的概率。同样的，$\frac{19}{510} = 3.73\%$，$\frac{27}{1\,000} = 2.7\%$。所以通过比较不同的数据窗口期，可知窗口期越长，越容易拒绝，拒绝的概率更大了。

名师解惑

为什么要说这一点？假设你现在是巴塞尔协议委员会，现在有家银行，用自己的模型算出来 VaR 值，你很怀疑，要对银行的 VaR 值进行回测。你可以要求银行提供 252 天的数据，也可以要求提供 1 000 天的数据，应该要求银行提供多少天的数据？应该使用 1 000 天的数据。注意，现在是站在巴塞尔委员会的角度，所以应该对银行狠一点。要站在监管机构的角度，越多的数据，越能够找出问题。

反过来说，是什么意思？现在银行的 99％的 VaR 是 10 亿美元。这说明超过 10 亿美元的概率只有 1％，结果第二天就出现了 15 亿美元的损失。能说银行这个 VaR 是有问题的吗？很难说清楚，因为就这一个数据。也可能只是运气不好。比如说，银行给了 1 万个损失数据，对应的是不是应该有 100 个数据是损失超过 VaR 的？如果查出来，有 200 个数据是超过 VaR 值的，或者有 500 个数据超过 VaR 值，这时候对应的说服力是不是更高一些了？能更好地说明 VaR 模型正确与否了。

例

用 Kupiec 的方法得到的非拒绝域表格，如表 1-10。基于 255 天，95％的检验水平。

表 1-10　Kupiec 检验基于 255 天的非拒绝域表格

置信水平	N											
	1	2	3	4	5	6	7	8	9	10	11	12
97.50％	7.16	4.19	2.27	1.04	0.33	0.02	0.06	0.39	0.98	1.81	2.84	4.06
98.00％	5.01	2.49	1.03	0.26	0	0.15	0.65	1.44	2.48	3.76	5.25	6.93
99.00％	1.24	0.13	0.08	0.71	1.86	3.42	5.32	7.51	9.97	12.65	15.55	18.63

【解析】

首先要清楚，这些数据要与 3.841 进行比较。比如，97.5% 置信水平下的 VaR，当例外值是 1 个时，算出来 LR 是 7.16。7.16 大于 3.841，所以划掉。划掉代表这个数字一出现，说明模型是坏的。如果例外值出现了 2 个，LR 是 4.19。4.19 大于 3.841，也划掉。出现 3 个例外值，2.27 没有大于 3.841，不能拒绝原假设。一直到 11 个数。所以根据 Kupiec 的方法，出现 3 个到 11 个例外值这个范围，称之为非拒绝域。同样的，98% 置信水平下的 VaR，非拒绝域应该是 2 到 10 个。99% 置信水平下的 VaR 值，非拒绝域应该是 1 到 6 个。

如果是 97.5% 置信水平下的 VaR，对于 255 个数据，平均应该有 6.375 个例外值，非拒绝域关于 6 是对称的。98% 置信水平下的 VaR，应该是关于 5 对称。但这个对称，会有一定的限制。

这里有两个结论：第一个结论，随着样本量的增加，非拒绝域区间会缩小。所以拒绝的概率变高。

第二个结论，对于高置信水平下的 VaR 来说，系统偏差的检测变得越来越困难。因为在这种情况下，异常值是非常罕见的事件。比如现在检验 99.999 9% 置信水平下的 VaR 值是否正确。结果找到的例外值个数是 0。请问应该得到什么结论呢？99.999 9% 置信水平下的 VaR 值，置信水平下非常高，相当于它的门槛很高，超过它的损失几乎没有。有两种解释，一种是，这本身就是极端损失，极端损失一般情况下不易发生。另外一种是，VaR 值的计算，是有问题的。因为现在连一个例外值都找不到，所以无法得出结论。比较好的处理方法是，做回测时不要选择置信水平比较高的 VaR。

备考指南—
克里斯多芬森检验方法是在修正损失发生的时间。

3.3　克里斯多芬森检验

克里斯多芬森(Christoffersen)检验，是一种比较复杂的检验模型。1998 年，由克里斯多芬森开发出来，并对 LR_{uc} 统计进行了延伸。

这个模型在思考这样的问题，现在有 A、B 两家银行，各自的例外值都是 13 个，它们的 VaR 是 10 000 000 美元。假如说，回测的最终结果是 A 银行的 VaR 模型是对的，那么 B 银行的 VaR 模型对不对呢？做假设检验。如何做假设检验呢？按照最简单的二项分布模型，这两家银行算出来的检验统计量应该是一样的。最后得出的结论是一模一样的。相当于 B 银行的 VaR 也是对的。但是，其实 A 银行这一年有 13 个损失大于 VaR 的天数，平均每月不到两起。B 银行的 13 个例外值，全部都发生在 9 月。这两家银行，理论上谁的风险更大？是 B 银行，因为连续出现 13 天的大额损失，这对银行的影响是非常大的。

例外值事件集中发生在一段时间，这可能会造成模型的无效。对于具有 95% 置信水平下的 VaR，我们预期每年可能 13 个例外值事件，从理论上看，这些事件应该均匀地发生在不同时间。所以，从这个角度来说，B 银行的风险更大一些。

Kupiec 检验，虽然检验到了肥尾，但是它没有说明损失发生的时间。克里斯多芬森检验方法其实是在修正损失发生的时间。

在金融数据里仍会出现**集聚**(cluster)现象。所谓集聚，指的是比较大的损失集中出现。前面不管是 Kupiec 方法，还是二项分布的方法，其实都假定了**非条件覆盖**(unconditional coverage)，相当于损失与损失发生的是互相独立的。现在出现了**条件覆盖**(conditional coverage)，损失出现的时间之间有互相的依赖关系，那么此时应该用到的检验方法叫做**克里斯多芬森检验方法**(Christoffersen test)。

克里斯多芬森检验方法，在 Kupiec 检验的基础上，加入了两个刻画时间的参数，得到了克里斯多芬森检验方法。

LR_{ind} 与 3.84 相比较，如果 $LR_{ind} > 3.84$，拒绝独立事件。

> **名师解惑**
>
> 克里斯多芬森检验方法具体怎么算，考试不做要求。考试中，这几种方法主要看使用场景，题目说有聚集现象，要用克里斯多芬森检验方法。没有的话，就用其他方法。

3.4　巴塞尔规则

—考纲要求—
描述巴塞尔协议对于回测结果的处理机制。

根据回测结果，如果巴塞尔委员会认可银行的 VaR 模型，银行就可以继续使用这个 VaR 模型。目前的核准程序包括记录上一年度 99% 置信水平下的每日 VaR 的例外值。平均而言，过去一年发生 250 的 1%，或者是 2.5 个例外值事件。如果不认可的话，就会对银行进行惩罚。

巴塞尔委员会可以接受银行发生 4 个及以内的例外值事件，称之为银行的"绿灯"区域。如果例外值事件发生了 5 次或者更多，则银行处于"黄灯"或者"红灯"区域，如表 1-11。

表 1-11　巴塞尔惩罚区域

区域	例外值个数	按 K 增加
绿	0—4	0
黄	5	0.4
	6	0.5
	7	0.65
	8	0.75
	9	0.85
红	10+	1

如果银行的例外值个数大于 4 个，要多计提一定的资本金。

$$资本金 = VaR \times (3 + k)$$

k 叫做惩罚因子。如果在绿色区域，k 值是 0。相当于在回测出例外值个数是小于等于 4 个，没有惩罚。如果在黄色区域，k 值从 0.4 加到 0.85 不等。如果在红色区域，k 值是 1。所以，在红色区域，资本金相当于增加了 33.33%。

在黄灯区域，监管者根据出现例外值事件的原因决定是否加以处罚。《巴塞尔协议》使用下列分类：

第一，模型的基本要素是缺失的。比如说数据是错的、模型运行中有错误，如果是模型本质上出了问题，要对银行进行惩罚。

第二，模型的精确度需要被提高。比如，VaR 值越大，越不容易出现问题。VaR 值越小，越容易出现问题。比如说，VaR 算出来是 381 415 美元，找到 2 个例外值分别是 381 416 美元、381 520 美元。这两个损失数据超过了 VaR 值。现在降低 VaR 值的精确度，四舍五入 VaR 等于 400 000 美元。这两个损失数据现在都不能叫做例外值了，因为小于 VaR 值。所以，降低了 VaR 的精确度，也降低了例外值个数。这是精确度的问题，依然要惩罚。

第三，日间交易情况。头寸在当天发生变化。惩罚应该被考虑，不是一定要进行惩罚。

第四，运气不好(bad luck)。比如，市场波动性比较大或者相关性发生变化。要界定一下是不是真的属于运气不好。

名师解惑

不是所有的银行都会力求例外值一直处于绿色区域，银行是需要做权衡的。要让资本金小一点，要么是 VaR 设置的低一点，要么是 k 低一点。如要要 k 低一点，就需要严格遵循巴塞尔协议的规定。但是这样的话，算出来的 VaR 可能就比较高。如果说把 VaR 设置的低一些，那么 k 就有可能上升。但是 k 上升与否，和假设检验的结果有关。

假设检验是有概率的，完全取决于数据选择的好不好。可操作的空间更多一些。所以从这个角度看的话，VaR 和 k，这两个是要做权衡的。有些银行，可能会把 VaR 设置的低一些，有些银行会设 k 低一些。

➢ **总结**

选择回测 VaR，参数应当慎重考虑。

第一，持有期(horizon)应该尽可能短，以增加观测次数并减轻投资组合构成变化的影响。疑问点来了，前面不是说窗口期越长越好，而这里怎么持有期要尽可能的短？区分两个概念，一个叫窗口期，一个叫持有期(horizon 或者 holding period)。窗口期指的是数据的数量；持有期是数据的时间。比如有 100 个数据，那么窗口期就是 100。有 200 个数据窗口期就是 200，不管是什么数据，窗口期只与数据的个数有关。持有期指的是每一个数据，所需要的获取时间。比如日损失，每一天有一个数据。如果是月损失，每一月才有一个数据。如果持有期越短，相当于总的数据的数量更多。

第二，置信水平下选的不应该太高，因为这样会降低统计测试的有效性或者力度。

> **名师解惑**
>
> 回测这个章节近几年里考得比较多的，基本上都是 Kupiec 检验的部分。第一种模型一级已经学过了，最后一个克里斯多芬斯检验，其实也没有具体讲怎么算，主体还是 Kupiec 检验。

4. VaR 映射

—考纲要求—
掌握债券的三种映射方法。并且对于衍生品的映射近年来考察也越来越多。

如果要得到债券的 VaR 值，但是它的数据很难搜集到。那么怎么办？可以先找它的风险因子，债券的风险因子是利率，先找利率的 VaR 值，再通过它们之间的纽带，比如久期、凸性，把它们联系起来。就可以得到债券的 VaR 值。一级学过：$VaR(dp)=D×VaR(dy)$。由利率的 VaR 值，推导出债券的 VaR 值。这就是通过映射（mapping）的方式得到的。

并且一个投资组合通常情况下会包含大量的头寸，比如债券、股票、外汇、商品合约以及它们的衍生品。因此对每个头寸分别考虑显得不切实际，不仅所需的计算复杂冗繁，而且耗时颇多。

映射主要的思路就是将风险映射到对应的风险因子上。通过风险因子，然后再找到 VaR 值。在上面这个式子中，先找到利率的 VaR 值，然后再找到债券的 VaR，这个利率就是所谓的风险因子。也可以将大量的头寸简化为少量数目的基本风险因子。

那么为什么要做映射呢？比如说现在风险因子一共有三个，A 是利率，B 是股票价格，C 是外汇。这三个风险因子可以引申出非常多的金融衍生产品。第一个产品是债券，债券与利率这个风险因子相关。第二个产品是可转债。可转债与利率相关，与股票相关。所以，可转债有利率风险也有股票价格风险。第三个产品是 apple 公司股票。首先，股票是不是有风险呢？第二，既然投资了美国的公司，是不是有外汇风险？所以，第三个产品有股票价格风险也有外汇风险。因此通过映射的方式将组合头寸映射到有限的风险因子，从而有利于组合管理。

—考纲要求—
描述映射的过程。

映射的过程。图 1-9 展示了一个简单的映射过程，6 个金融产品被映射到 3 个风险因子。第一步，将所有头寸进行市场的合理定价；第二步，把每个产品的市场价值分配给 3 个风险因子。如果当前的市场价值没有被完全分配到 3 个风险因子上，则必然意味着剩余的价值以现金的形式持有，而现金没有风险所以不是风险因子。只要研究这 3 个风险因子就可以了。最后，再考虑风险加总。

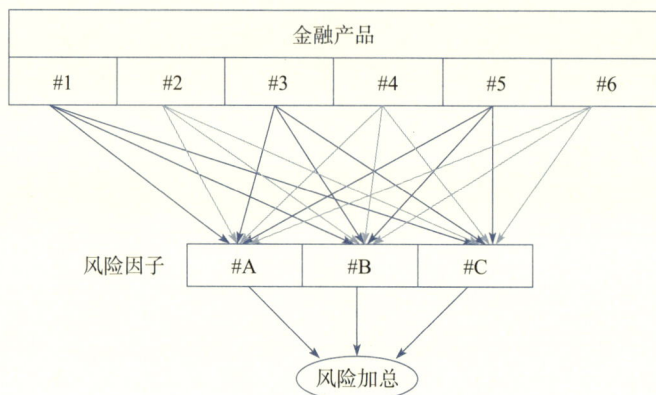

图 1-9　映射的过程

本章节主要涉及两类产品的映射，一个是债券，一个衍生品。

4.1　债券映射

在债券中，要把债券和利率这个风险因子一一对应起来。有三种映射方法：

本金映射（principal mapping）。只考虑本金的赎回，只有与债券到期时的本金赎回相关的风险被映射。

久期映射（duration mapping）。利用久期映射，所选择的风险因子要与组合的久期相符。

现金流映射（cash flow mapping）。通过现金流映射，将投资组合现金流按照期限进行分组。

⌐备考指南—
映射过程应该保持头寸的市场价值不变；在理想情况下，还应该保持它的市场风险不变。

> **例**
>
> 现在一个债券组合由 2 个债券构成。一个面值是 1 亿美元，到期时间是 5 年，票面利率是 6%。另外一个债券面值也是 1 亿美元，1 年期，票面利率是 4%。这两个债券都是以面值发行，也意味着组合的市场价值是 2 亿美元。组合的平均到期时间是 3 年，组合的久期是 2.733 年。采用映射的方式计算这个债券组合的 VaR，如表 1-12。
>
> 【解析】
>
> 表 1-12　债券组合的映射　　　　　　　　　　　　单位：美元
>
> | 期限（年） | 现金流 | | 即期利率 | 映射（PV） | | |
> |---|---|---|---|---|---|---|
> | | 5 年期债券 | 1 年期债券 | | 本金 | 久期 | 现金流 |
> | 1 | 6 | 104 | 4.000% | 0.00 | 0.00 | 105.77 |
> | 2 | 6 | 0 | 4.618% | 0.00 | 0.00 | 5.48 |
> | 2.733 | — | — | — | — | 200.00 | — |
> | 3 | 6 | 0 | 5.192% | 200.00 | 0.00 | 5.15 |
> | 4 | 6 | 0 | 5.716% | 0.00 | 0.00 | 4.80 |
> | 5 | 106 | 0 | 6.112% | 0.00 | 0.00 | 78.79 |
> | 总计 | | | | 200.00 | 200.00 | 200.00 |

2 个债券的现金流情况如前表 1-12。这个债券组合中，如果要映射，有多少个利率风险呢？首先一年期的利率发生变化了，会不会影响这个债券组合？会。两年期呢？也会。三年、四年、五年期的利率发生变化，都会影响债券价格，如表 1-13。所以，风险因子应该有五个。

表 1-13　通过零息债券价格的变化来计算 VaR　　　　单位：美元

期限（年）	现金流	零息债券原值	旧现金流的现值	风险（%）	零息债券新值	新现金流的现值
1	110	0.961 5	105.77	0.469 6	0.957 0	105.27
2	6	0.913 6	5.48	0.986 8	0.904 6	5.43
3	6	0.859 1	5.15	1.484 1	0.846 3	5.08
4	6	0.800 6	4.80	1.971 4	0.784 8	4.71
5	106	0.743 3	78.79	2.426 1	0.725 2	76.87
总计			197.37			200.00
损失						2.63

并且知道 1 至 5 年的期的债券的百分比 VaR 值，1 年期的 VaR＝0.469 6%，2 年期的 VaR＝0.986 8%，3 年期的 VaR＝1.484 1%，4 年期的 VaR＝1.971 4%，5 年期的 VaR＝2.426 1%。

➢ 本金映射方法

映射时只考虑本金，不考虑票面利率。票面利率和本金相比相差太远了。所以不考虑 6 美元利息，只有两笔本金。并且这个债券组合平均到期时间是 3 年。

相当于可以把这个债券组合，映射到一个到期时间是 3 年的零息债券。而 3 年期的 VaR＝1.484 1%

所以，组合的 VaR＝200 000 000×1.484 1%＝2 970 000（美元）。

比如，现在的债券组合由 2 个债券构成，一个到期时间是 5 年、票面利率是 10%，面值为 100 000 000 美元的债券。另外一个是到期时间是 4 年、票面利率是 4%，面值为 100 000 000 美元的债券。都是以面值发行。采用本金映射的方法，这个债券组合的 VaR 是多少？

首先，只考虑本金不考虑利息，这个债券组合的平均到期时间是 4.5 年。可以把这个债券组合映射成一个到期时间是 4.5 年的零息债券。

然后，求出组合的 VaR 值。VaR＝VaR（4.5 年）×200 000 000。

假如说，这个债券组合变为一个到期时间是 5 年、票面利率是 10%，面值为 100 000 000 美元的债券。另外一个到期时间是 4 年、票面利率是 4%，面值为 300 000 000 美元的债券。都是以面值发行。这个组合的平均到期时间是 $\frac{14}{4}$ 年。

备考指南——

本金映射方法求组合VaR的步骤：

首先，找到这个债券组合的平均到期时间（只考虑本金）n年。

把这个债券组合映射成一个到期时间是n年的零息债券。

其次，求出组合的VaR值。VaR＝VaR（n年）*组合的现值。

那么这个组合就可以映射成一个到期时间只有 $\frac{14}{4}$ 年的零息债券。此时这个债券组合的 VaR ＝ VaR $\left(\frac{14}{4}\text{年}\right)$ ×400 000 000。

这种方法很简单，但夸大了真正的风险，因为忽略了利息。

> **名师解惑**
>
> 现在，老王问你借了一笔钱，老刘也问你借了一笔钱。老王说我借你 100 美元，每年还 10 美元的利息。老刘说利息是没有的，反正到期就还你 100 美元。谁的风险会更低一些呢？肯定是有利息的。这个利息相当于提前还了本金，风险进一步降低下来。所以如果不考虑利息，风险是高估的。

—备考指南—
久期映射方法求组合VaR的步骤：首先，找到这个债券组合的久期 n 年。把这个债券组合映射成一个到期时间是 n 年的零息债券。其次，求出组合的VaR值。VaR＝VaR（n年）×组合的现值。

➤ **久期映射方法**

久期映射方法稍微精确一点，是在第一种方法的基础上，将平均期限改成真正的久期。在计算久期时，考虑了票面利率。通过债券组合的现金流及对应的即期利率可以算出债券组合的麦考林久期是 2.733 年。

找出久期，然后把这个债券组合映射成一个到期时间是 2.733 年的零息债券。因此，组合的 VaR＝VaR(2.733 年)×200 000 000

注意，VaR(2.733 年)题目中没有给出来，利用线性插值法可以求出。已知 2 年期的 VaR＝0.986 8％，3 年期的 VaR＝1.484 1％。VaR（2.733 年）＝ 0.987％＋(1.484％－0.987％)×(2.733－2)＝1.351％。

所以，组合的 VaR＝1.351％×200 000 000＝2 700 000（美元）。

在久期映射方法下，组合里有没有考虑利息？我们认为组合里没有考虑利息。组合的 VaR＝VaR(2.733 年)×200 000 000，这个式子表示什么意思呢？就说明其实持有的这一篮子的债券组合，等价于一个到期时间是 2.733 年的零息债券，其本金正好等于 200 000 000 美元。所以不考虑利息，指的是债券组合中无利息。

这种方法比本金映射的方法估计出来的风险要低一点，但是我们说依然不精确。因为没有考虑到期间的现金流。

➤ **现金流映射方法**

现金流映射方法是三种映射方法中最精确的一种映射方法。

它是怎么来做的？接着上面的例子，如表 1-13。

第一年的现金流是 6 美元＋104 美元，加在一起是 110 美元，因为它们面临的都是第一年的风险，对应的现值 $\frac{110}{1+4\%}$＝105.77（美元）。

第二年、第三年、第四年的现金流是 6 美元，第五年的现金流是 106 美元，其对应的现值分别是 5.48 美元、5.15 美元、4.80 美元、78.79 美元。

可以把这 5 笔现金流，分别映射成对应期限的零息债券。并且已知对应期限的 VaR，1 年期的 VaR＝0.469 6％，2 年期的 VaR＝0.986 8％，3 年期的 VaR＝1.484 1％，4 年期的 VaR＝1.971 4％，5 年期的 VaR＝2.426 1％。

所以，组合的 VaR＝VaR(1 年)×105.77 美元＋VaR(2 年)×5.48 美元＋VaR(3 年)×5.15 美元＋VaR(4 年)×4.80 美元＋VaR(5 年)×78.79 美元＝2.63 美元，如表 1-14。

表 1-14　95％置信水平下的月度 VaR　　　　　　　　单位：美元

计算 2 000 000 美元债券组合的 VaR 值(95％置信水平的月度 VaR)								
期限(年)	现金流现值	单个 VaR	相关矩阵					成分 VaR
	x	xV	1 年	2 年	3 年	4 年	5 年	xΔVaR
1	105.77	0.496 6	1					0.45
2	5.48	0.054 0	0.897	1				0.05
3	5.15	0.076 5	0.886	0.991	1			0.08
4	4.80	0.094 7	0.866	0.976	0.994 0	1		0.09
5	78.79	1.911 5	0.855	0.966	0.988 0	0.998	1	1.90
总计	200.00	2.633 5						
未分散化的 VaR	2.63							
分散化的 VaR								2.57

这样一来每一年的现金流都考虑了。这个方法肯定会更加精确一些。但是问题就出来了，这几个 VaR 怎么能简单的相加呢？不能简单相加，还要考虑它们之间的相关性的。

直接相加的话，也意味着各个资产两两之间的相关性等于 1。假设一个组合里有两个资产，美元 VaR 分别是 VaR_A 和 VaR_B，那么组合的 VaR＝$\sqrt{VaR_A^2＋VaR_B^2＋2×VaR_A×VaR_B×\rho}$。当相关性等于 1 时，组合的 VaR＝$VaR_A＋VaR_B$。同样的，五个资产也是如此。所以，一个未考虑分散化效果的组合 VaR，即未分散化的 VaR＝2 630 000 美元。

表 1-14 给出的相关性矩阵，相当于考虑了相关性，得到的分散化的 VaR 是 2 570 000 美元。

现金流映射方法是最复杂、耗时最多方法，得来的 VaR 也是最精确的。

通常这三种映射方法得出的 VaR，有如下关系：VaR本金映射＞VaR久期映射＞VaR现金流映射。

4.2　衍生品映射

➤ 远期的映射

根据远期价格公式 $F_t＝S_t e^{rt}$。买入远期合约，相当于看多远期，相当于看多标的资产，看多无风险利率。所以，对于远期看多，等价于看多标的资产现货，看多无风险利率。

有分红的远期价格如下：

$$F_t = S_t e^{(r-q)t}$$

q 表示对于标的资产的分红或者好处。分红是好处，所以要抵扣成本。

如果，现在投资外汇产品，外汇产品也有自己的好处，就是外币的收益。因为持有外汇资产时，不管是外币升值，还是本币升值，都会对自己有影响的。因此，这个公式就变成了

$$F_t = (S_t e^{-yt})e^{rt}$$

r 是本币的无风险利率；y 是外币的无风险利率。

外币的收益就可以看成是一个好处。买了一个外汇远期，相当于看多 S，看多 r，看空 y。看多 S，相当于看多外汇现货。看多 r，相当于看多本币利率。看空 y，相当于看空外币利率。看多债券相当于看空对应的无风险利率，即买入债券相当于卖出对应的无风险利率。卖出债券，相当于买入对应的无风险利率。

所以，**买入外汇远期，等价于买入外汇现货，同时买入外币短期国债，卖出本币短期国债。**

名师解惑

远期合约中可以看多时间么？时间在合约里是规定好了的。但不是说没有例外，的确有一些的衍生产品里会附加可展期条款。比如还房贷时，银行给你附加了一个可展期，贷了 10 年，到期无力偿还，有了这个可展期条款，比如还可以再贷 20 年。这样时间上肯定会有一些变化，这很少见。通常看对于 F 看多，其实就是看多 S，看多 r。

> ➤ **远期利率协议（FRA）**

远期利率协议（FRA），是一种允许买卖双方锁定未来某一天利率的远期合约。买入 6×12 的 FRA，相当于在未来六个月时以一个固定的利率向银行借钱，如果未来市场上的利率真的上涨，对买入方来说就是赚钱了。对多头方来说，在乎的是六个月到十二个月远期利率。$f_{0.5,1}$ 表示三个月到六个月远期利率。为简单起见，采用一般复利方式。

$$\left(1 + r_{0.5} \times \frac{1}{2}\right) \times \left(1 + f_{0.5,1} \times \frac{1}{2}\right) = 1 + r_1 \times 1$$

$$\Rightarrow 1 + f_{0.5,1} \times \frac{1}{2} = \frac{1 + r_1 \times 1}{\left(1 + \frac{r_{0.5}}{2}\right)}$$

通过这个式子发现，买入一个 FRA，相当于买入 $f_{0.5,1}$，相当于看多 r_1、看空 $r_{0.5}$。如果市场上的远期利率真的上涨了，买入 FRA 是赚钱的。同样的，看多债券相当于看空对应的无风险利率，看空债券相当于看多对应的无风险利率。

所以，**买入 FRA，相当于买入到期时间是 0.5 年的债券，同时卖出到期时间**

是 1 年的债券。

> 利率互换

利率互换是交易最活跃的衍生产品，这种合约是把固定利息现金流与浮动利息现金流进行交换。利率互换可以拆解成两个部分：固定端和浮动端，前者可以当做固定利率债券进行定价，后者可以当做浮动利率债券进行定价。

比如说一个 4 年期的互换。浮动利率端，有四期的浮动利率，再额外补一笔本金。同样的，固定利率端，有四期的固定利率，再额外加上一笔与浮动端相同的本金。相当于把固定利率和浮动利率互换完之后，在最后一期，双方互相交换一笔相同的本金。这样，浮动利率端，相当于一个浮动利率债券。固定利率端，相当于一个固定利率债券。

所以，如果是收固定利率支浮动利率，利率互换相当于做多固定利率债券，同时做空浮动利率债券。如果是支固定利率收浮动利率，相当于做空固定利率债券，同时做多浮动利率债券。

> 期权映射

期权的映射，利用了 BSM 模型中，关于期权的定价公式。

$$\text{看涨期权价值} \ c = Se^{-yt}N(d_1) - Ke^{-rt}N(d_2)$$

y 表示分红，标的资产是有现金流的；

S 表示标的资产价格；

Ke^{-rt} 相当于一张面值为 K，到期期限为 t 的零息债券。

所以，买入看涨期权，相当于买入 $N(d_1)$ 份标的资产，同时卖出 $N(d_2)$ 份零息债券。或者相当于买入 Δ 份标的资产，同时卖出 $N(d_2)$ 份零息债券。

$$\text{看涨期权价值} \ p = Ke^{-rT}N(-d_2) - SN(-d_1)$$

所以，买入看跌期权，相当于卖出 $N(-d_1)$ 份标的资产，同时买入 $N(-d_2)$ 份零息债券。

在看涨期权的分解中，为什么要做空债券？做空债券，可以得到一笔融资。这笔融资的成本是无风险利率。买入看涨期权，等价于借钱投资，所以把它称之为杠杆投资。这种杠杆，称之为内生杠杆，因为一般来说的杠杆都是问银行借钱投资。从看涨期权的分解式来看，等价于买入标的资产同时卖出零息债券，所以可以把它看成类似的杠杆。

本章小结

> 市场风险度量
  ■ 算术收益率和几何收益率
    ◆ 算术收益率

$$r_t = \frac{P_t + D_t - P_{t-1}}{P_{t-1}} = \frac{P_t + D_t}{P_{t-1}} - 1$$

D_t 是分红，如果没有分红的话 $D_t = 0$。

◆ 几何收益率

$$R_t = \ln(\frac{P_t + D_t}{P_{t-1}})$$

■ normal VaR 和 lognormal VaR

◆ normal VaR

$$\text{VaR} = |\mu - z_a\sigma|$$

$$\text{VaR} = |\mu - z_a\sigma| P_{t-1}$$

也可以表示为：

$$\text{VaR} = -(\mu - z_a\sigma)$$

$$\text{VaR} = -(\mu - z_a\sigma) P_{t-1}$$

◆ lognormal VaR

$$\text{VaR} = 1 - e^{\mu - z_a\sigma}$$

$$\text{VaR} = (1 - e^{\mu - z_a\sigma}) P_{t-1}$$

■ ES，指的是损失超过 VaR 的预期值。

■ QQ 曲线

◆ QQ 曲线为线性，表示数据和分布吻合较好，可以确认实际数据来自于这个理论分布。

◆ QQ 曲线为非线性，可得经验分布比理论分布出现偏离。

➢ 非参数法计算 VaR

■ 典型的是历史模拟法计算 VaR

◆ 使用自举法的历史模拟法

◆ 使用非参数密度估计的历史模拟法

◆ 对传统历史模拟法的指责

第一，老数据的存活期限比较短。

第二，数据是离散的而非连续的。

第三，新的损失缓慢而突然出现。

◆ 长窗口问题

第一个困扰，窗口期越长，老数据的问题越大。

第二个困扰，需要更长的时间等待鬼影效应消失。

第三个困扰，当前市场的新数据有可能被较早的数据所淹没。

最后，窗口期太长，搜集数据也有问题。

■ VaR 和 ES 曲线

第一，如果窗口期比较长，VaR 曲线会变得稀疏。

第二，VaR 曲线会变得特别不稳定。

第三，如果持有期变长，观察到的数据变得更少。

■ 非参数方法的优点：

第一，直观、简单。

第二，不依赖于参数假设。

第三，适应任何类型的仓位。

第四，对于非参数方法，不存在处理方差-协方差矩阵、维度的诅咒等问题。

第五，所用数据常常具有可获得性，这些数据可能来自公共资源或者内部数据集。

第六，比较灵活。非参数法，可以被进一步的修正和改良，加入参数的成分，使它变成半参数法。

- 非参数方法的缺点
  - ◆ 比较依赖于历史数据，历史数据比较少就不行了；
  - ◆ 会有鬼影效应；
  - ◆ 如果数据周期异常安静，非参数方法通常会产生过低的 VaR 或 ES 估计，反之亦然；
  - ◆ 很难处理极值损失。

➤ 半参数法计算 VaR
  - 根据年龄加权的历史模拟法
  距离现在越近，对于现在或未来的代表性越好，赋予数据的权重越高。距离现在越远，对于现在或未来的代表性越差，赋予数据的权重越小，并且权重呈现指数递减。

$$\omega_{(i)} = \frac{\lambda^{i-1}(1-\lambda)}{1-\lambda^n}$$

λ 越接近于 1，衰减的速度越小。衰减的速度到极限是 λ 等于 1，此时无衰减。

λ 越远离于 1，衰减的速度也就越大，相当于会越快。

BRW 法的优点：

第一，BRW 方法很好地推广了传统历史模拟法。

第二，在传统历史模拟法下，权重是 $1/n$。在 BRW 方法中，每个数据的权重，要根据具体的时间而定

第三，BRW 方法能够降低鬼影效应。

第四，保证了数据的有效性和利用率。

第五，在其他条件不变的情况下，BRW 方法降低了有效样本容量。

  - 根据波动率加权的历史模拟法
  对损失数据进行调整，以反映当时的金融风险。

$$\frac{r_{t,i}^*}{r_{t,i}} = \frac{\sigma_{T,i}}{\sigma_{t,i}}$$

$$\Rightarrow r_{t,i}^* = \frac{\sigma_{T,i}}{\sigma_{t,i}} \times r_{t,i}$$

HW 方法的优点：

第一，以一种自然和直接的方式考虑了波动性的变化。

第二，对当前的波动率是比较敏感的。

第三，用这种方法得到的 VaR 和 ES，有可能超过历史数据集中的最大损失。

第四，对于 VaR 估计这个方法优于 BRW 方法。这个是赫尔说的。

■ 相关性加权的历史模拟法

通过调整历史数据以反映历史数据与当前数据的相关性。

■ 滤波历史模拟法

➤ 回测 VaR

回测 VaR 是用来检验实际亏损和预期值是否一致的常用的统计方法。

■ 二项分布模型

◆ 回测的步骤

首先，提出假设。原假设是 VaR 模型是对的，备择假设 VaR 模型是错的

其次，算检验统计量。

$$z = \frac{x - pT}{\sqrt{p(1-p)T}}$$

再次，检验统计量和关键值比较。比如，检验的 5% 显著性水平，对应的分位数是 1.96。

最后，得出结论。

■ Kupiec VaR 回测模型

体现出肥尾的特点。统计量：

$$LR_{uc} = -2\ln[(1-p)^{T-N}p^N] + 2\ln\{[1-(N/T)^{T-N}](N/T)^N\}$$

如果 LR 大于 3.841，此时拒绝原假设，说明这个 VaR 模型是错误的。

如果 LR 小于 3.841，也不能说这个模型是好的。

■ 克里斯多芬森检验方法

对 LR_{uc} 统计进行了延伸。

LR_{ind} 与 3.84 相比较，如果 $LR_{ind} > 3.84$，拒绝独立事件。

■ 巴塞尔规则

➤ VaR 映射

■ 债券映射

◆ 本金映射。只考虑本金的赎回，只有与债券到期时的本金赎回相关的风险被映射。

◆ 久期映射。利用久期映射，选择一个与组合持续时间相对应的风险因子。

◆ 现金流映射。通过现金流映射，将投资组合现金流按照期限进行分组。

■ 远期的映射

◆ 买入外汇远期，等价于买入外汇现货，同时买入外币短期国债，卖出本币短期国债。

■ 远期利率协议(FRA)

◆ 买入外汇远期，等价于买入外汇现货，同时买入外币短期国债，卖出本币短期国债。

■ 利率互换

◆ 如果是收固定利率支浮动利率，利率互换相当于做多固定利率债券，同时做空浮动利率债券。如果是支固定利率收浮动利率，相当于做空固定利率债券，同时做多浮动利率债券。

■ 期权映射

◆ 买入看涨期权，相当于买入 $N(d_1)$ 份标的资产，同时卖出 $N(d_2)$ 份零息债券。或者相当于买入 Δ 份标的资产，同时卖出 $N(d_2)$ 份零息债券。

◆ 买入看跌期权，相当于卖出 $N(-d_1)$ 份标的资产，同时买入 $N(-d_2)$ 份零息债券。

章节练习

1. 投资组合经理拥有无股息支付股票 RTX 的期权组合。该投资组合由 10 000 个 RTX 的深度实值看涨期权和 50 000 个 RTX 的深度虚值看涨期权组成。该投资组合还包含 20 000 份 RTX 远期合约。RTX 价格为 100 美元。如果 RTX 的波动率为每年 30%，假设一年中有 252 个交易日，以下哪一个金额最接近 95% 置信水平下的投资组合 1 天 VaR 值？

A. 932 美元　　　　　　　　　B. 93 263 美元

C. 111 122 美元　　　　　　　D. 131 892 美元

答案解析：B

先算出单个资产的年 VaR。这里要是用 delta-normal 的方法计算单个资产的 VaR。深度实值看涨期权的 delta 接近于 0，可以近似为 1。深度虚值看涨期权的 delta 接近于 0，可以近似为零。远期的 delta，为 1。

然后算出组合的年 VaR。

最后，再利用平方根法则，算出一天的 VaR。

$$1.645 \times 100 \times 30\ 000 \times 0.30 \times \text{sqrt}(1/252) = 93\ 263 (美元)$$

2. 这些关于风险因子映射方法的陈述中哪一个是正确的？

Ⅰ. 在现金流映射方法下，仅映射与固定收益投资组合的平均到期日相关联的风险。

Ⅱ. 现金流量映射，是固定收益投资组合风险映射的最不精确的方法。

Ⅲ. 在久期映射方法中，债券的风险被映射到相同久期的零息债券。

Ⅳ. 使用更多的风险因素通常导致更好的风险度量，但也需要更多的时间用于建模和风险计算。

A. Ⅰ和Ⅱ

B. Ⅰ，Ⅲ，和Ⅳ

C. Ⅲ和Ⅳ

D. Ⅳ

答案解析： C

仅映射与固定收益投资组合的平均到期日相关联的风险，这个是本金映射，所以Ⅰ不对；现金流量映射是最精确的方法，所以Ⅱ不对。

—— 第 2 章 ——

银行交易账簿的风险度量

银行交易账簿的风险度量	银行交易账簿的风险度量	★

本章导论

这个章节主要介绍关于巴塞尔协议中是如何处理银行的市场风险，以及有哪些法则需要银行遵守的。这个章节的知识非常实务，基本上都是定性的知识。

备考指南——
本章节单独考察不多，很多知识在前面章节都有所涉及。

VaR 值应用是有缺陷的。主要集中在三个层面：

首先，VaR 的持有期比较难以确定。前面提到过，能用日数据就用日数据，然后再用平方根法则，求出期限较长的 VaR 值。

平方根法则：$\text{VaR}_{n\text{天}} = \sqrt{n} \times \text{VaR}_{\text{天}}$

但平方根法则的使用，要求每天的数据独立。实际上数据能不能独立呢？很难做到独立的。用月 VaR，通过平方根法则，求年 VaR。即 $\text{VaR}_{\text{年}} = \sqrt{12} \times \text{VaR}_{\text{月}}$。或者用日 VaR，通过平方根法则，求出周 VaR，即 $\text{VaR}_{\text{周}} = \sqrt{5} \times \text{VaR}_{\text{天}}$。但如果由日 VaR，得出年 VaR，即 $\text{VaR}_{\text{年}} = \sqrt{252} \times \text{VaR}_{\text{天}}$。时间太长估计出来的年 VaR，可能不准。

持有期不宜太长，也不宜太短，应该选择合适的。合适的持有期因头寸而异，并取决于头寸的特点和流动性。比如，衍生产品是逐日盯市的，用日 VaR 比较合适。巴塞尔协议中规定，市场风险中用的是 10 天的 VaR，操作风险和信用风险用的都是一年的 VaR。

第二，波动率的问题。波动率会发生改变，今天的波动率与明天的波动率不一样，使得今天的 VaR 和昨天的 VaR 也不一样。导致 VaR 比较波动。一种解决思路，把 VaR 的持有期变得长一点。本来要算日 VaR，现在变成算年 VaR。一年的波动率肯定要比一天的波动率更低一点，剔除了时间的影响。如果剔除时间影响，肯定是一年的波动性会更小一些。在一年，央行可能升了一次息，又降了一次，总的来看一年的利率变化不大。所以通常看，长期的波动率比短期的波动率会更平滑。所以，这种思路其实并没有实质解决问题。如果持有期变得很长，解决了波动性大的问题，但对应的问题是无法解释金融市场上的随机跳跃情况。因为波动率的大小，反映出来了市场上一定的随机性。过度平滑的话，这个问题就无法反映出来。

对监管来说，随时间变化的波动率会带来问题。在经济比较好时，波动率很低，VaR 很小，对应的监管资本要求比较低，对风险资本的计提比较少。而在经济比较差时，波动率较高，VaR 比较高，对应的监管资本要求比较高，对风险资本的计提比较高。这样会促使金融市场涨，涨得更快；跌，也跌得更快，叫做顺周期效应（procyclical）。

顺周期效应的产生，是因为用 VaR 作为计提监管资本的参考依据，而 VaR 的主要参考是波动率。监管资本的变化，对经济的衰退和经济的爆发式增长，像助推器一样，会起到推进作用。

ES 对波动率也敏感，但相对来说敏感度比较低。这也是为什么会提出用 ES 代替 VaR 的一个原因。

第三，回测的问题。首先，当回测置信水平比较高的 VaR 值时，出现例外值的个数比较低，回测效果欠佳。其次，前面提到回测的时间尽可能长，但是这里有点倒过来了。时间区间过长，其实不好，因为组合是不稳定的，回测出的结果不具有解释力度。我们希望在组合相对稳定的情况下，回测的结果才具有一定的解释力度。

VaR 模型并没有考虑流动性风险。VaR 是不包含流动性风险的，在二级的《操作风险和全面风险管理》这门课中，会涉及到如何把流动性风险考虑在 VaR 里，比如 LaR 或者 LVaR。

名师解惑

第一个话题，为什么 VaR 不包含流动性风险。比如 A 向银行贷了 500 万美元的贷款，抵押品是一套价值 100 万美元的小房子。A 违约的概率是 1%。计算 99% 置信水平下的 VaR 是多少？在计算的中，就要考虑违约情况了。如果 A 违约，这 500 万美元是不是都没了？不是的，还有这价值 100 万美元的房子可以回收。比如说 99% 置信水平下的 VaR 等于 400 万美元。我们说这是不合理的，因为计算 VaR 值并没有考虑到流动性风险。这样的计算方式认为 A 在违约时，这 100 万美元的房子是一定能够卖出的。事实上并不一定的。有可能当时市场不好，这 100 万美元的房子，比如只卖了 50 万美元，那么 VaR 值是不是应该变成 450 万美元了？

流动性分为风险分为两类，一个叫资产流动性风险，一个叫负债流动性风险。资产流动性风险，指的是想卖，卖不出；想买，买不进。如果卖掉或买到必须以一个不利的价格才能达成。比如，我有豪宅，但是必须要打一折两折才能卖出，这叫资产流动性风险。负债流动性风险，是我还不起钱。比如，我有 1 亿美元的豪宅，但是我还不起 1 美元。典型的是你有 1 亿美元的豪宅，这个时候你要坐地铁，要投币，你没币。你又不能说我是有房子的，你到底让不让我坐地铁？还是不让你坐的。

资产流动性分为外生流动性（exogenous liquidity）和内生流动性（endogenous liquidity）。外生流动性是市场造成的。比如说在进行交易时市场上有各种各样的佣金、税费，那么流动性就变差了。内生流动性是你自己造成。比如，你在上海别墅区有 12 栋别墅，这 12 栋别墅至今没有进行过任何一笔交易，那么价格也未知，市场估值 1 亿美元一栋。此时恰好你缺钱，所以你把其中的一栋别墅以 7 000 万美元的价格卖了，你就想着没事，就亏个 3 000 万美元。不要太天真，这也意味着其他的 11 套别墅的价格现在也是 7 000 万美元了。这属于内生流动性。内生流动性最常见的是什么？比如，明天茅台这只股票我要给它拉涨停，其实基本上你是以涨停价在买。因为在你买的过程中，价格就被你推上去了。所以你后面的成本也是增加的。这个原因是你自己造成的。当然了，这只是个例子。内生流动性和外生流动性，其实都没有在 VaR 模型里得到体现。

VaR 不满足一致性风险度量，因为它不满足次可加性。ES 是满足次可加性

的。ES 整体上，比 VaR 更好的。主要体现在三个方面：一是 ES 考虑到了超过 VaR 值之外的损失，因为 ES 是超过 VaR 值的损失平均数；二是 ES 具有次可加性，所以它是一致风险度量单位；三是 ES 减轻了单一置信水平下的特定选择可能对风险管理决策的影响。那为什么不用 ES 计量风险呢？它太复杂了，而且计算起来比较麻烦。

以上是对 VaR 缺陷的讨论。银行算出各种风险的 VaR，怎么进行加总呢？

第一类，有两种方式。第一种方式，**分区化方法**（compartmentalised approach），相当于默认相关性等于 1。第二种方式，**统一化方法**（unified approach），相当于默认相关性不等于 1。什么意思？比如银行得出信用风险的 VaR，市场风险的 VaR，操作风险的 VaR，想要得到一个整体的 VaR。在分区化方法下，这三个风险的 VaR 直接相加即可。在统一化方法下，就要考虑各个风险之间的相关性了。

相较而言，第一种风险加总方式更加谨慎一些，也是巴塞尔委员会建议使用的。相关系数难以确定，基于审慎性原则，令相关性等于 1，算出的 VaR 最大，由此计提的资本也就越大，抵御风险的能力也就越强。保险行业监管要求，在进行风险加总时通常采用统一化方法的，是要考虑相关性的。因为保险行业遵循大数定理的，比如在考虑死亡率时，如果不考虑相关性，相当于在默认某个区域的人会同时死亡。

第二类，也有两种方式。**自上往下的方法**（top-down approach）和**自下往上的方法**（bottom-up approach）。自上往下的方法把风险看成一个整体，考虑分散化的效果，类似统一化方法。自下往上的方法，相当于先单独找到各个风险，然后再进行整合。在整合的过程中，因为相关系数很难确定，基于审慎性原则，令相关系数等于 1，类似分区化方法。

✑ 备考指南——
两类风险加总方式需要了解。

本章小结

> VaR 的缺陷
  - 时间不好确定
  - 波动率会发生变化
  - 回测的问题
  - 流动性没有考虑
  - 缺乏次可加性
> 风险加总
  - 相关性等于 1——分区化方法、自下往上的方法
  - 相关性不等于 1——统一化方法、自上往下的方法

章节练习

1. 以下哪个关于 VaR 与 ES 的比较是正确的？

　　A. ES 满足次加性，而 VaR 不是。

　　B. VaR 和 ES 都衡量了投资者在给定时间内的损失，因此可以作为风险衡量
　　　　指标，互换使用。

　　C. VaR 和 ES 都取决于收益服从正态分布的假设。

　　D. VaR 可以根据所选的置信水平下而变化，但 ES 不会。

　　答案解析：A

　　VaR 衡量的是在给定的置信水平，给定的时间内的损失。VaR，没办法衡量
尾部风险。VaR 不满足次可加性。ES 可以衡量尾部风险，满足次可加性。改
变置信水平，VaR 和 ES 都会改变。VaR 和 ES 不一定基于收益服从正态分
布的假设，也可以用历史模拟法计算。

—— 第 3 章 ——
相关性建模

一、相关系数的基础知识	1. 相关系数在资产定价中的作用	★★
	2. 相关系数的金融产品	★★
	3. 2007～2009 年全球金融危机及其相关性	★★
	4. 相关性风险和其他风险的关系	★★
二、相关性的经验性质	1. 实证结论	★★
	2. 相关性中的均值回归和自相关	★★★
三、相关系数的统计模型	1. 皮尔森相关系数	★★★
	2. Spearman 相关系数	★★★
	3. Kendall's τ 相关系数	★★★
四、金融相关性建模	金融相关性建模（copula 函数）	★★

本章导论

这个章节是对相关系数进行建模。包含相关系数（correlations）和 copula 函数。先介绍相关系数的基本知识、相关系数的实证发现，再讲述相关系数的统计模型和金融模型。

1. 相关系数的基础知识

金融相关性风险是指由于两个或多个变量之间的相关性的不利变动而导致金融损失风险。风险是一种不确定性，这里指的是相关系数变化的不确定性。

1.1　相关系数在资产定价中的作用

例

CDS 的定价与相关系数

一个投资者投资了一个西班牙的债券，然后向一家法国银行购买了一个 CDS。相当于在西班牙购买债券，同时在法国的银行购买一个保险。

如果西班牙债券违约，投资者就可以找法国银行进行理赔。西班牙债券的违约概率和法国银行的违约概率的相关性是需要考虑的。假设，它们之间的相关系数是 1，意味着西班牙债券违约，法国银行也违约，所以对于投资者来说购买的这个 CDS 是没有任何价值的。我们最希望的是什么呢？相关系数等于 0，甚至 -1。假如相关系数是 -1，意味着一个违约，另外一个一定不违约，买这个 CDS 是最有价值的。

CDS 价格取决于两个因素，一个是西班牙债券的违约概率。违约概率高，保险产品就应该定更高的价格，即 CDS 的价格应该更高。另外一个是西班牙债券和法国银行之间的违约相关系数，也就是双方违约的相关系数。假设相关系数很高，CDS 的价格应该更低。如果相关系数很小，那么 CDS 的价格应该更高。所以，**金融产品的定价，比如 CDS 的定价与相关系数是息息相关的。**

在这个例子中，假设西班牙债券违约，投资者应该从持有的 CDS 中获得理赔款。在 CDS 中，相当于投资者赚钱了，但是与此同时发现给投资者提供理赔款的保险公司——法国银行的违约概率上升了。所以，虽然投资者赚钱，但更难拿到赚到的钱。这种风险叫做错路风险（wrong way risk）。

例

汇率连动期权或汇率保障期权（quanto option）

这种期权，投资的标的是外国资产，但是以本币进行支付的。

比如，有一个美国人认为日经指数会上涨，但是又担心日元贬值。通常如果他相信日经指数会上涨，投资日经指数即可。但是投资日经指数需要日元，所以投资者需要把美元先汇兑成日元，然后再投资日经。当日经指数上涨的时候，他是赚钱的。但是将日元汇兑回美元时，如果日元发生了贬值，这对投资者来说是不利的。所以他会担心日元发生贬值。

最好是投资日经指数，但是以后赚的钱可以用事先确定好的固定汇率转换。这样，就不用担心外汇风险。此时，投资者就可以买汇率连动期权。投资是日经指数的看涨期权，但最终的收益会以固定的汇率折算成美元。

备考指南——

比如说，赌球时，你在赌球的平台里投了很多钱，你赚钱了，但是这个平台却不能够支付对应的奖金了。好不容易赚钱了，你很开心，结果它不能给你发放奖金了，这也是没用的。

那么问题来了，如果日经指数和日元的相关系数很大，假设相关系数是1，相当于日经指数上涨，日元也升值，此时这个产品受不受欢迎？应该不受欢迎。没人会买这个汇率连动期权，因为日经指数上涨，日元又涨，可以赚两波。而购买这个期权，却赚不了这么多。什么时候汇率连动期权会值钱呢？相关系数比较低时，比较值钱。

通过这两个例子，表明CDS和汇率连动期权这两个产品的价值，都与相关系数的大小有关。

1.2 相关系数的金融产品

通过上面两个例子，可知相关系数对产品的定价起着重要作用，所以也可以利用对相关系数的变化的预测来进行投资或风险管理。比如，经过你对中美贸易的持续观察，认为某两个资产相关系数会上升。此时你应该怎么做？如果你的预期是正确的，可以通过投资一些相关系数产品获利。下面介绍几个关于相关性的衍生产品，当然这几个产品在国内不是特别好用，因为不是特别成熟，有些甚至还没有。

第一个策略，相关性互换（correlation swap）。

相关性互换和利率互换很像。相关性互换中，相关系数就是标的资产。

一个投资者预计相关系数会上涨，此时他可以支付一个固定的相关系数交换一个浮动的相关系数，并且要基于一定本金。相关性互换的多头收益确认：

$$收益＝本金×（实际\,\rho－固定\,\rho）$$

$$\rho_{实际} = \frac{2}{n^2 - n} \sum_{i>j} \rho_{i,j}$$

ρ 表示相关系数；

n 表示约定的资产个数。

本金是10亿美元，固定端的相关系数是0.8，结果经过一天的变化，实际的相关系数变成0.8001，那么收益是（0.8001－0.8）×1000000000＝100000（美元）。

对于支付固定相关系数的一方，是在赌相关系数上升。对手方在赌相关系数下降。

第二个策略，买一个看涨期权标的资产是股票指数，同时卖出一个看涨期权标的资产是其中的个股成分。

通过实证发现，当相关系数上涨时，指数的相关系数上涨幅度是超过个股相关系数上涨幅度的。当相关系数上涨时，两个看涨期权的价值都会上涨。标的资产是股票指数的看涨期权价值上涨更多，标的资产是个股的看涨期权价值也会上涨，只不过上涨幅度有限。所以整体策略是赚钱的。

为什么标的资产是股票指数的看涨期权能够涨这么多？这是一个实证研究的结论，参考了加拿大、澳洲、美国等几个国家的经济数据，总结得出来的一个规律。

第三个策略，方差互换（variance swap）。

当相关系数上涨时，波动率会上涨，方差也会上涨。这个策略是一个最复杂的策略。

这个策略会涉及两个互换。首先，在方差互换中支付固定方差，基于一个指数。其次，在方差互换中收取固定方差，基于这个指数中的成分股，如图3-1。

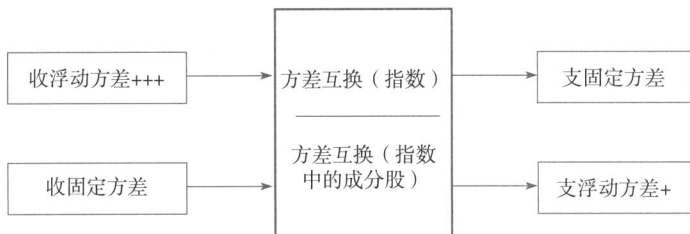

图 3-1　方差互换

在第一个互换中，支出固定方差，收到浮动方差，这个互换的标的资产是一个指数。在第二互换中，收到的是固定方差，支出浮动方差，这个互换的标的资产是这个指数的成分股。

在这个策略中，有两个固定方差。这两个固定方差是两个常数。如果这两个常数相等，一收一支正好可以直接抵消。如果不相等，无非是加一个价差（spread）的事情，假设在支固定方差和收固定方差抵消后还剩1%，相当于这个策略变成了收浮动方差（基于指数），支出浮动方差（基于指数的成分股）再加上1%。

前面已经提到过，当相关系数上涨时，指数的相关性涨得更快一些，那么对应的标准差或者方差涨的也更快一些。所以，在图3-3中，收到的浮动方差用三个"＋"表示，支出的浮动方差用一个"＋"表示，整体上这个策略是赚钱的。

—考纲要求—
解释相关系数变化如何导致2007年~2009年的全球金融危机。

第二个策略和第三个策略，都用到了指数相关系数的敏感程度高于指数中的成分股相关系数的敏感程度的规律。

如果看多相关系数，第一种策略，是可以进入相关系数互换，作为支付固定相关系数的一方；第二个策略，是买一个看涨期权标的资产是股票指数，同时卖出一个看涨期权标的资产是其中的个股成分；第三个策略，方差互换。支出固定方差，这个互换的标的资产是指数。收到固定方差，这个互换的标的资产是这个指数的成分股。

1.3　2007～2009年全球金融危机及其相关性

2007～2009年全球金融危机，当时的金融行业出现了一大波亏损，与相关系数相关的，一共有四起。在这四个案例里暗含着人们贪婪的成分，但也有明智做法的成分。

第一个案例，发生在2005年。次贷危机前，当时市场上比较火的产品是房地产以及房地产的衍生产品，典型的是MBS。对冲基金当时的策略是：

—备考指南—
当预计违约相关系数不变或者上涨时，第一种，买股权层，卖高级层。第二种，做空股权层的CDS，买入高级层或者夹层的CDS。这也是次贷危机前，一些对冲基金的操作。

做空 CDO 的股权部分，做多 CDO 的夹层部分。

做空 CDO 的股权部分，指的是做空股权层的 CDS；做多 CDO 的夹层部分，指的是买入高级层或者夹层的 CDS。

名师解惑

在资产证券化产品中，比如 CDO，会涉及层级（tranche）。典型的是：高级层（senior tranche）、夹层或者中间层（mezzanine tranche）及股权层（equity tranche）。从风险的角度，高级层的风险最小，股权层的风险最大。因为如果有损失，首先是由股权层承担，然后夹层承担，最后高级层承担。

通常看，高级层能够卖得比较火，股权层一般是自留，比较困扰的是夹层，不太好卖。金融机构会对夹层再进行资产证券化。把夹层又分成高级层、夹层及股权层，股权层自留，卖出高级层。通过这样的策略，可以把夹层的一部分再卖掉。针对剩下的夹层还可以再资产证券化。

假设，CDO 的标的资产池一共有 100 个贷款。这 100 个贷款违约与否是有相关性的。

当相关系数非常高，假设是 1，在这种情况下的，这些贷款要么全部违约，要么全部不违约。如果全部违约，此时高级层、夹层及股权层都有损失。因为所有的贷款都违约了，三个层级都回收不了现金流，都"死"了。如果 100 个贷款全部都不违约，三个层级都"活"下来了。所以，从这个角度看，高级层、夹层及股权层，它们之间没有风险上的差异，因此它们的定价之间的差异是很小的。

同样的，当相关系数非常低，假设是 −1。意味着如果有两个资产，一个发生违约，另外一个则不会违约。从这个角度看，可以得到这 100 个贷款一定有人违约，一定有人不违约。如果一定有人发生了违约，那么说明股权层一定会承担损失。如果一定有人不违约，高级层有一部分现金流是可以回收。从这种角度看，股权层的风险进一步上升，但是高级层的风险进一步下降。

假设现在的金融市场，相关性期初是低的，后来慢慢变的比较高。比如相关系数由 −1 逐渐地变化到 1。

在这个过程中，股权层的价格会发生什么样的变化？当相关系数为 −1 时，它的风险比较高；当相关系数比较高时，风险降低了。股权层的风险是降低的过程。风险越高的产品，价格越低；风险越低的产品，价格越高。所以，它的价格是会呈现上涨的趋势。另外，如果对股权层买 CDS，相当于对股权层买了保险产品。因为保险产品的保费与风险相挂钩，所以对应的保费会呈现出下降的趋势。

当相关系数为 −1 时，高级层肯定有一部分现金流可以回收。而当相关系数为 1 时，高级层是不是有一定的概率是拿不回现金流的？因为有可能全部损失掉了。所以，在相关系数由低变高的过程中，高级层的风险应该上升的。其所对应的保费应该也是上升的，故高级层的价格是下降的。

如果你认为相关系数是上涨的，可以做什么操作呢？

第一种，买股权层，卖高级层。因为高级层和股权层，与夹层和股权层是一样的道理。在当时的金融市场，不管是雷曼兄弟，还是 AIG，其实它们做的比较多的并不是直接做高级层或者股权层，因为这些产品有限。它们做的主要是 CDS。

第二种，做空股权层的 CDS，买入高级层或者夹层的 CDS。这也是次贷危机前，一些对冲基金的操作。

做空股权层的 CDS，可以获得高额的保费。为什么能够获得高额的保费呢？因为股权层的风险是比较大的，其对应的保费就会较高。买入高级层或者夹层的 CDS，会支出比较低的保费。

这个策略，如果相关系数的估计是正确的，出现了上涨，应该是赚钱的。前期雷曼兄弟和 AIG 赚钱基本上都来源于此。

而此时市场上相关性出现了下跌。对冲基金是希望上涨的，结果出现了下跌。结果这个策略亏钱了。当相关系数下降时，假设由 1 变成了 -1。高级层的 CDS 保费应该是下降，股权层的 CDS 保费应该是上升。这个策略两头都亏钱，产生了一大波损失。

相关系数和保费之间的关系。如图 3-2，横轴是相关系数，纵轴是保费（CDS 的价格）。1 号线是股权层的保费，2 号线是夹层的保费。相关系数并没有上涨而是下跌的。

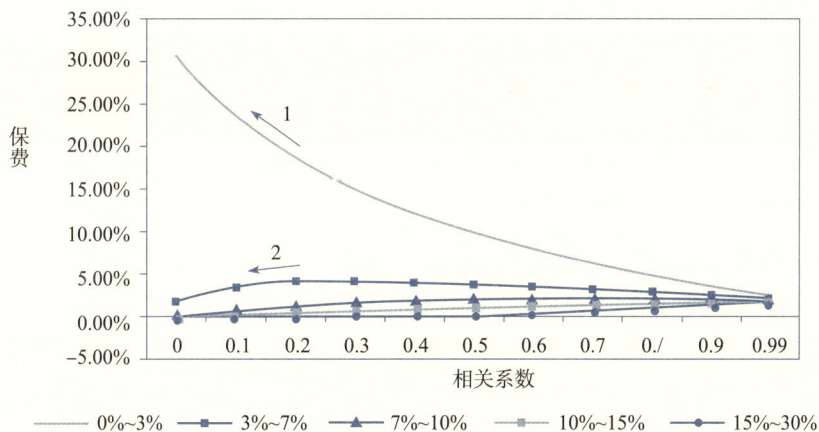

图 3-2　相关系数和保费之间的关系

所以，第一个案例没有赌对相关系数的变化，此时相关系数是下降的。这个时间点是在 2005 年，并不是在 2007～2009 年。

第二个案例。2007～2009 年次贷危机期间，此时相关性是上涨的。问题是，在相关系数上升时，对应的违约概率也持续上升了。在原来的策略里，做空股权层的 CDS，买入高级层或者夹层的 CDS。

当违约概率上升到一定程度，CDS的卖方要理赔。如果是理赔的话，理赔的钱与保费相比，完全是不同的数量级。理赔的资金远大于保费。常说的：你看中的是人家的利息，人家看中的是你的本金。所以，此时相关性上涨，在保费上赚钱。但违约概率大幅上涨，导致理赔出现了。最后，因违约概率上涨出现的理赔额，超过了相关系数上涨收到的保费。最终亏钱。

第三个案例，直接购买高级层。

在正常的情况下，高级层是比较安全的。因为高级层的评级比较高，都是AAA的，同时风险被夹层和股权层首先承担了。所以，买入高级层，是一个风险非常低的策略。但金融危机时，违约概率实在上升了太多了，即使是超优高级层（super-senior tranches）也出现了损失，损失了20%左右。

第四个案例，CDS作为了投机工具。市场危机时，有人萌生了一种想法：赌别人违约。赌别人违约，而不持有标的资产，叫做CDS裸卖空。当贷款违约时，就可以拿到理赔款。当然也有一部分人，像AIG一样，他们的想法是：房子价格是不会一味下跌的，关键时刻政府就会来救市，所以违约不会发生。所以，此时有人裸卖空CDS，即买入CDS，AIG等就作为对手方，卖出CDS。

相当于一部分人认为房价会跌，大量的贷款会违约。可以通过裸做空CDS，赚更多的理赔款。一部分人认为房价不会一味下跌，卖出CDS，赚取保费。

结果可想而知，这里的两类人都发生了巨额亏损。CDS的买方，并没有持有任何标的资产，在赌资产恶化。CDS的卖方，赌政府会救市。这两类人的行为都是投机行为，只不过在这场战役里，保险公司亏的更多一些。

这四个案例都与相关系数相关从2005年开始，赌相关系数上涨，结果相关系数下跌。后面的相关系数上涨，但涨太多，所以出现理赔。第三个买高级层，结果出现了损失。最后裸做空，又出现了损失。

备考指南—
这里介绍的全部都是出现比较大损失的情况，其实在当年金融危机里也是有很多人发了"战争"财的。

1.4 相关性风险和其他风险的关系

当出现相关系数风险时，其他的风险也应运而生。比如相关系数上升，波动率上升，相当于相关系数蕴含有一定的系统性风险。这个话题，提到了相关性风险与其他风险的关系。

相关性风险与信用风险。行业内的违约相关性比行业之间的违约相关性高。同行业的，比如说汽车A公司和汽车B公司。行业之间，比如说汽车行业和医药行业。用中国一句古话来形容，是唇亡齿寒。比如，通用公司发生了违约，福特就很有可能违约。

所以，对应的也造成了信用风险。相当于通用公司的信用风险上升时，福特公司的信用风险也上升。因此，银行在放款时，建议跨行业放款，不要把贷款过度集中在同行业，防止出现联合违约的状况。

相关系数和评级之间的关系。比如，现在有个A评级的公司，A评级是投资级评级，违约概率非常低。但是随着时间的增长，违约的概率在逐年增加。投资级公司的违约概率随着时间的推移而增加，因为不确定性随着时间的推移而增加。还有一个 CC 评级的公司。CC 评级是投机级评级。随着年份的增长，违约概率是下降的。对于 CC 评级公司来说，未来几年将是最困难的。如果它们能在未来几年里生存下来，违约概率就会降低。

即便这样，投资级的违约概率还是要低于投机级的违约概率。如表 3-1。

表 3-1 　A 级和 CC 级债券违约概率的期限结构

	年									
	1	2	3	4	5	6	7	8	9	10
A	0.02%	0.07%	0.13%	0.14%	0.15%	0.17%	0.18%	0.21%	0.24%	0.25%
CC	23.83%	13.29%	10.31%	7.62%	5.04%	5.13%	4.04%	4.62%	2.62%	2.04%
来源：Moody										

名师解惑

怎么解释这个情况呢？

比如，经常会看到娱乐圈有些光鲜亮丽的男明星，在外面是好男人的代表。所以人们对他的预期很高。但是随着年份的增长，出现了一些不太好的事情，人设就崩塌了。原来的人设不是很好，随着年份的增长，哪怕做了一件好事，我们就会觉得这个人是非常棒的。

同样的，对于两家公司来说，原来一家公司的违约概率非常低，信用评级非常高，但是仍然有违约的可能。如果前期没有发生违约，随着时间的累计，后期发生违约的概率会变高。但如果对于一家评级比较差的公司，本来就预期是会出事情。结果前期没有发生违约，市场对它的预期慢慢变好，财务状况慢慢变好，违约概率应该越来越低。所以，对于两类公司，评级高和评级低的公司，随着时间的增长，它们违约概率的变化也是不尽相同的。

相关系数风险和系统性风险。相关性风险和系统性风险之间的关系，并不是特别的直观。如图 3-3。

道琼斯指数是红色的三角线，道琼斯的相关系数是绿色的线。在 2008 年 3 月之前，道琼斯指数上涨时，相关系数也在上涨。在 2008 年 3 月之后，相关系数上涨时，道琼斯指数是下跌的。当相关系数出现剧烈上涨时，预示着市场系统性风险增加，但注意的一定是剧烈增长或快速增长。系统性风险和相关系数风险高度依赖。当道琼斯指数上涨更为强劲时，相关性也随之上升。

在正常时期被视为充分多样化的投资组合，由于其相关性急剧增加，可能会导致非预期损失。

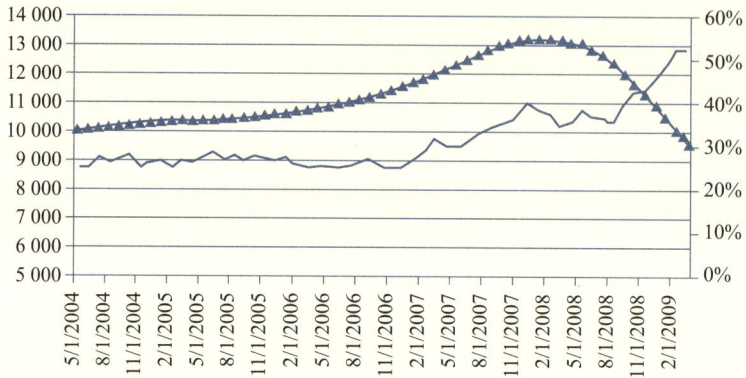

图 3-3　道琼斯指数和相关系数之间的关系

2. 相关性的经验性质

这个章节主要是关于相关性的一些实证结论。所谓实证结论，是通过分析一个国家或者多个国家的数据所得到的结论，这个结论可以非常完美的解释这个历史事件，但是它并不能说明为什么。典型的，比如中国的房地产市场，近几年房价一直上涨，收益率居然是最高的。请你解释为什么？经济学就不好解释了。但却可以把它放在实证结论里来进行说明。

2.1　实证结论

在我们的研究中，观察了 1972 年 1 月至 2012 年 10 月道琼斯工业平均指数（Dow Jones Industrial Average）30 只股票的每日收盘价，得出的一些实证结论。

第一个，在强劲的经济增长时期，相关水平最低。在衰退时期，相关水平通常会增加，如图 3-4。

相关系数下降时，经济是增长的；相关系数上升时，经济是下跌的。相当于经济情况和相关系数之间呈现出一种负相关。

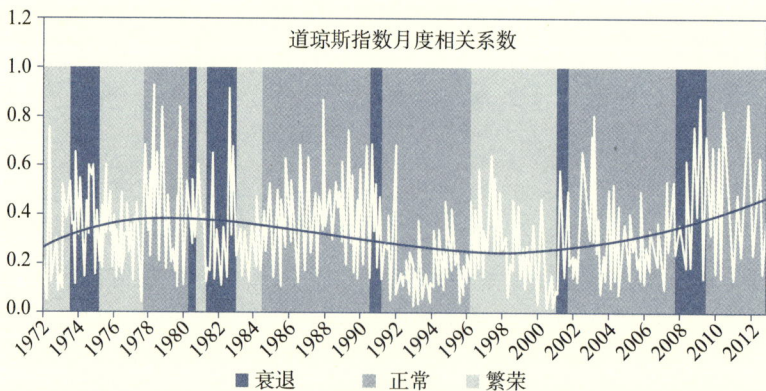

图 3-4　道琼斯指数月度相关系数

通过图 3-4 发现，在经济繁荣时，相关系数通常处于低位。相关系数也有波动，最小值通常位于浅色区域。同样的，当相关系数处于高位时，基本上出现在深色区，或者是浅灰色区。在经济出现衰退时，比较容易出现高的相关系数。

所以，相关系数是一个比较好的指标，描述经济行情是上涨还是下跌的趋势。但要注意，这并不是先行指标，并没有预示作用，只是事后观察发现的规律。

第二个，在经济繁荣时，相关系数的波动率最低；而在经济状况较差时，相关系数的波动率最高。经济状况和相关系数的波动率，它们之间也呈现负相关关系，如图 3-5。

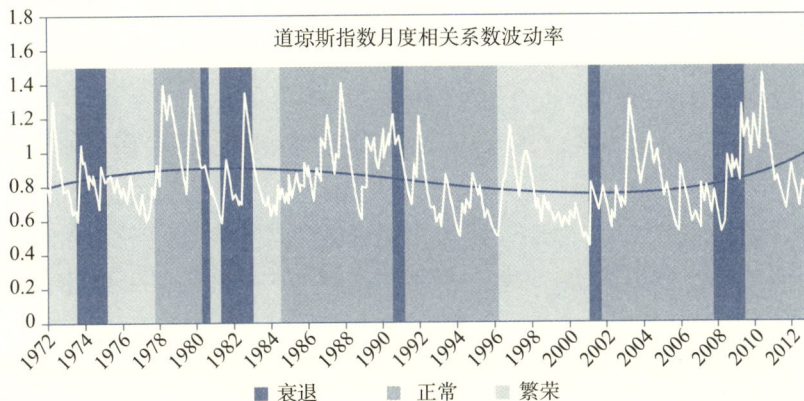

图 3-5　道琼斯指数月度相关系数波动率

第三个，相关系数与相关系数的波动率也存在一定关系。前面提到两个关系，第一个相关系数和经济状况之间呈现负相关，第二个相关系数的波动率和经济状况之间呈现负相关。那么相关系数与相关系数的波动率之间是正相关还是负相关的？正相关。常说的，敌人的敌人就是朋友。所以这张图呈现出正相关关系。这条线是上扬的，描述的是相关系数与相关系数波动率之间的关系，如图 3-6。

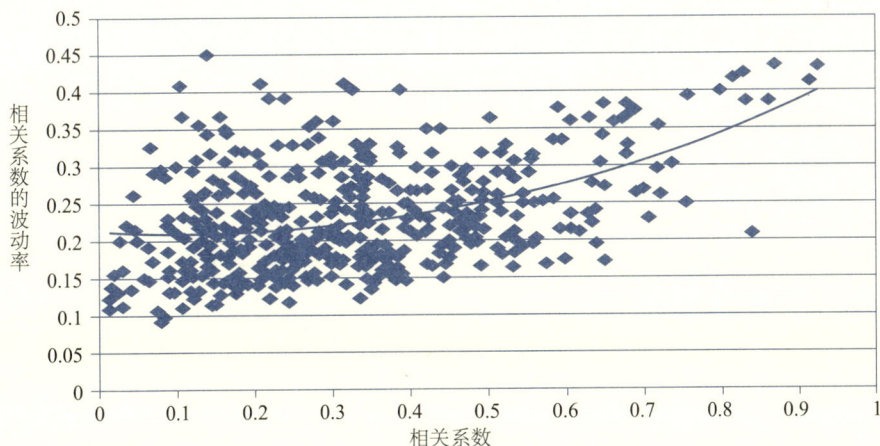

图 3-6　相关系数及其波动率之间的关系

2.2 相关性中的均值回归和自相关

■ 均值回归或均值复归（mean reversion）

相关系数会出现均值回归。因为相关系数有上限和下限，正负 1 是它的上下限，所以不会一味地往上涨，也不会一味地往下跌。

$$S_t = a(\mu_s - S_{t-1}) + S_{t-1}$$

S 表示的是相关系数；

S_t 表示新一期的相关系数；

S_{t-1} 表示旧一期的相关系数；

μ_s 表示长期平均相关系数；

a 表示均值回归系数，也可叫做均值复归。取值范围是大于 0 小于 1。

比如，昨天的相关系数是 0.5，长期平均值是 0.6。长期的平均相关系数比今天的相关系数大，所以明天的相关系数有一个上涨的趋势。如果涨得比较快，瞬间涨到 0.6，说明均值复归的速度非常快。如果涨得比较慢，对应的均值复归速度就会慢一些。假设 a 等于 0.7，那么明天的相关系数就是 0.57。

a 越大，回归速度越快。a 越小，回归速度越慢。如果 a 等于 0，不会有回归。在这个例子中，假如 a 等于 0，S_t 一直是 0.5，不会达到 0.6 了。

为了找到均值回归系数，a，我们可以对其进行标准回归分析：

$$Y = \alpha + \beta X$$

可得：

$$\underbrace{S_t - S_{t-1}}_{Y} = \underbrace{a\mu_s}_{a} - \underbrace{aS_{t-1}}_{\beta x}$$

■ 自相关

均值回归的对立面，称之为自相关（autocorrelation）。越容易出现均值回归，越不容易出现自相关，反之亦然。自相关，可分为正序列自相关和负序列自相关，都表示一组数据有一定趋势。

在金融学中，正自相关也被称为持续性（persistence）。如果出现均值回归，说明在涨时坚持了一会儿就涨不上了，所以坚持度不高，持续性不高。但如果是自相关，说明会一直往上涨，坚持度比较高。

自相关值＋均值回归系数＝1

比如均值回归系数是 77.51％，那么自相关值是 22.49％。

2.3 股票相关性是未来经济衰退的一个指标吗

根据历史数据，在每一次衰退之前，相关系数的波动性出现了衰退。然而，波动率的下降与衰退严重程度之间的关系在统计学上并不显著，如表 3-2。

表 3-2 相关系数波动率与危机之间的关系

	危机前相关系数波动率的变化(%)	危机的严重性程度(GDP 变化%)
1973～1974	−7.22%	−11.93%
1980	−10.12%	−6.53%
1981～1982	−4.65%	−12.00%
1990～1991	0.06%	−4.05%
2001	−5.55%	−1.80%
2007～2009	−2.64%	−14.75%

前面提到不管是相关系数还是相关系数波动率的增加，都预示着 GDP，也就是经济会有变化。但 GDP 变化多少，或者经济衰退的严重程度，是没有必然关系的。

在每次衰退之前，都有相关系数波动率的下跌。前面提到的相关系数上涨预示着经济坏，相关系数波动率上涨，也预示经济坏。而相关系数的波动率下跌，预示经济好。

通过表 3-2 发现，在危机发生前夕，相关系数波动率都会大幅下跌。那么，如果相关系数波动率出现大幅下跌，那么预示着衰退期就要开始了。这个结论，可以起到一个预警作用。比如每次房地产泡沫之前，前期会有一波非常大的房地产价格上涨，以及在每个健身房跑路前会有非常大力的促销。

波动率是不是下跌的越多，这次的衰退就越严重呢？没有这样的规律。比如，衰退最严重的是 1981～1982 年，及 2007～2009 年，但是对应的波动率下跌却不是最严重的。衰退的严重性程度和波动率下跌的严重程度，这两个之间没有关系。只有方向上的关系，可以起到预警作用。

2.4 债券相关系数及债券违约概率的相关系数

前面研究的都是股票的相关系数，债券也有相关系数的。债券违约概率的相关系数最好用 Johnson SB 分布进行刻画。

另外，债券的相关系数分布，与正态分布更加接近。股票的相关系数分布与正态分布更加偏离一些。

3. 相关系数的统计模型

相关系数的统计模型(statistical correlation models)，一共介绍三个。

3.1 皮尔森相关系数

皮尔森相关系数(Pearson Correlation)，是一级所学的相关系数。

$$\rho(X,Y) = \frac{Cov(X,Y)}{\sigma(X)\sigma(Y)}$$

这种相关系数的计算，非常简单。但是局限性很大，这里重点掌握它的缺陷。

备考指南——
掌握皮尔森相关系数、Spearman 相关系数、Kendall's τ 相关系数三种方法计算对应的相关系数，并评估它们在金融领域的局限性和有用性。

皮尔森相关系数的缺陷：

第一，只能衡量线性关系。但是金融市场里，很多时候不是线性关系。

第二，相关系数等于0，只能说明变量之间无线性关系，不能说明变量之间是独立的。因为皮尔森相关系数只能衡量线性关系。比如，$Y=X^2$，X和Y的皮尔森相关系数等于0，但是显然X和Y之间是存在关系的。

第三，只有当变量的联合分布为椭圆分布时，皮尔森相关系数才能衡量变量之间的相关关系。所谓的椭圆分布，一般来说是正态分布或者t分布。

第四，两个变量的标准差要求是有限的。因为皮尔森相关系数，等于协方差除以两个标准差。如果这两个标准差是无限的，那么相关系数就等于0了。从另外一个角度，如果两组数据的波动率是很大的，说明它们的点跳跃很大，相当于没有什么特别的规律。那么它们的相关系数就没有什么意义了。

最后，数据变换了之后，相关系数会发生变化。比如，$\rho_{(X,Y)} \neq \rho_{(\ln X, \ln Y)}$。所以皮尔森相关系数，在数据进行转化了之后，它们的相关系数就不相等了。

3.2 Spearman 等级相关系数

Spearman 等级相关系数（Spearman's rank correlation）的求法。

例

已知资产 X 和资产 Y 从 2008～2013 年的价格数据。利用 Spearman 等级相关系数的求法求出相关系数，如表 3-3。

表 3-3　两种资产的收益

两种资产的收益				
	资产 X（美元）	资产 Y（美元）	资产 X 的收益率	资产 Y 的收益率
2008	100	200		
2009	120	230	20.00%	15.00%
2010	108	460	−10.00%	100.00%
2011	190	410	75.93%	−10.87%
2012	160	480	−15.79%	17.07%
2013	280	380	75.00%	−20.83%
		平均	29.03%	20.07%

【解析】

前面提到过，对数据分析时，一般不会直接用资产的价格，因为会有单位的影响。所以，通常是研究它们的收益率。从 2008～2013 年，这两个资产分别能够找到 5 个收益率数据。并分别计算出各自的平均收益率。

这种方法侧重于将数据进行排序。

首先将 X 的数据按照由大到小的损失进行排序，对应的 Y 也发生变化。比如，X 发生 15.79% 的损失是在 2012 年，在这一年 Y 的收益率是 17.07%，从损失的角度看，排在第四位。其他的数据，一一对应好即可。这个过程，可以利用 Excel 完成，如表 3-4。

表 3-4 两种资产收益率排序

对资产收益率进行排序，得出 Spearman 相关系数						
	X_i 收益率	Y_i 收益率	X_i 排序	Y_i 排序	d_i	d_i^2
2012	15.79%	17.07%	1	4	-3	9
2010	10.00%	100.00%	2	5	-3	9
2009	20.00%	15.00%	3	3	0	0
2013	75.00%	-20.83%	4	1	3	9
2011	75.93%	-10.87%	5	2	3	9
					求和	36

假设 X 损失由大到小的排序是 1、2、3、4、5，Y 也是 1、2、3、4、5。说明当 X 损失最大时，Y 损失也最大。当 X 损失最小时，Y 损失也最小。此时，X 和 Y 呈现正相关关系。如果 Y 的排序是 5、4、3、2、1，那么 X 和 Y 呈现负相关关系。X 的排序与 Y 的排序越相近，越表明正相关；越不相近，越表明负相关。那么怎么样描述所谓的相近与不相近的问题呢？通过对排序值做差。

d_i 表示排序值的差额。分别找出它们的差额，分别是 -3、-3、0、3、3。差值，有正有负，如果直接相加会相互抵消。所以，对差值分别求平方。然后再求和，是 36。

Spearman 等级相关系数公式

$$\rho_s = 1 - \frac{6\sum_{i=1}^{n}d_i^2}{n(n^2-1)}$$

n 是样本的个数；

d_i 表示排序值差额的平方；

ρ_s 取值范围是 -1 到 1。

$\rho_s = 1$ 依然表示完全正相关；$\rho_s = -1$，依然表示完全负相关。$\rho_s = 0$ 表示没有关系。

备考指南——
记忆方式：
$$\rho_s = 1 - \frac{6\sum_{i=1}^{n}d_i^2}{(n-1)n(n+1)}$$

结合上面的例子，相关系数 $\rho_s = 1 - \dfrac{6\times36}{5\times(5^2-1)} = -0.8$

计算 Spearman 相关系数的步骤：

第一步，对收益率数据进行排序；

第二步，求出排序值的差额；

第三步，对差额求平均，再求和；

最后，带入公式 $\rho_s = 1 - \dfrac{6\sum_{i=1}^{n}d_i^2}{n(n^2-1)}$ 即可。

3.3 Kendall's τ 相关系数

τ 是希腊字母，表示是时间的跨度。比如从七点钟到八点钟经历了一个小

备考指南——
原版书中关于 Kendall's τ 说法，以及所有的举例都是有问题的。大家按照上述这种思路进行做题和理解即可。

时，这个时间段通常用 τ 表示。Kendall's τ 相关系数，取值范围依然是 -1 到 1。主要是对 Spearman 相关系数排序法进行改良。涉及 2 组概念：

协同组（concordant pair），满足 $\mathrm{sgn}(X_2-X_1)=\mathrm{sgn}(Y_2-Y_1)$

非协同组（discordant pair），满足 $\mathrm{sgn}(X_2-X_1)=-\mathrm{sgn}(Y_2-Y_1)$

sgn，是符号函数，返回参数的正负。

$\mathrm{sgn}(X_2-X_1)=\mathrm{sgn}(Y_2-Y_1)$，意味着，$X_2-X_1$ 和 Y_2-Y_1 符号是一样的。即如果 $X_2>X_1$，$Y_2>Y_1$ 或者 $X_2<X_1$，$Y_2<Y_1$，是协同组。或者写成 $(X_2-X_1)\times(Y_2-Y_1)>0$。

$\mathrm{sgn}(X_2-X_1)=-\mathrm{sgn}(Y_2-Y_1)$，意味着，$X_2-X_1$ 和 Y_2-Y_1 符号是不一样的。即如果 $X_2>X_1$，$Y_2<Y_1$ 或者 $X_2<X_1$，$Y_2>Y_1$，是非协同组。或者写成 $(X_2-X_1)\times(Y_2-Y_1)<0$。

如果 $X_2>X_1$，$Y_2=Y_1$ 或者 $X_2<X_1$，$Y_2=Y_1$ 或者 $X_2=X_1$，$Y_2>Y_1$ 或者 $X_2=X_1$，$Y_2<Y_1$ 的话，既不是协同组也不是非协同组。或者写成 $(X_2-X_1)\times(Y_2-Y_1)=0$。

这样的话，将数据组分成了三组。以上面的例题为例，求 Kendall's τ 相关系数。

依然需要对表 3-4 数据进行排序。找出数据组的分类。

比如，2012 年的这组数（X，Y 的排序值分别为 1，4）和 2010 年的这组数（X，Y 的排序值分别为 2，5），那么它们是属于协同组还是非协同组呢？一种方法，$(1-2)\times(4-5)>0$，所以（1，4）和（2，5）是一个协同组。另外一种方法，$1<2$ 同时 $4<5$，所以（1，4）和（2，5）是一个协同组。这两种方法都可以判断。

比如，2009 年的这组数（X，Y 的排序值分别为 3，3）和 2013 年的这组数（X，Y 的排序值分别为 4，1）那么它们是属于协同组还是非协同组呢？因为 $(3-4)\times(3-1)<0$，所以，（3，3）和（4，1）是一个非协同组。

在这个例子里，协同组有 2 组，分别是 {（1，4），（2，5）}，{（4，1），（5，2）}；非协同组有 8 组，分别是 {（1，4），（4，1）}，{（1，4），（5，2）}，{（2，5），（4，1）}，{（2，5），（5，2）}，{（1，4），（3，3）}，{（2，5），（3，3）}，{（3，3），（4，1）}，{（3，3），（5，2）}；既不是协同组也不是非协同组是 0 组。没有出现既不是协同组也不是非协同组，意味着没有出现损失并列的情况。

那么，它们的相关系数是怎么来求？得出协同组和非系统组个数，带入如下公式即可：

$$\tau=\frac{n_c-n_d}{n(n-1)/2}=\frac{n_c-n_d}{C_n^2}$$

n_c 表示协同组的个数；

n_d 表示非协同组的个数。

如果全是协同组，那么 $\tau = 1$。如果全是非协同组，那么 $\tau = -1$。极端的情况求出来相关系数 1 或 -1。换言之，τ 的取值范围是 -1 到 1。

这个例子中求出的相关系数 $\tau = \dfrac{2-8}{5 \times (5-1)/2} = -0.6$。

如果数据组里协同组比较多，意味着数据越容易呈现出正相关还是负相关？正相关。如果数据组里非协同组比较多，意味着数据越容易呈现出负相关。在这个例子里，出现更多的非协同组，相当于 X 和 Y 收益相关性出现了负相关性。

对于这个例题，皮尔森相关系数为 -0.74，Spearman 相关系数为 -0.8，Kendall's τ 为 -0.6。说明这三种方法计算结果是一致的。

总结，三种相关系数计算方法的选择

这三种相关系数的计算方法，到底该用哪一个方法呢？实际应用中主要关注两点：

第一，对于异常值的处理。基数（cardinal），更在乎数值的大小。序数（ordinal），更在乎排序。cardinal 主要是皮尔森相关系数，ordinal 主要是 Spearman 相关系数和 Kendall's τ 相关系数。

皮尔森相关系数对数据的利用率更高，因为 Spearman 相关系数和 Kendall's τ 只用到它的排序值，对数据的利用率会更弱一些。如果数据组里存在异常值（outlier），对皮尔森相关系数会有影响。因为协方差会变，波动率会变。但是对于 Spearman 相关系数和 Kendall's τ 相关系数，只看排序。即使出现异常值，只要排序不变，计算结果就不变。

对异常值的处理思路。如果异常值对金融建模是有意义的，应使用皮尔森相关系数。如果异常值对金融建模是没有意义的，比如异常值的出现可能是由人工错误操作造成的，那么应使用 Spearman 相关系数和 Kendall's τ 相关系数 的方法。

在上面的这个例子中，如果资产 X 收益率变成了两倍，Spearman 相关系数和 Kendall's τ 计算 出的结果是不变的。但是，皮尔森相关系数，从 -0.74 变成了 -0.61。

第二，选择使用 Spearman 相关系数还是 Kendall's τ 相关系数？如果现在发现异常值，不希望对模型产生影响，所以会选择使用 Spearman 相关系数和 Kendall's τ 相关系数。那么，到底选 Spearman 相关系数还是 Kendall's τ 相关系数？

如果数据组里，有很多的既不是协同组又不是非协同组，一般不使用 Kendall's τ 的方法。在上面这个例子里，假设这 10 组数据里，都是既不是协同组又不是非协同组，相当于 0 个协同组，0 个非协同组。那么 Kendall's $\tau = 0$，说明无相关关系。

4. 金融相关性建模（copula 函数）

2000 年，David Li 将多变量 copula 函数应用于金融领域。当灵活的 copula 函数被引入到金融领域时，它们受到了热烈的欢迎，但在 2007 年全球金融危机爆发时却陷入了耻辱。copula 函数之所以流行，是因为它们可以简单地解决一个复杂的问题：copula 函数可以将多个资产（例如 CDO 中的 125 个资产）与单个（尽管是多维的）函数关联起来。copula 函数有优点，也有局限性。

就像蒙特卡罗模拟一样，我们经常在金融建模中使用随机模型，因为我们相信它们可以更好地复制人类的随机行为。但使用这些模型需要进行压力测试，意味着需要对经济衰退和系统性市场崩溃等极端情况进行模拟。但在 2007～2009 年的危机中，压力测试被忽略了。

> **名师解惑**
>
> 两组变量 X，Y，可以得出它们的相关系数 $\rho(X，Y) = \dfrac{\mathrm{Cov}(X，Y)}{\sigma(X)\sigma(Y)}$。协方差和标准差只是一组数据的二阶矩，所以相关系数也只能描述数据的二阶矩。换言之，只能说明当 X 比较大时，Y 也比较大。X 比较小时，Y 也比较小。这个叫做正的相关系数。
>
> 但我们想研究的是金融市场上的尾部事件或者极端事件，比较关心的是当 X 取到极小值，是否 Y 也取到极小值？或者说如果 X 是一个左偏的分布，当它取到左边尾巴时，Y 是不是也正好取到它左边的尾巴？我们是比较关心这种事情的。
>
> 描述一组数据的特征，常见有一阶矩、二阶矩、三阶矩、四阶矩，对应的是均值、方差、偏度和峰度。同样的，如果要去研究两组数据的相关关系，最弱的是协方差，然后是协偏度、协峰度。但是后面这两个概念已经很少使用了，在数学里它们有非常多弊端。所以金融里用 copula 函数，可以把它看成是相关系数的一种高纬度版本。一级已经提到过，copula 函数不是用来计算相关系数，相关系数是应用在 copula 函数中的。

copula 函数能够将随机变量的联合分布与它们各自的边缘分布连接在一起，用相关系数来连接。这种方法可以有效的描述随机变量之间的相关程度，而且能够反映它们的相关模式。copula 函数是金融市场中研究相关性非常有用的工具。本章节主要介绍的是 David Li 的高斯 copula 函数。

一组变量存在一个连接函数 c，

$$C[G_1(u_1),\cdots,G_n(u_n)] = F_n[F_1^{-1}(G_1(u_1)),\cdots,F_n^{-1}(G_n(u_n));\rho_F]$$

$G_n(u_n)$：边际分布；

F_n：联合累积分布函数；

$F_n^{-1}(G_n(u_n))$：F_n 的逆函数；

ρ_F：F_n 的相关结构。

> **David Li 的高斯 copula 函数**

$$C_{GD}[Q_1(t),\cdots,Q_n(t)] = M_n[N^{-1}(Q_1(t)),\cdots,N^{-1}(Q_n(t));\rho_M]$$

C_{GD}：高斯违约 copula 函数；

$Q_n(t)$：时间资产 n 在 t 时的累计违约概率；

M_n：n 个变量联合累积标准正态分布；

ρ_M：n 元正态分布 M_n 的 $n*n$ 对称正定相关矩阵；

N^{-1}：一元标准正态分布的逆函数。

例

用高斯 copula 函数推导两个实体的联合违约概率

假设有两个公司，B 和 Caa，它们第一年到第十年估计的违约概率如表 3-5 所示。投资级公司的违约概率随着时间的推移而增加，因为不确定性随着时间的推移而增加。然而，在表中，这两家公司目前处于困境中。对这些公司来说，未来几年将是最困难的。如果它们能在未来几年里生存下来，它们的违约概率就会降低。

现在我们来找出这两个公司的联合违约概率。

—考纲要求—
描述高斯 copula 并解释如何使用它来推导两个资产共同的违约概率。

表 3-5　**B 公司和 Caa 公司违约概率和累计违约概率**

B 公司和 Caa 公司违约概率和累计违约概率			
违约时间 t	B 公司违约概率	B 公司累计违约概率 $Q_B(t)$	Caa 公司违约概率	Caa 公司累计违约概率 $Q_{Caa}(t)$
1	6.51%	6.51%	23.83%	23.83%
2	7.65%	14.16%	13.29%	37.12%
3	6.87%	21.03%	10.31%	47.43%
4	6.01%	27.04%	7.62%	55.05%
5	5.27%	32.31%	5.04%	60.09%
6	4.42%	36.73%	5.13%	65.22%
7	4.24%	40.97%	4.04%	69.26%
8	3.36%	44.33%	4.62%	73.88%
9	2.84%	47.17%	2.62%	76.50%
10	2.84%	50.01%	2.04%	78.54%

首先，找到对应的累计违约概率。比如 B 公司两年的累计违约 14.16%，是第一年的违约概率 6.51% 和第二年的违约概率 7.65% 之和。这样可以分别得到这两家公司的累计违约概率。

其次，将表第 3 列和第 5 列中的累积违约概率 $Q_B(t)$、$Q_{Caa}(t)$ 通过映射到标准正态分布，这个过程可以通过 excel 或 matlab 实现。比如，6.51%，映射到标准正态分布上的分位数是 -1.513 3。14.16%，映射到标准正态分布上的分位数是 -1.073 2，因此可以得到这两个公司的累计违约概率，映射到标准正态分布的分位数，如表 3-6。

表 3-6　B 公司和 Caa 公司累计违约概率及相应标准正态分布分位数

B 公司和 Caa 公司累计违约概率及相应标准正态分位数				
违约时间 t	B 公司累计违约概率 $Q_B(t)$	B 公司累计标准正态百分位数 $N^{-1}(Q_B(t))$	Caa 公司累计违约概率 $Q_{Caa}(t)$	Caa 公司累计标准正态百分位数 $N^{-1}(Q_{Caa}(t))$
1	6.51%	−1.513 3	23.83%	−0.711 8
2	14.16%	−1.073 2	37.12%	−0.328 7
3	21.03%	−0.805 4	47.43%	−0.064 5
4	27.04%	−0.611 6	55.05%	0.126 9
5	32.31%	−0.459 0	60.09%	0.255 7
6	36.73%	−0.339 0	65.22%	0.391 3
7	40.97%	−0.228 3	69.26%	0.503 2
8	44.33%	−0.142 6	73.88%	0.639 7
9	47.17%	−0.071 0	76.50%	0.722 5
10	50.01%	0.000 3	78.54%	0.790 6

最后，可得图 3-7。把 B 公司累计标准正态分位数 $N^{-1}(Q_B(t))$ 和 Caa 公司累计标准正态分位数 $N^{-1}(Q_{Caa}(t))$，通过计算机，再结合这两组数据的相关系数，整合成一个三维图形。就可以得到对应的联合违约概率。因为我们的例子中只有 $n=2$ 个公司 B 和 Caa。只有一个相关系数 ρ，而不是相关矩阵 ρ_m，我们得到：

$$M_2\{N^{-1}[Q_B(t)], N^{-1}[Q_{Caa}(t)]; \rho\}$$

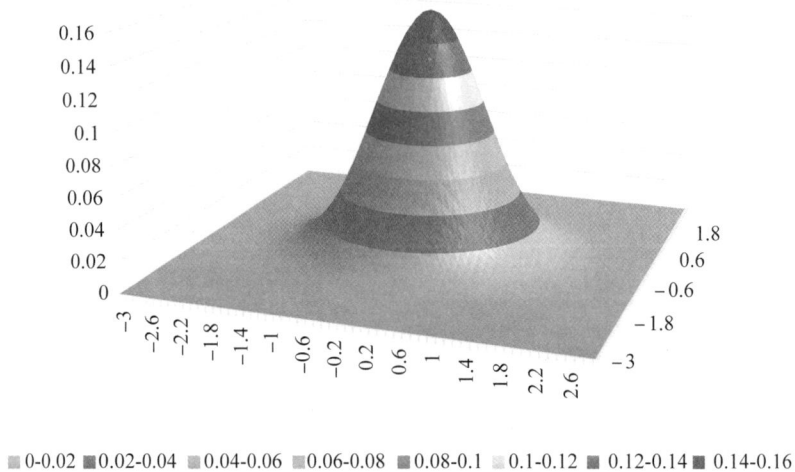

■ 0-0.02　■ 0.02-0.04　■ 0.04-0.06　■ 0.06-0.08　■ 0.08-0.1　■ 0.1-0.12　■ 0.12-0.14　■ 0.14-0.16

图 3-7　二元正态分布

比如，假设一年的高斯违约相关性为 0.4，那么 B 公司和 Caa 公司明年的联合违约概率 Q 是多少？

$$Q(\tau_B \leqslant 1 \bigcap \tau_{Caa} \leqslant 1)$$
$$= M(x_B \leqslant -1.513\ 3 \bigcap x_{Caa} \leqslant -0.711\ 8, \rho = 0.4)$$
$$= 3.44\%$$

> **copula 函数的劣势**

第一，尾部依赖（tail dependence）。David Li 的高斯 copula 函数假定收益率是服从正态分布，但实际市场会有肥尾情况的产生。肥尾指的是极端损失扎堆出现，其实就是极端损失发生的概率比较高。所以，上个例子中，B 和 Caa 联合违约的概率变大。其中的一个解决思路是用 t-copula 函数来代替高斯 copula 函数，即是将正态分布用 t 分布进行替代。t 分布天生就具有肥尾的特点。

第二，copula 函数是静态的，因此只允许有限的风险管理。在上面的例子中，得出来的违约概率是个常数，是一个静态的值。说明 copula 函数是静态的。但相关系数是有可能发生变化的。在危机中，相关性通常会增加。

> 备考指南——
> 掌握高斯copula
> 函数的劣势，可
> 主要从相关系数
> 入手。因为相关
> 系数是应用在cop-
> ula函数中的。

本章小结

> 相关系数的基础知识
> - 相关系数在资产定价中的作用
>   - CDS 的定价与相关系数
>   - 汇率连动期权或汇率保障期权
> - 相关系数的金融产品
>   - 相关性互换（correlation swap）。
>   收益＝本金×（实际 ρ－固定 ρ）
> $$\rho_{实际} = \frac{2}{n^2 - n} \sum_{i>j} \rho_{i,j}$$
>   - 买一个看涨期权标的资产是股票指数，同时卖出一个看涨期权标的资产是其中的个股成分。
>   - 方差互换

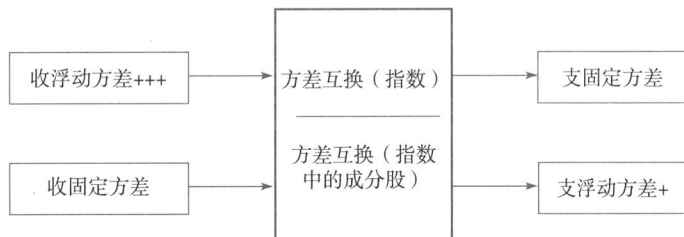

| 收浮动方差+++ | → | 方差互换（指数） | → | 支固定方差 |
| 收固定方差 | → | 方差互换（指数中的成分股） | → | 支浮动方差+ |

> - 2007～2009 年全球金融危机及其相关性
> - 相关性风险和其他风险的关系
>   - 相关性风险与信用风险
>   - 相关系数风险和系统性风险
> 相关性的经验性质
> - 实证结论
> - 均值回归

$$S_t = a(\mu_s - S_{t-1}) + S_{t-1}$$

■ 自相关
➢ 相关系数的统计模型
■ 皮尔森相关系数

$$\rho(X,Y) = \frac{Cov(X,Y)}{\sigma(X)\sigma(Y)}$$

■ Spearman 相关系数

$$\rho_s = 1 - \frac{6\sum_{i=1}^{n} d_i^2}{n(n^2 - 1)}$$

■ Kendall's τ 相关系数

$$\tau = \frac{n_c - n_d}{n(n-1)/2}$$

■ 三种相关系数计算方法的选择
➢ 金融相关性建模（copula 函数）
■ David Li 的高斯 copula 函数
■ copula 函数的劣势

章节练习

1. 风险管理者使用道琼斯工业指数过去 480 个月的相关数据来估计普通股的长期平均相关系数和均值回归系数。根据历史数据，道指的长期平均相关系数为 34%，回归出如下关系：$y = 0.215 - 0.77x$，假设 2018 年 4 月，所有道指股票的月平均相关系数为 33%。基于回归分析中估计的均值回归系数，该时间段的自相关系数是什么？

A. 23%   B. 26%

C. 30%   D. 33%

答案解析： A

$$\underbrace{S_t - S_{t-1}}_{Y} = \underbrace{a\mu_s}_{\alpha} - \underbrace{aS_{t-1}}_{\beta x}$$

根据这个关系式，可知均值回归系数是 0.77。另外，自相关系数＋均值回归系数＝1，所以 A 正确。

2. 以下关于皮尔森相关系数的陈述哪一个是正确的？

Ⅰ. 变量的转换并没有改变它们的相关结构。

Ⅱ. 两个变量的标准差是有限的。

Ⅲ. 当被变量呈多变量椭圆分布时，相关系数是一个很好的度量指标。

A. 仅Ⅰ和Ⅱ。   B. 仅限Ⅱ、Ⅲ。

C. 仅限Ⅰ和Ⅲ。   D. 全对。

答案解析： B

皮尔森相关系数的缺陷：第一，只能衡量线性关系。第二，相关系数等于 0，只能说明变量之间无线性关系，不能说明变量之间是独立的。第三，只有当变量的联合分布为椭圆分布时，皮尔森相关系数才能衡量变量之间的依赖关系。第四，两个变量的标准差要求是有限的。最后，数据变换了之后，相关系数会发生变化。

—— 第4章 ——
风险度量和对冲的实证方法

一、基于单变量回归的对冲交易	基于单变量回归的对冲交易	★★★
二、基于双变量回归的对冲交易	双变量回归的对冲交易	★
三、主成分分析	主成分分析	★★

本章导论

  本章节需要重点学习第一块基于单变量回归的对冲交易，考试以定量考察为主，比较简单。后面介绍双变量回归的对冲交易及主成分分析方法，主要进行定性的考察。

1. 基于单变量回归的对冲交易

—考纲要求—
解释对债券头寸
使用DV01中性
对冲的缺点。

一级学过 DV01 对冲，它有很多缺点。DV01 对冲基于的假设是整个利率期限结构的变动可以用一个利率因素来描述。即通过忽略曲线风险和简单地假设利率期限结构的平行变化，DV01 对冲不一定是一个可行的对冲。

例

有个交易者，计划卖出 100 000 000 美元到期时间是 2019 年 8 月 19 日的美国长期国债，票面利率是 $3\frac{5}{8}s$，同时买入一定数量到期时间是 2019 年 7 月 15 日的 TIPS，票面利率是 $1\frac{7}{8}s$，如表 4-1。需要多少的 TIPS 对冲？

表 4-1　TIPS 和美国长期国债

债券	收益率(%)	DV01
TIPS1 $\frac{7}{8}s$	1.237	0.081
美国长期国债 $3\frac{5}{8}s$	3.275	0.067

【解析】

如果市场利率变化，一张债券亏的钱，另外一张债券要赚回来，使得整个投资组合不赚不亏，这样就达到了对冲目的。假设，市场利率上升 Δy，长期国债的价格下降，因为债券价格和利率反向变化，这里是卖出长期国债，获利 $100\,000\,000 \times \Delta y \times \frac{DV01}{100} = 100\,000\,000 \times \Delta y \times \frac{0.067}{100}$。而买入 TIPS，在市场利率上涨时，是亏钱的，亏 $NP \times \Delta y \times \frac{DV01}{100} = NP \times \Delta y \times \frac{0.081}{100}$。其中 NP 是 TIPS 的面值。因为这里的 DV01 基于的是 100 美元面值，所以需要调整。为了达到对冲的目的：

$$100\,000\,000 \times \Delta y \times \frac{0.067}{100} = NP \times \Delta y \times \frac{0.081}{100}$$

得出 $NP = 82\,700\,000$ 美元

所以，通过 DV01 对冲，需要买入面值为 82 700 000 美元的 TIPS。

但是交易员对这种对冲方法存有疑虑，因为 TIPS 和长期国债的收益率的变化不会完全相同。因为投资于长期国债的投资者要求的收益率，也叫作名义收益率，名义收益率包括实际收益率和对预期通胀率的补偿。而 TIPS 根据实际购买力来支付，也就是说其支付是根据通胀率调整的，投资者的收益率通常是实际收益率。

市场上真实的收益率上涨 1bp，名义的收益率是不是也上涨 1bp 呢？不一定。但如果通货膨胀保持不变，这两者是相等的。但如果通货膨胀发生变化，

名义的无风险利率与真实的无风险利率上涨的幅度是不一样，那么上述的式子不成立。即买入面值为 82 700 000 美元的 TIPS 来对冲，存在问题。

对于 DV01 对冲的改进，我们可以根据给定实际收益率变化估计名义收益率的平均变化，并相应地调整 DV01 对冲。我们可以使用最小二乘回归分析法来调整 DV01 对冲。怎么来做回归呢？

令 Δy_t^N 和 Δy_t^R 分别表示名义收益率和实际收益率的变化，可得如下回归式：

$$\Delta y_t^N = \alpha + \beta \Delta y_t^R + \varepsilon_t$$

实际收益率的变化（自变量）用于解释名义收益率的变化（因变量）。截距 α、斜率 β 是用实际数据估算出来的。误差项 ε_t 是某个特定日期名义收益率的实际变化和用模型估计出的变化之间的偏差。因为名义利率是实际利率加上通货膨胀率，所以 ε_t 也包括了通货膨胀率的变化。因此，这里所要求的自变量与误差项不相关的假设等价于实际利率和通货膨胀率不相关。这个假设是可容忍的，但非最理想，因为通货膨胀会对实体经济产生影响，从而影响实际利率。

如果市场实际收益率的变化是 1bp，那么名义收益率的变化是 β bp。找出它们之间的关系，这种对冲叫做回归对冲。

例如，此例中回归出 β 为 1.018 9，即实际收益率中每变化 1bp，名义收益率平均变化 1.018 9bp。此时，

$$NP \times \frac{0.081}{100} \times \Delta y_t^R = 100\ 000\ 000 \times \frac{0.067}{100} \times \Delta y_t^N$$

$$\Delta y_t^N = 1.018\ 9 \times \Delta y_t^R$$

$$NP = 84\ 300\ 000（美元）$$

即通过回归对冲，可确定此时需要买入面值为 84 300 000 美元的 TIPS。与初始的 DV01 对冲相比，需要多买入 1 600 000 美元。

—考纲要求—
计算进行回归对冲所需头寸的面值。这是本节的重点。

—备考指南—
$F^R = -F^N \times \dfrac{DV01^R}{DV01^R} \times \hat{\beta}$ 这个公式很容易记忆混淆，可以通过如下记忆方式：
$F^R \times DV01^R \times 1 = F^N \times DV01^N \times \hat{\beta}$

名师解惑

上述回归式中，截距 α、斜率 β 是用实际数据估算出来的。通过一级数量知识，可知应该用最小二乘法的方法将斜率和截距求出来。使用最小二乘法估计，α、β 的估计值 $\hat{\alpha}$、$\hat{\beta}$ 满足使得所有误差项的平方和最小，即

$$\sum_t \hat{\varepsilon}_t^2 = \sum_t (\Delta y_t^N - \hat{\alpha} - \widehat{\beta \Delta y_t^R})^2$$

用 F^R 和 F^N 表示实际利率债券和名义利率债券的面值，用 $DV01^R$ 和 $DV01^N$ 表示它们的 DV01s。基于回归方程的对冲，其特点是基于之前的 DV01 对冲，针对名义收益率的平均变化相对于实际收益率的变化进行了调整，可写如下：

$$F^R = -F^N \times \frac{DV01^N}{DV01^R} \times \hat{\beta}$$

这里的"—"表示对冲方向。如果初始是买入，就需要通过卖出来对冲。如果初始是卖出，就需要通过买入来对冲。

2. 基于双变量回归的对冲交易

做市商从客户手中购买或收到了相对来说流动性较差的 20 年期的固定利率互换产品，收到互换的固定现金流，需要对冲由此产生的利率风险。

通常短期的互换交易比较活跃，但是这种 20 年期互换交易不是特别活跃。如果直接用一个支固定现金流的 20 年期的互换做对冲，市场上不太能够找到，因为它的流动性很差，交易不活跃。另外，可能意味着较大的买卖价差损失。所以，该做市商选择卖掉 10 年期和 30 年期互换产品的组合。那么，该做市商希望用一个双变量的回归模拟来描述 20 年期互换利率和 10 年期及 30 年期互换利率的关系：

$$\Delta y_t^{20} = \alpha + \beta^{10} \Delta y_t^{10} + \beta^{30} \Delta y_t^{30} + \varepsilon_t$$

通过最小二乘法进行估计，与单变量的做法类似，通过选择参数的估计值 $\hat{\alpha}$、$\hat{\beta}^{10}$、$\hat{\beta}^{30}$。当估计出这些参数后，回归方程给出 20 年期互换利率的预测值为：

$$\Delta \hat{y}_t^{20} = \hat{\alpha} + \hat{\beta}^{10} \Delta y_t^{10} + \hat{\beta}^{30} \Delta y_t^{30}$$

为了对冲面值为 F^{20} 的 20 年期互换的利率风险，需要推导出将要使用的 10 年期和 30 年期互换的名义面值 F^{10} 和 F^{30}，过程类似于单变量回归对冲。

3. 主成分分析

—考纲要求—
描述主成分分析，并解释如何将其应用于构建对冲组合。

主成分分析（Principal Components Analysis，PCA）是一种强大的统计工具，可以帮助解决维数诅咒问题。

前面的回归分析试图用另一些债券的收益率变化解释一个债券收益率的变化。但是如果有一种对利率期限结构单独的、经验的描述方法并且可以用于所有债券的分析，那将会是非常有用的。主成分（pincipal compoment）就提供了这种方法。

考虑一组从 1 年到 30 年的以整年为期限的互换利率。描述这些利率的时间序列波动的一种方法是看它们的方差和协方差。另一种方法是创建 30 个利率因子（成分），每个因子描述所有（每一个）利率的变化。比如一个因子可能代表一年期利率变化 5bp，2 年期利率变动 4.9bp，3 年期利率变动 4.8bp，等等。主成分分析所建立的 30 个这样的因子具有如下的性质：

（1）主成分的方差之和等于单个利率的方差之和。所以，主成分抓住了利率的波动率。

（2）主成分之间互不相关。而一般情况下，一个期限利率的变化和另一期限的利率高度相关。

（3）满足了上面两个性质或约束的条件下，给定之前选定的主成分，要求每一个主成分具有最大的方差。换句话说，第一个主成分解释了利率的方差和的最大部分；第二个解释了第二大的部分。

根据之前的经验，主成分分析特别有用，因为前三个主成分的方差和非常接近所有利率的方差和，我们只需要简单地描述三个主成分的结构和波动率，而不需要用所有利率的方差和协方差来描述利率的运动情况。

本章小结

➢ 基于单变量回归的对冲交易

$$F^R = -F^N \times \frac{\text{DV01}^N}{\text{DV01}^R} \times \hat{\beta}$$

➢ 双变量基于回归的对冲交易
➢ 主成分分析

章节练习

1. 假设交易者进行相对价值交易，出售美国国债并相应地购买 TIPS。基于这两种证券之间的当前价差，交易者卖出了 1 亿美元的美国国债，并购买了 8980 万美元的 TIPS。然后，由于名义收益率和真实收益率变化的不一致，交易员开始质疑对冲的金额。他进行了回归，得出实际收益率每变化 1bp，名义收益率变化 1.027 4bp。交易者会调整对冲吗？如果是，会调整多少？

   A. 没有。

   B. 是的，246 万美元（购买额外的 TIPS）

   C. 是的，250 万美元（出售部分 TIPS）

   D. 是的，211 万美元（购买额外的 TIPS）

   答案解析： B

   题干问的是调整对冲敞口是多少。也就是在原来的对冲的基础上，做了多少调整。根据

   $$F^R = -F^N \times \frac{DV01^N}{DV01^R} \times \hat{\beta}$$

   $$= 89.8 \times 1.027 = 92.26（百万美元）$$

   所以，需新购 92.26 百万美元－89.8 百万美元＝2.46（百万美元）

2. 交易者正在创建债券对冲，如果交易者担心实际收益率的变化导致名义收益率变化出现偏离，那么哪种对冲方法最不有效？

   A. 单变量回归对冲

   B. DV01 套期保值

   C. 双变量回归对冲

D. 主成分分析

答案解析： B

题干说的是在进行对冲的过程中，如果交易者关注名义收益率的变化对于实际收益率变化的偏离性，那么哪种对冲方法效果最差？

显然是 DV01 对冲，这种对冲假设的是名义收益率的变化对于实际收益率的变化，是一比一的关系。但是事实上，名义收益率的变化对于实际收益率的变化，并不是一比一的。在这个章节中，说了 DV01 对冲有缺陷，所以采用回归对冲的方式或主成分分析进行解决。

—— 第 5 章 ——
利率期限结构模型

一、短期利率期限结构模型的理论基础	1. 利率二叉树计算普通债券的价格	★★
	2. 用利率二叉树计算债券期权的价格	★★
	3. 用二叉树给 CMT 互换定价	★★
二、短期利率变化过程与利率期限结构的形状	詹森不等式、风险溢价	★★
三、利率期限结构模型的方法：漂移 & 波动率和分布	1. 模型 1	★★★
	2. 模型 2	★★★
	3. 模型 3	★★
	4. 模型 4	★★

本章导论

利率期限结构模型作为本部分的主题，用于解决更加复杂的资产定价。利率期限结构指的利率变化的模型。假设只有一种利率风险来源，即只有一个随机变量决定整个利率期限结构的模型，称为单因素模型。假设两个或两个以上的风险来源的模型称为多因素模型。本章节主要涉及单因素模型。

1. 短期利率期限结构模型的理论基础

假设未来一期的利率只有两种可能，上涨和下跌，称之为利率二叉树（binomial model），如图 5-1。这里的"二"（binomial）代表未来状态只有两种可能的取值。

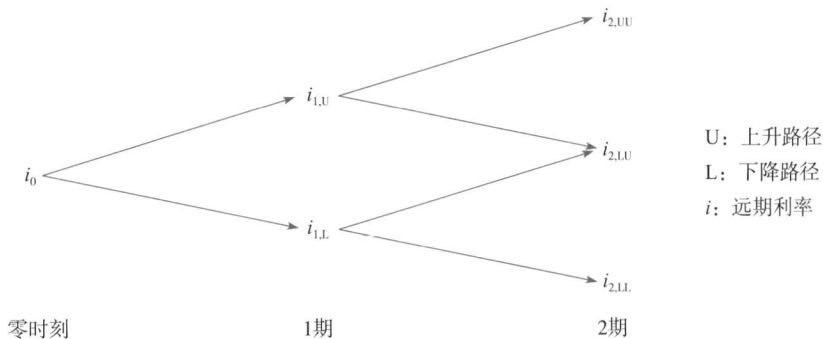

i_0 →（上升）$i_{1,U}$ →（上升）$i_{2,UU}$
$i_{1,U}$ →（下降）$i_{2,LU}$
i_0 →（下降）$i_{1,L}$ →（上升）$i_{2,LU}$
$i_{1,L}$ →（下降）$i_{2,LL}$

U：上升路径
L：下降路径
i：远期利率

零时刻　　　　　　1 期　　　　　　2 期

图 5-1　利率二叉树

当前利率是 i_0，未来一期的利率，如果上涨变成 $i_{1,U}$，如果下跌变成 $i_{1,L}$。当利率是 $i_{1,U}$ 时，再下一期，可能变成 $i_{2,UU}$ 和 $i_{2,LU}$。当利率是 $i_{1,L}$，再下一期，可能会变成 $i_{2,LU}$ 和 $i_{2,LL}$。$i_{1,U}$ 的下节点和 $i_{1,L}$ 的上节点，是重合的。这样一来，二叉树整体上会呈现出收敛的态势，如果这两者不重合的话，二叉树的节点增长得会越来越快，发散速度也会越来越快。

i_0、$i_{1,U}$、$i_{1,L}$、$i_{2,UU}$、$i_{2,LU}$、$i_{2,LL}$ 等，这些利率是怎么来的呢？第一个节点 i_0，是用市场上的利率推算出来。找到市场上一张流动性非常好的到期时间是一年的零息债券，它所对应的 YTM，就是 i_0，是即期利率。

那么 $i_{1,U}$、$i_{1,L}$ 两个利率表示的是即期利率还是远期利率呢？答案是远期利率。

二叉树模型的利率期限结构，叫做对数随机游走模型。对数随机游走模型，认为利率服从对数正态分布。所以在利率二叉树模型里不存在负值的情况，但其实很多国家是有负利率的。在有一年的二级案例课程中，讲述了当时的丹麦、瑞士、日本负利率的问题。

这里所讲的依然沿用对数随机游走模型，故此我们不需要担心负利率的问题。

在构建二叉树时，由于模型的复杂性，一般会借助一些特殊的电脑软件完成。当利率二叉树构建完之后，必须要对其进行验证。怎么验证？通过在市场上找一些刚刚发行（on-the-run）的债券。因为刚刚发行的债券，市场上对它的需求比较高，交易量比较大，流动性会比较好，所以它的价格是相对公允的。因此，用二叉树算出来的债券理论价格与市场上的债券公允价格应该保持一致。如果是一致的，说明这个模型是正确的。如果是不一致的，说明这

—备考指南—
利率二叉树中，利率服从对数随机游走模型。在对数随机游走模型中，认为利率在未来有两个可能性，这两个可能性的概率各 50%。但如果说有一道考试题，给出利率上涨的概率是 40%，下降的概率 60%，怎么用呢？把握一个原则，题目给的什么就用什么。关于利率二叉树的构建，会有很多种模型，对数随机游走模型只是其中一种。

个模型不能够反映当时市场上的利率期限结构，模型是错误的，需要被进一步修正。

1.1　利率二叉树计算普通债券的价格

> **例**
>
> 已知一个附息债券，票面利率 7%，到期时间 2 年，面值 100 美元，当前市场利率是 4.574 9%，未来一期利率有两种可能分别是 7.182 6% 和 5.321 0%。利用利率二叉树求债券价格。
>
> **【解析】**
>
> 利率二叉树上的节点是利率，4.574 9% 是利率，未来可能有两种利率的变化分别是 7.182 6% 和 5.321 0%，由于是两年期的债券，只需要一期利率二叉树模型即可。

怎么用利率二叉树模型来计算这张债券的价格呢？首先利率一共有三个节点，所以只要计算在这三个节点的债券价格就可以了。二叉树是秉持着从后往前的计算方式。步骤如图 5-2：

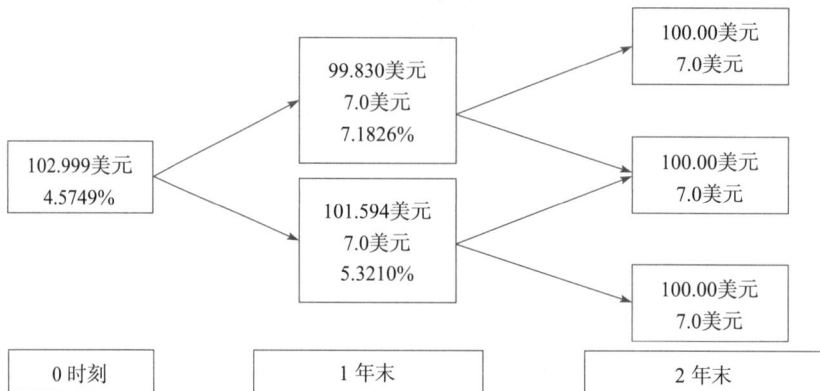

图 5-2　利用利率二叉树求债券价格

首先，计算后节点债券价格。 先看上节点，这个节点的债券价格应该是多少？首先这个节点是 1 年末。在 2 年末到期时，可以拿到 100 美元的本金和 7 美元的利息。所以，2 年末一共能拿到 107 美元。那么 1 年末的价值，是 2 年末的价值折现到 1 年末。用哪一个折现率？用 7.182 6%，所以 $\dfrac{100+7}{1+7.182\,6\%}=$ 99.830（美元）。

再看下节点，当 1 年末到 2 年末的远期利率为 5.321 0% 时，那么债券价格应该是 $\dfrac{100+7}{1+5.321\,0\%}=101.594$（美元）。

相当于过了一年之后，因为一年之后的远期利率有两种可能性，如此计算出来的债券价格也会存在两种可能性，分别是 99.830 美元与 101.594 美元。

其次，对节点债券价格求期望。计算这张债券的平均价值。利率由 4.574 9%，变成 7.182 6% 和 5.321 0% 的概率分别是 50% 和 50%。所以 1 年末债券的平均价格是 $99.83 \times 50\% + 101.594 \times 50\%$。

最后，期望价格加上利息再贴现到前一时刻。求出平均值，再折现，折到 0 时刻。平均价值是 $99.83 \times 50\% + 101.594 \times 50\%$，在 1 年末，还有一笔利息 7 美元。所以，此时 0 时刻债券价格应该是 $p = \dfrac{(99.83 \times 50\% + 101.594 \times 50\%) + 7}{1 + 4.574\,9\%} = 102.99$（美元）

注意事项：第一，勿忘票面利息，每一期往前折现时，都要加上利息，然后再往前折现。第二，注意每年的付息次数，折现的时候应适当调整。

1.2　用利率二叉树计算债券期权的价格

这一类的题目比上面的要难一些，计算量也更加复杂。

例

对欧式看涨期权进行估值，期限为 2 年，执行价为 100 美元。标的资产是一个到期时间为 3 年、票面利率是 6% 的债券。假设风险中性上升概率在第一年为 0.6，在第二年为 0.55。利率二叉树如图 5-3：

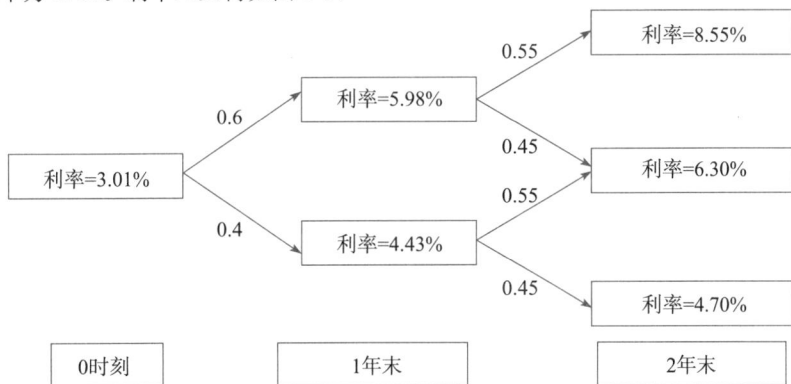

图 5-3　利用利率二叉树求债券期权价格

【解析】

因为看涨期权是赋予持有者一个权利的，看涨期权的标的资产是一个债券，意味着到期之后可以选择以执行价格为 100 美元购买一张债券，当然也可以选择不购买。在期权到期日时，也就是 2 年末，比较标的资产——债券价格，与执行价格之间的大小关系。如果此时债券的价格大于执行价格，行权。如果债券的价格小于执行价格，不行权。所以比较关注的是，2 年末这个节点的债券价格。

在这个例子中，标的资产债券的到期时间可以是 2 年吗？如果债券是 2 年到期，在 2 年末债券价格是面值 100 美元，因为到期日债券的价格等于面值。这个价格是已知的，也就是在 0 时刻期权的买方就已经知道期权带来的价值，没有

备考指南—
通常是 2 年期的期权配 3 年期的债券，3 年期的期权配 4 年期的债券。如果考试时真的出现比如说 2 年期的期权配 4 年期的债券，当然也是可以的。只是在计算债券的价格上多了一步。

不确定性。所以债券的到期时间要大于期权的到期时间。

具体步骤如图 5-4：

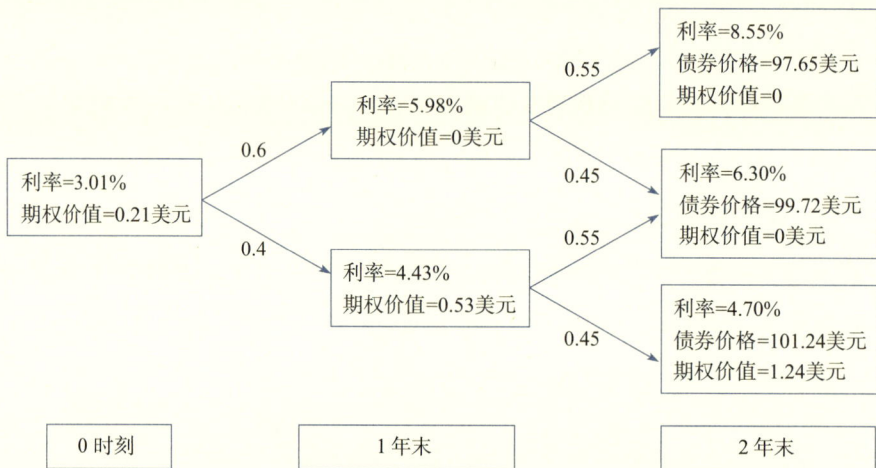

图 5-4 利用利率二叉树求债券期权价格（续）

第一步，计算 2 年末债券的价格。远期利率分别是 8.55%，6.30%，4.70%。

$$\frac{106}{1+8.55\%}=97.65（美元）$$

$$\frac{106}{1+6.3\%}=99.72（美元）$$

$$\frac{106}{1+4.7\%}=101.24（美元）$$

第二步，对应 2 年末看涨期权的收益 max(S－100，0)。

$$max(97.65-100，0)=0 \text{美元}$$

$$max(99.72-100，0)=0 \text{美元}$$

$$max(101.24-100，0)=1.24 \text{美元}$$

第三步，分别计算 1 年末期权的现值。

$$\frac{0\times0.55+0\times0.45}{1+5.98\%}=0 \text{美元}$$

$$\frac{0\times0.55+1.24\times0.45}{1+4.43\%}=0.53 \text{美元}$$

最后，计算 0 时刻期权的现值。

$$\frac{0\times0.6+0.53\times0.4}{1+3.01\%}=0.21 \text{美元}$$

名师解惑

1 年末、2 年末的票面利息要考虑吗？不用，因为这本质上是一个看涨期权，决定看涨期权价值的是 2 年末债券的现值。而 2 年末债券的现值，取决于未来的现金流，即 3 年末的本金和利息以及对应的利率。1 年末、2 年末的票面利息对计算 2 年末的债券价格无影响。

上面例子求的是欧式看涨期权的价格。当然用这种方法也可以计算欧式看跌期权价值，及美式期权价值。假如计算欧式看跌期权价值，其他条件不变。步骤如下：

第一步，与计算 2 年末债券现值的方法是一样的。

第二步，计算对应的看跌期权收益 $\max(100-S,0)$。

$$\max(100-97.65,0)=2.35\ \text{美元}$$

$$\max(100-99.72,0)=0.28\ \text{美元}$$

$$\max(100-101.24,0)=0\ \text{美元}$$

第三步，分别计算 1 年末期权的现值。

第四步，计算计算 0 时刻期权的现值。

1.3 用二叉树给 CMT 互换定价

固定期限国债互换（constant maturity treasury Swap），简写 CMT 互换。固定期限（constant maturity），指的是期限是确定的，不可展期。一旦确定一年换多少次，一共换多少年之后，就不可以做更替了。在利率互换中，有固定的部分，有浮动的部分。CMT 互换的固定部分是国债收益率。比如，一个十年期的 CMT 互换，它的固定利率是十年期的国债到期收益率。

例

有一个 1 年期 CMT 互换，将浮动利率与国债利率（如 10 年期利率）进行互换。10 年期的国债利率是 5.0%，每半年互换一次。风险中性概率及利率二叉树如图 5-5。计算 1 年期的 CMT 互换的价格。

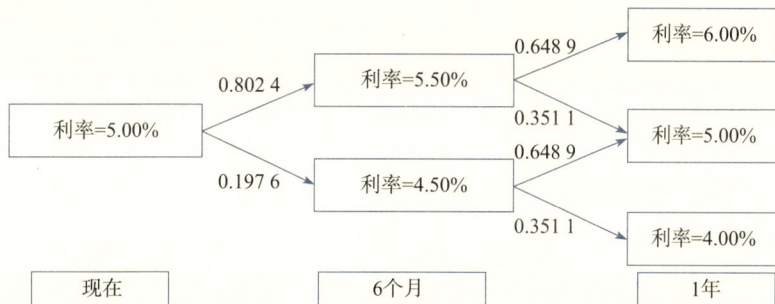

图 5-5 利用二叉树求 CMT 互换价值

CMT 互换和利率互换很类似。5% 是国债的收益率，相当于互换中的固定利率，因为在零时刻这个收益率就已经定下来了，而利率二叉树中的 5.5%，4.5%，6%，5% 及 4% 相当于浮动利率。在 6 个月时和 1 年时，分别有一次互换，相当于有一笔现金流。步骤如下：

第一步，在 1 年末互换的收益，基于不同的利率。

【解析】

$$\frac{6\%-5\%}{2}\times 1\,000\,000 = 5\,000(美元)$$

$$\frac{5\%-5\%}{2}\times 1\,000\,000 = 0(美元)$$

$$\frac{4\%-5\%}{2}\times 1\,000\,000 = -5\,000(美元)$$

第二步，在 6 个月末收益，再加上 1 年末收益期望的现值。

$$\frac{5.5\%-5\%}{2}\times 1\,000\,000 + \frac{5\,000\times 0.648\,9 + 0\times 0.351\,1}{1+\frac{5.5\%}{2}} = 5\,657.66(美元)$$

$$\frac{4.5\%-5\%}{2}\times 1\,000\,000 + \frac{0\times 0.648\,9 + (-5\,000)\times 0.351\,1}{1+\frac{4.5\%}{2}} = -4\,216.87(美元)$$

第三步，求出当前的收益，即未来现金流期望的现值。

$$\frac{5\,657.66\times 0.802\,4 + (-4\,216.87)\times 0.197\,6}{1+\frac{5\%}{2}} = 3\,616.05(美元)$$

所以，1 年期的 CMT 互换的价格是 3 616.05 美元。

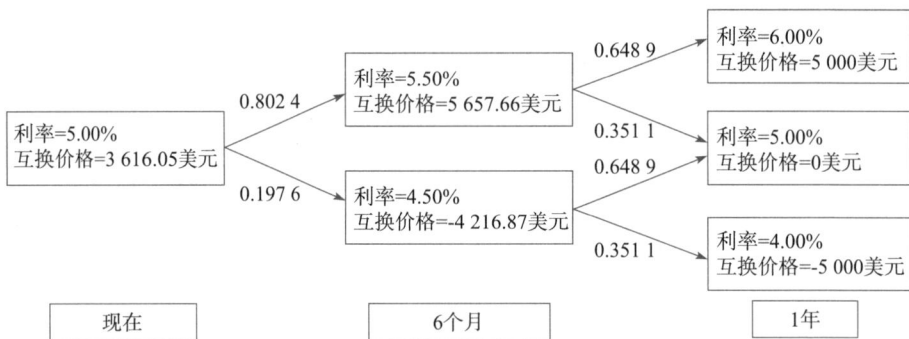

图 5-6 利用二叉树求 CMT 互换价值(续)

> ➤ 步长(time steps)的选择

步长(t)指的是二叉树中的相邻节点的时间。这个 t 应该怎么选择呢？步长 t 选择是 1/4 年，还是 1/2 年或者 1 年？也或者是 1/12 年，甚至更短。一般希望时间短一点，甚至能够小于 6 个月。这样的话，二叉树反映的现金流会更加全面。比如，有个股票每个月有一次分红，相当于每个月都有现金流，此时如果二叉树的步长选择的是一年的话，那么期间这些现金流的变化就被忽略了。所以，更短的步长，意味着更复杂的二叉树，而更复杂的二叉树就可以包括更多的现金流。

如果步长是一年，每一年只有一个年化利率，但是现实的利率有一个月的利率，七天的利率，半个月的利率。如果二叉树的步长越短的话，就能够涵盖更多的利率，考虑了期间更多的现金流，故此对应的模型也会更加精确。

虽然步长越小，利率分布越真实，但并不总是可取的。为什么呢？首先，计算起来会比较复杂。因为绝大多数投资者总是希望模型尽可能的简单，所以在计算的过程中数据就会不够精准，由此导致计算的结果往往会差距很大。

总而言之，步长选择应视具体的情况考虑。比如说，现在有一个半年付息的债券，为了将所有现金流都考虑，用步长为 0.5 年的一步二叉树就可以了。

> ### ➤ 可以用 BSM 给债券期权定价吗？

BSM 模型可以给股票期权定价。期权的标的资产是股票。BSM 模型也可以叫做连续二叉树。当二叉树的步长趋向于 0 时，就形成了 BSM 模型。所以 BSM 模型中有一种证明思路，是按照二叉树的方式来进行证明的。

为什么债券期权不能用 BSM 定价呢？

第一，债券的价格是收敛的，而股票价格不会。债券的价值随着到期时间的临近，趋近于面值。最后到期时等于面值。但是，股票不存在所谓的到期日，它的价格可能一直会上涨，或者一直下跌。所以从这种角度来看的话，这两个二叉树本质上是有区别的。

第二，债券的波动率会越来越小，股票的波动率是常数。因为债券价格最终会等于面值，所以债券价格的波动率会变得越来越小。但股票的价格不会有这样的规律。在 BSM 模型中，其中一条假设是股票的波动率是常数。

最后，利率问题。按照 BSM 模型的假设，收益率或者利率是保持不变的。但是债券的利率是会发生变化的，是一个随机数，否则利率二叉树也就没有意义了。

以上的这些差距就说明了为什么债券期权不能用 BSM 模型定价，而股票期权是可以的。

备考指南—
在对固定收益证券的衍生品进行估值时，评估 BSM 的适当性。即 BSM 模型不适合给债券期权定价。

2. 短期利率变化过程与利率期限结构的形状

上一节主要讲述如何利用利率二叉树对常见的金融产品进行估值，但是并没有涉及短期利率到底是怎样变化的。一级简单涉及过，预期理论、分割市场理论、流动性溢价理论等解释利率期限结构的形状。本节主要从预期理论出发，来考察利率的变化。

纯粹预期理论认为只有预期的未来短期利率，可以决定收益率曲线的形状；当预期未来短期利率上升时，会有上升的收益率曲线，反之，收益率曲线呈下降态势。因此，在描述短期期限结构的形状和水平时，预测非常有用。但对于期限较长的利率可能只是限于描述水平，不能很好的描述期限结构的形状。为此对于长期利率的估计就会有误差或者不确定性。但是这种误差是怎么体现出来的？

比如，市场上有一个零息债券，到期时间是 2 年，面值是 1 美元。利率情况如下：

一种情况，一年期的即期利率是 8%，第一年到第二年的远期利率是预期的，有 50% 的概率未来一期利率是 10%，有 50% 的概率未来一期利率是 6%。

另一种情况，一年期的即期利率是 8%，第一年到第二年的远期利率平均来看是 8%，到底是 10% 和 6%？还是 12% 和 4%？这是不确定的。这种平均的估计，带有一种不确定性。

那么这种不确定性的影响是多少呢？通过求出零时刻债券价格来分析

在第一种情况下，债券价格是 $\left(\frac{1}{1+10\%}\times50\%+\frac{1}{1+6\%}\times50\%\right)/1+8\%=$ 0.926 244/1+8%=0.857 6 美元

在第二种情况下，债券价格是 $\left(\frac{1}{1+8\%}\right)/1+8\%=0.925\ 926/1+8\%=0.857\ 3$ 美元

最后都除以 1+8%，即只需比较 0.926 244 和 0.925 926。显然 0.926 244＞0.925 926。图形分析如图 5-7：

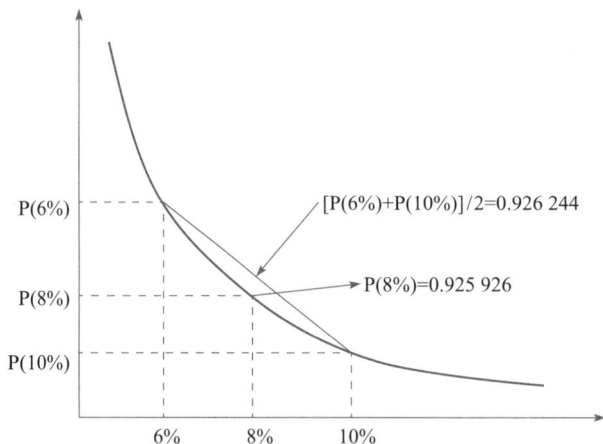

图 5-7　凸性效应

之所以出现不相等，是因为债券的价格曲线呈现出凸性形状。它们之间的差异称为凸性效应。

价格为 0.926 244 美元，意味着隐含的收益率更低，蕴含的风险更低。价格为 0.925 926 美元，意味着隐含的收益率更高，蕴含的风险更高。第一种情况下的期望利率也是 8%。为什么会产生这样的差异呢？因为存在着不确定性。

下面给大家举个例子，假设你是一个优质未婚男青年，现在有 2 个相亲对象。第一相亲对象，介绍人的描述是：可能是"如花"，也能是顶级美女。也就是有 50% 的概率遇到"如花"，50% 的概率遇到顶级美女，你心里会有个预期，至少还有可能遇到顶级美女。第二相亲对象，介绍人的描述：中庸水平，平均打分 50 分。有可能比中庸水平高一点，也可能高非常多。也有可能比中庸水平低一点，也可能低非常多。这是个平均水平，就有不确定性，会有风险。

所以，上面的例子中，第一种情况没有不确定性，第二种情况具有非常大

的不确定性，所以它的风险比较高，对应的债券价格会比较低。同样的，对利率的不确定性也要给一定的风险溢价作为补偿。

➢ **詹森不等式**

从数学的角度也可以证明凸性效应的存在，叫做詹森不等式，表达式如下：

$$E\left[\frac{1}{(1+r)}\right] > \frac{1}{E(1+r)}$$

如果用二叉树模型进行建模的话，告诉你利率只有两种可能，那么对应的风险会降很多，直接代表就是债券价格会比较大。对应的是等式的左边。

所有其他条件都相同，凸性的影响随着到期时间和波动性的增加而增加。

波动性越大，不确定性越大，对应的风险补偿也会越大，那么对应的差额也就越大。

到期时间越长，也就是折现率变化更大，对应的凸性影响更大。

➢ **风险溢价(risk premium)**

当收益率相同时，投资者会选择一个风险比较低的债券，除非给与一个比较大的风险补偿(简称：RP)。当未来利率的波动性比较大时，应要求一个更高的收益率补偿。这个补偿就是风险补偿。风险补偿可以补偿多承担的各种风险，所以 RP=信用 RP＋流动性 RP＋市场 RP 等。这里是对利率不确定性的补偿。风险溢价是风险厌恶的投资者由于承受不确定性而给与的风险补偿。

> **例**
>
> 用 20 个基点的风险溢价计算 2 年期零息债券的价格，利率二叉树如图 5-8。
>
>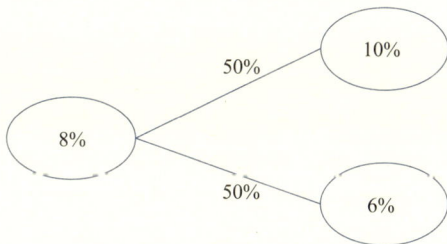
>
> 图 5-8　利用利率二叉树求 2 年期零息债券价格
>
> $$P = \frac{\left[\frac{1}{1.102} + \frac{1}{1.062}\right] \times 0.5}{1.08}$$
> $$= \frac{[0.907\,44 + 0.941\,62] \times 0.5}{1.08}$$
> $$= 0.856\,05 \text{ 美元}$$
>
> 注意，折现时，20bp 是要加在未来的利率 10％和 6％上，即折现用 10.2％和 6.2％。求出 1 年末债券的价格。由 1 年末折现到零时刻时，不需要加上 20bp。因为零时刻到 1 年末，是 1 年的即期利率，没有不确定性，也就是没有风险，即不需要给与补偿。因此债券价格是 0.856 05 美元

考纲要求—
利用詹森不等式估计凸性效应。评估到期时间、波动性变化对证券凸性的影响。

考纲要求—
计算包含风险溢价的零息债券的价格和收益率。

例

假设风险溢价是 20bp，初始价格 0.856 05 美元，利率二叉树如图 5-9，计算 2 年期零息债券在第二年的预期收益率。

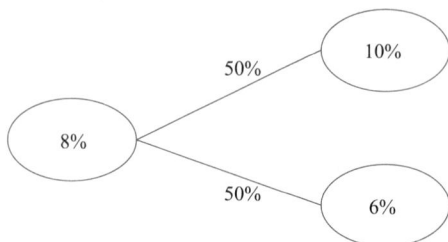

图 5-9　已知利率二叉树求第二年的预期收益率

$$\frac{\left[\dfrac{1}{1.102} + \dfrac{1}{1.062}\right] \times 0.5 - 0.856\,05}{0.856\,05}$$

$$= \frac{[0.909\,09 + 0.943\,40] \times 0.5 - 0.856\,05}{0.856\,05} = 0.082 \text{ 美元}$$

即第二年的预期收益率是 0.082 美元。0.082 比 0.08 多了 0.002，即收益率增加了 20bp。在利率二叉树中，如果同一期每一个节点的利率都增加了同一个利率，那就说明这一期的回报率也会增加。上述每个节点利率都增加了 20bp，那么对应的收益率也增加了 20bp。考试时，如果出现这个知识点，可以直接根据这个结论来做判断。

考纲要求
本章节考试的话，主要会涉及模型 1 和模型 2 以及模型 3 的改进——CIR 模型。考试有定性的考察，也有定量的考察。

3. 利率期限结构模型的方法：漂移 & 波动率和分布

任何一个利率，从短期利率变化到长期利率，都会遵循一定的规律。与蒙特卡洛模拟非常类似，我们认为一个短期值变到一个长期值，会经历两个部分的变化，一个部分称之为趋势项或者漂移（drift）项，另一个部分称之为波动（volatility）项或者随机项。这是由日本的数学家伊藤先生提出来的。后面所提到的利率期限结构就是通过这两个路径展开的。

3.1　模型 1

考纲要求
用模型 1 计算短期利率的变化。

正态分布利率且无漂移。模型 1 假定利率期限结构不存在漂移。

$$dr = \sigma dw$$

$$dw = \varepsilon \sqrt{dt}$$

dr 表示利率的微小变动；

dt 以年作为时间单位；

σ 是以基点为单位表示的年波动率；

$\sigma \sqrt{dt}$ 表示微小时间内的波动率；

ε 是随机数；

dw 则表示均值为零、标准差为 $\sqrt{dt}$ 的标准正态分布的随机变量。

第一期利率是 r_0，第二期利率是 $r_0 + dr$，即 $r_0 + \sigma\sqrt{dt} \times \varepsilon$。ε 是随机数。二叉树认为未来利率只有两种可能，即 ε 只有两种可能，简化起见，ε 取值为 "-1" 或 "+1"。那么第二期的利率是 $r_0 + \sigma\sqrt{dt}$ 或者 $r_0 - \sigma\sqrt{dt}$，可得利率二叉树，如图 5-10。

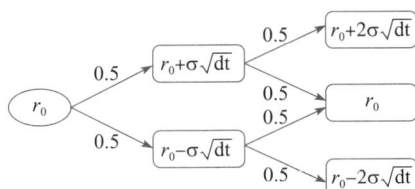

图 5-10 模型 1

模型 1 是最简单的模型，劣势也很明显。容易出现负利率的问题，一个负的短期利率不太具有经济意义。解决方法如下：

方法一，改变利率的分布，可以假设为非正态分布。在模型 1 中，随机数假设服从正态分布，正态分布可能有正有负。可以假设随机数服从对数正态分布，那么随机数是永远不可能产生小于零的数。

方法二，使用影子利率。如果出现负的利率，令这个负的利率等于 0。在这种方法中，原始树中的利率称为影子利率，而调整树中的利率称为观测利率。

> 考纲要求——
> 描述在利率期限结构模型中解决短期负利率的方法。

3.2 模型 2

在模型 1 的基础上，假如漂移项不变，即 λ 恒定。模型 2 可以写成：

$$dr = \lambda dt + \sigma dw$$

λdt 是微小时间的漂移。

构造出的二叉树模型如图 5-11：

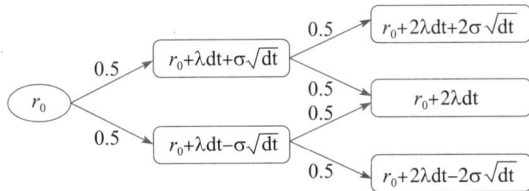

图 5-11 模型 2

> **Ho-lee 模型**

Ho-lee 模型，是对模型 2 的改进。与模型 2 相比，漂移是会随着时间的变化而变化。

$$dr = \lambda_t dt + \sigma dw$$

比如，第一个月的年化漂移是 20bp，第二个月的年化漂移是 30bp，等等。

> 考纲要求——
> 在 Ho-Lee 模型下构建具有时间依赖漂移的短期利率二叉树。

构造出的二叉树如图 5-12：

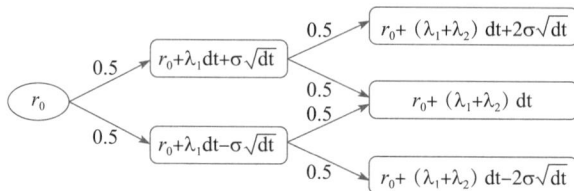

图 5-12 Ho-lee 模型

当 Ho-lee 模型中所有的 λ 都相等时，Ho-lee 模型就变成了模型 2。也就是模型 2 是 Ho-lee 模型的特殊情况。

在 Ho-lee 模型中，λ 是怎么确定的呢？在市场上先找到流动性非常高的一年期债券，最好是国债。流动性非常好意味着它的定价是公允的。用 Ho-lee 模型对债券进行定价。定出来的价格理论上应该和这个债券的市场价格是一样的。如果不一样说明 λ 错了。所以，λ 是根据市场上流动性比较好的债券的价格反推出来的。

比如市场上找到了一张流动性非常高的债券 A，反求出的 λ＝3％。又找到了一张流动性非常高的债券 B，反求出的 λ＝4％。那么 λ 到底取 3％还是 4％呢？一般来说是求个平均数。λ 最终的确定，其实是找到世界上一系列的流动性比较好的，比较有代表性的国债，找到对应的 λ，然后求平均的 λ。只不过这个平均不是简单的算术平均，对美国这些国家的债券设置的权重会高一些，因为定价更加公平；对发展中国家来说，权重会相对低一些。同样的 λ_2，λ_3 等，都是这种确认方法。

➢ **Vasicek 模型**

—考纲要求—
描述Vasicek模型下以短期利率的构建过程。本模型，是考试的重点。

假设经济形势向经济基本面决定的均衡移动，短期利率则表现出均值回归(mean reversion)的特征。当短期利率高于长期利率值时，漂移为负，使得利率下降到长期值之下。当利率低于长期值时，漂移为正。均值回归不仅是一个有关短期利率的合理假设，也使得模型可以从直观的经济意义角度，抓住利率期限结构行为的一些重要特征。

$$dr = \kappa(\theta - r)dt + \sigma dw$$

κ 表示均值回归速度；

θ 表示利率长期水平；

r 表示当前利率水平；

r 和 θ 之间的差异越大，短期利率趋向 θ 的预期变化越大。

3.3 模型 3

在模型 3 中，不仅漂移项会随时间变化而变化，而且波动率也随时间变化而变化。传统的波动率随时间变化而变化的模型被写成：

$$dr = \lambda(t)dt + \sigma(t)dw$$

为了解释波动率随时间变化而变化的特征，考虑如下的特殊形式，叫做模型 3：

$$dr = \lambda(t)dt + \sigma e^{-\alpha t}dw$$

α 是大于零的常数。短期利率的波动率初始值为常数 σ，并且呈指数衰减至零，意味着长期的波动率小于短期的波动率。

从利率的角度，20 年的波动率和近 1 年的波动率，一般 1 年的波动率比较高。因为从近 20 年的角度，央行有升息有降息，可能发现近 20 年的利率没变过。但这近 1 年可能升息了好几次，或者降息了好几次，会产生较大的波动率。模型 3 就体现了这种现象。

─考纲要求─
描述CIR模型下的短期利率变化过程。计算短期利率变化。

> **CIR 模型**

CIR 模型（Cox-Ingersoll-Ross Model），认为利率会呈现均值回归特点，并且波动率作为短期利率的函数。

$$dr = k(\theta - r)dt + \sigma\sqrt{r}dw$$

$\sigma\sqrt{r}$ 意味着如果当前利率水平比较高时，波动率比较大。当利率比较小时，波动率也比较小。波动率与利率呈现正相关相对是一个比较合理的假设。这里注意 dr 的年化标准差与利率的平方根呈比例变动。在 CIR 模型中，σ 参数固定，但基点波动率（basis-point volatility）不固定。年化的基点波动率等于 $\sigma\sqrt{r}$。

3.4　模型 4

最简单的对数正态模型，称之为模型 4.

$$dr = ardt + \sigma rdw$$

dr 中的漂移及波动与当前利率是息息相关的。

$$\frac{dr}{r} = adt + \sigma dw$$

─备考指南─
模型4与前面几个模型不同，它是对利率的增长率建模。前面几个模型是利率的增长量建模。

$\frac{dr}{r}$ 表示利率的增长率，相当于增长率有漂移项和波动项，利率的变化呈现指数变化。这种情况下不会出现负利率。而在前面的模型中，阐述的是增长量有漂移项和波动项，利率的变化呈现线性变化，是有可能出现负利率的。

> **Salomon Brothers 模型**

Salomon Brothers 模型是模型 4 的改进：

$$d[\ln(r)] = a(t)dt + \sigma dw$$

说明短期利率的自然对数是正态分布。根据定义，如果随机变量的自然对数是正态分布，那么随机变量则服从对数正态分布，因此短期利率服从对数正态分布。

Salomon Brothers 模型可以看成是在 Ho-lee 模型的基础上做出的相应调整。

构造出的二叉树如图 5-13：

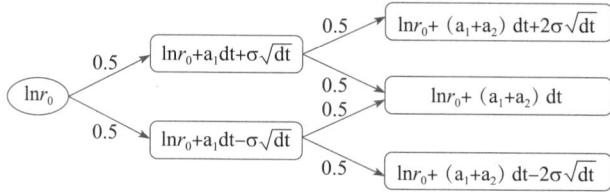

图 5-13 Salomon Brothers 模型

为了将这个二叉树用利率表示，与自然对数相对比，对每个节点取指数，如图 5-14：

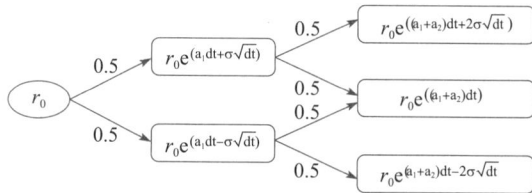

图 5-14 Salomon Brothers 模型变形

最终，用 Salomon Brothers 模型求出未来利率的变化情况。

在对数正态模型中，短期利率的变动是可乘的；而在正态分布模型中，利率的变动具有可加性。

> **Black-Karasinski 模型**

$$d[\ln(r)] = k(t)[\ln\theta(t) - \ln(r)]dt + \sigma(t)dw$$

短期利率的自然对数是正态分布，它以 $k(t)$ 的速度、σt 的波动率向 $\ln\theta(t)$ 回归。可以看成是在 Vasicek 模型的基础上做出的相应调整。

本章小结

> 短期利率期限结构模型的理论基础
  - 利率二叉树计算普通债券的价格
  - 用利率二叉树计算债券期权的价格
  - 用二叉树给 CMT 互换定价
> 詹森不等式

$$E\left[\frac{1}{(1+r)}\right] > \frac{1}{E(1+r)}$$

> 利率期限结构模型的方法：漂移 & 波动率和分布
  - 模型 1

$$dr = \sigma dw$$
$$dw = \varepsilon\sqrt{dt}$$

  - 模型 2

$$dr = \lambda dt + \sigma dw$$

◆ Ho-lee 模型：

$$dr = \lambda_t dt + \sigma dw$$

◆ Vasicek 模型：

$$dr = \kappa(\theta - r)dt + \sigma dw$$

■ 模型 3

$$dr = \lambda(t)dt + \sigma e^{-\alpha t}dw$$

◆ CIR 模型：

$$dr = k(\theta - r)dt + \sigma\sqrt{r}dw$$

■ 模型 4

$$dr = ardt + \sigma rdw$$

◆ Salomon Brothers 模型：

$$d[\ln(r)] = a(t)dt + \sigma dw$$

◆ Black-Karasinski 模型：

$$d[\ln(r)] = k(t)[\ln\theta(t) - \ln(r)]dt + \sigma(t)dw$$

章节练习

1. 风险管理者正在使用一个成功测试的定价模型为 10 年期看涨期权定价，标的资产是国债。当前利率波动性很高，风险经理担心这可能会对期权定价时的短期利率产生影响。以下哪项行动最能解决模型中出现短期负利率的可能性？
   A. 风险经理使用利率的正态分布。
   B. 当短期利率为负时，风险经理调整风险中性概率。
   C. 当短期利率为负时，风险经理会增加波动性。
   D. 当短期利率为负时，风险经理将利率设置为零。
   答案解析： D
   当出现负利率时，可以有以下处理方式：一是可以改变假设的模型，比如由原来的假设服从正态分布，变为对数正态分布。二是可以把这个负利率设置为零（本题即考察此知识点）。

2. 利用模型 1，假设当前短期利率为 5%，年波动率为 80 个基点。dw 表示均值为零、标准差为 $\sqrt{dt}$ 的标准正态分布的随机变量。一个月后，dw 为 -0.5。即期利率的变动和新的即期利率是什么？

即期利率的变动	新即期汇率
A. 0.40%	5.40%
B. −0.40%	4.60%
C. 0.80%	5.80%
D. −0.80%	4.20%

   答案解析： B

   $$dr = \sigma dw = 0.8\% \times (-0.5) = -0.4\%$$
   $$r_1 = r_0 + dr = 5\% - 0.04\% = 4.6\%$$

—— 第 6 章 ——

波动率微笑

波动率微笑	1. 为什么看涨期权和看跌期权的波动率微笑是一样的	★★
	2. 外汇期权的波动率微笑	★★★
	3. 股票期权的波动率微笑	★★★
	4. 其他问题	★★

本章导论

波动率微笑（volatility smiles）指期权隐含波动率（implied volatility）与行权价格（strike price）之间的关系。横轴是执行价格，纵轴是隐含波动率。

在 BSM 模型中，已知标的资产价格、执行价格、到期时间、波动率和无风险利率等，可以得出对应的看涨期权价值或看跌期权价值。现在，已知其他因素（比如，标的资产价格、执行价格、到期时间和无风险利率）及看涨期权（或看跌期权）的市场价值，反求波动率。反求出的波动率，叫做隐含波动率。当其他条件不变时，根据不同的执行价格，及对应的期权市场价格，可以得出很多不同的隐含波动率。把对应的隐含波动率和执行价格对应起来，形成的图形类似一个笑脸，所以叫做波动率微笑。

本章节主要研究股票期权和外汇期权市场所采用的波动率微笑。注意，外汇期权的波动率微笑才是一个笑脸，股票期权的波动率微笑不是一个笑脸，但习惯上也是把它叫做波动率微笑。

1. 为什么波动率微笑对看涨期权和看跌期权是一样的

考纲要求——
解释买卖权平价
定理对看涨期权
和看跌期权隐含
波动性的影响。

根据买卖权平价定理（put-call parity）：$p + S_0 e^{-qT} = c + Ke^{-rT}$。不论是市场上的期权价值还是通过 BSM 计算出的期权价值，都满足这个定理。可得：

$$p_{BS} + S_0 e^{-qT} = c_{BS} + Ke^{-rT} \tag{1}$$

$$p_{mkt} + S_0 e^{-qT} = c_{mkt} + Ke^{-rT} \tag{2}$$

（1）－（2），可得

$$p_{BS} - p_{mkt} = c_{BS} - c_{mkt}$$

利用 BSM 模型计算的看跌期权理论价格和看跌期权的市场价格的差额，和利用 BSM 模型计算的看涨期权理论价格和看涨期权的市场价格的差额是一样的。因为看涨期权和看跌期权的因子都是一样的，相同的执行价格、标的资产价格、到期时间、无风险利率等，在这种情况下，这两种方法得出来的差额应该是一样的。p_{mkt}、c_{mkt}，蕴含的是市场上的隐含波动率。通过 BSM 模型求看涨期权和看跌期权价格时，用的是历史波动率。所以，这里的 p_{BS}、c_{BS}，蕴含的是历史波动率。既然标的资产是一样的，那么 p_{BS}、c_{BS} 中的历史波动率就应该是一样的。所以，p_{mkt}、c_{mkt} 中的隐含波动率应该也是一样的。

因此，看涨期权和看跌期权蕴含的隐含波动率是一样的。

2. 外汇期权的波动率微笑

考纲要求——
描述外汇汇率分
布的特点及其对
期权价格和隐含
波动率的影响。

外汇期权的隐含波动率呈现是一个微笑的图形，如图 6-1。平值（ATM）期权的隐含波动率相对较低，但隐含波动率随着期权实值（ITM）程度或者虚值（OTM）程度的增大而逐渐升高。

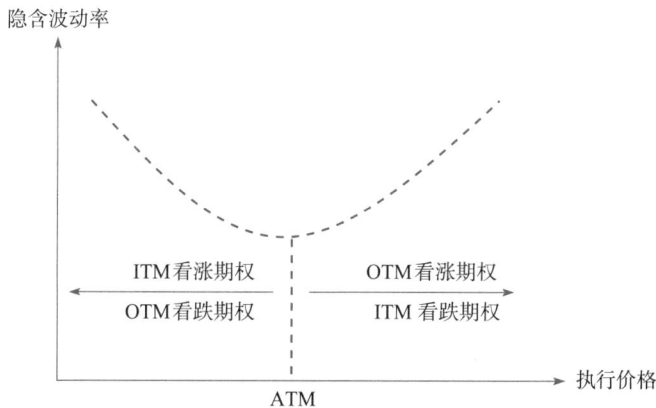

图 6-1　外汇期权的波动率微笑

不管是深度实值还是深度虚值，都对应比较高的隐含波动率，其所隐含的风险也很高。假设中国和美元的汇率是 6.6CNY/USD，现在突然变成 0.63CNY/USD，或者突然变成 66CNY/USD，此时市场都会有动荡。当市场出现极度上涨或者极度下跌时，市场出现动荡，对应的波动率比较高。只有在 ATM 时，即市场均衡定价时，此时波动率会小一点。其他情况下，市场反应出的波动率都会比较大。这是一种解释。

另外一种解释如图 6-2，找出汇率的隐含分布与假设汇率服从的分布——对数正态分布。

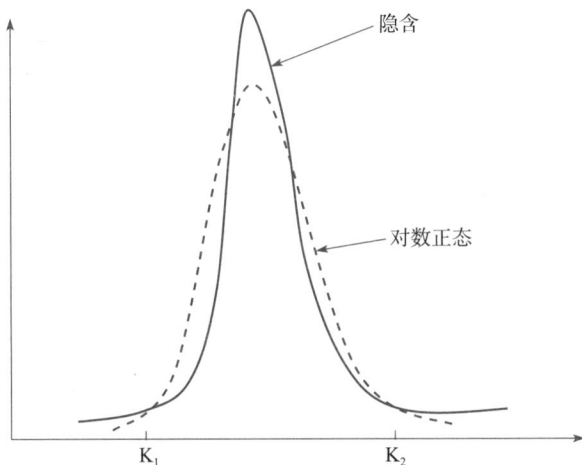

图 6-2 汇率的对数正态分布和隐含分布

图 6-2 虚线代表的是与隐含分布有相同的期望及标准差的对数正态分布。可以看出隐含分布比对数正态分布更具有肥尾特征。

为什么汇率不服从对数正态分布？资产价格服从对数正态分布的两个条件是：

(1)标的资产的波动性是恒定的。

(2)标的资产价格变化平稳，并且没有任何跳跃。

实际上，以上假设对于汇率均不成立。汇率的波动率与常数相差甚远，而且汇率经常出现跳跃(有时这种跳跃与央行行为有关)。比如，英国脱欧时，汇率市场发生了很大变化，所蕴含的风险是比较大的。

> 考纲要求—
> 描述股票期权和外汇期权的波动性微笑，并其形状进行解释。

3. 股票期权的波动率微笑

股票期权的波动率微笑，也被称为波动率倾斜(volatility skew)。隐含波动率是执行价格的递减函数。当执行价格比较低时，也就是看涨期权处于深度实值(ITM)或者看跌期权处在深度虚值(OTM)时，对应的隐含波动率比较高。当执行价格比较高时，也就是看涨期权处于深度虚值(OTM)或者看跌期权处在深度实值(ITM)时，对应的隐含波动率比较低。

图形如图 6-3：

隐含波动率

ITM看涨期权　　　　　OTM看涨期权
OTM看跌期权　　　　　ITM看涨期权

ATM

执行价格

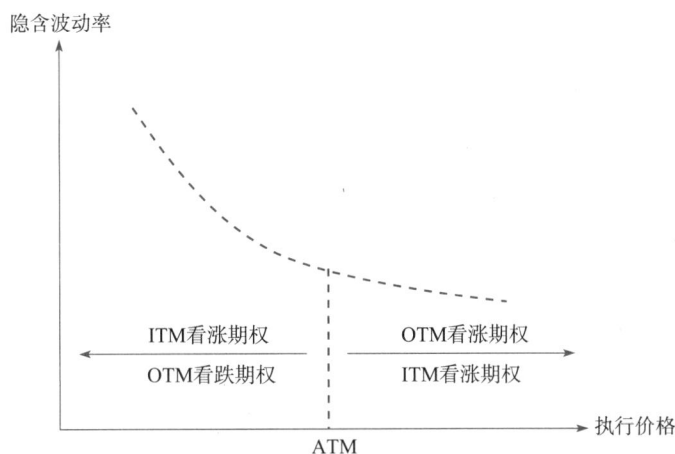

图 6-3　股票期权的波动率微笑

股票期权波动率微笑对应于下图中蓝色线所表达的概率分布。图 6-4 蓝色线代表的是一个与隐含概率分布有相同期望及标准差的对数正态分布。

可以看出隐含分布相对于对数正态分布，呈现出左肥右瘦的特征。

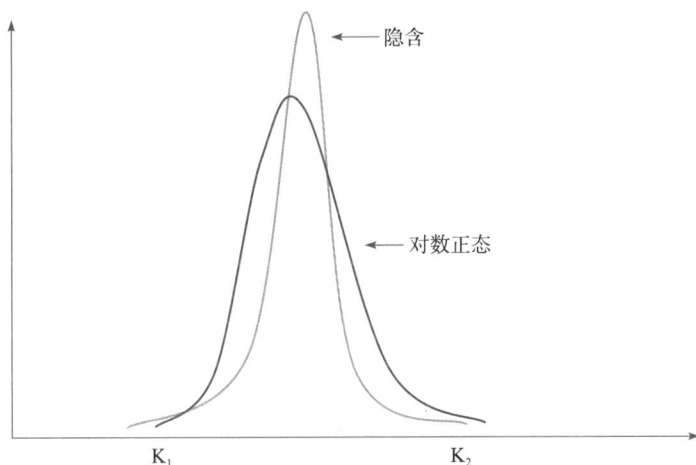

隐含

对数正态

K_1　　　　　　　　　　　K_2

图 6-4　股票的对数正态分布和隐含分布

➢ 股票期权波动率微笑存在的原因

■ 杠杆率(股票价格→波动性)。随着公司股本价值的下降，公司的杠杆率也随之上升。杠杆上升，意味着公司的风险变大，波动率也会变大。

■ 波动性反馈效应(波动性→股价)。由于外部因素，波动率增加(减少)，风险增加(减少)，投资者需要较高(较低)的回报率，因此股票价格下降(增加)。

■ 崩盘恐惧症(预期股票价格→隐含波动性)。描述的是一种现象。经历过1987 年美国股市崩盘后，投资者非常害怕类似的事件发生，产生一种恐惧心理。当市场价格下跌时，他们就去购买保险，购买看跌期权。如果市场上大量的投资者购买看跌期权。那么看跌期权的价格会上涨，即期权费会上涨，期权费所隐含的波动率也会上涨。

这三种解释也只是一种片面的解释，并不能完全说明解释股票期权的波动率微笑。

4. 其他问题

> ➤ 其他刻画波动率微笑的维度

截止到目前，我们定义的波动率微笑均为隐含波动率和执行价格之间的关系。因此，波动率微笑有时也被定义为隐含波动率和 K/S_0 之间的关系，而不是隐含波动率和 K 之间的关系。

还可以将波动率微笑定义为隐含波动率和 K/F_0 之间的关系，其中 F_0 是与所考虑的期权同时到期的资产远期价格。

还可以将波动率微笑定义为隐含波动率与期权 delta 之间的关系。

> ➤ 波动性曲面

当短期波动率处于历史低位时，隐含波动率往往是期限的递增函数，因为这时波动率预期会升高。当短期波动率处于历史高位时，波动率往往是期限的递减函数。

表 6-1 是一个可用于汇率期权定价的波动率曲面。

表 6-1　波动率曲面

期限	K/S_0				
	0.90	0.95	1.00	1.05	1.10
1 个月	14.2	13.0	12.0	13.1	14.5
3 个月	14.0	13.0	12.0	13.1	14.2
6 个月	14.1	13.3	12.5	13.4	14.3
1 年	14.7	14.0	13.5	14.0	14.8
2 年	15.0	14.4	14.0	14.5	15.1
5 年	14.8	14.6	14.4	14.7	15.0

波动率曲面中一个变量是 K/S_0，另一个变量是期限。通过这个表格会发现，当期权的期限变长时，波动率微笑变的不明显。

在实务中，通常软件输出的是波动率曲面，而不是波动率微笑。

> ➤ 波动率皱眉

当股价出现跳跃时，股票期权的波动率微笑会出现一种特殊的形式，叫做**波动率皱眉**（volatility frown）。

有家药物公司，假定股票的当前价格为 50 美元，这家公司宣布马上有一种新药研制出来，如果通过政府审核，将会对公司股价造成上涨的影响，上涨 8 美元。如果没有通过政府审核，前期研发等费用将会变成沉没成本，使得股价下跌，下跌 8 美元。无风险利率是每年 12%。

考纲要求——
解释单一资产价格出现跳跃对波动率微笑的影响。

股票价格在未来的分布可能由两个对数正态分布叠加而成。一个对数正态分布对应于好消息，另一个对数正态分布对应于坏消息，如图 6-5。

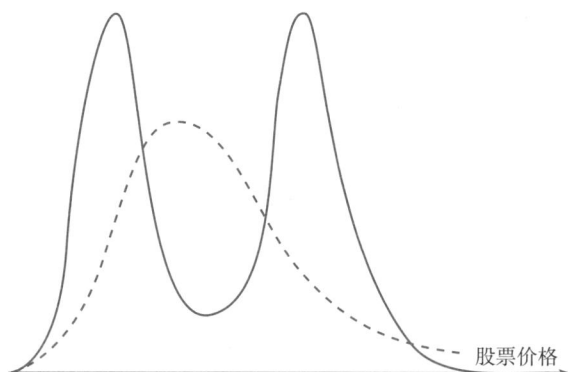

图 6-5　股价出现跳跃时的分布

利用二叉树模型，可以对这个股票期权进行定价。其他因素相同的情况下，针对不同的执行价格，可以得出不同的看涨期权价格（看跌期权）价格，及不同的隐含波动率。如图 6-6，当股价出现跳跃时，股票期权的波动率微笑显示为波动率皱眉。

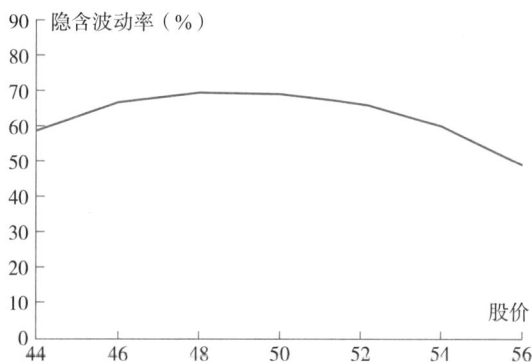

图 6-6　波动率皱眉

当期权变得更加实值或虚值时，对应的隐含波动率比较低。当期权是平值时，对应的隐含波动率较高。注意，这不是严格意义上的对称图形。

本章小结

➤ 波动率微笑对看涨期权和看跌期权来说是一样的

$$p_{BS} - p_{mkt} = c_{BS} - c_{mkt}$$

➤ 外汇期权的波动率微笑
■ 图形
◆ 平值（ATM）期权的隐含波动率相对较低，但隐含波动率随着期权

　　　　　　实值(ITM)程度或者虚值(OTM)程度的增大而逐渐升高。
　　　　■ 隐含分布对比对数正态分布，呈现出两端肥尾的特征。
　　➤ 股票期权的波动率微笑
　　　　■ 图形
　　　　　　◆ 看涨期权处于深度实值(ITM)或者看跌期权处在深度虚值(OTM)
　　　　　　　时，对应的隐含波动率比较高。
　　　　　　◆ 看涨期权处于深度虚值(OTM)或者看跌期权处在深度实值(ITM)
　　　　　　　时，对应的隐含波动率比较低。
　　　　■ 隐含分布对比对数正态分布，呈现出左肥右瘦的特征。
　　　　■ 股票期权波动率微笑存在的原因
　　　　　　◆ 杠杆率(股票价格→波动性)
　　　　　　◆ 波动性反馈效应(波动性→股价)
　　　　　　◆ 崩盘恐惧症(预期股票价格→隐含波动性)
　　➤ 其他问题
　　　　■ 其他刻画波动率微笑的维度
　　　　■ 波动性曲面
　　　　■ 波动率皱眉
　　　　　　◆ 当股价出现跳跃时，股票期权的波动率微笑显示为波动率皱眉

章节练习

1. 以下关于波动率微笑的陈述哪一个是错误的？
　　A. 外汇期权表现出波动率微笑，因为外汇期权处在 ATM 时的隐含波动率高
　　　于处在 ITM 或者 OTM 时隐含波动率。
　　B. 当资产价格出现跳跃时，会出现波动率皱眉。
　　C. 股票期权表现出波动性假笑，因为低执行期权具有更大的隐含波动率。
　　D. 与外汇期权交易员相比，股票期权交易员对极端价格变动的预期似乎更加
　　　不对称。
　　答案解析： A
　　对于外汇期权而言，平值(ATM)期权的隐含波动率相对较低，但隐含波动率随
　　着期权实值(ITM)程度或者虚值(OTM)程度的增大而逐渐升高。所以 A 错误。

2. 欧式看涨期权的市场价格为 3.00 美元，其 Black Scholes 价格为 3.50 美元。
　　具有相同执行价格和到期时间的欧式看跌期权的 Black Scholes 价格为 2.00
　　美元。该看跌期权的市场价格应为多少？
　　A. 1.50 美元　　　　B. 2 美元　　　　C. 1 美元　　　　D. 0.50 美元
　　答案解析： A
　　根据：$p_{BS} - p_{mkt} = c_{BS} - c_{mkt}$，可得：$2 - p_{mkt} = 3.5 - 3$。所以，$p_{mkt} = 1.5$ 美元。

第二部分

信用风险测量与管理

知识导引

信用风险属于 FRM 二级比较难的一门课程，主要有两个难点：首先是内容繁杂。其次是模型较多，计算量较大。这是和金融风险管理的发展历程息息相关的。金融风险管理主要集中在银行领域，而信用风险是银行极为重要的风险之一，信用风险也是目前金融风险管理研究最悠久、最透彻的风险。并且在巴塞尔协议中也允许银行使用自己的模型来度量信用风险，信用风险这门课当中包含了大量复杂的模型，这些模型都是基于信用风险的关键度量维度产生的，比如在 FRM 一级中违约概率和风险敞口等关键度量维度，而其中对于违约概率，巴塞尔协议允许银行对违约概率使用自己的模型来建模度量，所以信用风险中对于违约概率的度量涉及很多模型，考生需引起重视。

对于风险的学习，主要有识别、测量和管理三个维度。对于风险的识别，要求用合适的维度来描述风险；对于风险的测量，要求用定量的方式对关键度量维度进行计量；对于风险的管理，要求用合适的方法进行风险管理。

第一模块是信用风险的基本介绍，包括信用分析方法，信用风险分析的类型以及信用风险的关键度量维度。第二模块是信用风险的测量，主要包括信用风险的量化的内容，如违约概率、违约风险敞口的计量以及交易对手的风险测量。其中违约概率的计量目前金融市场已有较为成熟的方法，所以 FRM 考试对此进行定量计算的考察。而违约风险敞口是对未来违约情况的预测，目前市场上对于信用风险敞口的计量还处于探索阶段，所以 FRM 考试对此处的要求是考生掌握主要方法即可，不做定量计算的要求。交易对手的风险与借贷风险不同，此处的交易对手风险主要针对衍生品交易中对手方违约所带来的信用风险。第三模块是信用风险的管理。包括在交易中指定特殊的交易规则来缓释对手方风险，利用信用衍生品管理信用风险，证券化产品中信用风险的基本情况以及零售银行业务中的信用风险管理。

—— 第7章 ——
信用风险概述

一、信用风险简介	1. 信用风险特征	★
	2. 信用风险评估要素	★
二、信用风险分析	1. 不同主体的信用风险分析	★★
	2. 信用风险分析技术	★
	3. 信用风险分析方法	★
	4. 信用风险分析师	★

本章导论

　　本章是 FRM 二级信用风险的第一章，主要对信用风险的基本内容进行简单介绍，本章属于导学式内容，考生对信用风险分析的相关内容了解即可。

1. 信用风险简介

1.1　信用风险特征

信用风险主要有以下表现形式：

（1）对手方违约。

（2）违约概率上升。

（3）违约损失的严重程度升高，主要是回收率降低和风险敞口上升导致。

（4）清算风险，即双方到期交割时，一方已按合约规定支付但另一方未支付的风险。

—考纲要求—
描述信用风险的表现形式。

1.2　信用风险评估要素

信用风险评估主要有以下四种基本要素（此处主要针对信贷类业务）：

（1）**债务人的还款能力和还款意愿**（obligor's capacity and willingness to re-pay）主要包括债务人的履约能力、履约期限、债务人的信用质量与经营领域等。

（2）**外部环境**（external conditions）包括国家风险和经营条件等，如外贸企业的外贸政策。

（3）**特定信用工具的相关特征**（characteristics of the relevant credit instrument）是指特定信用产品的具体特征。如次贷危机中的次级贷款借款人其自身的信用质量就较差，银行对此类借款人发行可变利率贷款，即贷款的利率在初期较低，之后会逐渐升高与市场利率挂钩，而借款人自身可能对此种贷款了解较少，只是认为这是一笔利率较低的贷款，那么一旦借款人无法还款，就会出现大规模违约。

（4）**信用风险缓释工具**（credit risk mitigants）主要包括抵押品、债务人层级、担保机构和信用增级机制等。

—考纲要求—
描述信用风险评估要素。

2. 信用风险分析

2.1　不同主体的信用风险分析

信用风险分析的主体主要可分为个人（消费者）、企业、金融机构和主权国家这四大类别。

（1）消费者。对于消费者的信用分析是对个人消费者信用状况的评价，主要包括净资产、工资、声誉和信用评分等。

（2）企业。对于企业的信用分析是对制造商、非金融服务商等非金融企业的

—备考指南—
记住不同主体的信用风险分析要点的关键词即可。

评价，企业信用风险分析主要关注以下维度：

- 企业的流动性；
- 企业的现金流；
- 企业的短期盈利能力和长期盈利能力；
- 企业的长期偿付能力和资本充足率。

（3）金融机构。金融机构的信用分析是对保险公司、投资基金等金融公司包括银行和非银行金融机构的评价，并且金融机构同业之间的业务较多，如同业拆借和衍生品交易等，那么其交易对手风险较大，承担方和风险敞口都有很强的不确定性。因此对于金融机构的信用风险分析主要关注金融机构的盈利能力（earnings capacity），**资本充足率**（capital adequacy），**资产质量**（asset quality）以及外部监管政策调整对金融机构的影响。

（4）主权国家。主权/市政信用分析是对与国家、次国家政府和公共当局的财务义务相关的信用风险的评估，以及这些风险对在特定管辖区经营的非国家实体的影响。包括国家风险分析，主要是政治动态、经济状况、监管制度和金融体系。

2.2　信用风险分析

> 信用风险定性分析——**还款意愿**（willingness to repay）

通过对借款人的特征、声誉、在金融市场中的背景资料和借款人的信用评分等分析借款人的还款意愿。

> 信用风险定量分析——**还款能力**（ability to repay）

通过分析借款人的财务报表，分析盈利能力等估计未来的借款人还款能力。

2.3　信用风险分析方法

信用风险分析的方法主要包括定量分析和定性分析。

定量分析主要包括金融指标和比率的对比，在定量分析的过程中需要充足的统计与计算机技术，定量分析属于客观性分析。

定性分析主要关注影响违约概率但不能直接量化的因素，并且这些因素对于信用风险分析十分重要，定性的信用分析主要依赖于分析师的观点、经验、判断、理性和直觉等，属于主观性分析。

信用风险分析调查技能主要包括一手信息分析和二手信息分析。其中一手信息分析（primary research skills）利用审计公司近几年的财务报表进行细节分析，包括年报和期间财务报表数据等；二手信息分析（secondary research skills）是指利用其他机构的调查信息（如信用评级等）。

信用分析的信息来源主要包括：年报；期间财务报表；经济数据来源；新闻；评级机构报告和第三方调查报告；招股说明书和监管备案；银行备忘录；

审计报告；银行网站；网络新闻和股票价格数据等。

2.4　信用风险分析师

信用风险分析师的分类主要有两个角度，分别是工作职责角度和雇主角度。首先从工作职责角度可分为：消费信贷分析师、信用模型分析师、非金融性企业信用分析师和交易对手信用分析师；从雇主角度可分为：银行、非银金融机构和机构投资者、评级机构（如标普和穆迪等）、政府监管机构和评级顾问。

此外，银行信用风险分析师主要分为对手方信用分析师和固定收益与权益分析师两大类。对手方信用分析师主要分析银行等金融机构的信用风险，用于判断同业交易的信用风险情况，从而影响经营决策（包括设定信用限额；信用缓释工具的使用；是否允许突破限额的交易；与银行法律部门的协调等）；固定收益与权益分析师有助于投资决策的选择，固定收益的信用风险分析侧重于相对价值的分析，权益的信用分析侧重于资产收益率的情况分析。

本章小结

本章主要介绍了信用风险特征和信用风险分析的相关内容。
- ➢ 信用风险特征
  - ■ 对手方违约
  - ■ 违约概率上升
  - ■ 违约损失的严重程度升高
  - ■ 清算风险
- ➢ 信用分析
  - ■ 个人：评分模型
  - ■ 非金融机构：盈利能力、现金流状况
  - ■ 金融机构：资本结构、资产质量

章节练习

1. ABC 公司正在申请年利率为 5% 的 10 万美元的贷款，专门用于扩大业务，而不是偿还当前债务。此贷款将由公司的厂房作为抵押，厂房的评估价值为 20 万美元。公司年营业利润 3 000 美元。下列关于本公司信用风险的哪项陈述是可以根据题干描述推测出的（　　）?
   A. 公司的贷款偿付能力很低　　　B. 公司的贷款偿付意愿很低
   C. 此贷款有很高的违约损失　　　D. 贷款违约风险敞口增加
   答案解析： A
   由于公司所申请贷款为 10 万美元，年利息为 5 000 美元，抵押物的价值为 20

万美元，但公司的年营业利润仅 3 000 美元，因此该公司的贷款偿付能力很低。

2. 关于信用风险，下列表述正确的是(　　)。

A. 衍生产品不存在信用风险

B. 商业银行主要的信用风险来源于存款业务

C. 对于商业银行来说，信用风险存在于贷款等表内业务，不存在于各种表外业务中

D. 尽管交易对手没有发生违约，但是由于其信用等级下降也能够形成信用风险并导致损失

答案解析： D

交易对手没有发生违约，但是由于其信用等级下降也能够形成信用风险并导致损失衍生产品存在信用风险。

商业银行主要的信用风险来源于贷款业务。

对于对于商业银行来说，信用风险存在于贷款等表内业务，也存在于各种表外业务中。

3. 贷款组合的信用风险的特征为(　　)。

A. 有系统性风险，但没有非系统性风险

B. 有非系统性风险，但没有系统性风险

C. 既可能有系统性风险，又可能有非系统风险

D. 以上的都不对

答案解析： C

贷款组合的信用风险既可能有系统性风险，又可能有非系统风险。

—— 第 8 章 ——
关键信用风险指标

一、信用风险在不同产品中的体现	信用风险在不同产品中的体现	★
二、信用风险分析的三个核心维度	信用风险分析的三个核心维度	★★
三、信用风险的核心指标	1. 预期损失	★★★
	2. 非预期损失	★★★
	3. 组合的非预期损失	★★★

本章导论

    本章节主要介绍信用风险的识别，包括信用风险在产品中如何体现，哪些时刻真正存在信用风险，通过哪些维度对信用风险量化以及这些维度所代表的含义，并把上述识别要点整合成对信用风险的整体评估。

1. 信用风险在不同产品中的体现

> ➢ 贷款

贷款的信用风险主要体现在借款风险，并且贷款的信用风险的量（即贷款数额）是确定的，风险承担的主体（通常情况下即银行）是确定的。

> ➢ 远期合约

双方在远期合约的交易中，信用风险主要体现为由于亏损的一方违约导致赚钱的一方可能无法收回资金，并且在期初时，信用风险的量和承担的主体都是不确定的。

假设远期合约的执行价格是 10 美元，标的资产的到期价格是 12 美元。此时多头方赚 2 美元，所以多头方面临信用风险敞口；如果标的资产的到期价格是 8 美元，那么此时空头方面临 2 美元的信用风险敞口。

> ➢ 互换

以利率互换为例，信用风险的量和承担的主体是会随着浮动利率和固定利率相对关系的变化而变化的。并且对于未来的一些关键时点，信用风险的情况也是不确定的。

> ➢ 期权

假设看涨期权的执行价格是 10 美元，期权费是 1 美元，标的资产的到期价格是 12 美元，此时多头方赚 1 美元，所以多头方面临信用风险敞口；而如果标的资产的到期价格是 8 美元，此时不能说空头方面临信用风险，因为期权的空头方赚取的是期权费，期权费在期初就已经拿到，所以未来只有多头方赚钱时，空头方所需要履行的义务，而没有未来获得现金流的权利。所以期权的空头方是没有信用风险的。

> ➢ 奇异期权

以障碍期权为例，假设买入一个障碍价格为 120 美元的向上敲出的看涨期权，同时买入一个障碍价格为 110 美元的向下敲入看跌期权。两个期权的执行价格都为 100 美元。当标的资产价格位于 100 至 120 美元之间时，买入的障碍价格为 120 美元的向上敲出的看涨期权会面临信用风险；当标的资产价格位于 100 美元以下时，买入的障碍价格为 110 美元的向下敲入看跌期权会面临信用风险。

2. 信用风险分析的三个核心维度

基本的信用风险分析维度主要有如下三个：

(1) **违约概率**（probability of default，PD）反映违约发生的概率。

(2) **风险敞口**（exposure at default，EAD）反映实际暴露在信用风险中的量是多少。

（3）**违约损失率**（loss given default，LGD）是指发生违约时扣除回收的部分所发生的损失率，违约损失率＝1－回收率。

3. 信用风险的核心指标

信用风险的核心指标主要包括预期损失和非预期损失。

3.1　预期损失

备考指南——FRM考试中重点考察组合的预期损失。

预期损失（expected loss）是指在未来一年可能发生的平均损失，是信用风险比较容易度量的部分。例如对于金融机构的贷款业务来说，通过计算预期损失，可以得出贷款的预期准备金是多少，一般用准备金来覆盖预期损失。虽然预期损失不是信用风险管理的主体，但预期损失对于计算非预期损失是有一定帮助的。

预期损失的计算公式为：

$$EL = PD \times (1 - RR) \times EAD = PD \times LGD \times EAD$$

具体计算过程如下：

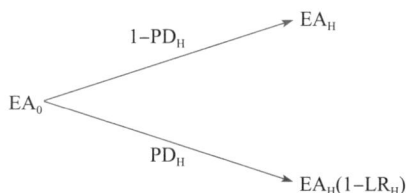

$$
\begin{aligned}
EL_H &= EA_H - E(EA_H) \\
&= EA_H - \lceil (1 - PD_H) \times EA_H + PD_H \times EA_H \times (1 - LR_H) \rceil \\
&= PD_H \times EA_H \times LR_H \\
&= PD_H \times EAD_H \times LGD_H
\end{aligned}
$$

例

贷款的本金是 1 000 000 美元，违约概率是 8%，回收率是 40%，银行需要为此贷款预留多少的准备金？

【解析】

$$
\begin{aligned}
EL &= PD \times (1 - RR) \times EAD \\
&= 8\% \times (1 - 40\%) \times 1 000 000 = 48 000（美元）
\end{aligned}
$$

由于预期损失是不考虑相关性的，所以资产组合的预期损失为单个资产预期损失的线性加总。假设资产组合中有 X 和 Y 两个资产，则组合的预期损失为：

$$EL_P = EL_X + EL_Y$$

3.2 非预期损失

非预期损失(unexpected loss,credit VaR)是指实际发生的损失和预期损失之间的差额。但在期初是无法知道实际发生损失的情况,所以非预期损失是预估的。

首先已知预期损失的值,然后根据信用损失分布的情况估计一定置信水平下的**极端损失**(worse case loss,WCL),那么非预期损失就等于在一定置信水平下的极端损失情况减去预期损失。即,

$$UL = \text{creditVaR} = WCL - EL$$

—备考指南—
FRM考试中重点考察非预期损失的计算。

名师解惑

FRM 二级的非预期损失的计算大多是已知分布和一些关键数据,根据关键数据求出预期值和极端损失值,然后计算出非预期损失值。

例

已知 A、B 和 C 三个债券构成的资产组合的敞口为 100 000 000 美元,其各自的敞口和违约概率如表 8-1 所示,并且已知组合的敞口是恒定的,违约时的回收率是 0,违约事件是独立发生的。

根据表 8-1 求出此资产组合的预期损失和非预期损失,如表 8-2;损失分布如图 8-1。

表 8-1 债券信用指标　　　　　　　　　　　　　　　　单位:美元

债券	敞口	违约概率
A	25 000 000	5%
B	30 000 000	10%
C	45 000 000	20%

【解析】

表 8-2 债券组合的预期损失和非预期损失　　　　　　单位:美元

违约债券	损失	概率	累计概率	期望损失	方差
无	0	$0.684 = (1-5\%)\times(1-10\%)\times(1-20\%)$	0.684	0.00	120 080 000
A	25 000 000	$0.036 = 5\%\times(1-10\%)\times(1-20\%)$	0.720	900 000	4 970 000
B	30 000 000	$0.076 = 10\%\times(1-5\%)\times(1-20\%)$	0.796	2 280 000	21 320 000
C	45 000 000	$0.171 = 20\%\times(1-5\%)\times(1-10\%)$	0.967	7 700 000	172 380 000
A、B	55 000 000	$0.004 = 5\%\times10\%\times(1-20\%)$	0.971	220 000	6 970 000
A、C	70 000 000	$0.009 = 5\%\times20\%\times(1-10\%)$	0.980	630 000	28 990 000
B、C	75 000 000	$0.019 = (1-5\%)\times10\%\times20\%$	0.999	1 430 000	72 450 000
A、B、C	100 000 000	$0.001 = 5\%\times10\%\times20\%$	1.000	100 000	7 530 000
				13 250 000	434 690 000

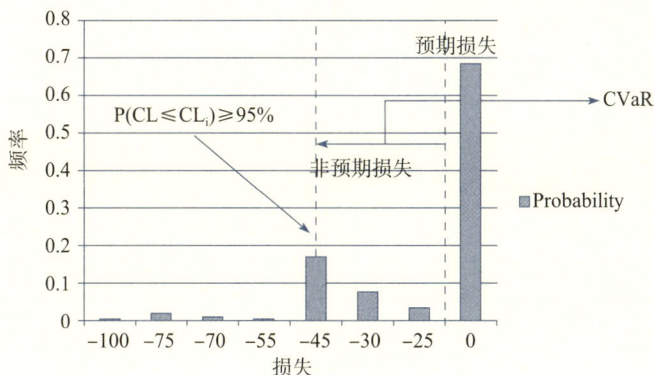

图 8-1 损失分布

$$E(CL) = \sum p_i \times CE_i = 0.05 \times 25 + 0.10 \times 30 + 0.20 \times 45 = 13.25\,m(美元)$$

$$CVaR = WCL - E(CL) = 45 - 13.25 = 31.75m(美元)$$

名师解惑

信用风险 VaR 和市场风险 VaR 的比较：

信用风险 VaR 和市场风险 VaR 的分布不同。假设研究一个远期的市场风险，我们首先要确定其损益分布，并且是以锁定的价格为轴呈现对称分布的状态，极端尾部情况发生的概率较低，巴塞尔协议要求计算市场风险的置信水平是 99%。当研究此远期的信用风险时，只考虑此远期赚钱的部分即可，所以信用风险的分布是一个有偏的分布，极端尾部情况发生的概率较高，巴塞尔协议要求计算信用风险的置信水平是 99.9%。

信用风险 VaR 和市场风险 VaR 的观察期不同。市场风险的交易较为频繁，所以风险的观察期较短，一般是以 1 天为观察期；而信用风险关注的是合约整个期限的信用情况，一般是以 1 年为观察期。

3.3 组合的非预期损失

由于组合中各个资产之间不是完全独立的，组合的非预期损失要考虑资产的相关性情况，此时要计算资产之间的违约相关性。在 FRM 考试中，只要求掌握两个资产构成的组合的相关性即可。

首先将违约作为一个变量进行建模，通过伯努利随机变量建模：

$$X_I = \begin{cases} 1 & PD \\ 0 & 1-PD \end{cases}$$

对两个资产的违约情况建模，则：

$$X_1 = \begin{cases} 1 & \pi_1 \\ 0 & 1-\pi_1 \end{cases}$$

$$X_2 = \begin{cases} 1 & \pi_2 \\ 0 & 1-\pi_2 \end{cases}$$

$$X_1 X_2 = \begin{cases} 1 & \pi_{12} \\ 0 & 1-\pi_{12} \end{cases}$$

考虑所有的违约情况，如表 8-3 所示：

表 8-3　资产的违约情况

结果	X_1	X_2	$X_1 X_2$	概率
无违约	0	0	0	$1-\pi_1-\pi_2+\pi_{12}$
资产 1 违约	1	0	0	$\pi_1-\pi_{12}$
资产 2 违约	0	1	0	$\pi_2-\pi_{12}$
两个资产都违约	1	1	1	π_{12}

违约相关性为：

$$\rho = \frac{Cov(X_1 X_2)}{\sigma_{X_1}\sigma_{X_2}}$$

因为：

$$(X_i)=\pi_i; E(X_1 X_2)=\pi_{12}$$
$$V(X_i)=E(X_i)^2-[E(X_i)]^2=\pi_i(1-\pi_i)i=1,2$$
$$Cov(X_1,X_2)=E(X_1 X_2)-E(X_1)E(X_2)=\pi_{12}-\pi_1\pi_2$$

所以：

$$\rho = \frac{Cov(X_1 X_2)}{\sigma_{X_1}\sigma_{X_2}} = \frac{\pi_{12}-\pi_1\pi_2}{\sqrt{\pi_1(1-\pi_1)}\sqrt{\pi_2(1-\pi_2)}}$$

结合组合中资产的违约相关性，即可求解出组合的非预期损失。

FRM 考试中只考 $\rho=1$ 和 $\rho=0$ 这两种情况，其他情况的违约相关性要用相关性矩阵进行求解，FRM 考试对此不做要求。

当 $\rho=1$ 时，所有资产都是完全相关的，组合中的资产可以看做单个资产的叠加。

当 $\rho=0$ 时，在计算违约相关性的情况下，$\pi_{12}=\pi_1\pi_2$ 此时 2 个资产违约情况相互独立，可以将多个资产的违约情况看成单个资产违约情况的独立叠加，所以单个资产服从伯努利分布，N 个资产即为 N 次伯努利实验，也就是二项分布。

此时，

$$X_I = \begin{cases} 1 & C_N^1 PD(1-PD)^{N-1} \\ 0 & (1-PD)^N \end{cases}$$

下面分别假设当 $\rho=1$ 和 $\rho=0$ 对非预期损失的求解进行举例。

备考指南—
FRM考试中重点考察组合的预期损失。

> **例**
>
> $\rho=1$（当组合中 1 个资产违约时，其他资产也都违约）
>
> 已知组合的面值为 1 000 000 美元，共 20 个信用资产组成。每个资产的违约概率为 2%，回收率为 0，每个资产都是同一个对手方，所以资产间的违约相关性为 1，请问 99% 置信水平下的 CVaR 为多少？

【解析】

EL＝1 000 000×2％＝20 000（美元）

WCL(99％)＝1 000 000（美元）

Credit VaR＝1 000 000－20 000＝980 000（美元）

例

$\rho = 0$（组合中资产的违约数服从二项分布）

已知组合的面值为 1 000 000 美元，共 50 个信用资产组成。如果没有违约事件发生，每个资产是等权重的，即为 20 000 美元。每个资产的违约概率为 2％，回收率为 0，当资产的违约相关性为 0，请问 95％置信水平下的 CVaR 为多少（95％置信水平所对应分布的违约数是 3 个资产）。

【解析】

EL＝1 000 000×2％＝20 000（美元）

WCL(95％)＝3×20 000＝60 000（美元）

Credit VaR＝60 000－20 000＝40 000（美元）

本章小结

本章主要介绍了关键信用风险指标的相关内容。

➤ 预期损失的计算：

$$EL = PD \times (1 - RR) \times EAD$$

$$EL_P = EL_1 + EL_2$$

➤ 非预期损失的计算：

$$CVaR = UL = WCL(\%) - EL$$

➤ 违约相关性的计算：

$$\rho = \frac{\text{Cov}(X_1 X_2)}{\sigma_{X_1} \sigma_{X_2}} = \frac{\pi_{12} - \pi_1 \pi_2}{\sqrt{\pi_1(1 - \pi_1)} \sqrt{\pi_2(1 - \pi_2)}}$$

➤ $\rho = 0$ 时，组合中资产的违约数服从二项分布；

➤ $\rho = 1$ 时，当组合中 1 个资产违约时，其他资产也都违约。

章节练习

1. 假设 Z 银行向 X 贷款 100 万欧元，向 Y 贷款 500 万欧元。在接下来的一年里，X 的 PD 为 0.2，Y 的 PD 为 0.3。联合违约的违约概率为 0.1。违约损失 X 为 40％，Y 为 60％。银行一年内的预期违约损失是多少？

　　A. 72 万欧元　　　　B. 98 万欧元　　　　C. 46 万欧元　　　　D. 64 万欧元

答案解析： B

$$EL_P = EL_X + EL_Y = 1\,000\,000 \times 0.2 \times 40\% + 5\,000\,000 \times 0.3 \times 60\% = 980\,000$$

（欧元）

2. 一家共同基金的经理担心其在欧洲市场和亚洲市场的信用风险过大。考虑到市场条件的不确定性，基金经理希望通过提高欧洲发行的债券和亚洲发行的债券之间的违约相关性对投资组合的信用风险进行重新估计。假定其他参数保持不变，当违约相关性上升时，以下哪一项是正确的（　　）？

A. 投资组合的预期损失将增加。　　　B. 投资组合的非预期损失将减少。

C. 投资组合的预期损失将减少。　　　D. 投资组合的非预期损失将增加。

答案解析： D

违约相关性对投资组合的预期损失没有影响，但会增加投资组合的非预期损失。

3. 假设组合中有两笔投机性信用贷款，评级分别为 BB 级和 BB 级，违约概率分别为 2% 和 3%。如果二者同时违约的概率为 0.4%，则这两笔信用贷款的违约相关系数为（　　）。

A. 0　　　　　　　B. 0.083　　　　　　C. 0.142 4　　　　　　D. 0.375 0

答案解析： C

$$\frac{0.4\% - 2\% \times 3\%}{\sqrt{2\% \times 98\%} \times \sqrt{3\% \times 97\%}} = 0.142\,365$$

—— 第9章 ——
违约概率模型

一、违约概率模型的基本分类	违约概率模型的基本分类	★
二、评级体系	1. 评级体系简介	★
	2. 信用评级的作用	★
	3. 信用评级转移矩阵	★★
	4. 评级系统中违约概率的测量	★★★
三、利用市场价格计算违约概率	1. 利用债券价格计算违约概率	★★★
	2. 利用股票价格计算违约概率	★★★
四、利用指数分布计算违约概率	利用指数分布计算违约概率	★★★
五、单因素模型	单因素模型	★
六、其他模型	1. 线性判别法	★
	2. 逻辑回归模型	★
	3. 聚类分析	★
	4. 主成分分析	★
	5. 模拟现金流模型	★
	6. 启发式方法	★
	7. 数字算法	★
	8. 债务组合的违约概率模型	★
七、集中度风险	集中度风险	★★

本章导论

本章重点讲解重要的几种违约概率模型，包括基于评级系统的违约概率度量，基于市场价格的违约概率度量，基于指数分布计算的违约概率度量，利用单因素模型计算违约概率以及一些计算违约概率的新兴模型，比如线性判别法和逻辑回归等模型。

1. 违约概率模型的基本分类

> **基于专家意见(experts-based)的违约概率模型**

基于专家意见的违约概率模型是一种最古老的的信用风险分析方法,它是商业银行在长期的信贷活动中形成的一种行之有效的信用风险分析方法。

在专家意见的违约概率模型下,各商业银行自身条件的不同在对贷款申请人进行信用分析所涉及的内容上也会不尽相同。但是绝大多数银行都讲将重点集中在借款人的"5C"上,即品德与声望(character)、资格与能力(capacity)、资金实力(capital or cash)、担保(collateral)、经营条件和商业周期(cycle and condition)。

专家意见的违约概率模型的缺陷如下:

● 需要相当数量的专门分析人员;

● 效果不稳定;

● 应变能力差;

● 标准不统一,有一定主观性。

> **基于统计模型(statistical-based)的违约概率模型**

基于统计模型的违约概率模型可分为结构性方法和纯统计方法。结构性方法是指有一定经济金融背景的统计模型方法,通过市场价格,并利用定价模型等估计违约概率,比如莫顿模型,就是利用股票价格计算违约概率,这必然会用到价格估计的基本理念。纯统计方法是指纯粹使用统计方法,利用统计模型的核心元素及变量估计违约概率,比如线性判别法就是仅仅利用线性判别式来估计信用评分,从而估计违约概率。

> **启发式方法和数值方法(heuristic and numerical approach)的违约概率模型**

启发式方法和数值方法的违约概率模型是指利用人工智能和神经网络等方法估计违约概率的方法。

2. 评级体系

2.1 评级体系简介

评级体系关于违约概率的分析中,我们首先要了解评级体系本身的主要特点。

标普、穆迪和惠誉等评级机构会给出违约概率的数据,利用这些数据估计违约概率的方法称为基于专家意见的方法。这些方法对于信用风险管理的实际应用是十分重要的,可以用于对于信用产品的定价以及对覆盖非预期损失的资本要求的估算。评级体系一般是定序化的排列,这些评级数据在风险管理中都会用到。

好的评级体系的主要特点如下：

➤ 可测量性（measurability）

可测量性是指评级体系可以表现出违约概率。

➤ 可验证性（verifiability）

可验证性是指通过市场的实际数据可以验证评级体系的准确度。

➤ 客观性（objectivity）

客观性是指评级体系中的评级仅仅考虑信用事件，不考虑其他因素。

➤ 同质性（homogeneity）

同质性是指不同主体的信用评级是可以比较的，即评级的核心逻辑相同。

➤ 具体性（specificity）

具体性是指通过评级情况即可得到违约情况。

目前市场上主要的外部评级机构是标普、穆迪和惠誉，但三者的评级并不完全一样。

穆迪（Moody's）：主要针对产品进行评级，而不是针对发行人进行评级。穆迪长期评级针对一年期以上的债务，评估发债方的偿债能力，预测其发生违约的可能性及财产损失概率。而短期评级一般针对一年期以下的债务。穆迪长期评级共分九个级别：Aaa、Aa、A、Baa、Ba、B、Caa、Ca 和 C。通常认为，从 Aaa 级到 Baa3 级属于投资级，从 Ba1 级以下则为投机级。可以添加数字 1、2 或 3 进一步显示各类债务在同类评级中的排位，1 为最高，3 则最低。

标普（S&P）：主要针对发行人的评级。使用标普的评级体系时需要注意的是一家信用良好的公司也会发行信用较差的产品。标普的长期评级主要分为投资级和投机级两大类，投资级的评级具有信誉高和投资价值高的特点，投机级的评级则信用程度较低，违约风险逐级加大。投资级包括 AAA、AA、A 和 BBB，投机级则分为 BB、B、CCC、CC、C 和 D。并且在每个级别可通过添加"＋"或"－"来显示信用高低程度。例如，在 AA 序列中，信用级别由高到低依次为 AA＋、AA、AA－。

惠誉（FITCH）：主要针对发行人的评级，并且同时考虑发行人的债务情况进行综合考量。

穆迪和标普等评级机构都是会分投资级和投机级。BBB/Baa3 及以上的为投资级、以下的为投机级。具体评级标准如表 9-1 所示：

表 9-1　评级标准表

投资级			
说明	标普	穆迪	说明
最佳：偿债能力极强，基本不受不利经济环境的影响，违约风险极低。	AAA	Aaa	最佳：最高质量，信用风险极低。

续表

投资级			
说明	标普	穆迪	说明
优秀：偿债能力很强，受不利经济环境的影响较小，违约风险很低。	AA+	Aa1	优秀：高质量，信用风险很低。
	AA	Aa2	
	AA−	Aa3	
良好：偿债能力较强，较易受不利经济环境的影响，违约风险较低。	A+	A1	良好：中高评级，信用风险较低。
	A	A2	
	A−	A3	
较好：偿债能力一般，受不利经济环境的影响较大，违约风险极一般。	BBB+	Baa1	信用风险一般
	BBB	Baa2	
	BBB−	Baa3	

投机级			
说明	标普	穆迪	说明
一般：比其他投机级主体偿付能力强一些，但面临主要的不确定性。	BB+	Ba1	一般：含有投机成分并且面临持续的信用风险。
	BB	Ba2	
	BB−	Ba3	
尚可接受：比 BB 级别的偿债能力弱，但是当前的经营情况尚可满足债务偿付。	B+	B1	尚可接受：投机并且有较高的信用风险。
	B	B2	
	B−	B3	
关注：偿债能力较大的依赖于环境，偿债能力较弱。	CCC+	Caa1	关注：偿债能力较弱。
	CCC	Caa2	
	CCC−	Caa3	
预警：偿债能力极度的依赖于环境，偿债能力极弱。	CC/C	Ca	预警：强投机性，容易违约。
违约：偿付违约。	D	C	违约：最低等级债券——特指无法回收的违约债券。

评级机构除了会给出信用评级，还会给出违约概率的估算，此处给出的是累积违约概率，所谓累积违约概率就是从期初开始一直累积的一段时间的违约情况，累积违约概率通常由历史数据分析得出。

2.2 信用评级的作用

对于借款者、投资者、和监管者来说评级机构对它们的评级有以下各自不同的作用：

对于借款者来说，需要通过信用评级获取资本的借贷，并且能够通过信用评级得到一个合理的借贷成本。

　　投资者可以通过信用评级来估计其债务投资的潜在损失，同时也能够对风险和收益进行估值。

　　监管机构可以通过评级机构对银行、第三方机构和保险公司进行资本需求的界定。

2.3　信用评级转移矩阵

—考纲要求—
描述信用转移矩阵，并根据信用转移矩阵计算违约概率。

　　评级机构除了会给出违约概率的情况，还会给出信用评级转移矩阵，即评级之间发生评级转换的概率情况。根据信用评级转移矩阵，可以预测未来的违约概率。

　　如表 9-2，左边列是初始的信用评级，上边行表示一年之后的信用评级。此时，可以通过信用评级转移矩阵预测未来一段时间的信用评级情况。

表 9-2　信用转移矩阵

初始评级	一年后的评级			
	A	B	C	D
A	97％	3％	0％	0％
B	2％	93％	2％	3％
C	1％	12％	64％	23％
D	0％	0％	0％	100％

　　我们假设信用评级转移矩阵服从马尔科夫过程，即每年的信用评违约情况是相互独立的，那么在计算每条路径的违约概率时，可以把所选路径的每个时间段的概率直接相乘，然后将所有路径的违约概率加总。

例

已知某公司一年的信用转移矩阵如表 9-3 所示：

表 9-3　信用转移矩阵

初始评级	一年后的评级			
	A	B	C	D
A	97％	3％	0％	0％
B	2％	93％	2％	3％
C	1％	12％	64％	23％
D	0％	0％	0％	100％

评级为 B 级的公司两年内违约的概率为多少？

【解析】

分别考虑 B 级公司两年内违约的 4 种路径：

B—D：3％

B—A—D：2％×0

B—B—D：93％×3％

B—C—D：2％×23％

因此两年内的违约概率为：3％＋2％×0＋93％×3％＋2％×23％＝6.25％。

2.4 评级系统中违约概率的测量

假设有 1 000 家公司,在第一年有 3 家公司违约,剩余 997 家公司没违约;第二年违约 6 家公司,剩余 991 家公司没违约;第三年违约 10 家公司,剩余 981 家公司没违约。根据上述历史数据,可以得到如下的违约概率维度:

➤ 单年的违约概率(forward probability)

单年的违约概率是指不考虑前后期的前提下,只考虑单年的违约概率。

计算方式是用单年违约数除以此年期初存活数。

第 1 年的违约概率:$d_1 = \dfrac{3}{1\,000} = 0.3\%$

第 2 年的违约概率:$d_2 = \dfrac{6}{997} = 0.6\%$

第 3 年的违约概率:$d_3 = \dfrac{10}{981} = 1.02\%$

➤ 累计违约概率(cumulative default probability)

累计违约概率是指一段时间内的累积违约概率。

计算方式是用累积违约数除以期初存活数。

第 1 年累计违约概率:$C_1 = \dfrac{3}{1\,000} = 0.3\% = d_1$

第 2 年累计违约概率:$C_2 = \dfrac{3+6}{1\,000} = 0.9\% = d_1 + (1-d_1)d_2$

第 3 年累计违约概率:$C_3 = \dfrac{3+6+10}{1\,000} = 1.9\% = d_1 + (1-d_1)d_2 + (1-d_1)(1-d_2)d_3$

➤ 边际违约概率(marginal default probability)

边际违约概率是指给定年份的违约概率,前一期不违约而后一期违约的概率。

计算方式是两期之间的累积违约概率的差额。

第 1 年边际违约概率:$\mathrm{MPD}_1 = C_1$

第 2 年边际违约概率,即表示第 1 年不违约且第 2 年违约同时发生的概率:$\mathrm{MPD}_2 = C_2 - C_1$

第 3 年边际违约概率,即表示第 2 年不违约且第 3 年违约同时发生的概率:$\mathrm{MPD}_3 = C_3 - C_2$

➤ 存活率(survival rate)

存活率是指累计到当前时刻的存活情况。

单年的存活率等于 1 减去单年的违约概率;多年的存活率是多年都不违约的情况,所以是单年存活率相乘。

第 1 年存活率:$S_1 = \dfrac{997}{1\,000} = 99.7\% = 1 - d_1 = 1 - C_1$

累计 2 年的存活率：$S_2 = \dfrac{997-6}{1\,000} = 99.1\% = (1-d_1)(1-d_2) = 1-C_2$

累计 3 年的存活率：$S_3 = \dfrac{997-6-10}{1\,000} = 98.1\% = (1-d_1)(1-d_2)(1-d_3) = 1-C_3$

➤ **年化平均违约概率（annualized default rate）**

年化平均违约概率是指一段时间内平均的年化违约概率情况。

3 年的平均年化违约率（非连续）：$(1-d^a)^3 = S_3 = 1-C_3$

3 年的平均年化违约率（连续）：$\lim\limits_{m \to \infty}\left(1-\dfrac{d^a}{m}\right)^{3 \times m} = e^{-d^a \times 3}$

例

已知某贷款组合中共 1 000 笔贷款，共 5 年期，如表 9-4 所示。

表 9-4　贷款违约情况　　　　　　　　　　　单位：个数

年份						
	0	1	2	3	4	5
存活数量	1 000	990	978	965	950	930
违约数量		10	22	35	50	70
累计违约概率		1.00	2.20	3.50	5.00	7.00
边际违约概率		1.00	1.20	1.30	1.50	2.00
单年的违约概率		1.00	1.21	1.33	1.55	2.11
累计存活率		99.00	97.80	96.50	95.00	93.00
单年存活率		99.00	98.79	98.67	98.45	97.89
年化违约概率（离散型）		1.00	1.11	1.18	1.27	1.44
年化违约概率（连续型）		1.01	1.11	1.19	1.28	1.45

---

3. 利用市场价格计算违约概率

利用市场价格计算违约概率的方式主要分为利用债券价格计算违约概率和利用股票价格计算违约概率。

3.1 利用债券价格计算违约概率

已知某零息债的面值为 1 美元，期限是 1 年，那么此时债券价格为：

$$p = \frac{1 \text{ 美元}}{1+YTM}$$

> **备考指南—**
> 利用债券法计算违约概率在 FRM 考试中的重要性逐渐下降。

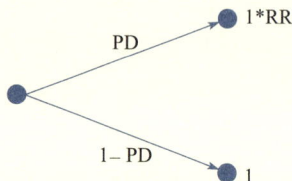

还可以用分析到期现金流的方式对其定价（此处只考虑信用风险），那么此时现金流有两种情况：分别是违约和不违约：

此时到期的现金流为：$PD \times RR \times 1 + (1 - PD) \times 1$

此时债券价格为：$p = \dfrac{1 \text{美元} \times PD \times RR + 1 \text{美元} \times (1 - PD)}{(1 + R_f)}$

因此，

$$p = \frac{1 \text{美元}}{1 + YTM} = \frac{1 \text{美元} \times PD \times RR + 1 \text{美元} \times (1 - PD)}{(1 + R_f)}$$

$$\Rightarrow PD = \frac{1}{1 - RR}\left[1 - \frac{1 + R_f}{1 + YTM}\right]$$

$$\Rightarrow PD = \frac{1}{LGD}\left[\frac{YTM - R_f}{1 + YTM}\right]$$

$$\Rightarrow PD \times LGD = \frac{YTM - R_f}{1 + YTM}$$

如果 YTM 趋近于 0，

$$\Rightarrow PD \times LGD \approx YTM - R_f = \text{信用利差}$$

名师解惑

当数据全且不付息，计算违约概率利用精确法，即

$$PD = \frac{1}{1 - RR}\left[1 - \frac{1 + R_f}{1 + YTM}\right]$$

当数据不全或数据全且付息，计算违约概率用近似法，即

$$PD = \frac{\text{credit spread}}{LGD}$$

利用债券法计算违约概率时，有个重要的维度是**信用利差**（credit spread），也称为信用价差。信用利差类似信用违约互换（CDS）的保费，即对信用风险实施保护所需要承担的费用。如果题目已知条件中出现信用违约互换的保费，其实也就是信用价差。

信用价差的表达式为：

信用利差＝贷款或证券收益－相应的无风险证券的收益

信用利差在经济扩张期会下降，而在经济收缩期增加。这是因为在经济收缩期，投资者信心不足，更愿投资于高信用等级债券以回避风险，而公司由于收入下降，现金流减少，为了吸引投资者购买公司债券，发行人必须提供较高

的利率，因此会产生较高的信用利差。相反，在经济扩张时期，投资者对未来发展有信心，愿意投资于信用等级较低的证券以获得较高的收益，而公司收入增加，现金流充裕，不需要通过很高的成本来吸引外部资金，这样就导致较低的信用利差。

信用价差的变动会影响违约概率和资产价值。信用价差一般利用 Z-spread 来计量，Z-spread 指的是某债券的收益率高于无风险收益率的部分，即利用债券的市场价格求出此债券的到期收益率，与无风险收益率相减。因此可以通过 Z-spread 的计算来反映信用价差的变化对债券价格的影响。

Spread'01 类似 DV01，指的是当信用价差变动 1 个基点时对债券价格的影响。

> **例**
>
> 当前债券价格为 92，当前 Z-spread 为 207 基点；
> 情景 1：债券价格为 91.93，Z-spread 为 207.5 基点；
> 情景 2：债券价格为 92.14，Z-spread 为 206.5 基点。
> 那么此时 Spread'01 为 0.21。
> 此外，债券法计算违约概率的局限主要有以下四个方面：
> (1) 许多国家的公司债券市场发展不完善；
> (2) 交易对手可能没有流通在外的上市债券；
> (3) 债券可能具有其他特征，如看涨期权；
> (4) 债券交易不活跃。

3.2　利用股票价格计算违约概率

> **考纲要求**
> 利用莫顿模型、KMV 模型和穆迪 KMV 模型计算违约概率。

利用公司股票价格计算违约概率的方式主要有莫顿模型、KMV 模型和穆迪 KMV 模型。

> ➤ **莫顿模型**

莫顿模型（Merton model）的特点是以企业资本结构为基础，并结合 BSM 模型的基本结论推算违约概率。

企业的资本结构以资产负债表为基础划分，资产负债表左边是资产，右边是负债和所有者权益。资产等于债务加所有者权益，根据这三大因素来估计违约概率。资产是创造收益的部分，债务和所有者权益是资金的来源部分。莫顿模型依据资产和债务估计公司违约的情况。

假设某股东投资了一家公司，初始投资额为 $S_0=100$，同时公司向债权人发行了面值为 $K=100$，期限为 1 年的零息债券，到期一次性偿还本金。企业的初始价值（可以看成是总资产）$V_0=B_0+S_0$，现在考察一年后债券到期日的情况如表 9-5：

表 9-5　一年后债券情况　　　　　　　　　　　单位：美元

一年后	企业价值（V_1）	债券价值（B_1）	股东权益（S_1）
情况 1	$V_1 = 300 > K$	$B_1 = K = 100$	$S_1 = 200 = V_1 - K$
情况 2	$V_1 = 200 > K$	$B_1 = K = 100$	$S_1 = 100 = V_1 - K$
情况 3	$V_1 = 100 = K$	$B_1 = K = 100$	$S_1 = 0 = V_1 - K$
情况 4	$V_1 = 80 < K$	$B_1 = V_1 = 80$	$S_1 = 0$
一般情况	$V_1 = B_1 + S_1$	$B_1 = Min(K, V_1)$ $= K - Max(K - V_1, 0)$	$S_1 = Max(V_1 - K, 0)$

对于股东来说，到期时如果 $V > K$，也就是到期时企业价值大于债券面值，此时股东可以获得 $V - K$；到期时如果 $V < K$，也就是到期时企业价值大于债券面值，此时股东是无法获得资金的，也就是到期收益是 0。因此股东到期的获利为 $Max(V - K, 0)$。而看涨期权的到期价值为 $Max(S_t - K, 0)$，股东到期获利可以当作标的为公司价值且执行价格是债券的面值的看涨期权。

对于债权人来说，到期时如果 $V > K$，也就是到期时企业价值大于债券面值，此时债权人可以获得 K；到期时如果 $V < K$，也就是到期时企业价值小于债券面值，此时债权人获得企业的所有价值，也就是 V。因此债权人到期的获利为 $Min(K, V)$。将 $Min(K, V)$ 做进一步的调整：

$$Min(K, V)$$
$$\Rightarrow -Max(-K, -V)$$
$$\Rightarrow K - Max(-K, -V) - K$$
$$\Rightarrow K - Max(0, K - V)$$
$$\Rightarrow K - \text{put option}$$

其中**看跌期权**（put option）是以企业价值为标的资产的，执行价格是债权的面值。此时债权人的债券价值相当于一笔固定的投资并卖出一份看跌期权。

对于股东来说，到期获利相当于看涨期权，根据 BSM 期权定价模型可得，看涨期权的价值等于 $c = SN(d_1) - Ke^{-rT}N(d_2)$，则权益的价值为：

$$股东权益 = VN(d_1) - Ke^{-rT}N(d_2)$$

$$d_{1,2} = \frac{\ln\left(\dfrac{V}{Ke^{-rt}}\right)}{\sigma\sqrt{T}} \pm \frac{1}{2}\sigma\sqrt{T}$$

名师解惑

当计算实际的违约概率时，求解 d_2 中的 r 为资产收益率；

当计算风险中性的违约概率时，求解 d_2 中的 r 为无风险收益率。

对于债权人来说，债券价值相当于一笔固定的投资并卖出一份看跌期权，即：

K－看跌期权

由于，

$$p = Ke^{-rT}N(-d_2) - SN(-d_1)$$

所以债券价值为：

$$VN(-d_1) + Ke^{-rT}N(d_2) = V - E$$

利用股票价格计算违约风险也就是当 $V < K$ 时的概率，也就是当看涨期权不行权的概率。

因为看涨期权行权的概率，也就是公司不违约的概率为 $N(d_2)$，则其不行权的概率为 $1 - N(d_2)$，即 $N(-d_2)$。

名师解惑

莫顿模型主要考点：

● 股票可以视为一个以公司资产价格为标的的看涨期权，执行价格等于债务面值。

● 购买有风险债券可以视为购买一个无风险债券然后卖出企业价值的看跌期权。

● 风险中性条件下的违约概率：$N(-d_2)$

➤ **KMV 模型**

利用莫顿模型求违约概率的前提是假设公司价值服从对数正态分布，但现实中此假设难以满足，所以后续又引入了 KMV 模型计算公司的违约概率。

KMV 模型（KMV model）将莫顿模型做了简化，简化成只有两步：

第一步，判断**违约的分位点**（distance to default，DtD）；

第二步，根据历史数据查找所计算出的 DD 对应的违约概率。

假设有 1 000 家公司的历史数据，当 DD 等于 0.5 时，对应有 200 家公司违约。那么当计算出的 DD 等于 0.5 时，可以得到违约概率为 20%。

因此，KMV 这种根据历史数据情况求违约概率的方式不需要假设公司价值服从对数正态分布。

此外，KMV 模型对公司债务，即参数 K，也进行了调整，由于短期债务对公司信用情况影响较大，长期债务对公司信用情况影响较小，所以 KMV 将债务拆分成长期债务和短期债务，并依据经验结论，得到长期债务和短期债务的关系为：

● 当长期债务/短期债务＜1.5 时，公司债务调整为短期债务＋0.5 长期债务；

● 当长期债务/短期债务＞1.5 时，公司债务调整为 0.7 短期债务＋0.7 长期债务。

➤ **穆迪 KMV 模型**

穆迪 KMV 模型（Moody's KMV model）研究实际企业价值和债务面值之间

的距离，也就是 $V-K$，当他们距离越近时，越可能违约；距离越远，越不容易违约。

但是对于企业之间仅仅比较 $V-K$ 是无法体现信用情况的，因为不同企业的规模不同。我们可以将 $V-K$ 进行标准化，也就是去规模化处理，得到 $DD = \dfrac{V-K}{\sigma_V}$。

—考纲要求—
利用指数分布计算违约概率。

4. 利用指数分布计算违约概率

在讲解指数分布计算违约概率之前，我们首先要先复习泊松分布的相关知识点。

研究违约可以通过伯努利分布建模。当上升到研究 n 次的伯努利实验时，便可利用二项式分布进行分析。

如果实验次数非常多，二项式分布又可以转变为泊松分布进行建模。泊松分布是建模次数的分布。已知单位时间内平均的发生次数，求实际发生特定次数的概率。假设单位时间内平均的发生次数为 λ，计算实际发生 K 次的概率是多少。

$$P(K) = \frac{\dfrac{\lambda^K}{K!}}{\sum \dfrac{\lambda^K}{K!}} = \frac{\dfrac{\lambda^K}{K!}}{e^\lambda} = \frac{\lambda^K}{K!}e^{-\lambda}$$

指数分布是建模时间的分布。指数分布用于求解某事件在一段事件内发生的概率。

如果想求解 0 至 t 时刻的违约概率，可以利用 1 减去 0 至 t 时刻一次都不违约的概率进行求解。

$$P(K = 0) = \frac{\lambda t^K}{K!}e^{-\lambda t} = e^{-\lambda t}$$

所以 0 至 t 时刻的违约概率为 $1 - P(K = 0) = 1 - e^{-\lambda t}$。

—备考指南—
当题目中给定之前的违约情况等类似条件概率时，才可以使用无记忆性

> ➤ 指数分布的无记忆性

指数分布的无记忆性是指计算每一段时间的违约情况和之前时间段的违约情况无关。

假设整体的时间段包括 0 至 t 和 t 至 $t+\tau$ 两个时间段，在已知 0 至 t 不违约的条件下，用指数分布研究 t 至 $t+\tau$ 时间段的违约概率时，这时指数分布会体现无记忆性。指数分布的无记忆性的具体推导过程如下：

$$P(t^* < t+\tau \mid t^* > t) = \frac{p(t^* < t+\tau \bigcap t^* > t)}{P(t^* > t)}$$

$$= \frac{1 - e^{-\lambda(t+\tau)} - (1 - e^{-\lambda t})}{e^{-\lambda t}}$$

$$= 1 - e^{-\lambda \tau}$$

即相当于计算 0 至 τ 时间段的违约概率。

> **例**
>
> 已知 λ 为 0.15，计算 1，2，3 年的累计违约概率和条件违约概率，如表 9-6。
>
> 表 9-6　累计违约概率和条件违约概率
>
> | T | 累计违约概率
（cumulative PD） | 存活率
（survival probability） | t 至 $t+1$ 的违约概率
（$PD(t，t+1)$） | 给定 t 时刻存活的条件下的条件违约概率
（conditional PD given survival until time t） |
> |---|---|---|---|---|
> | 1 | 0.139 3 | 0.860 7 | 0.139 3 | |
> | 2 | 0.259 2 | 0.740 8 | 0.119 9 | 0.139 3 |
> | 3 | 0.362 4 | 0.637 6 | 0.103 2 | 0.139 3 |
>
> 【解析】
>
> 第 1 年的累计违约概率为：$1-e^{-0.15*1}=0.139\,3$；
>
> 第 2 年的累计违约概率为：$1-e^{-0.15*2}=0.259\,2$；
>
> 第 3 年的累计违约概率为：$1-e^{-0.15*3}=0.362\,4$。
>
> 第 1 至 2 年的条件违约概率为：$1-e^{-0.15*1}=0.139\,3$；
>
> 第 2 至 3 年的条件违约概率为：$1-e^{-0.15*1}=0.139\,3$。

➤ 风险中性的单位时间平均违约概率

风险中性的单位时间平均违约概率（risk-neutral hazard rates）是指用指数分布求解违约概率的同时利用债券法求解违约概率。

指数分布所表示的违约概率为 $1-e^{-\lambda t}$，则面值为 1 的零息债考虑了违约的情况下到期的现金流为：

$$(1-e^{-\lambda t})\times RR \times 1 + e^{-\lambda t}\times 1$$

折现到期初为 $\left[(1-e^{-\lambda t})\times RR \times 1 + e^{-\lambda t}\times 1\right]e^{-\text{risk free rate}*t}$，即为此债券的定价，这个定价与此债券的期末现金流以到期收益率折现所求的价格相等，则

$$\left[(1-e^{-\lambda t})\times RR \times 1 + e^{-\lambda t}\times 1\right]e^{-\text{risk free rate}*t} = 1\times e^{-\text{YTM}*t}$$

假设 $e^X \approx 1+X$ 且 $\ln(1+X)=X$，

$$\lambda = \frac{信用利差}{违约损失率}$$

5. 单因素模型

> 备考指南—
> 单因素模型在
> FRM考试中出
> 现频率较少。

单因素模型（single factor model）的分析原理与莫顿模型类似，其中莫顿模型通过企业价值与债务的关系分析违约概率，单因素模型是通过企业资产的收益率和债务的关系分析违约概率。

单因素模型中，资产的收益率用 α 来衡量，则 $\alpha = \dfrac{V_1 - V_0}{V_0}$ 。当 $V_1 < K$ 时，即公司价值小于债务面值时，$\alpha = \dfrac{V_1 - V_0}{V_0} < \dfrac{K - V_0}{V_0} = -\dfrac{E}{V_0}$ ，因此可以通过收益率与债务因子的关系进行建模。

单因素模型对市场收益进行建模时，选取两个影响因子，分别为市场因子 m 和特殊风险因子 ε。其中市场因子是指实际市场经济条件与违约情况的相关性，特殊风险因子是与特殊风险有关的。

$$\alpha = \beta n + \sqrt{1 - \beta^2}\, \varepsilon$$

其中 m 和 ε 都服从标准正态分布且 m 和 ε 之间无相关性。

将以上这两个标准正态分布加总可以得到 α 为正态分布。则

$$E(\alpha) = \beta E(m) + \sqrt{1 - \beta^2}\, E(\varepsilon)$$

因为 m 和 ε 都服从标准正态分布，标准正态分布的期望为 0，所以 $E(m)$ 和 $E(\varepsilon)$ 为 0，$E(\alpha)$ 也为 0。

$$\sigma^2(\alpha) = \beta^2 \sigma^2(m) + (1 - \beta^2)\sigma^2(\varepsilon) + 2\beta\sqrt{1 - \beta^2} * cov(m, \varepsilon)$$

因为 m 和 ε 都服从标准正态分布，所以 $\sigma^2(m)$ 和 $\sigma^2(\varepsilon)$ 为 1，$cov(m, \varepsilon)$ 为 0。$\sigma^2(\alpha)$ 为 1。

假设当 $\alpha < -2.33$ 时发生违约，由于 α 服从标准正态分布，所以 $P(\alpha < -2.33) = 1\%$，即违约概率为 1%。

当 m 未知时，此时通过单因素模型求解的是非条件违约概率（unconditional PD）。

当对市场情况有比较合理的预期时，通常会将市场因子 m 设定为某常数，即 $\overline{m}$ 来表示资产收益和市场之间的敏感程度。此时

$$\alpha = \beta\overline{m} + \sqrt{1 - \beta^2}\, \varepsilon$$

其中 $E(\alpha) = \beta\overline{m}$，$\sigma^2(\alpha) = 1 - \beta^2$，即 α 服从均值为 $\beta\overline{m}$，方差为 $1 - \beta^2$ 的正态分布。

此时计算违约概率时，假设债务因子为 k，将 k 进行线性变换转化为标准正态分布后，可以求解违约概率。

$$p = \Phi\left(\frac{K_i - \beta_i\overline{m}}{\sqrt{1 - \beta_i^2}}\right) \quad i = 1, 2\cdots$$

这种给定市场因子情况计算的违约概率为条件违约概率（conditional PD）。

例

已知某公司的 β 为 0.5，违约阈值为 -2.33，此时非条件违约概率为 $N(-0.233) = 1\%$。如果已知市场因子是 -0.5，条件均值为 $\beta\overline{m} = 0.5 \times (-0.5) = -0.25$，条件方差为 0.75，标准差为 0.866 0。此时的条件违约概率为：

$$N\left[\frac{-2.33 - (-0.25)}{0.866\,0}\right] = 0.815\,6\%$$

6. 其他模型

除了上述常用违约概率的度量方法外，还有一些其他的方法，比如通过定性的方式判断是否违约，而不是直接度量违约概率的具体数值。但这些方法在FRM 考试中考察较少，了解即可。

6.1　线性判别法

线性判别法(linear discriminant analysis)通过构造线性函数来判断评分，然后根据评分情况判断是否违约。

➤ **纯统计方法**

纯统计方法下不包含任何金融背景，只是依据统计模型判断是否违约。这种方法首先会建立一个包含与违约有关的多个变量的线性函数，然后通过此线性函数得到的统计结果判断是否违约。

➤ **奥尔特曼 Z 评分模型**

奥尔特曼 Z 评分模型(Altman's Z-score model)是纯统计方法中最常用的方法之一，奥尔特曼在 1968 年首次利用该模型对公司违约情况进行判断。Z 评分模型主要包括 5 个判别指标和它们的最优判别斜率，公式如下：

$$Z = 1.21X_1 + 1.40X_2 + 3.30X_3 + 0.6X_4 + 0.999X_5$$

Z 评分模型主要涉及 5 个关于财务数据的参数，

其中：

X_1=营运资本/总资产=(流动资产－流动负债)/总资产

X_2=留存收益/总资产=(未分配利润＋盈余公积)/总资产

X_3=息税前收益/总资产=(利润总额＋财务费用)/总资产

X_4=优先股和普通股市值/总负债=(股票市值×股票总数)/总负债

X_5=销售额/总资产

并且这 5 个参数各自的系数分别是：1.21，1.40，3.30，0.6 和 0.999。

根据 Z 评分模型可以得到某公司的 Z 评分，根据 Z 评分的大小判断公司的违约情况。当 Z 评分大于 2.675 时，公司不易违约；当 Z 评分小于 2.675 时，公司容易违约。

> **例**
>
> 已知 A 公司的财务数据如表 9-7 所示，计算 A 公司 Z 评分模型参数
>
> 表 9-7　A 公司财务数据　　　　　　　　　　单位：万美元
>
> | A 公司财务数据 | |
> | --- | --- |
> | 流动资产 | 69 641 |
> | 流动负债 | 63 539 |
> | 总资产 | 102 587 |

备考指南—
其他模型只需了解即可，FRM考试不会考察具体应用。

续表

A 公司财务数据	
总负债	63 847
股本	23 640
销售额	18 487
财务费用	4 160
利润总额	−6 473
未分配利润	−12 010
盈余公积	4 037
收盘价	7.05

【解析】

表 9-8　A 公司 Z 评分模型参数

A 公司 Z 评分模型参数	
X_1	0.059 5
X_2	−0.077 7
X_3	−0.022 5
X_4	2.610 3
X_5	0.180 2
Z	1.634 6

此外，Z 评分模型的缺陷如下：

● 依赖财务报表；

● 理论基础薄弱；

● 线性关系可靠性不高；

● 忽略表外信用风险；

● 没有考虑特定行业、新公司等差别。

6.2　逻辑回归模型

逻辑回归模型(logistic regression model)建模服从二项分布的随机变量发生的概率，并且违约概率也可以利用二项分布进行建模，因此可以利用逻辑回归模型对违约概率建模，并且可以直接计算出违约概率的具体取值。

逻辑回归对违约概率建模时，并不是直接对违约概率进行建模，而是对 $\log \frac{\pi_i}{1-\pi_i}$，即 $\log \frac{违约概率}{不违约概率}$ 进行建模。因此逻辑回归模型为：$g(\pi_i) = \log \frac{\pi_i}{1-\pi_i} = \beta_0 + \sum_{j=1}^{p} \beta_j \cdot X_{ij}$，因此违约概率为 $\pi_i = \dfrac{1}{1 + \mathrm{e}^{-\left(\beta_0 + \sum_{j=1}^{p} \beta_j X_{ij}\right)}}$ 。

6.3　聚类分析

聚类分析(cluster analysis)的特点是根据同质的特征把变量划分为不同的子

类，根据观测值的特征判断所属子类。

聚类分析是否有效取决于：

● 定义的算法；

● 提取的特征变量是否具有经济意义。

常用的聚类分析的方法是 K 临近算法（K-nearest neighbor approach），利用 K 临近算法计算违约概率时，首先对公司的**净资产收益率**（return on equity, ROE）和**杠杆**（leverage）进行建模，根据不同公司的净资产收益率和杠杆将公司分为两类，如图 9-1 所示，低杠杆且高 ROE 的公司为不易违约公司；高杠杆且低 ROE 的公司为容易违约公司。

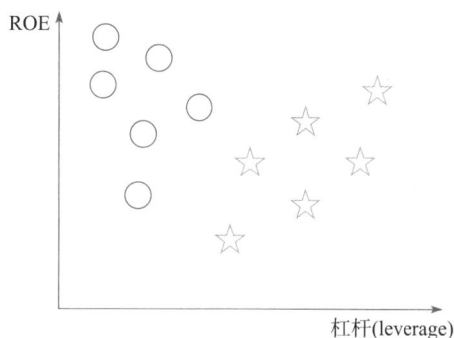

图 9-1 杠杆与 ROE

当令 K 等于 3 时，根据与需要检验的公司最相近的三个变量所属的子集判断此公司所属的子集，即可以判断出此公司是否容易违约。

6.4 主成分分析

导致公司违约的因素有很多，如资本收益率、投资收益率、市场份额和研发费用投入等。**主成分分析**（principal component）利用较少的主要因素代替原来较多的所有因素，比如所有影响该公司违约的因素有 10 个，主成分分析则利用 3 个主要的因素分析违约情况。主成分分析的好处是通过选取主成分使得统计回归误差较小。

主成分分析方法在应用时应注意以下两个问题：

（1）所选择的主成分具有正交性，即某个变量的变动对于其他变量无影响；

（2）所选的主成分有较小的统计误差。

Z 评分模型其实也属于主成分分析方法的一种。

6.5 模拟现金流模型

模拟现金流模型（cash flow simulation model）首先对财务报表中某些项目与违约情况进行定义，比如当财务报表中某些项目达到一定数额时，公司容易违约。然后对某公司未来的财务报表做预期，观测模拟的财务报表和违约临界值的关系，从而判断公司的违约情况。模拟的违约情景占总模拟情景的比值即为违约概率。

模拟现金流法的局限性：

● 模型风险，因为这当中涉及到对财务报表的模拟，因此可能发生模型风险。

● 违约阈值的选择，即利用财务报表中项目数值定义违约情况时的阈值选择问题。

● 分析、校准和回顾的成本较高。

6.6 启发式方法

启发式方法(heuristic methods)的特点是模拟人工智能,即模拟人类处理问题的方式。具体做法是找到一系列专家处理问题的方式连同处理的结论全部输入系统当中,在遇到新的问题时,利用专家之前处理问题的经验进行处理。

启发式方法不产生新的数据或者新的逻辑,完全按照之前的经验处理问题。

6.7 数字算法

数字算法(numerical methods)在计算违约概率中最广泛使用的是神经网络方法(neural networks)。通过计算机系统和高难度的运算模拟人类的神经系统,利用已知输入数据和是否违约的结论作为训练集,从而判断测试集中的数据是否违约。数字算法只能判断是否违约,不能计算违约概率的具体数值。

数字算法的局限性:

(1)分析数字算法每一步如何得到结论的过程是具有难度的,每一步的具体过程如不可见的"黑箱"。

(2)对训练集数据的质量要求严格。

(3)主要适用于对于量化数据的分析,对于定性的维度则难以运用数字算法分析。

(4)神经网络方法可能出现过度拟合。

6.8 债务组合的违约概率模型

➤ CreditMetrics 模型

CreditMetrics 模型利用信用评级转移矩阵计算违约概率,根据对公司信用评级的预测可以对公司的信用利差进行预测,计算贷款和债券的价值变动,从而预测公司未来的价值变动及公司未来价值的分布,通过 VaR 方法预测公司的违约情况。

例

当前信用等级为 BBB 级的企业的一笔 1 000 万元的 5 年期信贷资产,贷款利率 6%,每年付息,评估 1 年后该信贷资产的信用在险价值(假设回收率为 51.13%)。一年后 1 年期远期利率如表 9-9 所示:

表 9-9 远期利率 单位:%

评级	利率
AAA	4.41
AA	4.46
A	4.57
BBB	4.91
BB	6.91
B	7.66
CCC	14.41

【解析】

该公司一年后贷款价值分布数据如表 9-10 和图 9-2：

表 9-10　一年后贷款价值　　　　　　　单位：%，万美元

年末评级	评级变化概率	贷款价值
AAA	0.02	1 117.16
AA	0.33	1 115.30
A	5.95	1 111.22
BBB	86.93	1 098.73
BB	5.30	1 029.11
B	1.17	1 004.60
CCC	0.12	817.00
违约	0.18	511.30

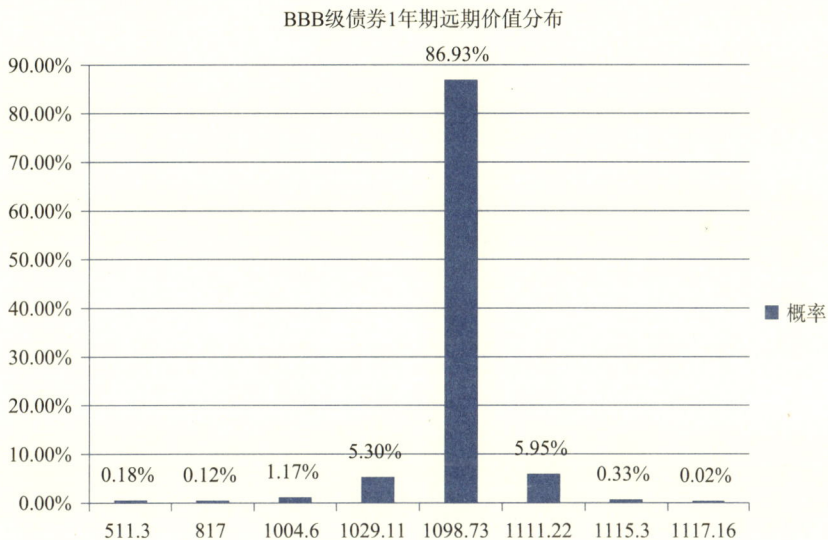

图 9-2　BBB 级债券 1 年期远期价值分布

➤ CreditRisk＋模型

CreditRisk＋模型与保险公司的预测违约的模型类似，根据违约的债务特征来估计债务的违约概率和违约敞口的变化，从而估计整个公司的违约情况。对于保险公司的财产险来说，它的债务是保险所需支付的赔付，保险公司的保险有很多笔，通常发生赔付的概率较小。

金融机构的贷款有类似的特点，贷款有很多笔，但每笔贷款只有违约和不违约两种状态，而且发生贷款违约的概率较小，并且通常各个贷款之间都是独立的，因此可以利用泊松分布对违约情况进行建模，即使用 CreditRisk＋模型。

此外，在 CreditRisk＋模型的实际应用中，需要考虑的另一个部分为损失的严重程度。这个因素在模型中通过将资产按严重程度分层来处理。例如大约 2 万美元的贷款属于第一层，4 万美元左右的贷款则属于第二层，等等。这样每一层次都

有其损失分布，再将这些分布合并起来，就可以得到所有违约损失的总体分布。

7. 集中度风险

集中度风险(concentration risk)指的是在单个组合当中有多个资产同时发生违约的信用风险。集中度风险可以通过二项分布进行建模。

假设债券组合中有 N 个债券，每个债券的违约概率为 p，计算 X 个债券同时发生违约的概率为 $C_N^X p^X (1-p)^{N-X} = \dfrac{N!}{X!(N-X)!} P^X (1-P)^{N-X}$。

本章小结

本章主要介绍了违约概率度量的相关内容。

➤ 利用评级的方法求违约概率

■ 远期违约概率 $= \dfrac{\text{当期违约数}}{\text{当期期初存活数}}$

■ 累计违约概率 $= \dfrac{\text{累计违约数}}{\text{期初存活数}}$

■ 边际违约概率 $= C_{t+1} - C_t$

■ 存活率 $= (1-d_1)(1-d_2)\cdots(1-d_t) = 1 - C_t$

➤ 利用债券法计算违约概率

$$PD = \frac{1}{1-RR}\left[1 - \frac{1+R_f}{1+YTM}\right]$$

$$PD = \frac{\text{信用利差}}{\text{违约损失率}}$$

➤ 利用股票价格计算违约概率

■ 莫顿模型

$$\text{股权价值} = VN(d_1) - Ke^{-rT}N(d_2)$$

$$\text{债务价值} = VN(-d_1) - Ke^{-rT}N(d_2) = V - E$$

$$PD = N(-d_2)$$

■ KMV 模型

计算 DD，根据历史数据求违约概率。

当长期债务/短期债务<1.5 时，公司债务调整为短期债务＋0.5 长期债务；

当长期债务/短期债务>1.5 时，公司债务调整为 0.7 短期债务＋0.7 长期债务。

■ 穆迪 KMV

$$DD = \frac{V - K}{\sigma_V}$$

➤ 指数分布计算违约概率

- ■ 0 至 t 时刻的违约概率为 $1 - e^{-\lambda t}$
- ■ 条件违约概率为 $1 - e^{-\lambda \tau}$
- ■ 风险中性下的违约概率 $= \lambda = \dfrac{信用利差}{违约损失率}$

➤ 单因素模型

- ■ $\alpha = \beta m + \sqrt{1 - \beta^2}\, \varepsilon$
- ■ 如果 m 给定 : $\alpha = \beta \overline{m} + \sqrt{1 - \beta^2}\, \varepsilon$
- ■ $p = \Phi\left(\dfrac{K_i - \beta_i\, \overline{m}}{\sqrt{1 - \beta_i^2}}\right) i = 1, 2 \cdots$

章节练习

1. 使用 KMV 模型给出的 DD 与下列因素有关( )?
   A. 公司的杠杆率和资产的波动率
   B. 公司股票和债券的市场价值
   C. 公司长期债务和短期债务及波动率
   D. 公司的短期债务与公司的波动率
   答案解析：C
   KMV 模型根据公司长期债务和短期债务及波动率，计算借款人的 DD。

2. 如果债券评级改变，下列叙述哪个最为正确( )?
   A. 评级下降导致股价下降，债券价格下降。
   B. 评级下降导致股价下降，债券价格上升。
   C. 评级上升导致股价上升，债券价格下降。
   D. 评级上升导致股价下降，债券价格上升。
   答案解析：A
   债券评级下降会导致股价和债券价格的下降。债券评级上升会导致股价和债券价格的上升。同样，一些理论表明评级改变的信息传递会有时滞，市场会有对评级改变的预期。

3. 一年期 BBB 评级债券相对于相同期限的无风险国债的信用价差为 2%。根据估计，所有非信用风险因素(如流动性风险、税收)对该信用价差的"贡献度"为 0.8%。假设该债券的违约损失率为 60%，那么该债券的违约概率是( )?
   A. 3.33%   B. 5%   C. 3%   D. 2%
   答案解析：D
   风险债券相对与无风险收益的信用价差是 2%，但在这个信用价差中，包含了其他风险，比如流动性风险、税收等，这些因素对该价差的"贡献度"为 0.8%。那么信用风险价差为 2% - 0.8% = 1.2%。已知违约损失率 LGD 为 60%，则违约概率 = 1.2%/60% = 2%

—— 第 10 章 ——
信用风险敞口

一、信用风险敞口概述	1. 信用风险敞口的定义	★★
	2. 双边信用风险敞口	★
	3. 信用风险敞口与 VaR 的比较	★
二、信用风险敞口的度量维度	1. 当前敞口	★
	2. 期望敞口	★★★
	3. 期望正敞口	★★★
	4. 负敞口	★★★
	5. 极端敞口/潜在未来敞口	★★★
	6. 最大潜在风险敞口	★★★
	7. 有效期望正敞口	★★
三、不同产品的信用风险敞口	1. 贷款和债券的信用风险敞口	★★★
	2. 远期合约的信用风险敞口	★★★
	3. 利率互换的信用风险敞口	★★★
	4. 货币互换的信用风险敞口	★★★
	5. 信用衍生产品的信用风险敞口	★★★

本章导论

　　信用风险敞口目前还处于研究阶段，因此考生在本章的学习过程中主要掌握信用风险敞口的核心度量维度以及在主要产品中的信用风险敞口的特点即可。

1. 信用风险敞口概述

1.1 信用风险敞口的定义

交易对手风险主要是交易对手未能履行约定契约中的义务而造成损失的风险。如果交易对手违约，非违约方可以终止相关合同并停止支付任何未来的合同应付款。基于此，交易双方可以确定他们之间的欠款净额，并考虑到可能已经递交或收到的任何抵押品，持有抵押品可以减少风险敞口，递交抵押品可能会增加风险敞口。

进行净额结算时，会存在净额是正数还是负数的问题，信用风险敞口（以下简称为敞口）的定义是与合约的有效价值（包括抵押品在内）是正值还是负值是有关系的。

当净额是负值时，我方对其交易对手负有债务，并且仍然有法律义务结算该金额（除非在特定情况下，否则我方不能"退出"交易）。因此从估值的角度来看，该头寸基本上保持不变。在这种情况下，我方一般不会因对方违约而获利或损失。

当净额是正值时，交易对手如果违约，将无法承担未来的应付款项，因此此时存活的一方将面临违约风险的正敞口，尤其对于无担保债权人来说。存活的一方期望收回他们的部分价值，就像债券持有人期望收回部分债券面值一样。

综上所述，价值为正的一方损失，价值为负的一方没有收益——是交易对手风险的特征之一。我们可以将信用风险敞口定义为：

$$敞口 = \max(价值, 0)$$

> 考纲要求——
> 描述信用风险敞口的定义。

对于给定时间的信用风险敞口，只需对相关合同进行估值，并根据相关净额结算规则对其进行整合，利用收到的抵押品进行相应调整，最后得出最终净额的正值即为信用风险敞口。

1.2 双边信用风险敞口

交易对手风险的一个关键特征是**双边**（bilateral）的风险，即交易双方都可能违约，因此双方都可能遭受损失。因此需要考虑双方都可能造成的违约损失。从一方的角度来看，自己的违约行为将给其所欠资金的对手方造成损失。这可以定义为**负敞口**（negative exposure），相对应的定义为：

$$负敞口 = \min(价值, 0)$$

负敞口会导致"收益"，这个收益来自于交易对手方承担的损失。

1.3 信用风险敞口与 VaR 的比较

在金融风险管理中，VaR 方法已经沿用了近 200 年，是衡量市场风险的最受欢迎的方法之一。虽然在图形上信用风险敞口与 VaR 比较类似，但二者还是有本质的区别，二者的具体区别如下：

> 时间范围(time horizon)

与 VaR 不同的是，信用风险敞口需要更多不同的时间范围的衡量，目的是全面了解时间的影响和标的合约的敞口特性。信用风险敞口与 VaR 在时间范围上的不同主要体现在两个方面：

首先，信用风险敞口必须要考虑交易的期限。包括合约中未来所有的应付款与变更(如现金流、终止事件、行权和递交抵押品等)。而在 VaR 模型中，由于使用了 10 天的时间范围，交易合约的这些方面可以忽略。

其次，当观察期较长时，信用风险敞口与市场变量的趋势、标的资产的波动和相关联的机构等都是相关的。而 VaR 模型因为观察期较短，忽略了市场变量的趋势。

> 风险缓释(risk mitigant)

风险缓释(如净额结算和抵押品)可以降低风险敞口，在估计未来的信用风险敞口时，必须考虑这些缓释措施的影响。例如使用正确的净额结算规则，需要了解净额计算的相关合同协议及在相关管辖区内的法律解释。而采取使用抵押品进行信用风险缓释的过程中，风险缓释的效果和信用风险敞口会受到抵押品类型和收到抵押品时间的不确定的影响。而对于交易的其他合同特征，如终止协议等，也可能产生主观性。所有这些要素在建模的过程中会引入另一层复杂性和不确定性。

> 应用(application)

VaR 是一种风险管理方法。而风险敞口具有风险管理和定价(即 xVA)的双重定义，这导致了风险敞口的量化过程的额外复杂性，从风险管理的角度和从定价的角度分别对信用风险敞口进行量化时，可能导致两重完全不同的计算结果。

综上所述，信用风险敞口是比 VaR 更加复杂的。

2. 信用风险敞口的度量维度

┗备考指南┛
对信用风险敞口的度量维度的术语和图形应重点记忆。

2.1　当前敞口

当前敞口(current exposure)是指是在现在时点所进行的交易中盈利的部分。但当前敞口并不是在信用风险管理中主要考虑的维度，在风险管理中更加关注的是对未来敞口的预测。

2.2　期望敞口

┗备考指南┛
期望敞口是重点内容。

期望敞口(expected exposure，EE)是指通过对某产品未来收益的分布进行预测，对收益为正的部分取均值，只有正值会增加信用风险敞口，而其他值(如 0 或者负值)对信用敞口是没有贡献度的。比如一份三年期的合约，在每年年底都交易一次，那么每一年都有其各自的风险敞口。

2.3　期望正敞口

期望正敞口（expected positive exposure，EPE）是整个期间的期望敞口取均值，期望正敞口代表了期望敞口（EE）的加权平均值，如图 10-1 和图 10-2 所示。如果期望敞口（EE）的取值时间间隔相等，那么期望正敞口（EPE）只是其平均值。这种单一平均的 EPE 通常被称为"贷款等价物"，即实际贷给相关交易对手的平均金额。很明显，用单一 EPE 或贷款等价物表示高度不确定的风险敞口是一种相当粗糙的近似值，因为它平均了市场变量的随机性和时间的影响。

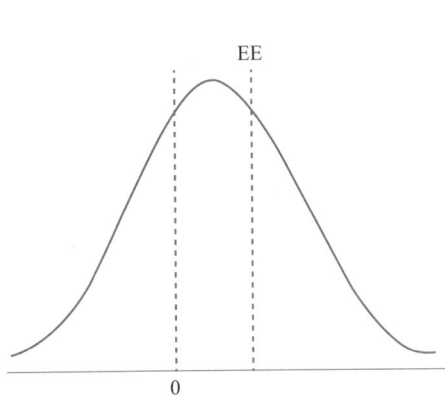

图 10-1　期望敞口

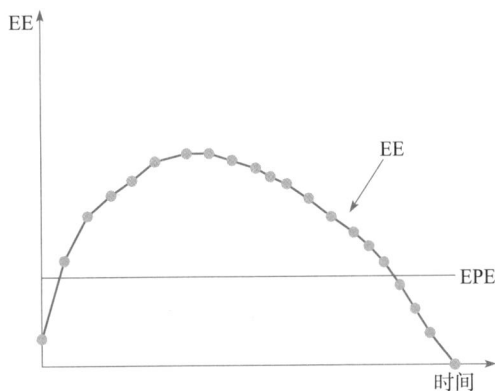

图 10-2　期望正敞口

2.4　负敞口

考虑交易双方在交易时，比如 A 和 B 之间的交易，A 用期望敞口和期望正敞口分析 B 给自身带来的敞口，这种分析的前提条件是 A 假设自己不会违约。但如果 A 自己可能会违约，此时 B 预测 A 的违约风险敞口时，对于 A 来说，就是负敞口（negative exposure）。负敞口分为负期望敞口（negative expected exposure，NEE）和期望负敞口（expected negative exposure，ENE）两个度量维度，并且 EE 和 NEE 以及 EPE 和 ENE 是一一对应的。

2.5　极端敞口/潜在未来敞口

在风险管理中，我们通常关注在未来的某个时候，一定的置信水平下，可能面临的最糟糕的风险敞口。极端敞口/潜在未来敞口（peak exposure/potential future exposure）是指衡量给定置信水平下未来的极端风险敞口，如图 10-3。

> 备考指南——
> 潜在未来敞口是
> 重点内容。

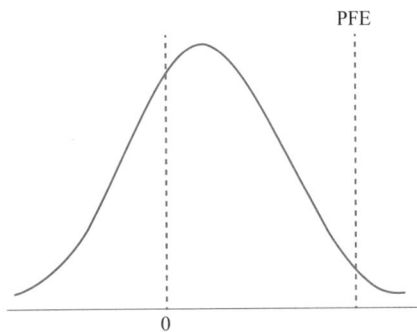

图 10-3　极端敞口

2.6　最大潜在风险敞口

最大潜在风险敞口(maximum PFE)仅代表给定时间区间内最大的极端风险敞口，因此最大潜在风险敞口代表给定时间区间内的最差情景敞口(worst-case exposure)，如图10-4所示：

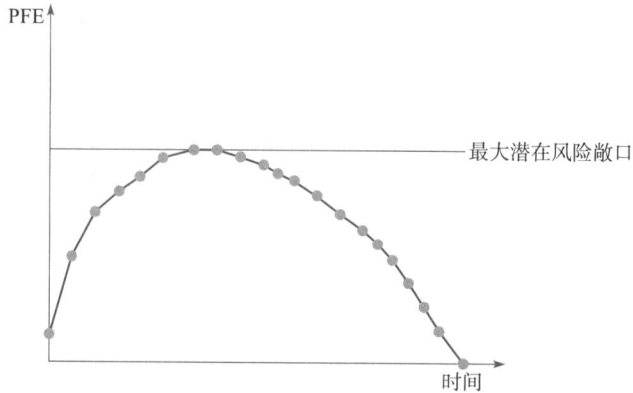

图 10-4　最大潜在风险敞口

最大潜在风险敞口有时作为信用限额管理的度量维度。

2.7　有效期望正敞口

最后一个信用风险敞口的度量维度是有效期望正敞口(effective expected positive exposure,EEPE)，有效期望正敞口(EEPE)是满足监管层要求的信用风险敞口的度量维度。有效期望正敞口(EEPE)的产生是由于期望正敞口(EPE)存在如下缺陷：

因为期望正敞口(EPE)代表敞口的平均值，它可能忽略了短期的极端大敞口，也就是期望正敞口(EPE)无法度量短期的极端敞口。

期望正敞口(EPE)可能低估短期交易(short-dated transaction)的敞口，并且期望正敞口(EPE)假定合约到期时敞口为0，无法合适的度量展期风险(rollover risk)的敞口，因为有些合约(尤其是短期合约)受到展期的影响，合约约定到期时的信用风险敞口并不一定为0，可能在到期时延展到下一个新的交易中，如图10-5。

因此在信用风险敞口度量中，需要引入有效期望正敞口(EEPE)这一度量维度。有效期望正敞口(EEPE)就是考虑了展期的情况下对于信用风险敞口的衡量。EEPE是由巴塞尔委员会在2005年提出，为了解决短期极端大敞口和展期的问题。如果用EPE衡量信用风险敞口，无法反映如图10-6所示的短期极端大敞口情况，并且EPE无法体现有展期的合约到期时信用敞口不为0的情况。

而有效的期望敞口假设信用敞口是非递减的。EEPE是EPE的均值，同时考虑了短期大敞口和展期的因素，更合理的反映了合约的信用风险情况，如下图所示。另外，由于巴塞尔委员会对于监管资本的相关定义，有效期望正敞口(EEPE)的风险度量时间区间仅为一年。

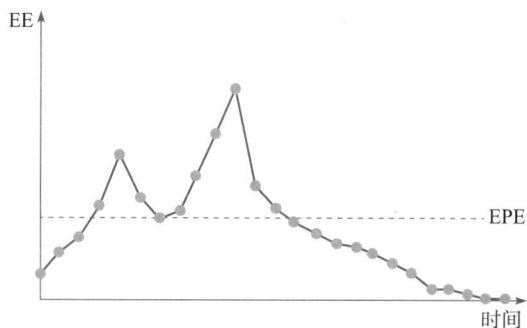

图 10-5 期望正敞口

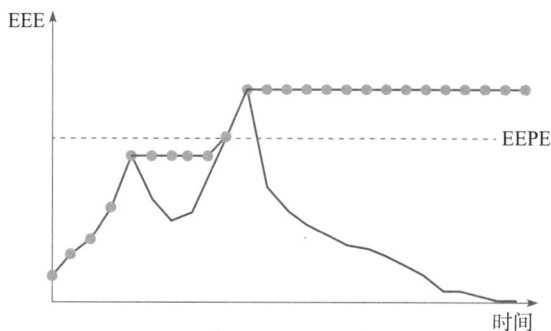

图 10-6 有效的期望正敞口

3. 不同产品的信用风险敞口

3.1 贷款和债券的信用风险敞口

债券、贷款和回购的风险敞口一般是确定的，近似于面值，如图 10-7。

债券（bonds）一般是固定付息的，承诺的利率和市场利率可能不同，因此债券的信用风险敞口会以面值为基础存在小幅波动（利率下降，敞口上升；利率上升，敞口下降）。

对于贷款（loans）来说，可能会有提前偿付，所以贷款的风险敞口是随着时间的推移逐渐下降的。

> **备考指南—**
> 不同产品的信用风险敞口是FRM考试的重点，重点记忆图形。

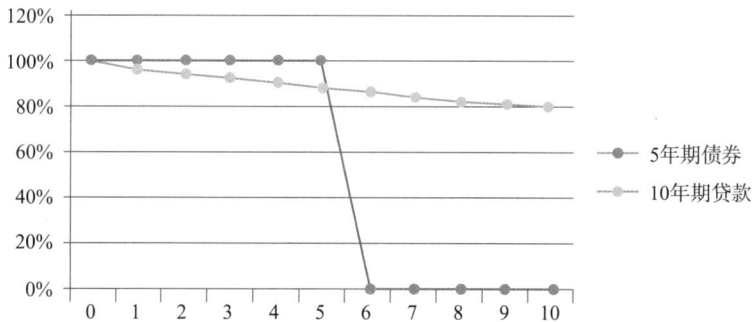

图 10-7 贷款和债券的风险敞口

> **名师解惑**
>
> 回购（repos）与债券和贷款的信用风险敞口类似，但是回购中抵押品可能存在**折扣率**（**haircut**），并且折扣率越高，回购所面临的信用风险越小。

3.2　远期合约的信用风险敞口

信用风险敞口首要的也是最明显的影响因素是未来的不确定性。**远期合约**（**forward contract**），如远期利率协议和外汇远期，其特点是在合同到期日交割现金流（通常为一次性支付净额）。这意味着风险敞口是一个单调递增函数，反映出随着时间推移，最终合约价值的不确定性不断增加，远期合约的信用风险敞口随着到期日的临近而逐渐增加，如图 10-8 所示：

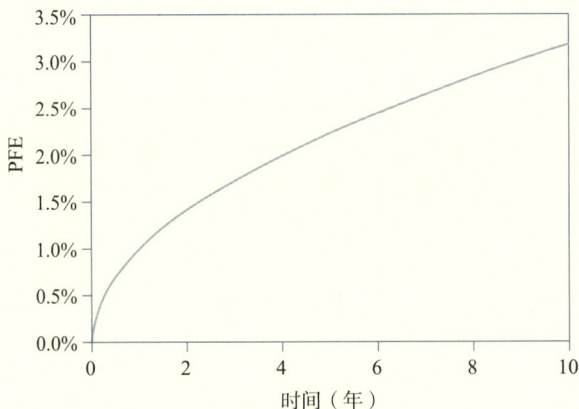

图 10-8　远期合约的信用风险敞口

3.3　利率互换的信用风险敞口

利率互换（**interest rate swap**）未来的现金流主要涉及到利息的支付，与远期的差别在于利率互换不换本金，而且利率互换的不确定性也是随着期限的增加而上升。由于利率互换是定期交割现金流的，现金流交割掉一笔就少一笔，所以未来需要交割的部分是逐渐减少的，这种情况下信用风险敞口会随着时间的推移而下降。因此利率互换的信用风险敞口受到两个因素的影响，前期受到现金流不确定性的影响较大，信用敞口上升；随着时间的推移，后期交割完成导致现金流减少的影响较大，信用敞口下降，利率互换整体上呈现先上升后下降的形态，如图 10-9。

一些非标准化的利率互换可能不是同一个期限进行交割的，此时现金流是不匹配的。假设一个支付现金流比收到现金流更加频繁的利率互换，意味着未来收到的现金流更多，此时利率互换的信用风险敞口呈现上升形态，如图 10-10。

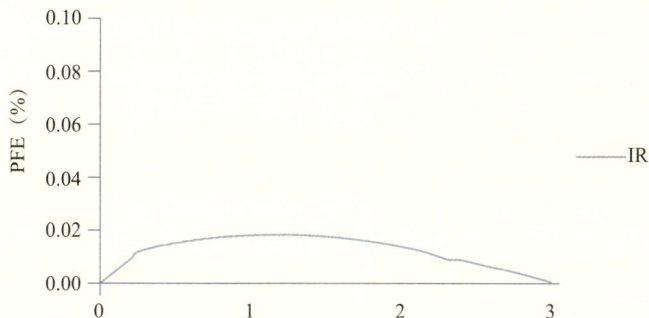

图 10-9　利率互换的信用风险敞口

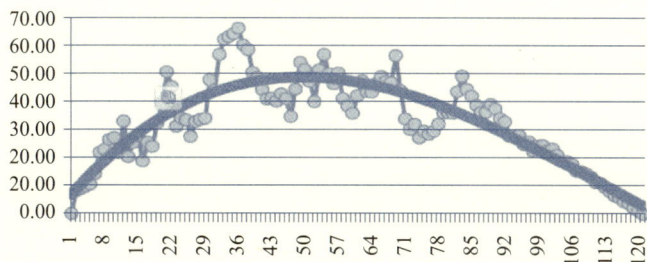

图 10-10　非标准化利率互换

3.4　货币互换的信用风险敞口

货币互换(cross-currency swap)与利率互换相比较而言的主要特点是交换本金，货币互换到期会有一笔较大的现金流交换，这笔大额的现金流的交换类似于远期，因此货币互换的信用风险敞口相当于利率互换和远期的叠加，如图 10-11。

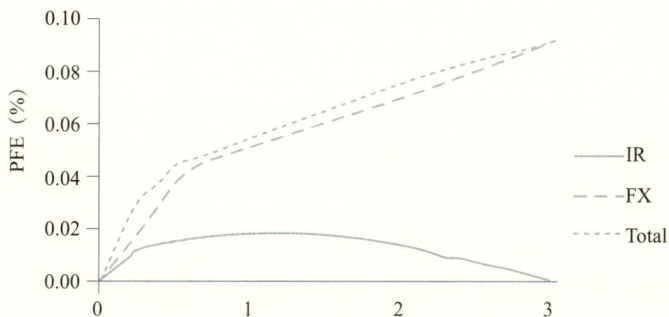

图 10-11　货币互换的信用风险敞口

3.5　信用衍生产品的信用风险敞口

FRM 主要研究信用违约互换的敞口，信用违约互换到期的损益是离散的形式，即根据置信水平的不同，呈现出两种不同情况的信用风险敞口。

如果计算 95% 的 PFE，由于置信水平较低，没有极端情况出现，标的资产不会发生违约，此时 CDS 所面临的信用风险敞口受到 CDS 本身价值的影响，当市场同类 CDS 的保费高于期初签订的此笔 CDS 的保费，那么这笔 CDS 相对于市场来说是赚钱的；当市场同类 CDS 的保费低于期初签订的此笔 CDS 的保费，那么这笔 CDS 相对于市场来说是亏钱的。这种期初固定保费与市场浮动保费相比较决定信用风险敞口的方式类似于利率互换的信用风险敞口，因此低置信水平下 CDS 的信用风险敞口呈现先缓慢上升，后缓慢下降的状态，如图 10-12。

如果计算 96% 的 PFE，由于置信水平较高，可能会出现极端情况，标的资产发生违约，此时 CDS 所面临的信用风险敞口受到 CDS 本身价值和应收赔付的双重影响，因此高置信水平下 CDS 的信用风险敞口呈现先缓慢上升，之后出现较大敞口的跳空，最后下降的状态。

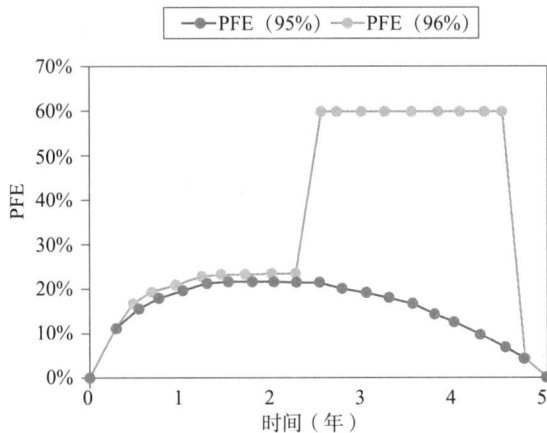

图 10-12　CDS 的信用风险敞口

本章小结

本章主要介绍了信用风险敞口的核心度量维度以及几种不同产品的信用风险敞口。

➤ 信用风险敞口的度量维度
- EE(NEE)：我方(对手方)的期望敞口。
- EPE(ENE)：我方(对手方)的期望敞口的均值。
- PFE：给定置信水平下的潜在风险敞口。
- Max PFE：潜在风险敞口的最大值。
- Effective EE：非递减的期望敞口。
- Effective EPE：非递减的期望正敞口。

➤ 不同产品的信用风险敞口

- 贷款和债券：接近面值
- 债券受到利率影响，敞口有波动；贷款受到提前偿付的影响，敞口稍微递减。
- 远期：逐渐上升。
- 利率互换：先上升，后下降。
- 货币互换：逐渐上升。

章节练习

利率互换的信用风险在何时最大（　　）。

　　A. 互换合约建立时　　　　　　B. 互换合约中期

　　C. 互换合约后期　　　　　　　D. 最后一笔现金流交换之前

答案解析： B

利率互换合约信用风险在合约中期最大。

—— 第 11 章 ——

交易对手风险

一、交易对手风险概述	交易对手风险概述	★
二、信用价值调整(CVA)	1.CVA 的计算	★★★
	2. 债务价值调整(DVA)	★★
	3. 双边信用价值调整(BCVA)	★★★
	4. 其他信用价值调整	★
三、错路风险(WWR)和对路风险(RWR)	1. 错路风险(WWR)和对路风险(RWR)的定义	★
	2. 不同产品的错路风险(WWR)	★★★
四、信用曲线的映射	信用曲线的映射	★
五、交易对手风险的压力测试	1. 贷款组合的压力测试	★
	2. 衍生产品组合的压力测试	★
	3.CVA 的压力测试	★★
	4. 交易对手风险压力测试的缺陷	★

本章导论

在本章的学习过程中,考生要了解交易对手风险的特征,掌握交易对手风险的度量维度——CVA,掌握对路风险和错路风险的特征,了解对交易对手风险进行压力测试的实施建议。

1. 交易对手风险概述

交易对手风险（counterparty risk）是有条件的风险，指的是当一方的交易收益为正时，对手方可能违约或发生信用事件而带来损失的风险。交易对手风险的特征是承担主体和风险的承担量是不确定的。交易对手风险主要出现在场外交易中和融资融券业务中。

考纲要求——
描述交易对手风险的特点。

交易对手风险与借出资金风险的比较：

借出资金风险（lending risk）：借出资金风险的承担主体和风险的承担量是确定的；

交易对手风险：交易对手风险的承担主体和风险的承担量是不确定的。

2. 信用价值调整（CVA）

备考指南——
CVA是FRM考试的重点内容。

交易对手风险可以通过信用价值调整（credit value adjustment，CVA）进行度量，对于产品的定价，通常是风险中性的定价，但如果在产品定价中考虑信用风险，那么可以通过信用价值调整对风险中性定价进行调整，使得产品价格可以体现信用风险特征。

2.1 CVA 的计算

CVA 的计算有两种方式，一种是在期初一次性进行的，此时 CVA 相当于未来所有预期损失的现值之和，

$$CVA = \sum_{i=1}^{m} PV(EL_I) = LGD \sum_{i=1}^{m} EE(t_i) \times PD(t_{i-1}, t_i)$$

其中 LGD 是预计的违约损失率，$EE(t_i)$ 是每个关键时点的预期信用风险敞口，并且是现值形式的风险敞口，$PD(t_{i-1}, t_i)$ 是每一段时间的违约概率的估计。

CVA 还有另外一种计算方式，把信用风险价值调整摊销到每一期，计算费率，即以费率的形式计算 CVA。

考纲要求——
计算CVA。

对于 $CVA = \sum_{i=1}^{m} PV(EL_I) = LGD \sum_{i=1}^{m} EE(t_i) \times PD(t_{i-1}, t_i)$ 的形式，每期的 EE 和 PD 都是不同的，当计算费率形式的 CVA 时，我们可以将 EE 转化为 EPE，即整个一段时间的平均预期风险敞口，然后将 LGD×PD 转化为费率形式，即 LGD×PD＝信用利差，利用信用利差（credit spread，CS）代替 LGD×PD。此时，CVA＝期望正敞口×信用利差。

CVA 还有一些其他的存在形式，分别是增量 CVA（incremental CVA）和边际 CVA（marginal CVA）。增量 CVA 是指加入一笔新交易对 CVA 的影响；边际 CVA 是指将整个资产组合拆分成每个资产对于 CVA 的影响，可以求出单个资

产对资产组合的贡献程度。

2.2 债务价值调整（DVA）

在上述对于 CVA 的分析中，我们只考虑了一方信用风险的价值调整，但其实在交易中，对手方也会进行信用风险的价值调整，即 A 公司在考虑 B 公司的信用风险的同时，B 公司也在考虑 A 公司的信用风险，因此对于信用风险的价值调整，仅仅分析单一主体是不全面的，要考虑双方的信用风险价值调整情况，因此这里引入债务价值调整（debt value adjustment，DVA）。

A 公司与 B 公司的交易中，A 公司根据 B 公司的信用情况计算 CVA，B 公司则根据 A 公司的信用情况计算 DVA。

2.3 双边信用价值调整（BCVA）

双边信用价值调整（bilateral credit value adjustment，BCVA）综合考虑了 CVA 和 DVA 的共同影响，

$$CVA = LGD_C \sum_{i=1}^{m} EE(t_i) \times PD_C(t_{i-1}, t_i)$$

$$DVA = LGD_P \sum_{i=1}^{m} NEE(t_i) \times PD_P(t_{i-1}, t_i)$$

$$BCVA = CVA - DVA = LGD_C \sum_{i=1}^{m} EE(t_i) \times PD_C(t_{i-1}, t_i)$$
$$- LGD_P \sum_{i=1}^{m} NEE(t_i) \times PD_P(t_{i-1}, t_i)$$

> **—考纲要求—**
> 计算BCVA。

如果考虑费率的形式：

$$BCVA = EPE \times Spread_C - ENE \times Spread_P$$

2.4 其他信用价值调整

> **—备考指南—**
> 其他信用调整了解含义即可。

对于金融产品会有基础的产品定价，在基础定价的前提下我们首先进行信用风险的价值调整，即利用 CVA 和 DVA 进行调整，然后再进行其他调整，如图 11-1 包括：

FVA（funding value adjustment），融资成本或收益调整；

KVA（capital value adjustment），为金融产品留存的监管资本成本的调整；

MVA（margin value adjustment），交易中支付初始保证金成本的调整。

因此对于金融产品的合理定价，应在基础定价的前提下，进行信用风险、

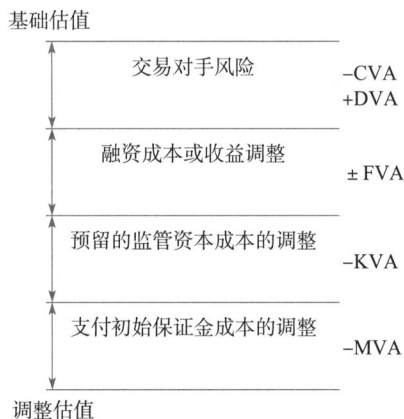

图 11-1 其他信用价值调整

融资成本、监管资本成本和保证金成本的调整。

3. 错路风险（WWR）和对路风险（RWR）

上述 CVA 的估计没有考虑错路风险（WWR），即假设 PD 和 EE 之间不存在任何联系，但现实金融市场中会存在 WWR，此时对于 CVA 的估计会出现偏差。

3.1　错路风险（WWR）和对路风险（RWR）的定义

➢ 错路风险（WWR）

错路风险（wrong way risk，WWR）是指风险敞口和交易对手的信用质量之间呈现正相关的关系，使得整体 CVA 增大，最常见的表现是当 PD 上升时，EE 也上升，面临的信用风险增大。

➢ 对路风险（RWR）

对路风险（right way risk，RWR）是指风险敞口和交易对手的信用质量之间呈现负相关的关系，使得整体 CVA 降低，面临的信用风险减小。

> **名师解惑**
>
> WWR 和 RWR 本质上是信用风险和市场风险叠加所导致的。
>
> 当计算 CVA 时，由于存在 WWR，此时原来的 CVA 估计偏低，应当调高原 CVA。

3.2　不同产品的错路风险（WWR）和对路风险（RWR）

> **备考指南**—
> 不同产品的WWR和 R W R 以 及给定情景下对于WWR的判断是FRM考试重点。

FRM 考试中会重点考察 WWR 和 RWR 在具体产品中的体现。

➢ 看跌期权

A 公司向 B 公司购入以 B 公司的股票为标的的看跌期权，当 B 公司违约概率上升时，股票价格会下跌，此时 A 所购入的看跌期权的盈利上升，信用风险敞口上升，所以此时对于 A 来说是错路风险，如图 11-2。

A ──────购入以B公司股票为标的的看跌期权──────▶ B

图 11-2　看跌期权的 WWR

➢ 商品互换

以 A 公司与 B 公司的原油互换为例，A 公司支付固定的原油价格，收回 B 公司所支付的浮动的原油价格，此时 A 公司是 WWR 还是 RWR 要根据 B 公司的具体情况进行判断。

如果 B 公司是原油的经销商，此时当原油价格上升，有利于 B 公司的经营发展，所以 B 公司的 PD 下降，并且 A 公司的获利也更大，信用敞口上升，所以此时 A 公司面临 RWR。

如果 B 公司是航空公司，当原油价格上升时，B 公司的经营成本上升，不利于 B 公司的经营发展，所以 B 公司的 PD 会上升，此时 A 公司的信用敞口也上升，面临 WWR，如图 11-3。

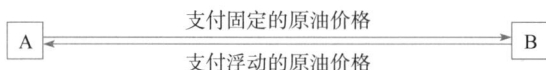

图 11-3　商品互换的 WWR/RWR

➤ 信用违约互换

如图 11-4 所示，A 公司向 B 公司购入信用违约互换，此信用违约互换的标的资产和 B 公司的信用质量高度正相关，当 B 公司信用质量恶化，B 公司的违约概率上升，并且标的资产的信用质量也恶化，此时会产生两种情况：

图 11-4　CDS 的 WWR

当标的资产信用质量恶化，但没有发生违约时，CDS 的保费会上升，A 公司之前购入的 CDS 相对于当前市场价格是较低的，A 公司是相对盈利的，信用敞口上升，A 公司面临 WWR。

当标的资产信用质量恶化且发生违约，则会触发信用违约互换的赔付机制，A 公司的信用风险敞口也上升，面临 WWR。

➤ 外汇产品

A 公司与美国政府进行货币互换的交易，A 公司支付美元，收英镑，美国政府支付英镑，收美元。当美国市场出现萧条情况时，美元贬值，此时美国政府较易违约，并且美元贬值对于 A 公司来说是支出少，收入多，所以 A 公司的信用敞口上升，面临 WWR，如图 11-5。

图 11-5　外汇产品的 WWR

➤ 利率产品

假设 A 银行进入支付浮动利息，收入固定利息的利率互换，B 公司支付固定利息，收入浮动利息，当经济恶化时，市场利率下降，B 公司的违约概率上升，并且 A 银行支付的浮动利息相对减少，A 银行在此笔互换中盈利上升，信用敞口上升，面临 WWR。

4. 信用曲线的映射

巴塞尔协议中要求对 CVA 的测算利用风险中性的违约概率，如利用债券法或者信用违约互换估计违约概率。但有些非流动的资产在计算风险中性的违约概率可能存在问题，巴塞尔协议 III 资本要求中规定，对于非流动性资产可以利用类似产品(在评级、行业或者地域等方面类似)，通过较为主观的映射的方式估计风险中性的违约概率。

5. 交易对手风险的压力测试

交易对手风险的压力测试主要包括 EL 和 CVA 两个方面。

5.1 贷款组合的压力测试

贷款组合的 EL 包含 PD、EAD 和 LGD 三个因素的影响，对于 LGD 是已经预先确定的，贷款的敞口基本是保持不变的，所以贷款组合中对预期损失进行压力测试主要针对违约概率进行，违约概率可能受到汇率或者失业率等的影响，违约概率可以表示为汇率或者失业率等变量在压力情况下的函数，即 $EL_s = \sum_{i=1}^{N} PD_i^s \times EAD_i \times LGD_i$。压力损失表示为压力下的 EL 和无压力下的 EL 的差额，即 $EL_s - EL$。

5.2 衍生产品组合的压力测试

衍生产品组合的 EL 依然受到 PD、EAD 和 LGD 三个因素的影响，对于 LGD 是已经预先确定的，但衍生产品的敞口会受到市场影响，所以衍生产品组合中对预期损失进行压力测试要针对违约概率和信用敞口进行。计算衍生产品的预期损失利用的敞口是平均的预期敞口，通过 EPE 乘以 α 进行体现，因此无压力情况下的衍生产品组合的预期损失为 $EL = \sum_{i=1}^{N} PD_i \times \alpha \times EPE_i \times LGD_i$，压力情况下的预期损失为 $EL_s = \sum_{i=1}^{N} PD_i^s \times \alpha \times EPE_i^s \times LGD_i$。

5.3 CVA 的压力测试

CVA 是指对于衍生产品的信用价值调整，所以计算衍生产品组合的 CVA 并不需要对信用敞口进行调整，因此衍生产品组合的 CVA 为 $CVA_n = \sum_{n=1}^{N} LGD_n \times \sum_{i=1}^{m} EE_n(t_i) \times PD_n(t_{i-1}, t_i)$，我们需要同时对违约概率和敞口进行压力测试，那么压力下的 CVA 为 $CVA^s = \sum_{n=1}^{N} LGD_n \times \sum_{i=1}^{m} EE_n^s(t_i) \times PD_n^s(t_{i-1}, t_i)$，CVA 的压力损失为 $CVA^s - CVA$。

5.4 交易对手风险压力测试的缺陷

当前金融机构的压力测试停留在对现有风险敞口进行压力测试的阶段中，而风险管理主要关注未来的风险敞口情况，所以对未来风险敞口的压力测试依然在探索中。

在实施交易对手风险压力测试的过程中，可能还包括了其他风险的压力测试情况，目前还没有办法仅仅将信用风险的压力测试提取出来。

计算信用风险敞口的变化本质上是计算产品的价值变化，此时可能采取近似的方式计算产品价值的变化，比如利用线性的方式对非线性的价值变化进行估计，那么由此得出的信用风险敞口也可能出现偏差。

本章小结

本章主要介绍了交易对手风险的相关内容。

➤ CVA
- 一次性 CVA 计算：$CVA = \sum_{i=1}^{m} PV(EL_I) = LGD \sum_{i=1}^{m} EE(t_i) \times PD(t_{i-1}, t_i)$
- 费率形式 CVA 计算：$CVA = EPE \times CS$

➤ BCVA
- 一次性 BCVA 计算：

$$BCVA = CVA - DVA = LGD_C \sum_{i=1}^{m} EE(t_i) \times PD_C(t_{i-1}, t_i)$$

$$- LGD_P \sum_{i=1}^{m} NEE(t_i) \times PD_P(t_{i-1}, t_i)$$

- 费率形式 BCVA 计算：
$$BCVA = EPE \times Spread_C - ENE \times Spread_P$$

➤ 错路风险（WWR）
- PD 上升，EE 上升

➤ 对路风险（RWR）
- PD 上升，EE 下降

章节练习

1. 下列关于贷款及对手风险的描述哪一个是正确的（　　）?

A. 对手风险是指贷款方对未偿还贷款违约的可能性

B. 贷款风险是指衍生品交易的任何一方不能履行义务的可能性

C. 对手风险与贷款风险有很大的区别，它比贷款风险更复杂

D. 对手风险与贷款风险是一样的

答案解析：C

对手风险和贷款风险有很大的区别，它比贷款风险更复杂。对手风险是指衍生品交易的任何一方不能履行义务的可能性。贷款风险是指贷款方对未偿贷款的可能性。

2. 互换协议交易的一方不能履行支付义务的风险称为(　　)。

A. 交易对手风险　　　　　　　　B. 操作风险

C. 市场风险　　　　　　　　　　D. 名义金额风险

答案解析：A

互换协议交易的一方不能履行支付义务的风险称为交易对手风险

3. 某金融机构的风险管理经理需要估计一个互换合约的双边信用价值调整 BC-VA。已知相关参数如下：

● EPE＝5％

● ENE＝3％

● 对手方信用价差＝300bps

● 金融机构信用价差＝200bps.

计算金融机构角度的 BCVA 为多少(　　)？

A. －1　　　　　　B. 1　　　　　　C. 9　　　　　　D. －9

答案解析：C

$5\% \times 300 - 3\% \times 200 = 9$bps

—— 第 12 章 ——
交易对手风险缓释

一、ISDA 协议	ISDA 协议	★
二、净额结算	1. 净额结算的特点	★★
	2. 净额结算的类型	★
	3. 多边净额结算	★
	4. 净额结算的效果	★★★
三、抵押品	1. 信用支持附件	★★
	2. 抵押品的局限性	★★
四、终止条款	终止条款	★★★
五、交易对手风险管理机构	1. 交易对手风险管理机构的类型	★
	2. 中央清算机构的风险管理机制	★★★

本章导论

　　交易对手风险缓释主要包含两大板块，利用合约条款缓释信用风险和通过中介机构优化交易对手缓释信用风险。本章首先介绍场外衍生品协议及场外衍生品协议在信用风险的缓释作用，之后介绍净额结算对信用风险的缓释，抵押品对信用风险管理的作用，终止条款对信用风险的控制作用以及其他条款对信用风险管理的作用。

1. ISDA 协议

ISDA 协议在 FRM 一级就有涉及，主要是用于管理场外交易对手风险。场外衍生品交易都是私下的交易，双方交易可能存在较大的信用风险，但双方通过签署 ISDA，可以减少法律上的不确定性，尽量减少交易对手风险。并且 ISDA 可以在同一个协议中包含多笔交易，因此可以将协议中的多笔交易采取净额结算的方式进一步控制信用风险。

ISDA 中有利于缓释对手方风险的协议包括：信用支持附件（credit support annex，CSA）、约定抵押品、确定违约事件和终止条款、协议中包含的多笔交易可以进行净额结算和规定清算的过程。

2. 净额结算

2.1　净额结算的特点

假设 A 公司要支付给 B 公司 500 美元，B 公司要支付给 A 公司 300 美元，如果不进行净额结算，A 面临 300 美元的信用风险敞口，B 面临 500 美元的信用风险敞口；如果实行净额结算，那么 A 公司的信用风险敞口将为 0，B 公司的风险敞口是 200 美元，比原来 500 美元的风险敞口降低了很多。因此净额结算很大程度上降低了信用风险敞口。

2.2　净额结算的类型

支付净额结算（payment netting）主要涉及日间交易，比如双方签订利率互换，一方要支付固定利率，另一方要支付浮动利率，支付净额结算条款可以使得双方进行净额交割。或者双方之间有两笔交易，并且这两笔交易的方向相反，那么我们可以只结算这两笔交易的净额即可。支付净额结算主要解决结算风险（结算风险是指一方交割而另一方未交割的风险）。

清算净额结算（close-out netting）是指一旦触发违约事件，所有合约以净额进行交割，适用于在结算日之前的所有交易对手风险。如果没有 close out，在到期结算日之前触发信用事件是不可以提前清算的，但如果有 close out，便可以提前实行净额结算，降低了信用风险。

2.3　多边净额结算

ISDA 的规定通常用于双边结算，净额结算同时可以用于多方清算，这种多边净额结算叫作交易的压缩，通过特殊协议的约定进行多边结算。多边净额结算一般用于同种类型且同期限的合约之间结算，如图 12-1。

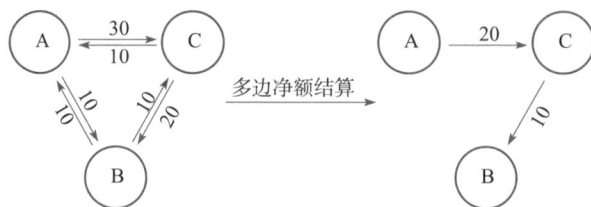

图 12-1　多边净额结算

2.4　净额结算的效果

净额结算的效果受到交易之间的相关关系的影响。如表 12-1 所示，表中两笔交易的变动都有三种情况：

表 12-1　净额结算的效果（相关性为正）　　　　　　　　　　单位：美元

净额结算（相关性为正）				
	MtM		总敞口		净额结算效果
	交易 1	交易 2	交易 1	交易 2	
情景 1	15	5	20	20	0
情景 2	5	−5	5	0	5
情景 3	−5	−15	0	0	0
EE			8.3	6.7	1.7

表 12-2　净额结算的效果（相关性为负）　　　　　　　　　　单位：美元

净额结算（相关性为负）				
	MtM		总敞口		净额结算效果
	交易 1	交易 2	交易 1	交易 2	
情景 1	15	−5	15	10	5
情景 2	5	5	10	10	0
情景 3	−5	15	15	10	5
EE			13.3	10.0	3.3

在表 12-1 中，第一笔交易价格下降 10 美元，第二笔交易也下降 10 美元，因此这两笔交易是同向变动的，即为正相关关系，将有净额结算的信用敞口和没有净额结算的信用敞口进行比较，有净额结算的情况下，两笔交易之间相反的敞口是可以相互抵消的，第一种情景下，两笔交易的敞口都是正值，无法进行敞口抵消，所以净额结算对信用敞口没有影响；第二种情景下，两笔交易的敞口可以正负相抵，无净额结算下总敞口为 5，有净额结算的情况下，总敞口为 0；第三种情景下，两笔交易的敞口都是负值，净额结算对信用敞口没有影响。因此无净额结算下三种情景总敞口为 25，期望敞口约为 8.3，净额结算下三种情景总敞口为 20，期望敞口约为 6.7，期望净额结算效果为 1.7 美元。

在表 12-2 中，第一笔交易价格下降 10 美元，第二笔交易上升 10 美元，因此这两笔交易是反向变动的，即为负相关关系，无净额结算下三种情景总敞口为 40，期望敞口约为 13.3，净额结算下三种情景总敞口为 30，期望敞口约为 10，期望净额结算效果为 3.3 美元。

因此净额结算的效果主要受到交易相关性的影响。当交易的相关性为正时，净额结算的效果较小；当交易的相关性为负时，净额结算的效果较大。

净额结算因子（netting factor）是通过相关性衡量净额结算效果的指标。

—考纲要求—
计算净额结算因子。

当组合收益的均值 μ 为 0 时，每个资产的期望敞口 $EE = \dfrac{\sigma}{\sqrt{2\pi}}$，分析组合的净额结算的效果时，分为两种情况：

第一种情况，有净额结算效果时，意味着组合中资产是有相关性的，

$$EE = \frac{\sqrt{n + n(n-1)\overline{\rho}}\,\sigma_i}{\sqrt{2\pi}};$$

第二种情况，无净额结算效果时，意味着组合中资产是没有相关性的，

$$EE = \frac{n\sigma_i}{\sqrt{2\pi}}。$$

$$净额结算因子（netting factor） = \frac{EE(netting)}{EE(no\ netting)} = \frac{\sqrt{n + n(n-1)\overline{\rho}}}{n}$$

其中 n 表示资产组合中资产的个数，$\overline{\rho}$ 表示组合中资产的平均相关性。

当净额结算因子是 100% 时，表示不存在净额结算效果；

当净额结算因子是 0% 时，表示净额结算效果最好的状态。

3. 抵押品

抵押品（collateralization）是信用风险缓释当中的另外一种工具。抵押品类似于交易所保证金，抵押品一般用于场外交易的信用风险缓释。抵押品的种类既包括现金，又包括政府债券等其他类别的金融资产，例如公司债，信用证和股票等。

如果 A 公司与 B 公司做交易，且 A 公司是盈利的一方，未来会有现金流入，所以 A 公司为了防止 B 公司违约，要求 B 公司向其递交抵押品。

如果 B 公司向 A 公司递交了抵押品，并且 B 公司并没有发生违约等信用事件，那么抵押品的所有权依旧为 B 公司，同时如果此抵押品产生分红等收益，这些收益的所有权也是属于 B 公司的。

3.1　信用支持附件

在场外交易中，如果是用 ISDA 来规定抵押品的相关要求，可以通过**信用支持附件**（credit support annex，CSA）进行具体规定，包括可接受的抵押品种类，交割的方式、时间和地点等。信用支持附件可以选择单边 CSA 或者双边 CSA，如果交易双方的信用等级类似，适宜签订双边 CSA，双方都需要递交抵押品；如

果交易双方的信用等级差异较大,适宜签订单边 CSA,信用质量差的一方向信用质量好的一方递交抵押品。

CSA 通常有一些常用的术语规定,具体解释如下:

➢ 门槛阈值

当信用风险敞口低于门槛阈值(threshold)时,无需递交抵押品,只有当对手方信用风险超过门槛阈值时,才需要递交抵押品,并且所递交的抵押的数额是信用敞口-门槛阈值。

因此抵押品条款在缓释对手风险时,并不是完全缓释的,低于门槛阈值的部分是抵押品无法缓释的。

➢ 最小转移金额

最小转移金额(minimum transfer amount)是附加在门槛阈值之上的,如果合约中有最小转移金额的规定,当信用敞口>(门槛阈值+最小转移金额)时,才递交抵押品,所递交的抵押的数额是信用敞口-门槛阈值。

➢ 初始保证金

初始保证金(independent amount)是指双方在开始交易时就必须递交的抵押品。

➢ 取整

取整(round)是指计算抵押品的数额通常采用取整的方式来计量。

➢ 折扣率

折扣率(haircut)为了防止抵押品的价值发生波动而带来风险,如图 12-2。

假设目前有 100 美元的抵押资产,如果折扣率是 5%,那么这 100 美元的抵押资产只能覆盖 95 美元的资本金要求。因此,只有(1-折扣率)部分的抵押品才是被抵押认可的。

假设某证券的折扣率是 5%,并且对手方要求支付 1 000 000 美元的抵押品,但只有 95%的抵押品才是被抵押认可的,所以真实需要的抵押的数目为 1 052 632 美元,折扣金额为 52 632 美元,信用借款为 1 000 000 美元。

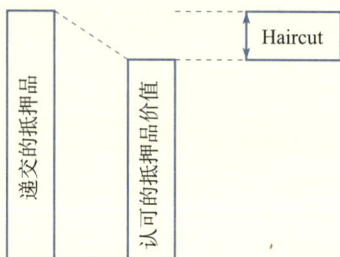

图 12-2 折扣率的影响

3.2 抵押品的局限性

抵押品不是对信用风险敞口的完美抵消。因为抵押品通常有门槛阈值的规定,因此低于门槛阈值的信用风险敞口是无法利用抵押品进行缓释的。

抵押品缓释风险是有时间延迟的,并且由于最小转移金额和向上取整(round),使得抵押品的缓释效果是间断的,而不是连续的完全一一对应的缓释效果。

同时抵押品自身的价值存在波动,使得抵押品对信用风险敞口缓释存在偏差。

4. 终止条款

➤ 中断条款

中断条款（break clause）主要处理长期合约的信用风险，允许交易中双方根据市场情况约定合约是否要提前终止。

中断条款的主要表现有如下三种：

（1）事先在合约中规定的特定时间，到了特定时间，合约就会提前终止。

（2）约定在特定时间，有提前终止的权力，但不一定行使提前终止的权力。

（3）基于特殊事件的提前终止，如果特殊事件发生，那么合约终止。

➤ 额外事件终止条款

额外事件终止条款（additional termination event）和中断条款中的第三种情况终止方式类似。都是基于特殊事件的提前终止，如果特殊事件发生，那么合约终止。

➤ 平仓

平仓（close out）是指一旦合约中出现违约等信用问题，可以立即终止合约，并且按照净额清算。

➤ "撕毁"条款

"撕毁"条款（walk away）如果合约有一方违约，另一方的义务也无需履行，可以尽可能的减少不违约方的损失。当不违约方的合约敞口为负时，即为净现金流出时，此时 walk away 条款的履行是对其是更有利的。

➤ 加速条款

加速条款（acceleration）是指当信用评级下降、违约或发生其他信用事件时，加速结算合约。但是加速结算合约可能会加剧对手方的困境，引发系统性风险。因此加速条款对合约的终止是有利有弊的。

5. 交易对手风险管理机构

交易对手风险管理机构的相关内容于 2018 年新加进 FRM 考纲之中，此章节中提出了关于管理对手方风险与国际接轨的最新的一些方法。

在本节中，考生应重点学习场外衍生品交易中缓释对手方风险的常见方法和常见的中介机构。掌握中央清算机构脱颖而出的原因，以及中央清算机构的特点、在整个风险管理中所起的作用和缺陷。

5.1　交易对手风险管理机构的类型

场外衍生品交易在金融衍生品交易中的占比非常高，交易规模也非常大，因此场外衍生品交易对金融市场的整体运作起到比较大的影响，所以监管层非常关注场外衍生品交易，市场会针对场外衍生品交易专门设立一些机构进行风险管理。

> 特殊目的机构

特殊目的机构（special purpose vehicles，SPVs）主要作用于证券化产品中，比如 MBS 等。特殊目的机构最主要的特点是破产隔离。如果某银行有很多贷款，一种方式是持有至到期，另一种方式是将贷款剥离出表外，银行会将贷款组成资产池卖给特殊目的机构，特殊目的机构基于资产未来的现金流情况发行证券化产品，特殊目的机构使得购买证券化产品的投资者与银行实现破产隔离，此时投资者的对手方为特殊目的机构，特殊目的机构是专门做证券化产品交易的，相对于银行所面临的风险较少，增大了投资者对证券化产品的主动权，使其处于债权人的地位。

但是特殊目的机构会存在法律风险，法律风险指的是如果进行破产清算时，如果法律不认可特殊目的机构的破产隔离机制，那么投资者依然要承担银行破产所带来的交易对手风险。

> 衍生品交易公司

衍生品交易公司（derivative product companies，DPCs）是专门设立与原机构隔离的衍生品交易公司，它比特殊目的机构更有优势的方面在于衍生品交易公司存在单独的注资，注资的目的是使得衍生品交易公司的信用评级较高，通常为 AAA 级，因此衍生品交易公司的违约风险较小。

投资者与衍生品交易公司进行交易时相当于和一家评级较好的公司进行交易，投资者承担的对手方风险也较小。

但是衍生品交易公司有额外的资本和运营的规则，这些规则可能引发操作风险或者市场风险。

> 单一业务保险公司

单一业务保险公司（monoline insurance companies）会设计专门提供信用保障的产品，比如信用违约互换等产品。但信用衍生产品自身会存在错路风险，如果保险公司和标的资产高度正相关，可能会使得违约风险和信用风险敞口都上升，增大交易对手风险。

> 中央清算机构

中央清算机构（central counterparties）是近几年 FRM 考试中较为关注的话题。中央清算机构的本质是单独设立的一家机构，作为所有交易者的对手方参与交易。中央清算机构运行时会要求递交抵押品、设立违约基金以及损失共担机制保证交易的正常运行。

中央清算机构在缓释对手方风险的同时可能引发流动性风险和系统性风险。流动性风险是指中央清算机构在偿付保证金时所面临的风险；系统性风险是指中央清算机构的规模过大，如果中央清算机构倒闭的话，可能引发较大的风险。

中央清算机构，一般来说它采用的是会员制，分为**清算会员**（clearing member）和非清算会员（non-clearing member）。清算会员当中，又分为两种：一种是一般清算会员（general clearing member，GCM）。一般清算会员可以自己在中央清算所进行交易，同时也可以代理其他的第三方来进行交易。比如说现在有一个金融机构，它成为了某个 CCP 的清算会员。一些个人或者机构投资者，要去进行交易，就可以借助它来进行。另一种是个别清算会员（individual clearing member，ICM）。它们是指可以自己在中央清算所进行交易，但是不能够代理其他的第三方来进行交易。非清算会员，本身是没有会员资格的，这种情况下它只能够通过清算会员，去进行交易。

　　一般来说当金融机构注册成为会员的时候，为了能够正常交易，通常都会交准备金（reserve fund）。准备金主要处理的就是中央结算机构万一再遇到极端风险，需要覆盖风险的时候，当所有的违约方的资源都用完的时候，可能会动用其他的清算会员提供的准备金来共同承担风险。也就是风险共担。所谓的风险共担，指的就是所有的清算会员，在发生极端风险的时候，都可能会共同承担风险。从会员制的角度来看的话，只有清算会员和 CCP 之间是有直接联系的。一般来说，非清算会员和 CCP 之间没有直接联系。如果 CCP 倒闭的话，对非清算会员不一定造成极端影响。

　　另外清算会员代理非清算会员进行交易的时候，它对于非清算会员的履约，是要承担一定责任的。也就是说，如果出现非清算会员没有办法进行正常交易的话，对应的清算会员要保证交易的正常进行。这是代理非清算会员进行交易的时候，清算会员必须要保证执行的。

　　CPP 主要的特点：CCP 主要的优点在于它能够减少金融市场的互联性。假设现在市场上有 A、B、C、D 这 4 个公司，互联性指的就是 A 和 B 公司，B 和 C 公司，C 和 D 公司之间的互联性。现在通过引入了一个中央清算机构，把他们结合在了一起，这样能够把他们之间的关系进一步的减弱。能够减少某个参与者的无力偿付，对于其他机构造成的影响。

　　除此之外，引入 CCP，能够使得场外衍生品交易市场变得更加透明。因为本来是双方私底下的交易，一般来说其他人是不一定能够了解合约的情况以及本质的。但是如果所有的交易都是通过中央清算所进行的话，那么这个合约的运作特点就比较容易理解，可以增加合约的透明度。

　　值得注意的是，非场外衍生产品交易的中央清算和场外衍生产品当中的中央清算，特点不太一样。非场外衍生产品交易的中央清算，主要是为了标准化和简化交易，主要目的并不是去控制风险。在场外衍生品中引入的中央清算，主要目的是为了缓释交易对手风险。这是两者不同的地方。

5.2　中央清算机构的风险管理机制

> **净额结算**

净额结算（netting）的特点是多笔之间的交易，是按照净额进行结算，可以降

考纲要求—
描述CCP的信用
风险管理机制。

低风险敞口。

> 保证金要求

中央清算机构的保证金主要包括变动保证金和初始保证金。

变动保证金（variation margin）主要处理的是违约之前的资产价值变动带来的不确定性，根据市场上每天价格的变动调整收付的保证金。变动保证金的确认一般使用估值模型，即估计一下资产每天的价格变动情况，根据价格的涨跌幅度，来确认每天的变动保证金。

初始保证金（initial margin）主要处理的是当这笔交易发生违约之后，清算所遇到的清算成本，也就是说初始保证金的确定是根据风险的极端情况来确定的，所以它考虑的是违约时候的清算风险。初始保证金的确认，一般用的是极端风险度量的方式，比如说用 VaR 或者 ES。这个是初始保证金和变动保险金之间的差异。

> 拍卖

拍卖（auction）是指当某一方违约的时候，它的合约会采用拍卖的方式，拍卖给其他没有发生违约的清算会员。

如图 12-3，A、B、C 分别和 CCP 交易。CCP 把 A 和 B 交易匹配起来。假如 B 违约了，首先的处理方式是把 B 这笔交易拍卖出去给其他的参与主体。比如 C 去把这笔交易买过来。为什么还有人愿意去买这个有一定损失的合约呢？那是因为如果其他参与主体不积极的参与到这个损失的处理过程中，可能会造成一些极端的情况，比如可能最终会触发风险共担机制。所以对 C 来说也是会一样有损失的。所以其他清算会员需要积极的，参与到拍卖的过程中。

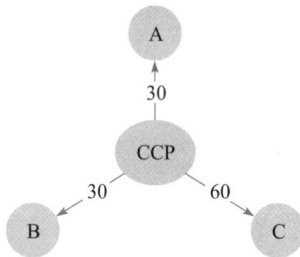

图 12-3　CCP 净额结算

> 损失共担机制

损失共担机制（loss sharing model）是指会员在注册成为会员的时候，要注入违约基金（default funds）。如果当市场出现极端的情况，但违约方提供的所有的资金，比如违约方提供的保证金和违约金等，当与违约方相关的资金全部都用完后，那么接下来所有的风险是在所有的会员之间，互相进行共担的。也就是说，所有的会员都要承担接下来的风险，这就是风险共担的机制。

此外，合格的中央清算机构需要满足相应的资本要求，包括交易敞口和违约基金敞口。其中交易敞口（trade exposure）是指中央清算机构的资本要求既要满足交易的潜在风险敞口，又要满足初始保证金和变动保证金的要求；违约基金敞口（default fund exposures）是指所有和中央清算机构交易的会员都会注入违约基金，当违约基金发生变化时，中央清算机构要维持违约基金的正常清算。

> ➤ 中央清算机构的优点和缺点

中央清算机构有以下六个优点：

（1）增加市场透明度。所有人的交易对手都是中央清算机构，它记录了所有的交易信息。这些交易会变得更加透明，更容易被投资者或者监管机构监管。

（2）按照交易的净额来结算，进一步的减少交易对手风险。

（3）实行风险共担机制。

（4）法律上或者操作的有效性。通过中央清算来进行交易比双方私底下的交易更加标准化，更加有效。

（5）流动性。通过中央清算机构交易的产品，相对来说标准化程度会更高，流动性更好。

（6）标准的违约管理机制。

中央清算机构有以下四个缺点：

（1）道德风险（moral hazard）是指在有一定的保障的情况下，交易者行为会出现大幅的偏差。如果是双方私底下进行交易，会比较关心对手方的运营情况、市场上的行情以及可能会给自己带来的风险等，但是如果所有的交易都通过中央清算进行，就可能使得所有交易方都不再关注对手方的风险。交易者的前后行为会有重大的差异，风险管理会弱化，此时就会存在道德风险。

（2）逆向选择（adverse selection）是指当双方在进行交易时，一方的信息非常有限，对于交易中的风险不是特别的了解，就可能会使得它对于不同风险的定价是一样的，此时可能会吸引大量风险更高的交易。比如有 A、B 两个公司，通过中央清算机构进行衍生品的交易。A 的交易风险是比较小的，B 的交易风险是比较大的。但是风险大小情况只有 AB 公司自己是比较清楚的，由于中间可能会存在着信息不对称，CCP 可能不一定会了解。在这种情况下，CCP 对这两笔交易要求的保证金是一样的。会使得风险比较小的 A 公司，退出交易，CCP 就会引入更多的风险。

（3）分歧（bifurcations）是指一笔交易原来是在场外市场进行的，现在变成通过中央清算所进行交易的时候，就会有一定程度的标准化，会和原来的场外市场的交易形成一定的差异，因为完全定制化的合约是没有办法进行匹配交易的。一方面可能不能够完全满足风险管理的需求；另一方面，可能不利于金融创新。

（4）顺周期影响（procyclicality）是指通过中央清算所交易可能会放大经济周期的繁荣或萧条。中央清算所是有保证金要求的，当市场环境非常恶劣时，中央清算所有可能调高保证金的要求。因为当市场比较萧条时，交易会员很可能出现违约的情况，所以 CCP 会趋向于调高保证金要求。此时对于所有市场参与者来说，参与交易的成本更高了，最终实现的收益就会相对来说变少，并且会带来恶性循环，放大萧条的经济周期的影响。

> **中央清算机构对于价值调整(xVA)的影响**

中央清算机构将对手方风险转移为流动性风险和操作风险，因此可以降低与交易对手相关的 CVA 和 KVA，但是会提高 FVA 和 MVA 的部分。

中央清算机构主要用于金融机构的衍生品交易的风险管理，对于非金融终端的机构，如非金融公司等，是否进行中央清算是不强制要求的。

本章小结

本章主要介绍了交易对手风险缓释的相关内容。

> ISDA 协议
> 净额结算
>> ■ 净额结算的特点
>> ■ 净额结算的类型
>> ■ 净额结算因子

$$净额结算因子 = \frac{EE(netting)}{EE(no\ netting)} = \frac{\sqrt{n+n(n-1)\overline{\rho}}}{n}$$

> CSA 术语
>> ■ 门槛阈值
>> ■ 最小转移金额
>> ■ 初始保证金
>> ■ 取整
>> ■ 折扣率
> 抵押品的局限性
>> ■ 非完美对冲
>> ■ 滞后性
>> ■ 抵押品价值的波动性
> 中央清算机构的优点
>> ■ 增加市场透明度
>> ■ 净额结算
>> ■ 实行风险共担机制
>> ■ 有效性
>> ■ 流动性
>> ■ 标准的违约管理操作。
> 中央清算机构的缺点
>> ■ 道德风险
>> ■ 逆向选择

- 分歧
- 顺周期影响

章节练习

1. ABC 公司与 DEF 公司有两笔交易,下列哪种情况的净额结算效果最大(　　)?

   A. 两笔交易无相关性 　　　　　　 B. 两笔交易有较强的正相关性

   C. 两笔交易有较弱的正相关性 　　 D. 两笔交易有较强的负相关性

   答案解析: D

   当交易的相关性为正时,净额结算的效果较小;当交易的相关性为负时,净额结算的效果较大。

2. 已知两笔交易不同情境下的信用风险敞口如表 12-3 所示:

表 12-3　两笔交易不同情境下的信用风险敞口　　　　单位:美元

	MtM	
	交易 1	交易 2
情境 1	25	15
情境 2	15	—10
情境 3	10	—5
情境 4	5	—5
情境 5	—5	—10

   计算净额结算因子(　　)。

   A. 9.92% 　　　　 B. 37.50% 　　　　 C. 60.88% 　　　　 D. 71.43%

   答案解析: D(见表 12-4)

表 12-4　净额结算因子　　　　单位:美元

	MtM		总敞口		净额结算因子
	交易 1	交易 2	无净额结算	净额结算	
情境 1	25	15	40	40	
情境 2	15	—10	15	5	
情境 3	10	—5	10	5	
情境 4	5	—5	5	0	
情境 5	—5	—10	0	0	
EE			14	10	71.43%

第 13 章

信用衍生产品

一、信用违约互换	1. 信用违约互换的流程	★★★
	2. 信用违约互换的结算	★★
	3. 资产组合的信用违约互换	★★★
二、总收益互换	总收益互换	★★★
三、信用联结票据	信用联结票据	★★★

本章导论

　　在市场风险中可以利用常见的衍生产品进行风险管理，在信用风险中，同样可以利用信用衍生产品管理信用风险。

1. 信用违约互换

1.1　信用违约互换的流程

┌考纲要求─
掌握信用违约互
换的流程和风险
管理应用。

　　信用违约互换（**credit default swaps，CDS**）是信用风险管理的时候经常会用到的。信用违约互换和保险很像，但它主要是针对信用风险的保险。一般来说是信用违约互换的买方支付一定的保费，信用违约卖出方承担买方所持有标的资产违约时的赔付，如图 13-1。中国也有信用违约互换的相关产品。

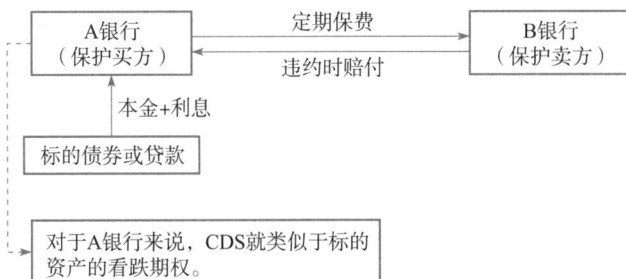

图 13-1　CDS 的交易机制

　　如果在市场上投资有风险的债券，再持有一个关于债券的看跌期权，相当于将债券的风险转移出去，构成了无风险债券。即：

$$\text{Bond}_{risky} + \text{put} = \text{Bond}_{risk\,free}$$

　　如果只考虑信用风险，那么可以利用信用违约互换进行风险管理，即：

$$\text{Bond}_{risky} + \text{CDS} = \text{Bond}_{risk\,free}$$

　　因此，一个有风险的公司债的多头相当于无风险债券的多头再卖出一份 CDS。

1.2　信用违约互换的结算

　　信用违约互换的结算分为现金交割和实物交割。

　　现金交割的信用违约互换（**cash-settled CDS**）之间没有资产的转换，只有纯现金的交易。如果标的资产发生违约，信用违约互换的卖方会按照违约差价赔付给买方，违约差价指的是资产的面值和违约发生后的价值之差。

　　实物交割的信用违约互换（**physically settled CDS**）涉及资产的转移，CDS 的标的资产从买方转移到卖方，买方会得到等同于标的资产面值的赔付额。

　　数字信用违约互换（**digital CDSs**）是现金交割的一种特殊方式，对于流动性较差的标的资产，会事先约定固定赔付额进行赔付，比如约定赔付面值的 50％。

1.3　资产组合的信用违约互换

　　信用风险管理中，不仅仅有针对单个资产的信用风险管理，有时还会涉及资产组合的信用风险管理。

> ➤ 一篮子信用违约互换

一篮子信用违约互换(nth to default CDS)表示当第 N 个资产违约时触发赔付，仅赔付第 N 个资产的应赔付额。

● 第一个资产违约即触发赔付。
● 第二个资产违约赔付第二个资产的应赔付额。

一篮子信用违约互换的保费与资产的违约相关性密切相关。主要有以下两种情况：

● 当资产之间的相关性为负时，first to default CDS 保费更高；
● 当资产的相关性为正相关且为 1 时，first to default CDS 与 Second to default CDS 的保费相同。

2. 总收益互换

总收益互换(total return swaps,TRS)是一种信用衍生产品，总收益互换是将标的资产(贷款、债券或其他资产组合)的总收益与 LIBOR 加上信用价差进行交换，标的资产的总收益包括利息或资产的收益盈亏等。总收益互换不仅可以进行信用风险管理，还可以进行其他风险的管理，如市场风险等。因此，总收益互换的卖方不仅需要承担信用风险，还可能包括市场风险。

假设 A 公司持有 C 公司的贷款，此时 A 公司担心此贷款存在风险，因此 A 公司与 B 公司签订总收益互换，此时 A 公司支付给 B 公司贷款的总收益，B 公司支付给 A 公司约定的收益率，一般为 LIBOR＋xbps。如果此贷款的收益是 8％且贷款升值了 2％，此时 A 公司支付给 B 公司 100×8％＋100×2％的金额；如果此时市场利率 LIBOR 为 7％，约定的收益率为 LIBOR＋50bps，此时 B 公司支付给 A 公司 100×(7％＋0.5％)；如果此贷款贬值了 2％，那么 2％的价值是由 B 公司支付给 A 公司的；如果此贷款发生违约，此时总收益互换将会停止，但是总收益互换的卖方必须向总收益互换的买方支付贷款的贬值差额。

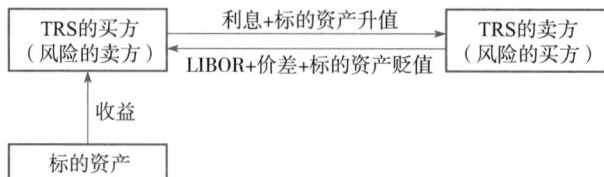

图 13-2　TRS 的交易机制

在总收益互换中，由于总收益互换的卖方存在违约的可能性，在 LIBOR 之上的价差是对总收益互换的买方所承受的卖方违约风险的补偿，因此价差与总收益互换卖方的信用情况、标的资产发行方的信用情况，以及总收益互换卖方和标的资产发行方二者的相关性有着密切的关系。

3. 信用联结票据

A 银行向 B 信托机构购买一份 CDS，B 信托机构购买一份高质量的资产，比如无风险国债，此时 B 信托机构持有一份无风险债券并卖出一份 CDS，因此 B 信托机构相当于持有一份有风险的债券，针对这份有风险的债券，B 信托机构可以专门设计一种产品卖给投资者，这种产品就是**信用联结票据**（credit-linked notes，CLN），最终将风险转嫁给投资者。如图 13-3 所示，信用联结票据本质上是一种普通的固定收益证券与信用违约互换相结合的信用衍生产品。

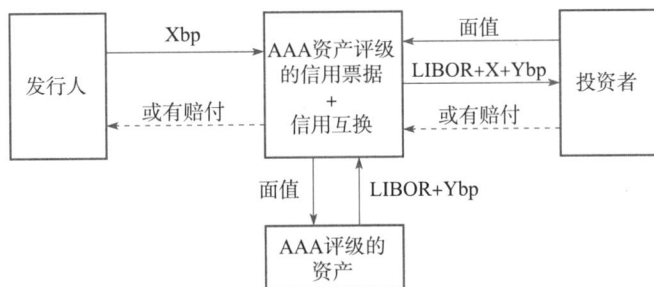

图 13-3　CLN 的交易机制

信用联结票据对于银行的好处体现在银行不用进行资产剥离就可以转移贷款风险；对于投资者来说，信用联结票据使其获得比投资无风险资产更高的收益。

> **资产抵押信用联结票据**（asset-backed CLN）

如图 13-4 所示，此资产抵押信用联结票据的基本结构为：

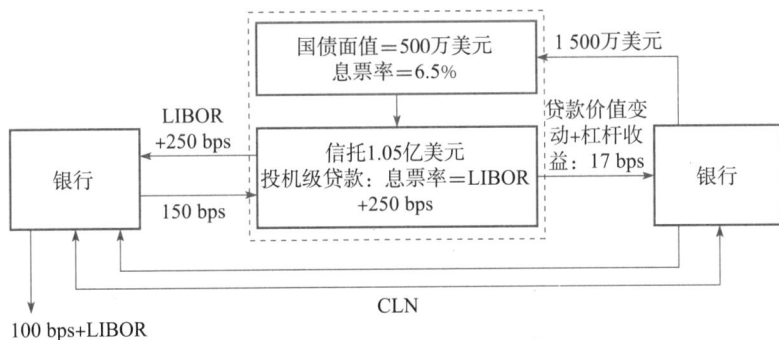

图 13-4　资产抵押信用联结票据的交易机制

- 投资者以 7 倍的杠杆投资了 1.05 亿美元的风险敞口，即仅投资了 1 500 万美元的本金。
- 投资者购买了信托机构发行的 1 500 万美元的信用联结票据。
- 信托机构从本金为 1.05 亿美元的投机级贷款所获得的收益为 LIBOR +250bps。
- 信用联结票据中的 1 500 万美元投资了息票率为 6.5% 的美国国债。

银行购买风险资产并且将风险资产放在信托机构。在本例中，假设风险资产为本金 1.05 亿美元的 B 评级的贷款，此贷款的收益率为 LIBOR＋250bps。并且银行是通过以 LIBOR 利率融资 1.05 亿美元购买此资产。信托机构发行了 1 500 万美元的信用联结票据，并且此 1 500 万美元的信用联结票据由投资者购买。信托机构利用这 1 500 万美元购买了息票率为 6.5% 的美国国债作为此贷款的抵押品。在本例中，抵押品的抵押率为风险贷款初始值的 14.3%，即抵押品的面值除以风险资产的面值 15/105＝14.3%，同时也意味着杠杆乘数为 105/15＝7。

银行的净现金流入是 100bps，这是由放置于信托机构的资产所产生的 LIBOR＋250bps 收益减去以 LIBOR 融资成本减去支付给信托机构的 150bps 的费用得到的。

投资者以 1 500 万美元的本金收到 17% 的收益（投资无风险资产的收益加上 CDS 保费的收益，即为 $\frac{15 \times 6.5\% + 105 \times 150\text{bps}}{15} = 17\%$），同时，贷款组合的价值变化也一并转移给投资者。

> 备考指南—
> 投资者的杠杆收益率计算。

在资产抵押信用联结票据的结构中没有追加保证金的要求，投资者的最大损失为起初的 1 500 万美元。如果风险资产的价值下降幅度超过了 1 500 万美元，投资者会违约，也就是说投资者不会偿付风险资产的下降额度，那么银行将承担超过 1 500 万美元的无限损失。

名师解惑

上述资产抵押信用联结票据的主要过程为：

首先银行有 1.05 亿美元的风险资产，投资者的投资本金是 1 500 万美元，并且想获得超出无风险资产收益的额外收益，因此二者之间通过信托公司达成双方需求。信托公司利用投资者 1 500 万自有的资金投资 1 500 万美元的无风险资产，即美国国债。为了满足投资高收益的投资需求，信托公司利用和银行的信用违约互换构成风险资产，投资者可以利用 1 500 万美元的资金分享 1.05 亿美元的风险资产的 CDS 收益。银行的风险资产放在信托机构处托管，信托机构将风险资产的 LIBOR＋250bps 的收益给银行，银行从中提取 150bps 的收益给信托机构作为信用违约互换的保费。其中投资者的收益为投资无风险资产的收益加上 CDS 保费的收益，即为：(15×6.5%＋105×150bps)/15＝17%。

本章小结

本章主要介绍了信用衍生品的相关内容。

➢ 信用违约互换

- 现金交割的信用违约互换：没有资产的转换，只有纯现金的交易。
- 实物交割的信用违约互换：涉及资产的转移，将 CDS 的标的资产从买方转移到卖方，买方会得到等同于标的资产面值的赔付额。

- 数字信用违约互换：现金交割的一种特殊方式，对于流动性较差的标的资产，会事先约定固定赔付额进行赔付
- 一篮子信用违约互换：当第 N 个资产违约时触发赔付，仅赔付第 N 个违约差额。
  - 第一个资产违约即触发赔付。
  - 第二个资产违约赔付第二个资产的应赔付额。
- 总收益互换
- 信用联结票据

章节练习

1. 在总收益互换中（　　）。
   A. 总收益支付方承担参考资产的风险
   B. 总收益支付方将承担的参考资产的风险转移给总收益的接收方
   C. 总收益的接收方将承担的参考资产的风险转移给总收益支付方
   D. 买卖双方的信用风险相互抵消
   答案解析： B
   总收益支付方将承担的参考资产的风险转移给总收益的接收方。

2. 信用违约互换（　　）。
   A. 买方相当于买入看涨期权　　B. 买方相当于买入看跌期权
   C. 买方相当于买入回望式期权　　D. 买方相当于买入障碍期权
   答案解析： B
   信用违约互换的买方相当于买入标的资产的看跌期权。

3. 信用联结票据什么时候能产生为投资者最大的收益（　　）。
   A. 信用小幅降级时　　B. 信用无降级时
   C. 信用大幅降级时　　D. 违约时
   答案解析： B
   信用联结票据购买者的收益是当没有降级或违约时，获得的高回报。投资者面临最主要的风险是标的资产降级或违约，可能导致投资者"血本无归"。

4. 投资信用联结票据相当于（　　）。
   A. 购买信用违约互换的买方，即当标的资产违约时，支付赔付的一方
   B. 购买信用违约互换的买方，即当标的资产的持有方
   C. 购买信用违约互换的卖方，即当标的资产违约时，支付赔付的一方
   D. 购买信用违约互换的卖方，即当标的资产的持有方
   答案解析： C
   投资信用联结票据相当于购买信用违约互换的卖方，即当标的资产违约时，支付赔付的一方。

—— 第 14 章 ——

资产证券化

一、资产证券概述	1. 证券化的参与者	★
	2. 资产证券化的动机	★
二、资产证券化的结构特征	资产证券化的结构特征	★★
三、特殊目的机构	特殊目的机构	★★
四、证券化产品的业绩分析	证券化产品的业绩分析	★★
五、证券化产品的类型	1. 资产担保债券	★★
	2. 抵押贷款转手证券	★★
	3. 债务抵押证券	★★
六、信用增级	1. 内部信用增级	★★★
	2. 外部信用增级	★★★
	3. 外部流动性增级	★★
七、信用情景分析	1. 案例分析	★★★
	2. 模拟法分析信用风险	★
	3. 违约概率和违约相关性的影响	★★★
	4. Ddefault'01	★
八、次级抵押贷款支持证券	1. 次级贷款的基本特点	★
	2. 次级抵押贷款证券化的流程	★★
	3. 掠夺性借出与掠夺性借入	★★★
	4. 次级抵押贷款证券化的摩擦	★★★

本章导论

　　FRM 中要求考生掌握证券化产品的基本结构和特点，证券化过程的参与者和风险管理等相关知识点。

1. 资产证券概述

证券化的基本特点是结构化的融资方式，将流动性较差的贷款等金融资产，打包发行的过程称为证券化（securitization）。

1.1 证券化的参与者

贷款发行人（loan originator），一般是银行。

运作机构（arranger），一般会专门设立特殊目的机构进行证券化产品的运作。

评级机构（rating agencies），为证券化产品评定信用评级。

服务机构和管理机构（servicers and managers），帮助管理资产池和进行投资管理的机构。

托管人和监管机构（trustee and custodian），对账户或者标的资产进行管理的机构。

资产证券化的具体过程见图 14-1。

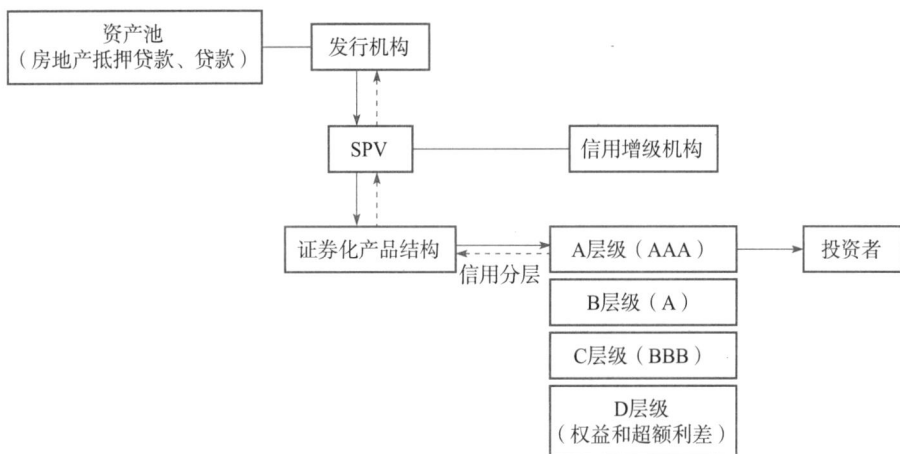

图 14-1 资产证券化过程

1.2 资产证券化的动机

通过资产证券化的方式，首先银行的风险资产可以剥离出资产负债表，优化资产负债表结构，因为把有风险的资产给剥离出去了，银行的资产负债表会更好看。

其次，释放资金。因为银行不能把所有的贷款都放在账上，这会占用银行的资金，通过证券化的方式卖出去，可以释放出银行的资金。因为证券化减低了银行的债务融资，降低了杠杆，从而提高了银行的融资能力，减少了监管机构对银行资本的要求。

此外，资产证券化可以提高资产池的透明度和可确认性。

2. 资产证券化的结构特征

资产证券化除了进行转手证券的发行外，通常会进行分层操作。

> 分层

分层（tranching）是对资产池现金流的重新分配，如图14-2。证券化产品的每个层级通过起赔点（break point）和止赔点（attachment point）进行层级划分。现金流是由最高层向下流至最低层，因此损失是由最底层至最高层的。等级越低的层级，发生损失的可能性越高。

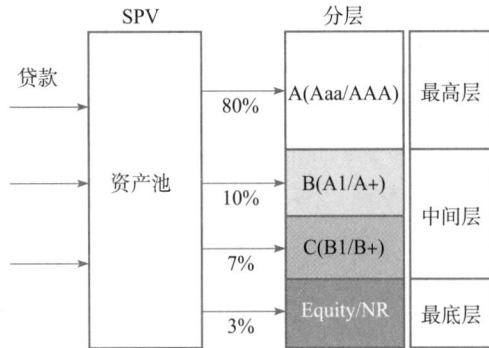

图 14-2 证券化的分层

最高层（senior tranche）：收益最低，但是最安全，因为最低层和中间层对其进行保护。

中间层（junior tranche）：有较高的收益，仅有最低层级对其保护。

最低层（equity）：没有固定的收益，通常当最高层和中间层的现金流偿付都满足后，剩余资金全部分给最底层。

> 损失分布与信用评级

证券化产品进行分层之后，最低层级的损失最大，最高层级的信用评级最高，如图14-3。

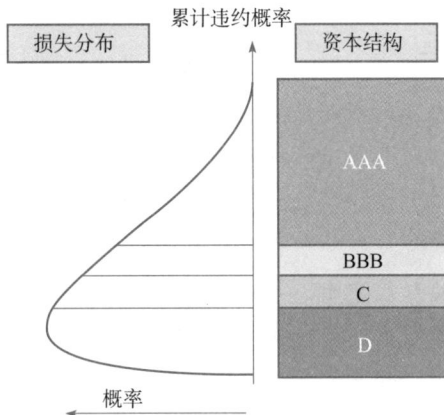

图 14-3 证券化产品的损失分布

➢ 瀑布式结构

瀑布式结构（waterfall）是指证券化的产品是由上至下的现金流结构。瀑布式结构中存在超额抵押机制，现金流在满足最高层和中间层的偿付要求以及最低层的偿付要求后，剩余的现金放入超额抵押账户。

3. 特殊目的机构

特殊目的机构是专门设计证券化产品的机构，按照证券化产品的结构可将其分为不同的类别。主要有以下分类：

（1）摊销结构（amortizing structure）的特殊目的机构主要是指所设计的证券化产品在支付现金的同时会支付一定的本金。这种证券化结构的产品的价格是平均期限和加权平均期限共同决定的，其中加权平均期限考虑了资产池的提前偿付。

（2）循环结构（revolving structures）的特殊目的机构主要是指所设计的证券化产品的资产池是信用卡贷款或者汽车贷款，这类贷款的期限通常较短，其现金流划分为两个期限，分别是循环期和摊销期。循环期是指将资产池中贷款偿付的本金继续购买新的贷款。摊销期是指在循环期之后将现金流对证券化产品进行偿付，可以每期进行偿付，或者放入特定账户中到期一次性偿付。

（3）综合信托（master trust）的特殊目的机构主要是指所设计的证券化产品是根据投资者需求灵活设计的，既可以构建摊销结构，也可以构建循环结构。

4. 证券化产品的业绩分析

传统的 ABS 其资产池可能为信用卡应收账款、现金应收账款、租赁租金、汽车贷款债权等，随着金融创新的发展，证券化产品的资产池的类别越来越丰富，如高收益的债券、新兴市场公司债或国家债券，亦可包含传统的 ABS、住宅抵押贷款证券化及商用不动产抵押贷款证券化等资产证券化商品。

证券化产品的业绩分析与公司债券不同，公司债券的业绩主要受发行人的影响，而证券化产品主要受资产池的影响。因此在评估证券化产品的风险时，我们要更加关注标的资产池的特点和度量维度。

➢ 抵押类贷款资产池的度量维度（如表 14-1）

表 14-1　抵押类贷款资产池的度量维度

业绩衡量	计算方式
提前还款速率 Public Securities Association(PSA)	$PSA = [CPR/(0.2)(months)] * 100$

续表

业绩衡量	计算方式
年化提前偿付率 Constant prepayment rate(CPR)	$1-(1-SMM)^{12}$
月度提前偿付率 Single monthly mortality(SMM)	本月提前偿付本金/期初本金－本月计划偿付本金
资产池平均生命期限 Weighted average life(WAL)	$\sum(a/365)*PF(s)$
资产池平均期限 Weighted average maturity(WAM)	资产池期限的平均
资产池平均利息 Weighted average coupon(WAC)	资产池利息的平均
债务偿付比率 Debt service coverage ratio(DSCR)	净经营性收入/债务偿付

【注释】

（1）PSA 是美国公共证券协会提出的提前偿付维度，反应了 CPR 的基准场景。100%PSA 表示 CPR 在期初是 0，每个月上升 0.2%，上升 30 个月后达到 6%。

（2）$SMM=\dfrac{当月提前偿付本金}{期初本金-当月应还本金}$

$1-SMM$ 表示本月没有提前偿付的部分，$(1-SMM)^{12}$ 表示本年没有提前偿付的部分，$1-(1-SMM)^{12}$ 表示本年提前偿付的部分，因此年化提前偿付率为 $1-(1-SMM)^{12}$。

（3）WAC，指的是整个资产池的加权平均的利率，资产池中不同抵押贷款利率是不一样的。

（4）WAM，指的是整个抵押贷款资产池的平均还款时间，因为资产池当中的每个抵押贷款可能期限是不一样的。两者都是加权平均，反映的都是资产池的基本特点。

有了这两个指标我们就可以了解资产池的基本情况，可以根据 WAC 来判断平均收入的现金流是多少，进而判断 MBS 承诺支出的现金流与收入的现金流之间的大小关系以及风险情况。还可以判断一下大致的还款期大概是多久，进一步地通过 WAM 判断这些抵押贷款资产的风险有多大。

➢ 非摊销结构类资产池的度量维度（如表 14-2）

表 14-2　非摊销结构类资产池的度量维度

业绩衡量	计算方式
月度还款率 Monthly payment rate(MPR)	每个月支付的本息/贷款余额

➢ 信用卡类贷款资产池的度量维度（如表 14-3）

表 14-3　信用卡类贷款资产池的度量维度

业绩衡量	计算方式
违约率 Default ratio	违约贷款金额/资产池金额
延期率 Delinquency ratio	超过 90 天的应收账款/贷款余额

➢ 汽车类贷款资产池的度量维度（如表 14-4）

表 14-4　汽车类贷款资产池的度量维度

业绩衡量	计算方式
绝对提前偿付速度 Absolute prepayment speed（ABS）	提前偿付金额/资产池金额
损失曲线 Loss curve	预期累计损失

5. 证券化产品的类型

5.1　资产担保债券

资产担保债券（covered bond）不属于证券化产品，只是一个结构化的融资工具。因为它没有进行出表隔离，担保债券在发行时，会将贷款放入特定的资产池中，并且这个资产池依然留在银行的资产负债表内。

担保债券的本金和利息的确认是根据发行人的情况制定的，而不是资产池本身的现金流情况确认的。

> 备考指南——
> 担保债券与证券
> 化产品的区别。

5.2　抵押贷款转手证券

MBS 证券市场上最简单的一种叫做抵押转手证券（mortgage pass-through）。转手证券的特点是收进来的资产池是什么样子的，卖出去的 MBS 就是什么样子的，所有投资者承担的风险类型都是完全一样的。只是每个人的投资额不一样，它的收益和损失可能不太一样，但是承担的风险类型都是完全一样的，这是转手证券的特点。

抵押贷款转手证券一般是有政府机构对于信用风险做担保的，如果标的资产池发生违约，投资者是不承担信用风险的，但投资者要承担提前偿付风险。所以对于这种债券，投资者通常主要面临的是提前偿付风险，一般没有违约风险，因为它是有一定的担保的。

5.3　债务抵押证券

如果债务抵押债券（collateralized debt obligations，CDO）的标的资产是贷款，则称为 **CLO**（**collateralized loan obligations**）；如果标的资产是公司债券，则称为 **CBO**（**collateralized bond obligations**）。CDO 会对资产池进行重新的**分层**（**tranching**），投资不同层级的投资者拿到现金流的先后顺序就不一样，它们的风险也会不一样。

> ➢ 现金型 CDO 与合成型 CDO

现金型 CDO（**cash CDO**）就是通常的利用债券组合进行资产证券化后产生的债务抵押债券。但随着金融市场的发展，人们发现如果在 CDS 中的参考实体是一家发行债券的公司，那么持有该企业债券和持有以该企业发行的债券为标的资产的 CDS 的短头寸（即 CDS 的卖方）具有相似的风险，因此产生了**合成型 CDO**（**synthetic CDO**）的结构，合成型 CDO 是利用卖出信用违约互换和买入无风险资产共同构成资产证券化产品，过程类似 CLN。

—备考指南—
合成型CDO的
特点。

> ➢ 单一层级 CDO

单一层级 CDO（**single-tranche CDO**）指所发行的证券化产品只有一个层级，这种产品的设计通常是为了满足投资者的定制化需求。通常不会直接收购资产池，而是类似合成 CDO 一样，通过 CDS 进行构造。

CDO 在 2007 年金融危机中是非常重要的金融产品。在当时的金融市场由于对 CDO 的评级存在巨大的漏洞，因此引发了系统性的金融危机。

CDO 的评级与公司债券不同，公司债券的评级主要受发行人的影响，而 CDO 的评级主要受资产池的影响。因此在对 CDO 进行评级时，我们要更加关注标的资产池的特点和违约相关性；同样标的的 CDO 和公司债券，二者所估计的预期损失差异较小，非预期损失差异较大；公司债主要关注发行主体的非预期损失，CDO 主要关注资产池中标的资产之间违约相关性和提前偿付的特点。

6. 信用增级

结构化产品通常会存在信用风险，为了使得结构化产品可以达到目标评级，通常会对其进行信用增级。本节主要了解结构化产品不同信用增级方式的特点。

—备考指南—
内部信用增级措
施的含义是重点
内容。

6.1　内部信用增级

内部信用增级（internal credit enhancement）通过调整证券化过程中的内部结构进行增级，如表 14-5。

表 14-5　内部信用增级方法

分层（subordination）	划分偿付的优先顺序，对最高层级产品进行信用增级。
超额抵押（overcollateralization）	实际发行的证券化产品的规模小于资产的规模。
超额利差（excess spread）	收到的资产池的利息大于支付的证券化产品的利息。
逐渐上升的利息（margin step-up）	发行的证券化产品的利息会逐渐升高，并且通常伴随赎回条款。随着利息的升高，发行成本会逐渐上升，如果发行人不想承担如此高昂的成本，可以行使提前赎回的权力，因此会降低违约的可能性。
利率锁定期（shifting interest）	利率锁定期内所有的本金偿付都支付给最高层级，中间层级只能收到利息，不能收到任何本金，对于最高层级的投资者形成信用保护。
触发机制（performance triggers）	触发机制通常与锁定期增级方式结合使用。在锁定期之后，如果达到触发机制的条件，在超额抵押账户中的本金可以被释放，用于支付中间层级，可以同时保护最高层和中间层。

6.2　外部信用增级

外部信用增级（external credit enhancement）通常通过购买产品进行增级。常见的方式是利用资产池保险（pool insurance），资产池保险由综合性保险公司提供，如果资产池发生损失，可以通过保险进行覆盖。

6.3　外部流动性增级

证券化产品的流入的现金流和流出的现金流可能出现期限或者偿付方式的不匹配，此时可能引发流动性风险，我们可以利用流动性增级方式进行覆盖，通过利率互换将不同的付息方式和不同的付息期进行调整，减少流动性风险。

7. 信用情景分析

在信用情景分析这章中，需要掌握根据证券化产品的现金流的特点分析证券化产品实际的信用风险情况，常见的信用分析方式的优点和缺点，以及 FRM 中建议采用的分析维度。

备考指南——
此案例分析是较
为全面的对证券
化产品现金流的
分析，应重点
掌握。

7.1 案例分析

如表 14-6 所示，标的资产是同种类型的面值为 1 000 000 美元的贷款，共计
100 份贷款

表 14-6　CLO 的期间现金流分析　　　　　　　　　　　　　单位：美元

(1) t	(2) Def	(3) Cum	(4) Srv	(5) Loan int	(6) Exc Spr	(7) OC	(8) Recov	(9) OC+Recov	(10) Eq flow	(11) Results	(12) OC a/c
\multicolumn{12}{c}{2% 的违约概率}											
1	2	2	98	8 330 000	2 655 000	1 750 000	800 000	2 550 000	905 000	Y	2 550 000
2	2	4	96	8 160 000	2 485 000	1 750 000	800 000	2 550 000	735 000	Y	5 227 500
3	2	6	94	7 990 000	2 315 000	1 750 000	800 000	2 550 000	565 000	Y	8 038 875
4	2	8	92	7 820 000	2 145 000	1 750 000	800 000	2 550 000	395 000	Y	10 990 819
\multicolumn{12}{c}{7.5% 的违约概率}											
1	8	8	92	7 820 000	2 145 000	1 750 000	3 200 000	4 950 000	395 000	Y	4 950 000
2	7	15	85	7 225 000	1 550 000	1 550 000	2 800 000	4 350 000	0	Y	9 547 500
3	6	21	79	6 715 000	1 040 000	1 040 000	2 400 000	3 440 000	0	Y	13 464 875
4	6	27	73	6 205 000	530 000	530 000	2 400 000	2 930 000	0	Y	17 068 119
\multicolumn{12}{c}{10% 的违约概率}											
1	10	10	90	7 650 000	1 975 000	1 750 000	4 000 000	5 750 000	225 000	Y	5 750 000
2	9	19	81	6 885 000	1 210 000	1 210 000	3 600 000	4 810 000	0	Y	10 847 500
3	8	27	73	6 205 000	530 000	530 000	3 200 000	3 730 000	0	Y	15 119 875
4	7	34	66	5 610 000	−65 000	−65 000	2 800 000	2 735 000	0	Y	18 610 869

- 此贷款组合资产池构造的证券化产品的期限是 5 年，并且分成了 3 个层级，最高层级的金额为 85 000 000 美元，中间层级的金额为 10 000 000 美元，最低层级的金额为 5 000 000 美元。贷款支付的利率为 LIBOR＋3.5%（假设 LIBOR 为 5% 恒定不变，那么此时贷款的利率为 5%＋3.5%＝8.5%）。
- 证券化产品的最高层级和中间层级支付的利息总额为 5 675 000 美元（其中最高层级支付的利率为 LIBOR＋50bps；中间层级支付的利率为 LIBOR＋500bps）。
- 资产池在满足最高层级和中间层级的现金流要求后，剩余部分放入超额抵押账户的金额上限为每年 1 750 000 美元，超额抵押账户的再投资收益率为 5%，如果剩余的现金流大于 1 750 000 美元，则全部用于支付给最低层级的投资者。
- 每笔贷款的违约回收率为 40%，回收的金额会流入超额抵押账户。
- 对于这个 5 年的合约，前 4 年只需要支付利息，最后 1 年支付本金和利息，如表 14-7。

表 14-7 CDO 的期末现金流分析 单位：美元

违约概率	2.0	7.5	10.0
到期时的违约情况：			
最后一期违约个数	2	5	7
截止最后一期累积违约个数	10	32	41
截止最后一期累积存活个数	90	68	59
到期时的可用资金：			
贷款利息	7 650 000	5 780 000	5 015 000
存活的贷款本金	90 000 000	68 000 000	59 000 000
回收账户资金	800 000	2 000 000	2 800 000
超额抵押账户余额	11 540 360	17 921 525	19 541 412
总的可获得的资金	109 990 360	93 701 525	86 356 412
应支付给投资者的资金：	100 675 000	100 675 000	100 675 000
股权层级的收入：			
股权层级期末现金流入	9 315 360	0	0
债券违约：			
期末总的短缺	0	6 973 475	14 318 588
期末夹层级的短缺	0	6 973 475	11 000 000
期末高级层的短缺	0	0	3 318 588

假设违约情况有三种，分别为 2%，7.5% 和 10% 的违约概率，分析在此 3 种情况下的不同违约概率的证券化产品的情况。

【解析】

对于这个 5 年的合约，前 4 年只需要支付利息，最后 1 年支付本金和利息。因此在分析此证券产品时，主要分为期间现金流和期末现金流两个阶段进行分析。

● 当违约概率是 2% 时，如表 14-8：

表 14-8 违约概率是 2% 的对应期间现金流分析 单位：美元

(1) t	(2) Def	(3) Cum	(4) Srv	(5) Loan int	(6) Exc Spr	(7) OC	(8) Recov	(9) OC+Recov	(10) Eq flow	(11) Results	(12) OC a/c
2%的违约概率											
1	2	2	98	8 330 000	2 655 000	1 750 000	800 000	2 550 000	905 000	Y	2 550 000
2	2	4	96	8 160 000	2 485 000	1 750 000	800 000	2 550 000	735 000	Y	5 227 500
3	2	6	94	7 990 000	2 315 000	1 750 000	800 000	2 550 000	565 000	Y	8 038 875
4	2	8	92	7 820 000	2 145 000	1 750 000	800 000	2 550 000	395 000	Y	10 990 819

第一年结束后，资产池中的 100 个贷款有 2 个违约，剩余 98 个未违约，此时可以得出贷款所收的利息为 98 000 000×8.5%＝8 330 000 美元，并且支付给

最高层级和中间层级支付的利息总额为 5 675 000 美元，剩余 2 655 000 美元，其中 1 750 000 美元放入超额抵押账户，剩余的 905 000 美元给最低层级。而违约的 2 个贷款中有一部分回收金额，回收金额是 800 000 美元，所以超额抵押账户的金额为 1 750 000＋800 000＝2 550 000 美元。剩余期间的现金流与上述分析原理一致。需要说明的是，表 14-8 中的第 12 列超额抵押账户的金额是累计金额，因此第二年的超额抵押账户的累计金额为第二年流入超额抵押账户的金额加上第一年超额抵押账户的金额与其再投资收益，为 2 550 000＋2 550 000×（1＋5％）＝5 227 500 美元。

对于期末现金流，资金不再流入超额抵押贷款账户，只需分析本息流入和本息流出的情况即可。

当违约概率是 2％时，期末剩余 90 个贷款未违约，因此期末本金流入是 90 000 000 美元，利息为 7 650 000，当期违约的 2 个贷款回收金额为 800 000 美元，并且前一年超额抵押账户的余额为 10 990 819 美元，并且当期的市场利率为 5％，因此期末的超额抵押账户的余额为 11 540 360 美元，最终的现金流入为 109 990 360 美元。期末所需支付的本息和为 100 675 000 美元，因此并无现金短缺的情况，并且可以流入最底层级账户 9 315 360 美元，如表 14-9。

表 14-9　违约概率是 2％的对应期末现金流分析　　　　　　单位：美元

违约概率	2.0
到期时的违约情况：	
最后一期违约个数	2
截止最后一期累积违约个数	10
截止最后一期累积存活个数	90
到期时的可用资金：	
贷款利息	7 650 000
存活的贷款本金	90 000 000
回收账户资金	800 000
超额抵押账户余额	11 540 360
总的可获得的资金	109 990 360
应支付给投资者的资金：	100 675 000
股权层级的收入：	
股权层级期末现金流入	9 315 360
债券违约：	
期末总的短缺	0
期末夹层级的短缺	0
期末高级层的短缺	0

● 当违约概率是 7.5％时，如表 14-10：

表 14-10　违约概率是 7.5％的对应期间现金流分析　　　　单位：美元

(1) t	(2) Def	(3) Cum	(4) Srv	(5) Loan int	(6) Exc Spr	(7) OC	(8) Recov	(9) OC＋Recov	(10) Eq flow	(11) Results	(12) OC a/c
7.5％的违约概率											
1	8	8	92	7 820 000	2 145 000	1 750 000	3 200 000	4 950 000	395 000	Y	4 950 000
2	7	15	85	7 225 000	1 550 000	1 550 000	2 800 000	4 350 000	0	Y	9 547 500
3	6	21	79	6 715 000	1 040 000	1 040 000	2 400 000	3 440 000	0	Y	13 464 875
4	6	27	73	6 205 000	530 000	530 000	2 400 000	2 930 000	0	Y	17 068 119

　　第一年结束后，资产池中的 100 个贷款有 8 个违约，剩余 92 个未违约，此时可以得出贷款所收的利息为 92 000 000×8.5％＝7 820 000（美元），并且支付给最高层级和中间层级支付的利息总额为 5 675 000 美元，剩余 2 145 000 美元，其中 1 750 000 美元放入超额抵押账户，剩余的 395 000 美元给最低层级。而违约的 8 个贷款中有一部分回收金额，回收金额是 3 200 000 美元，所以超额抵押账户的金额为 1 750 000＋3 200 000＝4 950 000（美元）。剩余期间的现金流与上述分析原理一致。并且第二年的超额抵押账户的累计金额为第二年流入超额抵押账户的金额加上第一年超额抵押账户的金额与其再投资收益，为 4 350 000＋4 950 000×（1＋5％）＝9 547 500（美元）。

　　当违约概率是 7.5％时，期末剩余 68 个贷款未违约，因此期末本金流入是 68 000 000 美元，利息为 5 780 000 美元，当期违约的 5 个贷款回收金额为 2 000 000 美元，并且前一年超额抵押账户的余额为 17 068 119 美元，并且当期的市场利率为 5％，因此期末的超额抵押账户的余额为 17 921 525 美元，最终的现金流入为 93 701 525 美元。而期末所需支付的本息和为 100 675 000 美元，此时资金的流入小于资金的流出，出现现金流短缺的情况，共短缺 6 973 475 美元，全部由中间层级承担现金流短缺的损失，最高层级无损失。

表 14-11　违约概率是 7.5％的对应期末现金流分析　　　　单位：美元

违约概率	7.5
到期时的违约情况：	
最后一期违约个数	5
截止最后一期累积违约个数	32
截止最后一期累积存活个数	68
到期时的可用资金：	
贷款利息	5 780 000
存活的贷款本金	68 000 000
回收账户资金	2 000 000
超额抵押账户余额	17 921 525
总的可获得的资金	93 701 525
应支付给投资者的资金：	100 675 000
股权层级的收入：	
股权层级期末现金流入	0

债券违约：	
期末总的短缺	6 973 475
期末夹层级的短缺	6 973 475
期末高级层的短缺	0

● 当违约概率是 10% 时，如表 14-12：

表 14-12　违约概率是 10% 的对应期间现金流分析　　　　　　　单位：美元

(1) t	(2) Def	(3) Cum	(4) Srv	(5) Loan int	(6) Exc Spr	(7) OC	(8) Recov	(9) OC＋Recov	(10) Eq flow	(11) Results	(12) OC a/c
					10% 的违约概率						
1	10	10	90	7 650 000	1 975 000	1 750 000	4 000 000	5 750 000	225 000	Y	5 750 000
2	9	19	81	6 885 000	1 210 000	1 210 000	3 600 000	4 810 000	0	Y	10 847 500
3	8	27	73	6 205 000	530 000	530 000	3 200 000	3 730 000	0	Y	15 119 875
4	7	34	66	5 610 000	−65 000	−65 000	2 800 000	2 735 000	0	Y	18 610 869

　　第一年结束后，资产池中的 100 个贷款有 10 个违约，剩余 90 个未违约，此时可以得出贷款所收的利息为 90 000 000×8.5%＝7 650 000（美元），并且支付给最高层级和中间层级的利息总额为 5 675 000 美元，剩余 1 975 000 美元，其中 1 750 000 美元放入超额抵押账户，剩余的 225 000 美元给最低层级。而违约的 10 个贷款中有一部分回收金额，回收金额是 4 000 000 美元，所以超额抵押账户的金额为 1 750 000＋4 000 000＝5 750 000（美元）。剩余期间的现金流与上述分析原理一致。并且第二年的超额抵押账户的累计金额为第二年流入超额抵押账户的金额加上第一年超额抵押账户的金额与其再投资收益，为 4 810 000＋5 750 000×(1＋5%)＝10 847 500（美元）。

　　当违约概率是 10%，期末剩余 59 个贷款未违约，因此期末本金流入是 59 000 000 美元，利息为 5 015 000 美元，当期违约的 7 个贷款回收金额为 2 800 000 美元，并且前一年超额抵押账户的余额为 18 610 869 美元，并且当期的市场利率为 5%，因此期末的超额抵押账户的余额为 19 541 412 美元，最终的现金流入为 86 356 412 美元。期末所需支付的本息和为 100 675 000 美元，此时资金的流入小于资金的流出，因此存在一定程度的资金短缺，共短缺 14 318 588 美元，其中间层级短缺 11 000 000 美元，最高层级短缺 3 318 588 美元，如表 14-13。

表 14-13　违约概率是 10% 的对应期末现金流分析　　　　　　　单位：美元

违约概率	10.0
到期时的违约情况：	
最后一期违约个数	7
截止最后一期累积违约个数	41
截止最后一期累积存活个数	59
到期时的可用资金：	
贷款利息	5 015 000
存活的贷款本金	59 000 000

续表

回收账户资金	2 800 000
超额抵押账户余额	19 541 412
总的可获得的资金	86 356 412
应支付给投资者的资金：	100 675 000
股权层级的收入：	
股权层级期末现金流入	0
债券违约：	
期末总的短缺	14 318 588
期末夹层级的短缺	11 000 000
期末高级层的短缺	3 318 588

上述分析过程即为对证券化产品的信用情景分析，但是这种分析方法的缺陷在于首先假设违约概率是不变的，并且忽略了违约相关性。

7.2 模拟法分析信用风险

对于证券化产品来说，违约相关性对于其信用风险分析十分重要，因此对证券化产品进行信用情景分析时，通常采用模拟法（simulation approach）。模拟法以关键信用风险度量维度（比如违约概率等）为基础进行建模，具体步骤如下：

（1）估计参数：对违约概率、违约分布和相关系数等参数进行估计；

（2）收集违约事件数据：确认是否会发生违约和违约发生的时间；

（3）计算信用损失：根据违约发生的频率和时间模拟信用损失以及信用风险损失对于整个产品现金流分配的影响。

┌─ 名师解惑 ────────────────────────────────
│ 模拟法分析信用风险需要借助一定的工具，因此 FRM 考试不会考察模
│ 拟法的操作，但是会考察关于模拟法分析信用风险的相关结论。
└──

7.3 违约概率和违约相关性的影响

假设违约相关性不变时，违约概率上升的影响：

➢ 证券化产品的价值

违约概率的上升对证券化产品的任何层级都会有负面影响，即任何层级的价值都会下降。

➢ 信用风险 VaR 值

由于利用模拟法进行信用风险情景分析，因此信用风险 VaR 值难以从定量的角度去衡量，但是可以通过定性的角度分析出违约概率上升对于证券化产品信用风险 VaR 值的影响。信用风险 VaR 值表示超出预期损失的非预期损失部分。

当违约概率上升时，最底层级的信用损失基本上是可以确认全部损失的，

所以不确定性是逐渐降低的，所以违约概率上升时，最底层级的信用风险 VaR 值下降；最高层级随着违约概率的上升，信用损失的不确定性上升，所以当违约概率上升时，最高层级的信用风险 VaR 值上升。

对于中间层级来说，当违约概率较低时，中间层级趋近于最高层级，所以其信用风险 VaR 值会随着违约概率的上升而上升；当违约概率较高时，中间层级趋近于最低层级，所以其信用风险 VaR 值会随着违约概率的上升而下降。

假设违约概率不变时，违约相关性上升的影响：

➤ 证券化产品的价值

当违约相关性比较低时，最底层级比较容易损失，因为只要有违约就会使得最底层级受损；当违约相关性比较高时，可能出现所有层级都不损失的情况。所以相关性上升会使得最底层级的价值上升。

当违约相关性比较低时，基本不会出现不同层级同时违约的情况，最高层级相对安全，所以价值较高；当违约相关性比较高时，可能出现不同层级同时违约的情况，此时最高层级的价值会下降。所以相关性上升会使得最高层级的价值下降。

➤ 信用风险 VaR 值

当违约概率较低时，相关性的影响比较小。只有当违约概率比较高时，相关性的影响才比较明显。

相关性的上升都代表了不确定性的上升，所以对于所有层级的不确定性都是上升，所有层级的信用风险 VaR 值都上升。

7.4　Default'01

Default'01 用于衡量当违约概率每变动一个基点时，对于证券化产品价值的影响。通常以违约概率每上升或下降 10 个基点为整体衡量对于证券化产品价值的影响，公式如下：

$$\frac{1}{20}\big[(\text{mean value/loss based on } \pi + 0.001) - (\text{mean value/loss based on } \pi - 0.001)\big]$$

通过此公式可以衡量证券化产品的价值对于违约概率每变动一个基点的敏感性。

8. 次级抵押贷款支持证券

本节主要介绍次贷危机中证券化产品的基本特征，造成次贷危机的主要原因和次贷危机的启示。

8.1　次级贷款的基本特点

次级借款人的特征主要如下：

● 在过去 12 个月中发生 2 次及以上的超过 30 日的拖欠，或在过去 24 个月中发生过一次及以上的超过 60 日的拖欠；

● 在过去 24 个月中发生法律诉讼，坏账以及贷款被强制收回等事件；

● 在过去五年之内出现过破产事件；

● 信用征信评分 660 分及以下；

● 债务与收入之间的比值大于 50%。

次贷危机发生的重要背景是美国政府推出"居者有其屋"的政策，提倡人们可以借贷款购房，同时美国成立三大机构：房利美、房地美和吉利美，这三大机构通过向银行收购住房抵押贷款，然后发行证券化产品，从而良性的促进金融机构对外发行贷款。金融机构发现这种交易是有利可图的，因此金融机构大量发行住房抵押贷款。金融机构通常倾向于向优质借款人发行贷款，但是由于政府政策以及三大机构的保障，金融机构开始向一些次级借款人发行贷款。由于次级借款人的信用质量比较差，使得借款风险逐渐累积。

次级贷款的基本特点主要如下：

次级借款人由于其风险较大，所以通常融资成本，也就是借款利息会比较高，当时金融机构为了促进贷款可以顺利发行，在发行贷款时，利用一种混合式的工具，也就是发行可变利率的贷款，具有固定利率与浮动利率相结合的特征。

比如美国住房抵押贷款的贷款期限为 30 年，金融机构在设计贷款产品时，在前 2～3 年设定较低的贷款利率，此时借款人在心理上认为所借贷款的融资成本是比较低的。但是在这 2～3 年之后，贷款利率是与市场利率相挂钩的，如果市场利率升高，那么此时的融资成本也会很高。

因此这种贷款的利率风险是由借款人承担的，借款人承担了大量的利率风险，并且这些利率风险又很难进行管理，当贷款与市场利率挂钩时，很多借款人发生信用违约。对于住房抵押贷款借款人来说，违约成本是比较低的，因为一旦借款人无法偿还贷款，直接将房子抵押给金融机构即可。

8.2　次级抵押贷款证券化的流程

（1）借款人向银行申请贷款；

（2）银行发放借款；

（3）专门的机构（如三大机构）向银行收购贷款资产池，然后专门设立特殊目的机构，将贷款卖给特殊目的机构进行专项运行；

（4）特殊目的机构对这些贷款进行基本的产品设计之后，将这些产品卖给资产经理（代理投资者）；

（5）特殊目的机构会雇佣一个服务商进行贷的催收管理；

（6）投资者提供资金用于购买次级抵押贷款支持型证券。

8.3 掠夺性借出与掠夺性借入

掠夺性借出（predatory lending）：借款人不一定能申请到这笔贷款，或者不是必须要进行融资，但是由于金融机构强烈建议其融资，使得借款人借入与自身条件不匹配的贷款。

掠夺性借入（predatory borrowing）：借款人通过伪造信息借到了本身无法获得的贷款，比如与房产经纪商，抵押贷款经纪商、估价师和律师等进行勾结。

8.4 次级抵押贷款证券化的摩擦

考纲要求—
描述资产证券化过程中摩擦的表现。

因为在整个次级抵押贷款证券化的流程中很多机构的不当行为，最终导致了次贷危机的爆发。下面逐一介绍一下在次级抵押贷款证券化的流程中主要的摩擦。

摩擦1：借款人与借出方之间

掠夺性借出主要体现在当时很多次级借款人是无法获得贷款的，但是由于贷款风险不是由金融机构最终承担，所以金融机构在贷款产品设计中加入可变利率等条款，使得借款人认为贷款产品是比较低的利率，不知道后期要和市场利率挂钩，最终导致了较多的违约情况发生。

摩擦2：借出方与收购资产池的机构之间

贷款欺诈：借出方具有信息优势，它知道贷款的实际情况，可能会与借款人勾结伪造一些必要信息，使得贷款可以正常发行，而借出方之后会进行资产剥离，使得贷款风险转嫁到收购资产池的机构。为了能够及时发现贷款欺诈等此类问题，收购资产池的机构要做充分的尽职调查。

摩擦3：收购资产池的机构与第三方机构（比如资产经理，收购资产池的资金供给方和评级机构等）

逆向选择：收购资产池的机构相对于第三方机构有信息优势，使得收购资产池的机构的行为较为激进，从而获得更高的收益，并且风险会最终转嫁给投资者。此时会出现逆向选择的问题。

因此，代理投资者进行投资的资产经理必须要对收购资产池的机构和发行贷款的机构进行充分的尽职调查。

摩擦4：服务商与借款人

道德风险：由于借款人的行为失当导致服务商所面临的风险。服务商会提供贷款催收和税务管理等服务，由于借款人的行为不当，可能会带来一定问题，借款人在进行贷款偿付时，一旦发现比较容易违约，接近丧失抵押品赎回权时，可能不会缴纳税费、保险费和抵押资产管理费等，此时服务商需要对此类费用进行垫付，从而承担了较大风险。

摩擦5：服务商与第三方机构

道德风险：由于服务商的行为失当导致第三方机构所面临的风险。

服务商与资产经理：服务商通常会进行垫付，在收取服务费时可能出现虚增服务费的行为，并且只要贷款没有对外公布违约，服务商就可以收到相关费用，所以服务商不会及时公布违约信息甚至延缓公布。

服务商与信用评级机构：如果服务商行为不当，可能导致评级机构出现评级失真。

摩擦 6：投资者与资产经理

委托代理问题：很多投资者委托资产经理进行代理投资，但是在代理投资时，没有严格区分公司债和证券化产品，很多资产经理投资了证券化产品，因为证券化产品的收益相对更高，资产经理的佣金也相对更高。

摩擦 7：投资者与评级机构

模型错误：评级机构在对证券化产品的评级时，采用了与债券类似的评级方法，并没有考虑到证券化产品资产池所特有的风险，所以评级机构的评级失真，产生同样评级的公司债和证券化产品收益不同的现象。

总体上，次贷危机的爆发主要摩擦包括：借款人与借出方之间的掠夺性借出，借出方与收购资产池的机构之间的贷款欺诈，收购资产池的机构与第三方机构的逆向选择，投资者与资产经理的委托代理问题以及投资者与评级机构的模型错误。

➤ **摩擦带来的启示**

投资者与资产经理之间的动机要完全匹配，避免资产经理采用较为激进的交易策略可能给投资者带来较大的损失；

资产经理要用同类型指数进行分析，从而更加准确评估交易的收益和风险，更适当的进行尽职调查；

要求借出方和收购资产池的机构都必须持有所参与发行的证券化产品最底层级部分，从而降低其道德风险。

本章小结

本章主要介绍了资产证券化的相关内容。
➤ 资产证券化的流程与参与者
➤ 资产证券化的机构特征
➤ 证券化产品的类型
➤ 信用增级
　　■ 内部信用增级
　　　　◆ 分层
　　　　◆ 超额抵押
　　　　◆ 超额利差
　　　　◆ 逐渐上升的利息

　　　　　◆ 利率锁定期

　　　　　◆ 触发机制

　　　■ 外部信用增级

　　　■ 外部流动性增级

➤ 信用情景分析

➤ 次级抵押贷款支持证券

　　　■ 特点

　　　■ 摩擦

　　　　　◆ 摩擦 1：借款人与借出方之间

　　　　　　　● 掠夺性借出

　　　　　◆ 摩擦 2：借出方与收购资产池的机构之间

　　　　　　　● 贷款欺诈

　　　　　◆ 摩擦 3：收购资产池的机构与第三方机构（比如资产经理，收购资产池的资金供给方和评级机构等）

　　　　　　　● 逆向选择

　　　　　◆ 摩擦 4：服务商与借款人

　　　　　　　● 道德风险

　　　　　◆ 摩擦 5：服务商与第三方机构

　　　　　　　● 道德风险

　　　　　　　● 服务商与资产经理

　　　　　　　● 服务商与信用评级机构

　　　　　◆ 摩擦 6：投资者与资产经理

　　　　　　　● 委托代理问题

　　　　　◆ 摩擦 7：投资者与评级机构

　　　　　　　● 模型错误

章节练习

关于掠夺性借出与掠夺性借入，以下哪项是正确的？（　　　）

　　A. 两者都将过少提供信贷。

　　B. 两者都将过度提供信贷。

　　C. 掠夺性借出过少提供信贷，掠夺性借入过度提供信贷。

　　D. 掠夺性借出过度提供信贷，而掠夺性借入过少提供信贷。

答案解析：B

掠夺性借出与掠夺性借入都会过度提供信贷。

—— 第 15 章 ——
零售银行风险管理

一、零售信贷风险	零售信贷风险	★
二、住房抵押贷款风险评估	住房抵押贷款风险评估	★★
三、信用评分模型	1. 信用评分模型的基本类型	★
	2. 信用评分模型的表现	★★

本章导论

  零售银行类业务(retail banking)主要服务于中小企业和个人消费者，包括中小企业和个人的存贷款业务以及零售信贷类业务。此章节内容较为简单，考生对本章内容进行基础性理解即可。

1. 零售信贷风险

零售信贷类业务主要包括住房抵押贷款（home mortgages），分期贷款（installment loans），信用卡类贷款（credit card revolving loans）和小企业贷款（small business loans，SBL）等。

通常情况下，单笔零售信贷业务违约的风险特别小，一般不足以影响一个银行。并且零售信贷资产组合特点是资产非常多，相关性弱，通常可以看成是充分分散化的组合，其风险是可预期的，比较容易估算预期损失并反映在定价中。零售信贷业务与公司信贷业务有很大差异，公司信贷业务多是大规模贷款，针对某些企业，有一定的集中度，当某一企业违约，会对银行有很大影响。

但是零售信贷类业务风险也可能上升到极端损失的情况，通常有以下四种：

（1）某一创新零售产品，没有历史数据支持对其进行准确风险评估。

（2）外部环境急剧恶化（如经济大萧条），即使是较为优质的零售信贷产品也可能发生严重损失。

（3）外部环境法律体系变动。

（4）对零售信贷风险评估不准确导致超过预期的风险。

2. 住房抵押贷款风险评估

住房抵押贷款的风险评估主要流程包括审核相关证明文件和资料，计算贷款对抵押品的比值和债务对收入比值等指标，并根据这些因素使用评分模型，分析住房抵押贷款的风险情况。具体风险评估维度如下：

> 证明文件（优→次排序）
  ● Full doc：提供收入和资产的证明文件
  ● Stated income：没有收入的证明文件，使用雇佣关系文件证明
  ● No income/No asset：无法证明收入和资产准确性，但说明收入来源。
  ● No ratio：仅提供雇佣关系，无收入记录，无法计算债务收入比
  ● No doc：无任何关于资产收入的文件。
> FICO 信用评分
  ● 债务对收入比率 DTI（debt-to-income ratio）
  ● 贷款对抵押资产价值的比值 LTV（loan-to-value ratio）
  ● 偿付类型

3. 信用评分模型

信用评分模型（credit scoring model）利用统计过程，将有关信贷申请人或现

有账户持有人的信息进行数字化转化，对数据进行一定处理，整合为信用评分。

3.1 信用评分模型的基本类型

纯外部的评分模型（credit bureau scores）：又称为 FICO 线性的评分模型，由外部专业机构建立模型，并且用公开数据来进行评估的评估模型。

数据池模型（pooled models）：此模型是借助第三方建立的，利用的是与本银行资产组合相似的外部数据或者本银行的内部数据。

客户模型（custom models）是纯粹的内部建立的模型，用自己的数据进行分析。

3.2 信用评分模型的表现

信用评分临界值（cutoff scores）是指将评分模型得出的数据转换成结果，判断是否违约的临界值。

信用评分临界值是非常主观的，一般是由历史上的数据通过图表的方式反映在图标上。图标的横坐标反映评分，纵坐标反映历史上实际申请的所有贷款，如图 15-1 占比情况。

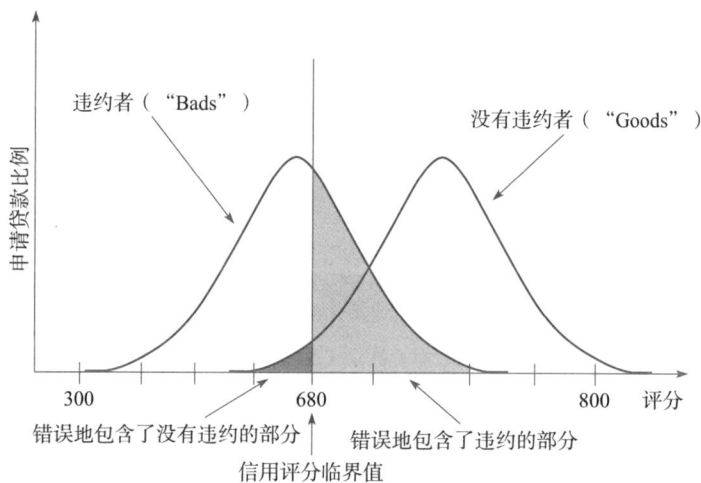

图 15-1 违约和不违约的分布

如图 15-1 所示的两个分布，代表违约和没有违约。如果违约的临界值在 680，从左边分布观察，即认为大于 680 分不会违约，但是会错误的包含灰色违约部分；右边的分布代表没有违约的情况，此分布认为低于 680 分一定会违约，这样就会错误的将黑色不会违约部分（低于 680 分）包含在违约中，因此这是一个较为主观的判断模型。

此外，不同机构有不同评分模型，判断模型好坏的方式是通过评分模型表现（scorecard performance）进行。通常利用累计准确度曲线（cumulative accuracy profile，CAP）和其在统计上的指标——准确率（accuracy ratio，AR）对信用评分模型的好坏进行验证，其中准确率是指在整个评级结果下，累计违约客户比例与累计客户比例的关系。

如图15-2所示，首先将客户按照违约概率从高到低进行排序，然后以客户累计百分比为横轴、违约客户累计百分比为纵轴，分别作出理想评级模型、实际评级模型、随机评级模型三条曲线（即完美模型曲线、实际模型曲线和随机模型曲线。

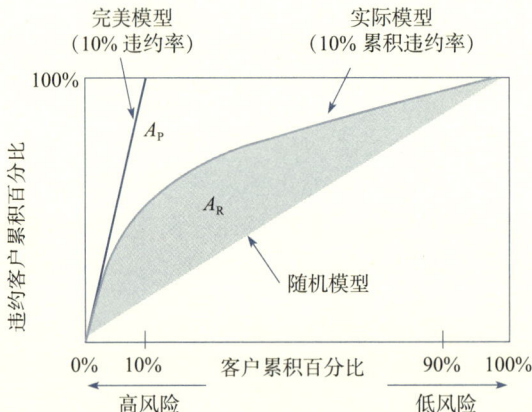

图15-2 累计准确度曲线和准确率

完美模型（perfect model）曲线：代表最完美的情况下，模型会将所有坏客户识别出来并将其排列于左方，CAP曲线则会是一条斜率为1/PD，并随后维持在1的折线，即上图黑色直线；

随机模型（random model）曲线：代表模型对好坏客户毫无区分能力，CAP曲线会是一条斜率为45度的线，即图15-2灰色区域下边缘线；

实际模型（actual model）曲线：代表实际模型的曲线，越接近完美曲线预测能力越强；越接近随机，曲线预测能力越弱。

在完美的模型下，CAP曲线是一条斜率为1/违约率的直线。而且上升并停留在1；反之，在模型完全没有区分能力的情况下，模型的CAP曲线是一条45度的直线。AR值的定义为：真实模型CAP曲线与45度曲线之间的区域，与介于45度线和完美模型的区域比率，即 $AR = \dfrac{A_R}{A_P}$。

信用评分模型多数给表现差的客户较低的评分，而给表现好的客户较高的评分，在少数情况下，也会给表现差的客户较好的评分，表现好的客户较低的评分。通过用AR值对客户进行量化比较，可以验证模型区分好坏客户的能力。

本章小结

本章主要介绍了信用风险的相关内容。

> 住房抵押贷款风险评估要素
> 信用评分模型表现：

$$AR = \frac{A_R}{A_P}$$

章节练习

当评估潜在抵押贷款的信贷风险时，如果贷款人出现以下哪种情况，银行会要求相对较高的贷款利率(　　)。

  A. 低负债资产比率   B. 低负债收入比

  C. 高信用评分   D. 高贷款对抵押资产价值比

答案解析： D

贷款对抵押资产价值的比值越高，贷款人的信用风险相对较大。

通关宝®系列

FRM

二级中文精读（下）

金程金融研究院　编著

民主与建设出版社

·北京·

编　委　会

目　录

第一部分　市场风险测量与管理

第二部分 信用风险测量与管理

第三部分　操作风险和全面风险管理

第四部分　巴塞尔协议

第五部分　风险管理与投资管理

第三部分

操作风险和全面风险管理

知识导引

操作风险和全面风险管理这门课在二级的课程占比是 25%，从学习的角度看操作风险定性的内容较多，量化分析的要求较低。操作风险和市场风险、信用风险这三大风险是整个银行体系面临的最大的三大风险，操作风险是最难管理的一类，这门课程也是一门比较新的课程，从 1995 年第一次提出操作风险的定义，到现在也就 20 多年的时间，经过这 20 多年的发展，还存在很多问题，巴塞尔委员基本上每年都在做一些修订。

第一部分，是操作风险管理，它包含了流动性风险、模型风险，等等，第二三部分，分别为资本管理和全面风险管理，这些章节的内容很庞杂，很琐碎，包含的范围非常广。本科目主要可以分为 3 个架构：

第一部分　操作风险管理，第一小章是操作风险的识别，不管任何一种风险都遵循这样的框架，首先要识别风险，识别了之后开始计量，计量包含了很多种方法，下一个章节是极值理论，操作风险由于会涉及到一些很大的损失，也是适用于极值理论的，后面的章节是模型风险，模型风险涉及到模型风险的识别计量和管理，还有如何验证一个模型体系的有效性。最后 3 个章节是流动性风险，流动性风险是从 2009 年次贷危机以后越来越被重视的，之前在国际上没有计量流动性的方法，自从次贷危机以后，巴塞尔委员会提出了一套计量流动性的方法。

第二部分　资本管理，资本指的是银行的经济资本，银行做一笔业务，就必然要占用一定量的经济资本，那这些资本如何去管理呢？这里引入了风险调整资本收益和修正后的风险调整资本收益这两个指标，最后两个章节是经济资本是如何进行管理。

第三部分　全面管理，它把风险管理的体系从金融领域扩展到了任意的公司，它包含了前面课程里面都没有的知识，比如风险偏好、压力测试、交易商银行、外包风险、洗钱和恐怖袭击的风险。这些章节的细节内容很多，但不用过分关注，大概的把这些框架和原则记在脑子里面即可，这部分内容学习建议考生可以多看书。

—— 第16章 ——
操作风险识别和计量

一、操作风险的识别	1. 操作风险案例回顾	★
	2. 操作风险定义	★★★
二、操作风险的计量	1. 自上而下法 VS 自下而上法	★★★
	2. 基本指标法	★★
	3. 标准法	★★
	4. 高级计量法	★★★
三、数据的四个要素	1. 内部数据	★★★
	2. 内部控制环境数据	★★★
	3. 外部数据	★★★
	4. 情景分析数据	★★
四、LDA 方法	1. 损失频率建模	★★★
	2. 损失严重程度建模	★★★
	3. 经验分布 VS 参数分布	★★
	4. 生成操作损失分布	★★★
五、数据偏差	数据加总偏差	★★★

本章导论

　　本章主要分为两大知识点，操作风险的识别和操作风险的计量，均属于定性内容，其中核心是操作风险的一系列计量方法，包括2种简单的方法和1种复杂的方法，以及计量过程中数据的处理运用原则，数据偏差带来的问题。通过本章节的学习，考生应能区分自上而下法和自下而上法，掌握高级计量法的基本思想，知道损失频率和损失严重程度的建模方法，了解其在实施过程中遇到的难题等等。

1. 操作风险的识别

在 FRM 体系里，任何风险的学习过程都遵循这样的规律，首先要识别风险，其次是计量风险，接着进行管理，操作风险也不例外。

1.1　操作风险案例回顾

从整个风险管理领域的发展来看，首先被人们所认识到的是信用风险，随后是市场风险，最后是操作风险。这和金融市场的发展是密切相关的，从金融市场的发展来看，一开始金融机构做的都是信贷类的业务，所以涉及到的信用风险较多，随后出现交易类的业务，慢慢就接触到市场风险，而操作风险是最后才被人们所认知到的。在学习操作风险的识别之前，我们先来回顾一下市场上已发生的操作风险的案例：

（1）2008 年法国兴业银行，损失了 490 亿欧元，当时一个交易员叫科威尔，他破解了银行系统的 5 道密码，控制了后台的结算数据，做了违规交易，买入欧洲的股指期货合约，但是当时由于次贷危机的影响，股指期货合约都在下跌，所以大多数的合约都面临着亏损。他也做了空头，但是这些卖出交易全都是假的，科威尔利用自己的权限将损失隐藏了起来。

（2）1995 年，巴林银行和大和银行，巴林银行和大和银行的流氓交易员都是违规操作，既控制前台交易账户又控制后台结算账户，掩盖自己的损失，直到被发现那天，损失已经无法挽回，这两件事情直接造成了操作风险管理的产生，1995 年的时候，巴塞尔委员会首次提出了操作风险的定义。

（3）1994 年，美国的信服银行设计了一个非常复杂的衍生产品出售给宝洁公司，导致宝洁公司发生了重大亏损，后来宝洁公司把信服银行告上了法庭，指证信服银行卖出衍生产品的时候并没有说明产品的风险，最终信服银行也被罚了款。

1.2　操作风险定义

在以往，操作风险的定义有很长一段时间是没有明确的，人们就把市场风险和信用风险以外的风险都归类在操作风险当中。后来巴塞尔协会给出了操作风险的定义，操作风险是指由于不完善或有问题的内部操作过程、人员、系统或外部事件而导致的直接或间接损失的风险，操作风险包括四个种类：

考纲要求
描述四大类巴塞尔委员会规定的操作风险类别。

第一类：欠缺的或者失败的内部流程的问题，比如放贷款的时候，违规放贷的情况。

第二类：和人员相关的问题，只要有人员参与的环节，就会可能产生风险事件。如日常工作中，很有可能出现操作员统计数据的时候少加一个数字的情况，所有这些人为的主观错误或者客观不注意的错误所导致的损失也是操作风险事件。

第三类：和系统相关的问题，比如系统崩溃或者数据流失了，这对于整个银行的影响是非常大的，所以有很多银行都在其他地方设置了数据中心，就是为了防止系统崩溃造成损失的可能。

第四类：外部事件，比如火山、地震、台风，自然灾害或一些恐怖袭击等恶性事件。

操作风险包含法律风险，法律是人为制定的，既然是人主观制定的，肯定有不健全的地方，一旦涉及到法律诉讼，就属于操作风险。操作风险不包含战略风险，比如董事会高管层的决策失误，本来该投资到 A 行业的，但是决策失误投资到 B 行业，结果 B 行业发生了产能过剩，造成了银行的损失，这属于风险产生的一个原因，但并不算作是操作风险事件。另一个被排除在操作风险之外的是声誉风险，指的是银行受到一些恶意的或是真实的信息的影响，声誉风险是风险产生之后的结果，声誉风险是很难计量和管理的，所以也排除在操作风险的范畴里。目前市场上对操作风险的定义就以巴塞尔协议规定的为准。

> **名师解惑**
>
> 次贷危机的时候，中国有一个 4 万亿元的经济刺激计划，这个经济刺激计划让银行大力的投资到钢贸、太阳能等这些行业，后来到了 2014 年，产能过剩，发生了亏损，这就是战略风险。但是战略风险很难去判断，如果银行没有投资钢贸、太阳能行业，而是投资了其他行业，也有可能会出现产能过剩，所以战略风险很难判断它究竟造成了多少损失，因此它被排除在操作风险之外。

2. 操作风险的计量

2.1 自上而下法 VS 自下而上法

计量操作风险有两大类方法：

第一类：**自上而下**（**top-down**）的方法，从一个综合的层面来分析操作风险。这类方法就好像我们坐在一架直升机上，往下俯瞰一片森林，不知道每个树木的实际情况，只能大概的看一下这片森林的长势如何；或者医院的体检，医生测量体检者的身高和血压，从一个宏观的情况看他们健康状况，这种方法非常简单，它是大概的看一看整个银行体系操作风险的损失有多少，并不会区分操作风险的损失是由哪一个业务条线造成的，哪个业务部门造成的，哪些原因造成的，只是从一个银行整体的角度去看。所以它的优点是简单，缺点是非常的粗糙。

考纲要求—比较"自上而下"和"自下而上"方法的研究结果。

第二类：自下而上（bottom-up）法，比如我们去看一片森林，要深入到森林的内部，看看每棵树的健康状况，每棵植物下面的生态系统怎么样，从个体的角度看整体的风险；或者说医院的体检抽血，医生会看红细胞白细胞等的含量，从一个微观的角度看体检者是否健康，这种方法更加精细，对数据要求更高。

自上而下式的方法和自下而上法的区别可以整理如表 16-1 所示：

表 16-1　自上而下法和自下而上法的区别

	自上而下法	自下而上法
复杂性程度	简单	复杂
数据要求	要求不高	要求高
低频高损 vs 高频低损	不区分	区分
诊断能力	没有诊断能力	有诊断能力
预测能力	回顾过去	具有前瞻性

2.2　基本指标法

在整个银行体系的操作风险管理框架下，有三大类方法：

基本指标法（basic indicator approach）：基本指标法是最基础的操作风险资本计提方法，基本指标法从一个单一的维度去分析操作风险，即总收入。基本指标法认为操作风险资本要求是过去 3 年的主营业务收入的平均数乘以一个固定的系数 α，过去 3 年总收入的平均水平中只包含价值为正的部分，如果过去总收入有小于 0 的情况，我们并不把它列入计算，α＝15％。基本指标属于自上而下的方法。

$$\text{ORC}^{\text{BIA}} = 0.15 \times \frac{\sum\limits_{i=1}^{n} \text{GI}_i}{n}$$

如果一家银行过去 3 年的主营业务收入分别是 300 万、400 万、500 万，那么操作风险的资本金要求是（300＋400＋500）/3×15％＝60 万，如果这家银行过去 3 年的主营业务收入分别是 300 万、−400 万、500 万，那么在计算操作风险资本金要求的时候，−400 是不参与计算的，基本指标法认为亏损是不占用操作风险资本的，所以操作风险资本金＝（300＋500）/2×15％＝60 万，分母是收入为正的年份的个数。基本指标法是一个自上而下式的方法，站在一个银行整体角度，它认为银行业务收入越高，业务规模越大，风险就越大。这种方法比较粗糙，它不能区分每家银行的风险管理能力和数据挖掘能力。

2.3　标准法

标准法（standardized approach）：标准法在基本指标法的基础上更加细致，

> ┐考纲要求┌
> 比较基本指标方法，标准法计算操作风险资本金的异同。

它不是针对整个银行总的收入来分析的，而是把银行的所有业务条线分成八类，八类业务条线对应不同的权重，公司金融、交易和销售、结算对应 18% 的权重；商业银行、托管业务是 15% 的权重；零售银行、零售经纪、资产管理对应 12% 的权重，如表 16-2。根据不同的乘数计算总收入，同样取的是过去 3 年正值的平均水平，作为标准法的操作风险资本金要求。标准法适用于一般规模的银行。银行从基本指标法转化到标准法是要满足一些定性定量的要求才能转化的，从标准法转化到更高级的方法也需要满足更苛刻的定性定量要求。

表 16-2　8 大业务条线的 β 系数

业务条线	权重
公司金融、交易和销售、结算	18%
商业银行、托管业务	15%
零售银行、零售经纪、资产管理	12%

名师解惑

假设有一家银行的主营业务是零售业务，用基本指标法计算操作风险资本要求和用标准法计算操作风险资本要求哪种方法算的资本要求更高？显然是基本指标法算出来的资本金更大，基本指标法不管什么业务都是 15% 的权重，而标准法下零售业务的权重是 12%，不同的银行最终算出的资本金要求是不一样的。

标准法把银行的业务分成八个业务条线以后，银行的操作风险资本金

$$ORC^{SA} = \frac{\sum_{\text{years } 1-3}(\max(\sum(GI_{1-8} \times \beta_{1-8}), 0))}{3}$$，这个方法旨在先计算单个业务

条线的总收入和 β 的乘积再相加，得到一个单年的总和 GI_i，单年里如果有负的收入，标准法认为亏损是可以抵消其他正的业务条线收入的，不同年份的亏损不能抵消其他年份的收入，但是总的加总结果不能为负值，如果低于 0 要取 0。过去 3 年的收入都按照这样的方法汇总求平均后得到操作风险资本金要求，但是要注意的是分母是 3。标准法比基本指标法区分更加细化，它能区分出操作风险损失是由哪个业务条线造成的，但是它依然是自上而下式的方法，它认为操作风险依旧只受到业务收入的影响，还是没有考虑到具体的操作环节，相对来说还是比较粗糙的。

2.4　高级计量法

基本指标法和标准法适用于发展初期的金融机构，发展比较成熟的大型金融机构一般采用的是**高级计量法**（advanced measurement approach）：高级计量法是自下而上的方法，在这种方法中，监管机构建议使用的是 **LDA 方法**（loss distribution approach），这种方法允许金融机构用自己的模型对操作风险进行建模，

最终操作风险的资本金是基于 1 年 99.9% 的置信水平下的非预期损失来算的。这种方法非常灵活，它对数据的要求非常高，要求金融机构同时使用内部数据、外部数据、情景分析数据以及内部控制环境的一些数据，不仅要把银行的业务分成 8 大业务条线，而且要把损失分成 7 大类损失事件：

（1）客户，产品和业务实践类别，比如机密信息的泄露、侵犯客户隐私、市场操纵、受托功能的违背、洗钱等等。

（2）内部欺诈，比如巴林银行的流氓交易员事件、数据没有及时汇报或者汇报错误数据、数据的伪造、挪用公款、贿赂、走私等等。

（3）外部欺诈，比如骗贷、开空头支票、抢劫、黑客等等。

（4）实体资产的损坏，比如地震、火山、恐怖袭击造成实体资产的损坏等等。

（5）执行，交付和流程管理类别，比如数据输入产生错误、法律的不完善、误操作等等。

（6）业务中断和系统相关的问题，比如停电、软件和硬件产生问题等等。

（7）工作场所的安全，比如工作场所的安全性欠佳导致的工伤或者法律诉讼、职工的薪酬计划、种族歧视、违背健康和安全的法则等等。

有了这些分类以后，高级计量法可以把 8 个业务条线和 7 类损失事件分成 56 个小类别，在每一个类别收集损失频率和损失严重程度数据，建立对应的损失分布。比如在公司金融条线，外部欺诈事件中搜集数据，包括损失发生的频率和损失金额，然后找到对应的损失分布，最后把 56 个小类别的分布整合成一个大的分布，利用整体的分布计算 VaR 值。所以，在整合过程中需要考虑不同业务条线之间的相关性以及不同损失事件之间的相关性，有时要借助 copula 模型来帮助建模。建立好了分布，我们可以计算出预期损失的均值和极端损失 VaR 值，VaR 值和预期损失之间的差值就是非预期损失，非预期损失需要用资本金去覆盖，于是我们就得到了高级计量法下操作风险的资本金。这个过程对数据和技术的要求非常高，涉及到很多业务部门的协调，还涉及到很多定性的管理，包括董事会和高管层的职责。

> **—备考指南—**
> 从考试的角度来说，考生应该了解这 7 大类损失事件，要能够在给定的不同情景下划分这 7 大类损失事件。

3. 数据的四个要素

根据之前的分析，我们的最终目标是要得到总体损失分布，计算预期损失和 VaR 值，第一步：收集数据，数据一共有四个要素，分别是内部数据（internal loss data）、内部控制环境数据（business environment and internal control factors）、外部数据（external loss data）、情景分析数据（scenario analysis date）。

3.1　内部数据

内部数据一般都是高频低损的，并且内部数据时间可能不够长，操作风险从产生到现在也就 20 多年，这 20 多年的时间收集到的操作风险的数据也不够多，既然操作风险的数据不够多，我们通常考虑外部数据和情景分析数据，也就是说内部数据不能单独运用；在收集内部损失数据的时候要有明确的阈值设定，也就是说数据超过什么水平才被纳入监管资本要求的分析过程中，如果两家公司合并，这两家公司合并时对各自对数据的管理都有不同的标准，不同银行认为操作风险损失的金额是不一样的，操作风险损失的阈值也是不一样的，可能 A 银行认为损失超过 1 万元就要记录下来，B 银行可能认为损失超过 10 万元才要记录损失。由于每一家银行的风险偏好不一样，他们的阈值设置也是不一样的，如果涉及到两家银行做了合并，由于他们收集数据的起始损失点不同，在数据整合的时候，就容易产生问题。

数据损失收集的起始点叫做阈值，在设置数据收集的阈值时，要在每个业务部门之间尽量统一，比如数据收集的标准至少是要统一的。关于阈值的选择可能带来的影响：设置损失阈值会对业务单元的风险特征产生重要的影响；有些银行在做操作风险管理的时候只关注影响操作风险资本金的损失数据，也就是说在做操作风险管理的时候，很多银行倾向于忽略一些很小的损失，忽略小的损失对操作风险资本金的计算必然是会有影响的。

另外，在收集内部数据的时候，还要注意这个损失是不是被 **回收（recovery）** 了，关于内部操作风险的损失，可能会有一些缓释的方法，这些缓释方法能否剔除掉损失的部分呢？缓释需要非常谨慎的处理。一般来说，在巴塞尔协议里是不认可长期损失的回收的，因为这存在着一定的不确定性，比如保险合同；或者出现巴林银行类似的事情以后，经过 2 年的时间这些损失全都回收了，但是操作风险损失还是要记账的，这和信用风险不一样，假设一笔贷款违约了，银行可以收回抵押的楼，那么这笔贷款是可以计算回收的，但是操作风险不能计算。这里有一个特例，除非是迅速回收的损失，比如当天支付了一笔转账，当天立刻就收回来。但这个特例也不是在任何时候都成立的。所以总的来说，对于缓释部分的损失是否能够在内部损失中直接剔除，我们在处理的时候要很谨慎。计算完内部损失以后，就可以计算银行的预期损失了，预期损失要用银行的拨备或者说是准备金来覆盖，由于操作风险的影响维度是非常广的，所以准备金的计算也是非常严格的。这里有一个问题，如果银行要用非预期损失来确认操作风险资本金要求的话，非预期损失是否等于最坏情景下的损失减去预期损失，如果预期损失需要减去的话，说明银行是认可预期损失是可以用拨备来覆盖的；如果不认可的话，预期损失就不能在非预期的损失的基础上扣除，同样需要用资本来覆盖。由于操作风险的特殊性以及复杂性，并且操作风险损失数据都是多维的且复杂的，根据监管层的要求，预期损失能否用拨备进行覆盖，有一些基本要求，具体有以下三条规定：

- ■ 操作风险的准备金不能被认为是未来的操作损失，换句话说，预期损失不能被看做是操作风险，基于未来的经营损失计提的拨备不能在计量非

备考指南——
考试的时候也许题目会这样出：在操作风险管理过程中，由于成本很高，我们可以忽略一些小的损失，考生应该知道这句话是不对的，小的损失对操作风险资本金要求是有影响的，是不能忽略的。

预期损失时剔除，因为预期损失是可以预测到的，既然可以预测到的，就不能看做风险。

■ 对于亏损的合约，即从目前来看，这个合约已经有不可避免的成本，而且这个成本是超过未来收益的，对于这部分损失时是被认可的，也就是说这部分损失是可以通过拨备来覆盖的，计算资本要求的时候这部分可以剔除。

■ 对于重组过程中造成的成本，如果已经有明确的重组计划，那么这部分的损失时可以被认可的。比如固定资产损坏需要重修，这些成本要有详细的重组计划，明确的有效的期望，满足这两条要求，重组的损失才可以被认为是操作风险的准备金。

根据这三个观点，就可以具体地分析操作风险当中哪些预期损失是可以通过拨备来进行覆盖的，这些观点来自于国际会计准则。

3.2　内部控制环境数据

操作风险管理中，我们经常会通过一些内部控制机制来进行管理，如建立流程、审批机制等，这些方法的落实效果好不好，都会对操作风险损失造成影响，所以操作风险建模过程中要考虑第二个要素：内部控制环境数据，简称 RCSA，这主要是从定性的角度去理解的。主要涉及到两大类工具：第一类工具是风险自我控制与评估系统，要求银行定期对自己的风险控制机制评估，评估风险控制机制使用前损失是什么样的，使用之后损失是什么样的，剩下的风险是什么样的，金融机构会有监管层给到的汇总表格，定期分析这些情况是否都达到要求。通过这个分析过程，银行可以了解在操作风险管理过程中距离监管要求还有哪些差距，这些差距怎么去弥补，是否有控制失效的情况，未来有哪些应对的措施，这是操作风险管理的常规工作。自评估过程中会采用一些关键的风险度量维度；第二类工具是关键风险指标，简称 KRI，关键风险指标可以为操作风险管理提供风险预警，这类指标大部分都是定量指标，比如员工离职率、交易失败率、法律诉讼率，等等，而且这些指标具有很强的代表性，这些指标还要有易获得性。

考纲要求——解释风险控制自我评估（RCSA）和关键风险指标（KRI）在识别，控制和评估操作风险敞口中的用途。

> **名师解惑**
>
> 内部控制环境指的是，一些金融机构在进行操作风险管理的时候，通常会有一些内部控制环境的设计来帮助控制操作风险，包括一些审批的机制、控制的手段，等等，这些方法能够帮助我们对操作风险的损失进行控制，因此在分析损失数据的时候，就要考虑这些控制机制带来的影响。

3.3　外部数据

在市场上，主要有 3 大外部数据供应商，SAS、Fitch、ORX，外部数据也

考纲要求——描述使用外部数据可能带来的挑战。

会产生偏差。外部数据在使用的时候要注意代表性问题，其他银行的损失数据究竟能不能预测本机构的损失情况，它与我们要分析的金融机构的操作风险特征是不是一致，可能存在一定的差异，在使用的时候需要一定的过滤。其次是外部数据倾向于偏大，可能使得算出的操作风险的资本要求是偏高的；第三个是相关性的过滤，是指和本银行类似的业务条线、类似的损失事件的数据过滤，我们只抽取本银行适用的数据，过滤的好处是可以降低外部数据的偏差问题，但是由于做了过滤，会导致数据更少，第四个问题，收集到的外部数据可能与本身的金融机构规模存在差异，规模不一样也会带来偏差和不准确性，通常也要做一些调整。外部数据一般倾向于低频高损类事件，它可以补充内部数据，但是这两大类数据都不能单独使用，要结合在一起使用。

3.4　情景分析数据

既然内部数据和外部数据都有多面的局限性，我们在使用数据过程中就要加入一些情景，情景分析数据最主要的方式是通过专家意见来收集，通常要在银行内部找到一些专家，这些专家会发表自己的意见，看看银行还有哪些可以管理操作风险的工具。一般可以借用外部数据、核心的风险度量维度、内部数据，等等，采用的方法有研讨会、调研、单独会谈等，由于情景分析带有大量的主观性，因此情景分析的数据也有可能会产生偏差：

—考纲要求—
描述使用情景分析时可能出现的偏差和挑战。

（1）**陈述偏差**（**presentation bias**），是指在发表意见的过程中，表达的偏差。本来想的是 A 事件，但是表达的是 B 事件。或者说由于发言顺序的不同，先发言的人会对后面发言的人产生影响。

（2）**可获得性偏差**（**availability bias**），指的是专家的经验和背景带来的影响。比如有的专家有着 30 年的外汇交易的经验，30 年间都没有出现过极端的情况，那么这些专家设计出的情景就可能不会包含极端的情况。由于有的银行没有经历过很大的操作风险事件，那么能够提出的专家性意见的参考意义便不大，这就是可获得性偏差。

（3）**锚定偏差**（**anchoring bias**），指的每个专家的研究范围可能限定在很小的范围，所以他提出的意见有可能比较狭窄。比如有位专家早上看了新闻，从新闻中了解到一些市场上的极端数据情况，那么这位专家在设计情景的时候可能就是基于早上收集到的信息进行的，把情景设计限定在他所收集的信息里了。

（4）**焦虑偏差**（"**huddle**"**bias/anxiety bias**），指的是有的专家有想法但是不愿意说出来，他怕说出来之后打破了会场的平衡或者与其他人发生冲突。焦虑偏差指的是为了避免出现反对的讨论而造成的情景设计偏差。

（5）**博弈性偏差**（**gaming**），指的是有的专家基于自己的利益而对情景的设计存在保留，为了业务更好的拓展，故意忽略可能出现极端情况的情景。每个部门可能都要为自己的部门利益考虑，部门之间可能会出现博弈的状态。

（6）**过度自信/自信不足**（**over/under confidence bias**）：指的是过分自信或过

分悲观，过度自信或者过分悲观也会影响情景设计。

（7）**非专家意见（inexpert opinion）**，比如本来专家要参加研讨会的，但是由于临时有事让助手代为出席，助手的经验结论会和专家的经验有偏差，那么助手提出的情景也会产生偏差。

（8）**描述偏差（context bias）**，指的是环境因素造成的影响。整个环境大家都认为未来是某一种情景，由于耳濡目染，专家可能也认为未来就是这种情况，那么他在设计情景的时候就会有极端情况考虑不到的情况。和第一个偏差类似，描述偏差指的是影响或者改变别人观点的一种偏差。

> **名师解惑**
>
> 　　情景分析数据是比较主观的数据，出现偏差的可能性是很高的，可能就会出现以上 8 个不同的偏差，考试中可能会出现一些辨析的题目，辨析这些偏差出现的情形，考生应掌握这些不同偏差的特点。

4. LDA 方法

> **考纲要求——**
> 描述操作风险资本建模的 LDA 方法。

　　操作风险和市场风险比起来，它的交易数据是非常少的，市场上每天都有交易数据，我们可以有大量的数据去模拟 VaR 模型，操作风险并不是每天都发生，有可能几天甚至几年才发生。LDA 方法是目前金融市场上操作风险测量的一种常用方式，它属于自下而上的方法。LDA 方法是基于操作风险的损失分布来进行的，分别建模损失频率和严重程度分布后得到综合的损失分布，然后判断预期损失与非预期损失，资本要求等。在巴塞尔协议对操作风险测量的建议中，整个金融机构的操作风险事件会被分为 7 类，整个金融机构的业务被分为 8 类。因此在分析操作风险的时候，我们首先会基于每个事件在每个条线中的严重程度和频率进行建模，并且计算对应的损失分布，然后把 56 个损失分布汇总，最后进行分析。在 LDA 方法使用过程中，我们假设在同一个业务条线中的损失是独立同分布的，损失频率分布和损失严重程度分布也是独立的，也就是说互相间不存在任何的关系。根据这个假设，我们更容易计算损失分布。

　　建立损失分布的时候我们会考虑两个核心的维度，损失频率和损失严重程度。根据这两个维度可以把操作风险的损失事件分成两大类型：一类是低频高损事件，即发生频率很低，但是造成损失很大的事件，如巴林银行尼克里森的案例。另一类是高频低损事件，即发生频率很高，损失比较小的事件，如银行柜员数错钞票的事件。一般来说，光从金融机构内部获取的操作风险数据包含低频高损的数据可能会比较少，所以要分析操作风险的话，不仅仅要使用内部的数据，还要用外部和情景分析数据做进一步的补充。原因就在于我们需要同时考虑低频高损和高频低损两种情况，而且往往在操作风险分析过程中，我们更加关注低频高损事件带来的影响。

得到频率和损失程度的分布后，要把这两个分布整合到一起，整合的过程叫做卷积（convolution），有时候也要考虑二者之间的相关性，这样能得到 56 个小类别的一个分布，最后要把 56 个小类别加总得到总体的损失分布。这是高级计量法的整体框架。

4.1　损失频率建模

频率分布的建模有两种情况。第一种是根据历史数据建模，把所有的历史数据列出来，画出一个柱状图。第二种是参数法，针对次数建模的分布可以用来对频率建模，主要有泊松分布、二项分布、负二项分布，二项分布建模的是在 n 次试验中成功 k 次的概率是多少。负二项分布是反过来考虑的，负二项分布指的是成功 K 次试验，需要做 n 次试验的概率是多少。目前金融市场上最常用的是泊松分布，我们可以借助历史数据来得到泊松分布中的一些参数，一般来说内部数据可能时间比较短，相对是比较少的，这个时候为了使建模更为准确，我们对数据的要求也会比较高，要求同时使用内部数据、外部数据，甚至是情景分析数据。

4.2　损失严重程度建模

严重程度分布的建模也有两种情况。第一种是根据历史数据建模，直接建模柱状图。第二种是参数法，通过假设分布的方式来进行，通常有对数正态分布、伽玛分布、Weibull 分布、指数分布。伽玛分布和 Weibull 分布都是指数分布的广义形式，这三种分布可以看成是一类分布，最常用的是对数正态分布，它是右偏的分布，这四个分布主要研究的是薄尾的分布，薄尾分布适用于模拟高频低损数据。而严重程度分布我们更关注的是低频高损事件，对于低频高损的数据，通常用极值理论建模，这样可以更好的帮助我们估计极端情况带来的影响，极值理论包含帕累托分布等。因此，在得到操作风险的损失数据之后，就不能用一个简单的模型来模拟了，可能要做一个分段，对于损失程度的分布，具体如何分段，我们可以看一下下面的案例：

德意志银行把内部损失分成不同的阈值，在第一个阈值 10 000 以下，损失用的都是内部数据，用对数正态分布等薄尾分布建模；在 10 000～50 000 000 之间，用的是内部数据和外部数据的结合，可以用稍微厚尾的分布模拟；50 000 000以上的话，使用所有的数据，内部数据、外部数据以及情景数据，要用到极值理论模拟，所以严重程度分布是一个分段函数，并不是连续的，这个方法叫做分段函数法（piecewise）。比如确定了阈值是 27 000，损失金额如果低于 27 000，可以用对数正态分布模拟，如果损失金额大于 27 000，可以用极值理论模拟。

4.3　经验分布 VS 参数分布

银行在做操作风险损失金额分布的时候会用到很多不同的方法，如经验分布，经验分布都是高频低损的分布，用经验分布都是内部数据，所以用经验分布算出来的操作风险损失金额是偏小的；而参数法（如对数正态分布）相对来说算出来的金额会更大。

> **名师解惑**
>
> 假设一家银行，用泊松分布对损失频率建模。然后用对数正态分布、经验分布、极值理论三种不同的分布对损失严重程度建模，给定 95% 的置信水平，模拟出来的损失金额是 30 万元、10 万元、50 万元，试将损失和不同的分布对应起来。
>
> 首先经验分布用的都是内部数据，对应最小的 10 万元；对数正态分布虽然是薄尾的分布，但是比经验分布要大，对应 30 万元，极值理论对应最大的 50 万元。

4.4　生成操作损失分布

银行经常会利用蒙特卡洛模拟法将损失频率和损失严重程度整合成综合损失分布，通过一次次的迭代，首先是在频率分布中随机抽取损失事件发生次数的数据，然后在损失严重程度分布随机抽取每一个损失的实际金额数据，得到损失和频率的一一对应。接着重复上述步骤，这样就能得出很多频率和损失的一一对应，就相当于是得到了损失分布，因为损失分布本身反映的就是损失以及发生概率之间的关系。横轴表示损失的金额，纵轴表示损失的概率。有了损失分布，就可以进一步分析预期损失、非预期损失等。

> **名师解惑**
>
> 蒙特卡洛模拟首先是生成次数，比如首先生成随机数 2，这个随机数 2 是服从泊松分布的，随后要生成 2 笔损失数据，比如第一笔金额是 10 万元的损失，第二笔金额是 120 万元的损失，假设第一个 10 万元是服从对数正态分布，第二个 120 万元服从极值理论；就得到了一组损失频率和损失严重程度的一一对应；假设第二步生成了 5 次损失，再去生成 5 个损失数据，当然在这个过程中还可以考虑损失频率和损失金额的相关性。通过成千上万次模拟就可以得到成千上万次损失和概率的一一对应，最终生成损失分布图，这就是蒙特卡洛模拟方法。

损失频率和损失严重程度结合在一起的过程只是得到了一个业务条线当中针对某一类事件的损失分布，最后我们还需要把整个金融机构当做一个整体，

> **备考指南**——
> 蒙特卡洛模拟方法也要假设损失频率和损失严重程度的分布，通过这个方法可以整合每一个业务条线的每个风险类型的损失分布图，最终把56个分布整合到一起就可以得到银行的整体损失分布图了。具体的操作过程不要求考生掌握，了解即可。

加总得到整个金融机构的损失分布。如果 56 个小分布是完全正相关的，直接加总即可，如果有业务条线之间有相关性，必然会有分散化效应。在这种情况下，在不同的业务条线之间，我们不假设他们是完全独立的。所以，我们会借助一个相关性的结构把不同的业务条线不同的事件结合在一起。如果是线性相关，可以采用相关系数模型，而如果采用 Copula 模型，则表明这只是一个相关性的建模，但不局限于线性相关。采用不同的相关性模型来把不同业务条线的不同事件的损失分布结合成一个整体，得出整个金融机构的综合损失分布，进而分析整个操作风险的情况以及需要留存的资本情况。

如图 16-1 所示：操作风险的损失分布和市场风险的损失分布有一定的差异，和信用风险类似，操作风险是一个有偏的分布。在巴塞尔协议中我们衡量操作风险的时候和信用风险一样，要求的置信水平是 99.9%。我们可以把操作风险的损失分布划分成不同的区块，第一部分是预期损失，在信用风险中，可以用银行的准备金或者拨备（reserve）来覆盖。但是在操作风险中，操作风险衡量的正确性通常是受到质疑的，所以预期损失到底能不能通过拨备的方式进行覆盖，巴塞尔协议会有详细的要求来帮助银行判断。第二部分是非预期损失，在一定的置信水平下的极端损失情况，扣除掉预期损失，就是非预期损失，一般用**经济资本**（economic capital）来覆盖非预期损失，而风险管理中银行最关注的就是非预期损失。当然是否减去预期损失要根据实际情况来进行判断，如果减去了预期损失，就说明这一部分的预期损失银行是认可可以用拨备来进行覆盖的；如果银行不认可的话，说明这一部分预期损失是不能剔除的。超过非预期损失值的部分就是极端损失，这一部分的损失发生频率非常低，但是严重程度很高。对于这部分损失，银行一般不会留存大量的资本来覆盖这一部分的损失，这样的话资金占用会很高，一般来说银行是通过买保险的方式来进行管理的。

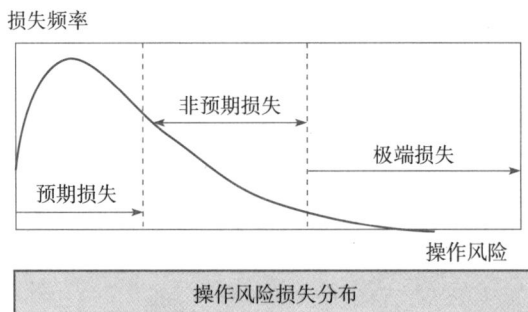

图 16-1 操作风险损失分布

将频率和损失严重程度整合到一起的过程叫做卷积，如表 16-3 和图 16-2 所示，该卷积过程假设损失频率和损失严重程度是独立的：

表 16-3　频率与严重程度分布表　　　　　　　　　　　　单位：美元

频率分布		严重程度分布	
概率	频率	概率	严重程度
0.6	0	0.5	1 000
0.3	1	0.3	10 000
0.1	2	0.2	100 000
期望	0.5	期望	23 500

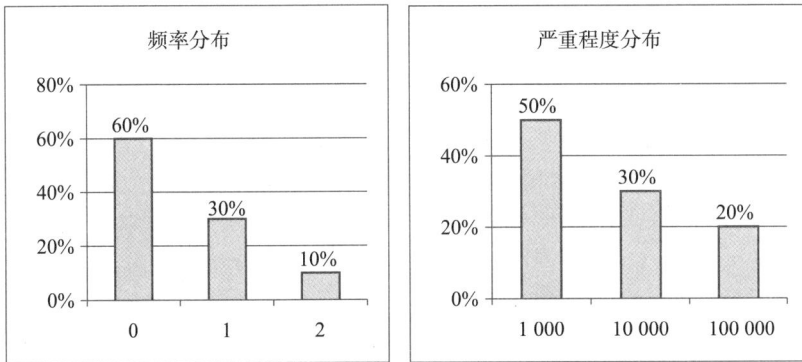

图 16-2　频率与严重程度分布

● 发生 0 次损失，概率是 0.6，损失 0；

● 发生 1 次损失，概率是 0.3，有 3 种情况：

(1) 损失 1 000 美元，总概率是 $0.3 \times 0.5 = 0.15$；

(2) 损失 10 000 美元，总概率是 $0.3 \times 0.3 = 0.09$

(3) 损失 100 000 美元，总概率是 $0.3 \times 0.2 = 0.06$；

● 发生 2 次损失，概率是 0.1，有 9 种情况：

(1) 第一次损失 1 000 美元，第二次损失 1 000 美元，总概率是 $0.1 \times 0.5 \times 0.5 = 0.025$，

(2) 第一次损失 1 000 美元，第二次损失 10 000 美元，总概率是 $0.1 \times 0.5 \times 0.3 = 0.015$，

(3) 第一次损失 10 000 美元，第二次损失 1 000 美元，总概率是 $0.1 \times 0.5 \times 0.3 = 0.015$，以此类推，如表 16-4。

表 16-4　计算操作风险期望损失　　　　　　　　　　　　单位：美元

损失次数	第一次损失	第二次损失	总损失	概率
0	0	0	0	0.6
1	1 000	0	1 000	0.15
1	10 000	0	10 000	0.09
1	100 000	0	100 000	0.06
2	1 000	1 000	2 000	0.025
2	1 000	10 000	11 000	0.015
2	1 000	100 000	101 000	0.01
2	10 000	1 000	11 000	0.015

续表

损失次数	第一次损失	第二次损失	总损失	概率
2	10 000	10 000	20 000	0.009
2	10 000	100 000	110 000	0.006
2	100 000	1 000	101 000	0.01
2	100 000	10 000	110 000	0.006
2	100 000	100 000	200 000	0.004
期望				11 750

每一种情况都考虑进去了以后，我们可以画出损失分布图。得到损失分布图，我们可以算出预期损失和非预期损失。第一步，计算预期损失，预期损失就是期望，把概率和金额分别相乘相加后得到预期损失是 11 750 美元，所以银行必须要有 11 750 美元的拨备或者准备金覆盖预期损失；第二步，计算 95％ 置信水平下的 VaR 值，累积概率达到 95％ 的时候，对应的损失是 100 000 美元，所以在 95％ 的置信水平下的 VaR 值是 100 000 美元；第三步，计算非预期损失，非预期损失＝VaR 值−预期损失＝100 000−11 750＝88 250 美元，所以银行要有 88 250 美元的资本覆盖非预期损失，如表 16-5。

表 16-5　排序后的操作风险损失分布表

排序后的损失（美元）	概率	累积概率
0	0.6	0.6
1 000	0.15	0.75
2 000	0.025	0.775
10 000	0.09	0.865
11 000	0.03	0.895
20 000	0.009	0.904
100 000	0.06	0.964
101 000	0.02	0.984
110 000	0.012	0.996
200 000	0.004	1

真实的操作风险模型里，是要考虑频率和严重程度的相关性的，在损失分布的加总过程中，我们要关注每一个边际分布，要考虑线性和非线性的相关性。如果假设所有的业务条线之间是完全正相关的，那么可以简单把 56 个小类别的操作风险直接相加，这时候得出的资本金肯定是很高的，因为没有考虑分散化效果。

> **名师解惑**
>
> 如果我们把 56 个小类别的操作风险直接加总得到 A，也就是说相关性为＋1，那么银行的实际操作风险资本金还是有可能超过 A 的。因为 VaR 是不满足次可加性的，如果损失分布不满足次可加性，很有可能出现单个风险的加总比组合的风险还要小的情况。

5. 数据偏差

5.1　数据加总偏差

在前面描述操作风险损失分布的时候我们都是假定数据之间是等权重的，但是现实中，这些数据的权重在大多数的情况下是不相同的，主要考虑 3 种情况：

> **损失分割（split loss）**
>
> 指的是该损失涉及到多个业务条线多个不同事件，那么我们需要把这个损失拆分到不同业务条线当中，为了不重复计算，就不能给到等权重，需要根据拆分情况去设定实际的情况。比如在搜集损失数据的时候，损失 10 万元是由公司金融条线和资产管理条线共同造成的，那么这损失的 10 万元我们要把它分配到两个业务条线里去，假设 8 万元是由公司金融部门造成的，2 万元是由资产管理部门造成的，这样的话我们就把 1 次损失分成了 2 次损失，最后我们要按不同部门对应的权重按金额加权。另外，10 万元是一次损失，在做损失频率建模的时候，如果在两个业务部门都算一次的话，银行整体层面算 2 次损失，这是不对的。正确做法应该是把这一次损失也按照不同权重分配到业务部门去，比如公司金融部门占比权重最大，我们可以认为公司金融部门发生了 0.8 次的损失，所以损失次数甚至会出现分数。

—备考指南—
关于数据汇总中的偏差，属于课外拓展内容，考生大致了解即可，不必深究。

> **过去的损失（old loss）**
>
> 距离现在的时间越远，对现在的指导意义就越差，所以距离现在越远的数据权重要更低。

> **外部数据和情景数据调整（external data and scenarios）**
>
> 外部数据和情景分析数据是不能直接拿来用的，情景分析数据因为更加主观，涉及到专家意见，我们在使用的时候要非常谨慎。使用外部数据的时候要判断外部数据和本银行的特点是不是相同的，外部数据容易带来偏差，具体有三种情况：
>
> - **规模偏差（scale bias）**：如果一家城商行用跨国银行的数据做外部数据，那么跨国银行的数据就不能直接使用，因为二者存在着规模偏差，应该按照跨国银行的规模和城商行的规模等比例调整，比如 10 万元的损失数据，工行的规模是小银行的 10 倍，那对于小银行来说，损失就是 1 万元。
> - **数据截断偏差（truncation bias）**：不同的银行在对外公布操作风险损失数据的时候划分依据可能不一样，也就是说不同银行选的阈值不一样，这就会引起数据截断偏差。

- 数据获取偏差（data capture bias）：指的是在数据集里，亏损小的数据
量是比较少的，一般操作风险损失数据都是偏大的数据，对于金融机
构来说，并不是很愿意对外公布操作风险损失数据，因为公布的越
多，对本机构声誉的影响越大，一般公布出来的都是影响较大的不能
再被隐瞒的数据。所以，获得数据倾向于有偏差。

本章小结

本章主要讲解了操作风险的识别和计量的相关内容。
- ➤ 操作风险的识别
  - 4 种情形＋法律风险－声誉风险－战略风险
    - ◆ 内部流程不完善
    - ◆ 外部事件导致
    - ◆ 与人为因素相关的
    - ◆ 与系统相关的
- ➤ 操作风险的计量
  - 自上而下式的
    - ◆ 基本指标法（α＝15％）
    - ◆ 标准法（8 个业务条线）
  - 自下而上式的
    - ◆ 高级计量法（LDA 方法）
- ➤ 数据的 4 个要素
  - 内部数据，时间长度可能不够
  - 内部控制环境数据
  - 外部数据，代表性可能不够、要进行规模调整
  - 情景分析数据
- ➤ LDA 方法
  - 损失频率建模，最常用的是泊松分布
  - 损失严重程度建模
    - ◆ 薄尾：对数正态分布、伽玛分布、Weibull 分布、指数分布
    - ◆ 厚尾：极值理论
  - 卷积，假设损失频率和严重程度相互独立
  - 考虑线性相关和非线性相关性
- ➤ 数据加总的权重设置
  - 损失分割
  - 过去的损失
  - 外部数据和情景数据调整

章节练习

1. 操作风险损失的严重程度分布通常有以下哪种形状：（　　）

   A. 对称并且短尾　　　　　　　　B. 长尾并且右偏

   C. 均匀分布　　　　　　　　　　D. 对称并且长尾

   答案解析： B

   操作风险的损失分布肯定不是对称的，也不服从均匀分布，这道题的答案选 B。

2. 假设有一家银行想对其零售银行业务中的错误处理事件的损失分布进行建模。在给定的年份中，这类错误事件的数量用随机变量 N 表示，处理错误发生时的损失金额用随机变量 S 表示，以下哪个步骤最有可能实现损失分配方法的第一步？（　　）

   A. 将泊松分布（表示 N）与 Weibull 分布（表示 S）卷积

   B. 将泊松分布（表示 S）与 Weibull 分布（表示 N）卷积

   C. 将对数正态分布（表示 N）与 Weibull 分布（表示 S）卷积

   D. 将泊松分布（表示 N）与负二项分布（表示 S）卷积

   答案解析： A

   通常频率用泊松分布建模，严重程度用对数正态分布、伽玛分布、Weibull 分布、指数分布这 4 种分布建模，对应到 4 个选项，这道题的答案选 A。

—— 第 17 章 ——
操作风险的管理

	1. 操作风险管理的 3 道防线	★★★
	2.11 条基本原则	★★
	3. 董事会职责	★★★
	4. 高级管理层的职责	★★★
一、操作风险管理	5. 操作风险识别和计量工具	★★
	6. 有效的内部控制环境	★★
	7. 技术的风险管理	★★
	8. 外包业务的风险管理	★★

本章导论

　　本章节主要讲了银行操作风险管理的 3 道防线、11 条基本原则、董事会和高管层的职责。具体的实施有建立操作风险管理的框架、操作风险管理的工具、内部控制的流程和环境、IT 和外包风险的管理，等等。考生应重点掌握董事会和高级管理层的职责，这部分内容是考试的常考点。

1. 操作风险管理

1.1　操作风险管理的 3 道防线

—考纲要求—
描述巴塞尔协议中用于操作风险治理的三道"防线"。

巴塞尔协会关于健全的操作风险管理首先提出的第一点原则就是要有明确的操作风险管理机制，操作风险管理机制一般通过 3 道防线来进行。

第一道防线：一般来说，金融机构的操作风险要求从每一个业务条线开始管理，每个业务条线的参与主体都对操作风险的管理承担一定的责任，对于操作风险的评估测量都起到一定的作用。所以第一道防线是业务条线管理（business line management），每个业务条线都要在日常工作中对自身的产品、流程或系统当中的操作风险进行识别和管理，所以第一道防线是从每一个业务条线出发的，要识别银行在最底层的包括产品、服务、流程、系统在内的风险。

第二道防线：独立的操作风险管理部门（functionally independent corporate operational risk function/CORF），它的主要特点是处理由业务条线提供的操作风险数据，进行评估分析，最终对外汇报，所以它的主要职责是做风险的测量与报告的工作，主要基于第一道防线提供的数据，独立的操作风险管理部门要求充分独立，不能与其他的业务条线之间有任何的联系。

第三道防线：独立的审计（independent reviews），指的是银行的内部或者外部的审计，来判断操作风险管理流程是否有缺失。

> **名师解惑**
>
> 操作风险管理的 3 道防线是考试中常考的，考生应牢记 3 道防线并掌握每道防线的含义。

1.2　11 条基本原则

—考纲要求—
总结操作风险管理的基本原则。

11 条基本原则：

➤ 基本原则主要是针对董事会和高级管理层提出来的

■ 董事会要推动强效的风险管理文化的构造，这个原则要适用于公司的每个部门。一家银行的风险管理文化要由董事会去制定。

■ 银行要制定相应的管理框架，以管理所有可能的风险，包括每种风险的大小、特点、规模、复杂性程度。

➤ 公司的风险治理—董事会的职责

■ 董事会要对建立起的操作风险整体框架定期进行评估和回顾，并且要定期评估高级管理层是否始终按照董事会的要求去进行操作风险的管理。

- 董事会要制定风险偏好体系和风险容忍度陈述书，通过陈述书给高级管理层以指引，表明对于操作风险的容忍度，对于不同的操作风险如何处理，并且要定期回顾风险偏好和容忍度的陈述书是否满足董事会的要求。

  ➢ 公司的风险治理—高级管理层的职责

  - 高级管理层应该在董事会的指导下，建立清晰有效的治理框架，即权责的设计。在整个金融机构运营过程中，不同的条线不同的参与人员的职责范围是怎么样的，都要有清晰的设计。高级管理层负责始终如一地执行和维护整个组织政策、流程和系统，以管理银行所有重要产品、活动、流程和系统中符合风险偏好和容忍度的操作风险，始终和公司的目标保持一致。

  ➢ 风险管理的环境

  - 高级管理层要识别和评估操作风险，高管层对重要的产品和服务、系统和流程要有完善的理解。
  - 如果有新的业务、新产品，同样要适用于整个风险管理的机制，高级管理层要保证每个业务条线都要遵从自己的职责。
  - 高级管理层要定期对操作风险管理的损失实施监测，定期推进，关注主要的风险在哪里，积极主动的管理操作风险。
  - 银行应该采取一些操作风险缓释的方法，建立内部控制的环境，什么时候采取风险对冲，什么时候进行风险转移，都要经过高管层的决策。
  - 业务的弹性和连续性。因为银行是长期经营的，所以银行要有业务的弹性和连续性。

  ➢ 信息披露

  - 信息的公开透明对一个金融体系的稳健性是非常重要的，银行定期把自己的财务报表信息、经营状况披露给投资者可以在一定程度上降低风险。银行要有一个公开的操作风险管理的披露，能够使得利益相关者评估其操作风险管理方法，并且对外公布的披露要能够对外描述它的操作风险管理是能够保持始终一致的，能够从外部角度来督促金融机构进行更好的操作风险的管理。

> 📖—考纲要求—
> 解释操作风险强有力治理的指导方针，并评估董事会和高级管理层在实施有效的操作风险治理中的作用。

1.3 董事会的职责

（1）制定行为和道德准则，明确道德底线。

（2）制定管理文化和支持的过程，董事会要对内部控制有一个动态的监控。

（3）对高级管理层有一个明确的指导。

（4）定期的对所制定的框架进行评估，既有内部的也有外部的，既包括银行内部的实际经营，也包括和外部交易对手的合作状况。

（5）确保独立的审计。

（6）保证最佳实践。

（7）对高级管理层的责任有明确的指导，要有明确的管理责任和问责机制。

（8）在批准和评估风险偏好和容忍度时，董事会应考虑所有相关风险、银行的风险规避水平、当前的财务状况和银行的战略方向。应定期检查限额的适当性及整体操作风险偏好及容忍度声明

1.4　高级管理层的职责

高级管理层是具体做事情的，负责将董事会的观点实施下去，高级管理层的职责：

（1）要制定稳健的机制和有效的问题解决过程。

（2）把董事会的指导向各个业务单元细化，在不同业务部门做具体的实施。

（3）要有明确的授权、责任和报告机制，每个条线每个部门定期要汇报的内容是由高级管理层决定的。

（4）有效的监督，确保监督管理过程是适当的。

（5）确保操作风险管理人员与信贷、市场和其他风险管理人员以及银行负责外部服务采购的人员进行有效的协调和沟通，员工的技能要和公司的经营状况保持一致。

（6）保证银行的经营活动与内外部其他公司有一个相协调的机制。

（7）CORF 的经理应该在银行内部有足够的声望来有效地履行他们的职责。

> **名师解惑**
>
> 董事会和高管层的职责是历年考试的重点，考试的时候题目经常出成以下哪条是董事会的职责，选项里也夹杂了高管层的职责，考生要能清晰的判别出来，对于这种定性的考题，考生应多读多记，留下较深刻的印象。

1.5　操作风险识别和计量工具

> **—考纲要求—**
> 描述可用于识别和评估操作风险的工具和流程。

一般来说，对于操作风险的识别和测量，可以运用不同的数据来进行分析，其中有以下工具：

（1）审计的报告意见。

（2）内部数据收集与分析。

（3）外部数据收集与分析，比如损失发生的日期、损失回收的金额等。

（4）风险控制与自我评估程序，如 RCSA。

（5）业务条线的映射，把操作风险损失映射到 8 个业务条线以及 7 类损失事件。

（6）关键风险指标，如员工流失率。

（7）情景分析的结果。

（8）风险的计量，大型银行要找到适合自己的操作风险管理方法。

（9）对比分析，比如把内部数据和外部数据进行对比，内部数据一般偏小，外部数据一般偏大，我们要分析数据间的差异并评估这些差异带来的影响。

1.6　有效的内部控制环境

巴塞尔协会要求一个好的操作管理系统要有一个有效的控制环境，控制环境主要利用一些政策的设定、流程系统的设计、内部控制的机制、缓释的方法来帮助更好的控制操作风险。具体的注意事项如下：

（1）明确的授权机制，有效的内部控制要有一个审批的权限与程序，比如一级审批、二级审批、复合审批等。

（2）对于一些风险要进行限额控制，要有经常的监控，主要看阈值或者限额有没有被突破。

（3）对于银行的核心资产和核心数据要建立防火墙机制，要保证只有特定的人员才能拿到这些数据。

（4）要有合适的员工层级的设计，比如一级审批、二级审批如何设置，如何进行合适的员工培训等。

（5）要保持业务的连续性，始终跟进在业务条线中可能会出现的一些超出预期的极端的收益的情况，与预期完全相反的情况要重点关注，如果出现了和期望不一致，要进行有效的阻止。

（6）对交易和结算账簿要定期验证，核对数据，确认实际交易和实际账户之间的变动。

（7）对于核心的工作人员，要有强制休假制度，避免核心的人员独占一个岗位太长时间，可能出现问题。

通过以上的内部控制环境的方法，能够使操作风险的控制达到更好的状态。除此之外，一个良好的操作风险管理机制还要有比较好的业务弹性和应急预案，必须要有清晰的应急预案的设计，用来处理比较极端的没有预期到的问题，应急预案必须包括每次发生极端事件的影响的分析以及如何应对的计划，同时管理层要定期的评估应急预案，判断应急预案是不是与时俱进的，是不是能够合理的处理问题，根据实际情况进行调整，所有进行操作风险管理的人员要有能力去处理极端的情况，并且在极端情况发生的时候能够通过应急预案去进行处理。

> ✎考纲要求——
> 解释巴塞尔委员会关于管理技术风险和外包风险的建议。

1.7　技术的风险管理

完善的数据系统的管理可以为风险管理和高管层的决策提供帮助，良好的数据风险管理使用与操作风险管理相同的规则，包括：

（1）确保技术（包括外包安排）符合并支持银行业务目标的治理和监督控制；

（2）制定政策和流程，保证数据系统和银行的风险偏好和风险容忍度保持一致；

（3）建立风险偏好和容忍度声明以及绩效预期，以帮助控制和管理风险；

（4）实施有效的控制环境和运用风险转移策略来降低风险；

（5）监督测试，关注这些流程是否和事先设置好的阈值保持一致。

1.8　外包业务的风险管理

自巴塞尔协议诞生以来，银行要按照巴塞尔协议要求计量资本充足率，每家银行的水平都不一样，缺乏经验的银行会将业务外包给有经验的公司，外包风险应注意的事项：

（1）明确哪些事项是可以外包的；

（2）要做尽职调查，看看这个公司的财务状况怎么样，有几笔业务量等；

（3）要有健全的外包业务安排过程，数据的保密性处理及项目终止的任务分割；

（4）管理及监督外包业务的风险，包括服务提供者的财务状况；

（5）在银行和服务供应商之间建立有效的控制环境；

（6）制定可行的应急计划，一旦发生问题，应该有一个整体的规划；

（7）执行全面的合同或服务水平协议，在外包供应商和银行之间明确分配责任。

本章小结

本章主要讲解了操作风险管理的相关内容。

➤ 银行的 3 道防线

  ■ 业务条线管理

  ■ 独立的操作风险管理部门

  ■ 独立的审计

➤ 11 条基本原则

➤ 董事会的职责

➤ 高级管理层的职责

章节练习

1. 一家大型银行的首席执行官报告称，该银行的操作风险管理框架与巴塞尔协议 II 和巴塞尔协议 III 的操作风险治理模型一致。银行的以下哪些行为和原则是正确的？（　　）

A. 银行将风险的识别和管理视为第二道防线。

B. 银行将独立的审查和审计视为第三道防线。

C. 银行因兼并收购失败而导致声誉受损计入操作风险。

D. 银行操作风险的测量不包括遭受火灾或其他外部灾难的破坏。

答案解析： B

巴塞尔协会认为，良好的操作风险治理依赖于三道防线：第一道防线是业务条线管理，负责识别和管理产品、活动、流程和系统中固有的风险。第二道防线是独立的操作风险管理部门，主要职责是做风险的测量与报告的工作，主要基于第一道防线提供的数据。第三道防线是独立的审计，独立审查银行的操作风险管理控制，流程和系统。巴塞尔协议 II 和巴塞尔协议 III 将操作风险(包括技术风险)定义为内部流程，人员和系统不足或失败或外部事件导致的直接或间接损失风险。虽然许多金融机构增加了声誉风险和战略风险(例如，由于兼并收购失败)作为更广泛的操作风险定义的一部分，但它们不属于巴塞尔协议 II/III 的定义范围。

2. 以下哪种策略有助于最大限度地降低操作风险？（　　　）

Ⅰ. 负责交易的个人应履行清算和会计职能。

Ⅱ. 要评估当前头寸，应从外部来源获取价格信息。

Ⅲ. 交易者的薪酬应与日历收入直接挂钩。

Ⅳ. 交易票据需要与交易对手确认。

A. Ⅰ 和 Ⅱ

B. Ⅱ 和 Ⅳ

C. Ⅲ 和 Ⅳ

D. Ⅰ，Ⅱ，和 Ⅲ

答案解析： B

第一个选项违反了职责分离的原则。第三个选项可能会造成交易者承担过多风险的问题。第二个选项是对的，建议使用外部信息来评估头寸，因为交易者可能会影响内部价格数据。最后一个选项也是对的，交易票据应该与交易对手方确认。

—— 第 18 章 ——
数据质量管理

数据质量管理	1. 数据错误类型	★★
	2. 数据质量要求	★★
	3. 数据治理	★★★

本章导论

　　本章节主要讲解了数据治理过程中，数据可能存在的问题，数据的质量要求以及数据治理的过程等，数据质量管理是操作风险管理中非常细的细节。通过本章节的学习，考生应能了解数据存在的一些问题，银行数据管理要求的不同维度以及银行数据治理过程中的注意事项等。

数据质量管理

—考纲要求—
描述导致数据错误的常见类型。

1.1　数据错误类型

在之前的全面风险管理中，企业的风险被要求进行综合的管理，在这个过程中，要有综合的数据管理系统来帮助汇总风险数据，数据质量的管理非常重要，不管是操作风险还是信用风险以及市场风险，数据都是最基本的信息，有了有效的数据，才能建立足够准确的模型。常见的数据的错误类型如下：

（1）数据输入错误，比如银行的交易员在输入数据的时候，输错小数点等。

（2）数据信息丢失，可能有些数据客观存在，但是没有获得，就会缺失数据。

（3）重复记录，比如两个交易员录入相同的交易数据。

（4）数据不一致，如不同的信息管理系统中对同一个客户的信息记录存在差异。

（5）数据的非标准化，比如对于外汇数据，直接标价法和间接标价法没有区分的话也会使汇率产生很大的差异。这属于数据的非标准化。

（6）复杂的数据转化流程，比如压力测试中，我们要将宏观数据转化成风险度量维度，转化过程比较复杂，就可能产生转化错误。

（7）身份管理过程的失败，比如并不是合理的可获得的数据，交易员本没有权限修改，但是由于系统问题使得他有权限进行修改，就有可能产生失误。

（8）未记录的、不正确的或误导的元数据。元数据指的是没有经过任何处理的数据，比如在压力测试的时候使用 GDP 的数据，这是元数据。我们要把 GDP 数据纳入到风险考量中，肯定要把它转化成风险度量的维度，元数据的不准确也会对最终的汇总造成影响。

—考纲要求—
描述数据质量的一些关键维度。

1.2　数据质量要求

前面介绍了数据可能存在的问题，那么怎样来评估数据呢？我们要在以下六个方面去控制数据的质量。

（1）数据的**准确性**（accuracy）。准确性反映的是市场的实际情况，它是与生活当中的实际程度做比较的，例如，一个客户的身份证数据就必须和他实际的身份证数据是完全一样的。

（2）数据的**完整性**（completeness）。指的是我们收集数据的话，所有相关的数据都要收集到。对于一个客户的信息要包含所有的数据，比如收集到客户的姓名、性别、财务状况、违约情况、历史评级，等等。

（3）数据的**一致性**（consistency）。一致性要求指的是信息系统内部要保持始终一致，不同时点录入同一个数据也应该是一样，不同信息系统之间针对同一个数据录入也要保持一致。在同一个信息系统中分析的时候就不能出现互相有冲突的数据，在不同的信息系统中对于同一个客户也不能出现任何有冲突的数据。主要有如下 3 个类型：

- 在同一业务条线（record level）的信息内部要保持一致，比如客户年龄要随着时间增长。
- 在不同条线之间（cross-record level）的数据要保持一致，比如外国公司的贷款业务，那么银行要在贷款部门有数据，国际业务部门也有数据，这两个部门的数据要保持一致。
- 不同的时间段（temporal level）的数据要保持一致，一组数据值与同一记录中同一组数据值在不同时间点之间的关系要保持一致。

（4）数据的合理性（reasonableness）。指的是收集的数据必须是合理的，不能有大的偏差。如一家公司的财务状况始终是不好的，但是某一年的销售收入达到了 300％，这种情况下我们就有必要去分析数据的合理性。

（5）数据的及时性（currency）。指的是过了一段时间，数据发生变化，要及时做调整。及时性衡量的是数据是否被认为是"新鲜的"，以及在可能发生与时间相关的变化时是否正确。比如收集到的数据是 10 年以前的数据，但是现在才收集到，这就是收集不及时的情况。

（6）数据的唯一性（uniqueness）。指的是针对某一个属性的话，只能有一个数据。比如对于某一个客户的身份证号码就只能是一个，不可能存在多个不同的对应号码，这个时候唯一性就很重要了。

1.3　数据治理

为了控制数据治理的好坏，一般来说，整个企业要求要有综合的数据治理过程的设计，操作风险的数据治理必须要保证整个企业对于数据有效性达到一定的可接受程度，这个可接受程度要满足整个企业正常运行的需求。企业会有专门的数据治理项目，在这个项目中会专门的定义与数据管理相关的责任人的责任义务。通过这些设计，能够更好的进行管理。操作风险的数据的治理（data governance）如下：

（1）明确业务流程的映射规则，比如哪个部门负责业务的录入，哪个部门负责日常的管理和监控以及未来的处理；

（2）对于数据的期望结果，要有一个相应的流程进行管理，推断出的结果要和期望保持一致；

（3）要和各个业务条线之间进行访谈设置阈值，看看他们可以接受的数据的阈值是多少。超过阈值要通知数据管理部门采取具体的行动；

（4）通知数据管理部门采取有效的措施集中行动，缓解发现的问题。

（5）数据的验证和检查

- **数据的验证**（data validation）。数据验证通常是一次性的检查，比如每个月或者每个季度检验一批数据的有效性和准确程度。
- **数据的质量检查**（data quality inspection）。数据检查是一个持续性的过程，目标是降低错误发生次数、关注数据可能产生的缺陷，进行统一管理、风险缓解、尽早发现问题等。

在数据管理过程中，企业要保证数据质量满足整个企业业务发展的需要，也就是说数据是和企业正常运作相匹配的。在一个数据质量管理框架中，需要设计管理数据质量的人的职责是什么样的，对于能够提供良好的数据质量管理的人要有一定的激励机制。我们可以采用**数据质量打分卡**（data quality score-card）来帮助管理数据质量，通过一系列的维度来反映数据质量的好坏。

打分卡是一个数据质量管理的工具，结合着打分卡上的一些维度，可以判断整个企业的数据管理是不是始终满足有效的要求。数据质量打分卡分为两种，一种是单一对于数据质量的核心维度进行打分卡的设计，每个维度都有对应的评分，比如独立性、一致性等，逐一进行判断。另外一种是综合的分析方式，这是一种比较复杂的手段，它指的是在设计出单一的维度之后，把这些单一的维度构成一个函数，得到一个综合的评分，根据这个综合的评分进行分析。在综合的评分的汇总过程中，如果要在整个企业汇总的话，共有三种不同的方式：

（1）根据发生的风险事件的类型（by issue），该方式把风险类型划分成不同的情况，在每一个风险类型中得到一个打分卡的数据，然后和每一个风险事件结合在一起。

（2）根据业务条线（by business process），划分不同的业务条线，每一个业务条线的所有数据质量的问题，全部在每个业务条线去分析综合的评分。

（3）根据整个业务层面的影响（business impact view），同时划分风险事件类型和业务条线，比如个人信贷业务中的某一个数据质量的评分都汇总起来。然后再针对其他的比如公司信贷业务中另外一个评分的数据汇总起来。每个业务条线的每个风险事件类型都会得到综合的评分。这是最具有诊断力度的方法。

> **名师解惑**
>
> 如图 18-1 所示：在这个示例中，得分被限定为可接受（绿色）、有风险的（黄色）、不可接受（红色）或未定义的（蓝色）。如果超过 90% 的指标有流程和阈值，数据质量政策的样本得分可能是分配绿色；黄色（50%～90%），红色（<50%）。如果治理流程还没有到位，我们可以为数据治理指定一个"尚未分配"的分数。

图 18-1　数据质量打分卡

本章小结

本章主要讲解了数据质量管理的相关内容。

- ➤ 数据质量管理
  - ■ 数据错误类型
  - ■ 数据质量要求
  - ■ 数据治理

章节练习

1. 以下哪个方面涉及的是数据不足的问题？（　　）

   A. 唯一性　　　　B. 完整性　　　　C. 一致性　　　　D. 合理性

   答案解析： B

   数据的唯一性，指的是针对某一个属性的话，只能有一个数据。数据的完整性，指的是我们收集数据的话，所有相关的数据都要收集到。数据的一致性要求指的是信息系统内部要保持始终一致。数据的合理性指的是收集的数据必须是合理的，不能有大的偏差。所以数据不足指的是完整性问题。

2. 在描述银行数据的各个方面时，巴塞尔委员会提出了若干原则来促进强大而有效的风险数据汇总能力。以下哪个陈述正确描述了银行应按照既定原则遵循的建议？（　　）

   A. 完整性原则建议数据汇总应完全自动化，无需任何人工干预。

B. 完整性原则建议金融机构应捕获其所有重要风险敞口的数据。

C. 适应性原则建议银行应经常更新其风险报告系统，以纳入最佳做法的变化。

D. 准确性原则建议在汇总之前将风险数据与管理层对风险敞口的估计进行协调。

答案解析：B

完整性原则建议银行能够捕获和汇总其在整个组织中所面临的重大风险的所有数据。这将使其能够识别和报告风险暴露，风险集中度和设定暴露限值。

第 19 章

极值理论

一、极值理论	1. GEV 理论	★★★
	2. POT 理论	★★★
	3. GEV 和 POT 的区别	★★★
	4. 条件极值理论	★
	5. 多因素的极值理论	★

本章导论

　　本章节主要介绍了极值理论的两种方法，GEV 方法和 POT 方法，并详细分析了二者的不同。通过本章节的学习，考生应能掌握 GEV 方法和 POT 方法的基本特点，并能比较二者的优缺点。

极值理论

在衡量数据的集中趋势的时候，应用的是中心极限定理。中心极限定理无法告诉我们极端的尾部数据特征，如果要研究尾部数据，就要借助极值理论。极值理论最早产生在市场风险中，以前在研究金融资产分布的时候，我们通常都是假设某种资产收益率服从正态分布，但是现实生活中这条假设是不满足的，即使是市场风险的数据也会出现极端值，这些极端值是不符合中心极限定理的，这些极端值符合的分布就叫做极值理论，这就是极值理论产生的背景。

1.1 GEV 理论

考纲要求—描述极值理论（EVT）及其在风险管理中的应用。

在之前学习的 LDA 方法中，我们学习了关于损失的严重程度可以用极值理论来建模尾部的极端损失数据。因为市场上极端值很少，所以研究极值理论都是站在理论的角度，最早研究的极值理论叫做广义极值理论（**generalized extreme value theory**），和中心极限定理类似，中心极限定理建模的是样本的均值的分布，广义极值理论建模的是样本数据中极值的分布。假设现在从一个随机总体中抽取了样本量为 n 的样本数据，把样本当中的极值定义为 Mn，如果要对抽取出的极值去建模的话，用的就是广义极值理论。当抽取的样本量非常大的时候，市场上出现的极端大的损失值服从分布：

$$F(x) = \begin{cases} \exp\left[-\left(1+\xi\dfrac{x-u}{\sigma}\right)^{-\frac{1}{\xi}}\right], & \xi \neq 0 \\ \exp\left[-\exp\left(-\dfrac{x-\mu}{\sigma}\right)\right], & \xi = 0 \end{cases}$$

在这个累积分布函数里面有 3 个参数，u 是极端值的平均数，反映的是集中趋势；σ 是极端值的标准差，反映的是离散程度；ξ 是形状参数，反映的是尾部，指的是极值的分布情况，如图 19-1。

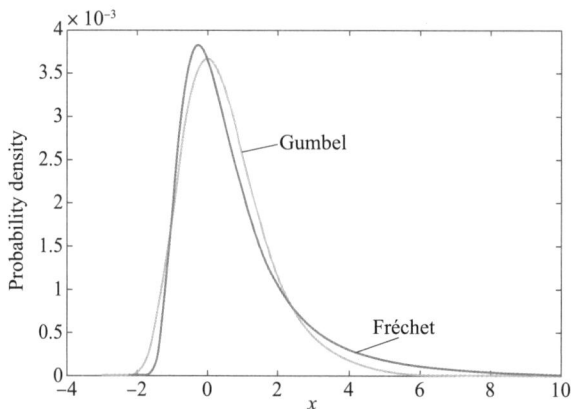

图 19-1 GEV 理论分布图

当 ξ>0 时，是 Fréchet 分布，对应金融学里的厚尾分布，类似于 t 分布或者帕累托分布。这类分布是金融学用到的最多的一类极值分布。

当 ξ=0 时，是 Gumbel 分布，尾部类似于正态和对数正态分布。

当 ξ<0 时，是 Weibull 分布，是一个薄尾分布。

从图 19-1 可以看出，Fréchet 分布是厚尾的，发生极端值的概率是超过 Gumbel 分布的。

如何选择 Fréchet 分布或是 Gumbel 分布？

（1）选择极值分布要根据母分布去选择，先站在整体分布的角度去看，看看整体的尾巴是薄尾还是厚尾。

（2）做假设检验，看看 ξ 参数是否等于 0，如果不能拒绝原假设，就说明 ξ=0。如果拒绝了原假设，说明在很大的概率水平下 ξ 参数是不等于 0 的，根据统计学的原理来做检验，这里需要抽取大量的样本进行检验。在做金融风险管理的时候，通常会选择厚尾的 Fréchet 分布。

（3）考虑到模型风险，因为金融市场里大部分分布都是厚尾的，所以通常情况下我们会选择 Fréchet 分布，这是一个基本原则。

GEV 分布的参数是需要我们根据历史的数据进行估算的，如何估计 u、σ、ξ 的取值，有几种不同的情况：

（4）极大似然估计法，指的是在进行抽样的时候，能得到 n 组数据，最终对于参数的估计要使得抽样出来的 n 组数据发生的概率是最大的。

（5）回归，通过回归方程去估计这些参数，如 u，σ，ξ。

（6）通过矩的方法，包括均值和方差的基本性质等，通过抽取样本的方式来估计整体。

名师解惑

这 3 种方法属于纯统计的领域，实际计算方法不要求掌握，了解即可。

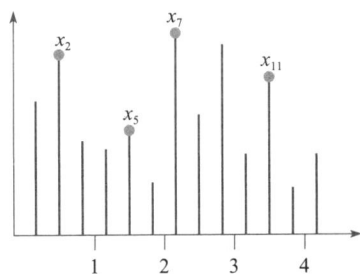

图 19-2 块最大化法

假设某交易员收集到了过去 A 股市场上每一天的收益率的数据，按照月份分段，找到过去很多年的极端损失，用这些极端值去模拟 GEV 模型，这个方法叫做块最大化法（block maxima method），把所有的损失数据划分成块状，在每一区块里选择一个最大的极值，用这些极值来拟合模型。这种方法也是有缺点的，如图 19-2 所示，2 月的损失相对来说是较小的，它比 1 月和 3 月的第二大损失都要小，但是这两个第二大的损失值我们在分析的时候都没有考虑到，所以块最大化的缺陷是会丢掉一些极端值，而把一些并不是极端的损失选进来。为了解决这个问题，又产生了广义帕累托分布。

1.2 POT 理论

—考纲要求—
描述POT方法。

POT（peaks-over-threshold approach） 方法是极值理论下的另一种方法，这种方法会先选定一个阈值，它衡量的是超过阈值的极值分布，原始的损失分布可以是各种类型，甚至是未知的。POT 方法只建模超过阈值的损失数据，当阈值设置的较高的时候，超过阈值的损失数据会无限接近于广义帕累托分布，它的累积函数表达式如下：

$$F(x) = \begin{cases} 1 - \left(1 + \dfrac{\xi x}{\beta}\right)^{-\frac{1}{\xi}}, & \xi \neq 0 \\ 1 - \exp\left(-\dfrac{x}{\beta}\right), & \xi = 0 \end{cases}$$

β 指的是规模参数，反映的是离散程度；ξ 是影响尾部的参数或者叫做形状参数。

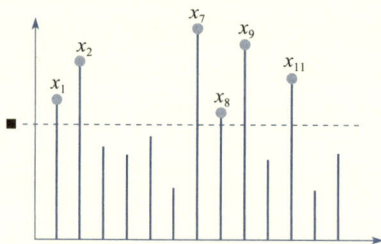

图 19-3 POT 方法

POT 模型可用于 VaR 值和 ES 的计算：

$$\text{VaR} = \mu + \frac{\beta}{\xi}\left\{\left[\frac{n}{N_\mu}(1-\alpha)\right]^{-\xi} - 1\right\}$$

$$\text{ES} = \frac{\text{VaR}}{1-\xi} + \frac{\beta - \xi\mu}{1-\xi}$$

μ 指的是设定的阈值，为了计算方便，这个阈值是去百分号（％）的，β 和 ξ 是 POT 分布的参数，n 是观测的总值，N_μ 是超过阈值的观测值，α 是计算 VaR 值的置信区间。

POT 方法要先选一个阈值 U，U 的大小会影响模型的最终准确性，U 选取的很大的话，建模的极值就会更接近于实际的极限值的情况，建模出的数据分布就会接近广义帕累托分布，选定阈值以后并不区分是哪个月的损失，只要超过了 U 即可，超过了 U 的极端损失全部都用来建模，这种方法考虑了市场上所有可能的极端损失。

1.3　GEV 和 POT 的区别

—考纲要求—
比较和对比GEV
和POT方法。

GEV 方法和 POT 方法主要有 3 个区别：

（1）GEV 方法有 3 个参数，比 POT 多一个参数。POT 方法是目前的金融市场上用的比较多的，这种方法不太容易丢失有效数据，GEV 方法用的是块最大化法，在每一个样本中取一个最大值来建模，但是在每一块中可能有多个极值，因此 GEV 方法可能会丢掉一些损失数据。

（2）POT 方法要选定阈值，但是 GEV 方法不用选择阈值。

（3）POT 方法的阈值如何选择，涉及到一个权衡，这是一个主观的过程。如果阈值设置的太高，取出来的极端值就很少，样本数量就很少，得出的模型就不准确；如果阈值设置的很低，样本数量会增大，但是极端值就不服从极值理论。所以阈值不能设置的太高也不能设置的太低。

1.4　条件极值理论

GEV 方法和 POT 方法通常可以模拟市场风险里的极端损失也可以模拟操作风险里的厚尾分布。二者都属于**无条件的极值理论**（unconditional EV），对于一个比较长的时间段是适用的，但是如果面对的是短期的市场变动，极端值有一个动态的结构，为了解决这个问题，就引入了**条件极值理论**（conditional EV）。

对于不是独立同分布的数据要考虑数据相互间的相关性，有的时候会用到线性的相关性，有时候会用到 copula 函数。

1.5　多因素的极值理论

因为金融市场上交易的产品有时候不止一个，投资者可能同时持有好几个风险很大的股票，比如期权的价格会受到波动率、市场利率、股价的影响等，如果这些因子同时发生极端变化，期权的价值变动是多少？研究多个风险因子同时发生极端变化对于投资组合的影响就是**多因素的极值理论**（multivariate EVT），多因素的极值理论同样要考虑相关性，这个相关性通常要用到 copula 函数。

本章小结

本章主要讲解了极值理论的相关内容。

➢ GEV 方法
- 块最大化法
- 当 $\xi > 0$ 时，是 Fréchet 分布，厚尾
- 当 $\xi = 0$ 时，是 Gumbel 分布
- 当 $\xi < 0$ 时，是 Weibull 分布，薄尾

> POT 方法
>> ■ 选定阈值 U 的权衡
> GEV 和 POT 的区别
>> ■ GEV 方法有 3 个参数，比 POT 多一个参数。
>> ■ POT 方法要选定阈值，但是 GEV 方法不用选择阈值。
>> ■ POT 方法的阈值如何选择，涉及到一个权衡。

章节练习

1. POT 方法通常（　　）。

 A. 比 GEV 方法更多的估计参数，并与 GEV 有一个共同的参数

 B. 与 GEV 方法相比估计的参数更少，并且与 GEV 有一个共同的参数

 C. 比 GEV 方法更多的估计参数，并且不与 GEV 方法有任何共同的参数

 D. 与 GEV 方法相比估计参数较少，并且不与 GEV 方法有任何共同的参数

 答案解析： B

 POT 方法通常具有较少的参数，但 POT 和 GEV 方法有一个共同的形状参数 ξ。$\xi > 0$，这意味着肥尾。

2. 在 POT 方法中设置阈值时，以下哪个表述最准确？设置阈值相对较高会使模型（　　）。

 A. 更适用但会减少建模过程中的观测数量。

 B. 更不适用并会减少建模过程中的观察数量。

 C. 更适用也增加了建模过程中的观测数量。

 D. 适用性较差但增加了建模过程中的观测数量。

 答案解析： A

 在设定阈值时需要权衡。它必须足够高才能保证极值理论的适当运用，但如果设置得太高，就没有足够的观察数据来估计参数。

—— 第 20 章 ——
模型风险

一、模型的验证	1. 模型验证过程	★★
	2. 模型的定性验证	★★★
	3. 模型的定量验证	★★★
二、模型风险	1. 模型风险的两大问题	★★★
	2. 模型风险的识别	★★★
	3. VaR 值估计的问题	★★★
	4. 模型风险的案例	★★
	5. 模型风险的计量	★
	6. 模型风险的管理	★★★

本章导论

　　本章节主要分为两部分，第一部分是评级模型的验证。评级模型的验证是监管层提出的，主要包括模型验证过程的大框架、定性验证的要素和定量验证的要素；第二部分是模型风险。包括模型风险的来源、特点、VaR 模型估计存在的问题还有模型风险的经典案例。通过本章节的学习，考生应能掌握评级模型的定性定量验证要素、模型风险的识别以及估计 VaR 模型存在的问题。

1. 模型的验证

1.1 模型验证过程

考纲要求——
比较验证内部评级的定性和定量过程。

模型验证不仅仅包含操作风险，还包括市场风险和信用风险、流动性风险，等等。巴塞尔委员会对内部模型验证提出了非常高的要求，要求建立独立的模型验证部门，模型验证包括模型的**定性验证**（qualitative validation）和**定量验证**（quantitative validation），涉及到模型的架构、模型的方法论、模型的流程和程序，这是一个整体的要求。模型验证的范围非常广泛，从底层数据到业务流程再到整体数据系统，还有整个模型的框架逻辑以及最终的准确性，都要有明确的评估，内容很琐碎。

模型验证同样要设置内部的组织架构，同样自上至下具有三道防线。第一道防线是业务条线的管理，指的是模型应用的部门，在日常应用过程中会发生哪些问题，这些问题要尽早的发现；第二道防线是验证部门，每家银行都有独立的验证部门，这个部门就要起到第二道防线的作用；第三道防线是公司的高级管理层，包括 CRO、COO、CLO，等等，高管层要对模型负责任。

1.2 模型的定性验证

从定性的角度：模型的运作过程中，我们要验证流程的建立机制、应用特点、过程中可能的局限性和使用的合理性，分析如果出现模型问题的话，应急预案是怎样的。针对信用风险的评级系统，定性层面要关注量化模型使用的准确性和合理性，包括评级系统的设计验证和评级系统使用的数据验证，评级系统的设计验证包括：

> 如何**得到违约概率**（obtaining probabilities of default）

评级系统得出的违约概率和实际的违约概率差异有多大？得到违约概率通常是要构建模型的，有些公司会建立宏观经济模型，比如用 GDP、CPI 等宏观经济指标来建模，还有的公司会用微观指标建立模型，比如用客户的资产负债率、现金比率等。不管从哪个角度建模，从定性的角度，我们要先看这个模型的结构是否合理。

> 数据的**完整性**（completeness）

完整性是指模型是否覆盖了所有的客户类型，评级系统是否考虑了所有核心的因素，比如一家公司的客户有大公司、中小企业、政府机构、医院、学校，那么要检验模型是否把这些客户都覆盖进去了。

> **客观性**（objectivity）

评级系统是否客观的反映了市场上所有的应该要考虑进去的因素，收集的数据不能有人工修改的痕迹，除非数据本身有误，这是客观性要求。

➢ **可接受性**（acceptance）

假设要算一家公司的资产负债率，这家公司提供的数据只有和资产相关的，没有和负债相关的数据，就没有办法计算资产负债率，这种数据的可获得性就较差，必须要收集更多的数据来评估。

➢ **一致性**（consistency）

一致性考虑的是评级系统是否和市场上一些客观的环境背景保持一致，同时对于类似的公司，评级的结果应该是差不多的。

1.3　模型的定量验证

从量化的角度：我们在评级当中得到的一些实际的风险测量的数据，要跟事后的数据做对比，要对模型当中的核心参数的准确性做评估，基于一些基准模型进行分析，进行压力测试等等。定量验证主要验证评级模型的判别能力以及对违约的预测能力的好坏，包括：

➢ **样本的代表性**（sample representativeness）

样本的代表性是从统计角度，验证样本的解释力度的好坏。是指在构建模型时，这个模型是否代表了这家银行的整体客户特征。比如一家银行是一个全国性的商业银行，按照贷款区域，这家银行在东部地区的贷款占比是 60%，西部地区的贷款占比是 20%，中部占比 20%。那么在构建模型的时候，抽取样本也可以按这个比例抽取，否则得到的模型就不能反映这家银行的情况了。

➢ **模型的区分能力**（discriminatory power）

模型的区分能力是指模型能不能把一个好客户和一个违约客户有效的区分，不仅要站在银行整体的角度，而且在不同分行，不同地区也要做到有效区分。

➢ **稳定性**（dynamic properties）

稳定性指的是评级的迁移情况，用的工具是评级转移矩阵。一般转移矩阵对角线上的概率是很大的，如果我们要对比一下每一期的评级转移矩阵变动大小幅度，一般可以计算矩阵特征值，特征值越大，越接近于 1，说明模型是越稳定的。如果特征值相差很大，说明模型是不稳定的。

➢ **校准**（calibration）

模型校准是定量验证里面最重要的一个因素，就是对参数估计的验证。校准的最终目标是检验模型预测的违约率和真实的违约率是否能够有效的契合。每家银行都有不同评级的客户预测的违约率，通过观测过去 1 年不同评级客户真实违约率是多少，计算二者之间的差异，这就是模型的校准。

定量验证过程中，我们要收集有效的数据集，这个数据集要满足以下的性质：

（1）数据要完整，是否包含了所有应该考虑的数据。

（2）考虑可得的数据的规模有多大，数据量要足够多，满足建模的标准，数据量少的话模型可能就不准确。

> **考纲要求——**
> 解释如何验证校准和评级模型的辨别力。

（3）验证数据的代表性的好坏。

（4）数据来源要满足一致性和完整性，要有一个比较好的流程来确保数据的质量。

（5）数据的清洗步骤，这个步骤占据了建模的大部分时间

> **名师解惑**
>
> 数据清洗步骤占据了建模大概 80%～90% 的时间，建模的很多时间都是用在收集数据、整理数据、清洗数据上，比如某家公司提供的财务报表不全，有些数据可以算出来，有的数据算不出来，就会对分析过程产生影响。再比如有的资产数据缺失，或者出现异常值的情况，也会给建模带来问题，这些异常值如何处理，就要用到数据清洗的步骤。

验证模型数据质量的时候应注意：对于违约数据，要具有可靠性。在数据收集过程中要与 Basel II 对违约的定义保持一致。注意样本大小和样本同质化：理想情况下，样本必须由相同的"贷款技术"生成。数据引用的时间跨度：理想情况下，数据集应该通过考虑整个信贷周期来生成。验证过程还必须注意数据的预处理活动（preliminary data treatment）（如发现和管理异常值（异常值是直接去掉还是用整个分布的均值加上 3 倍标准差代表呢？）缺失值（用中位数还是平均数代替呢？）和一些客户部分数据代表性偏差）。建议构建各种样本，一个用于支持模型构建，另一个用于对模型的性能进行样本外（用一批没有在模型里覆盖的样本，看看这个模型是否也能适用于这些数据）、时间外（样本抽取的数据可能是过去 3 年的，现在看看这个模型是否适用于今年）和经验外的验证。

所有的验证都要评估真实的违约概率和预测出的违约概率之间的差异，不管用哪一种验证方法，都要注意每一种方法都有局限，巴塞尔委员会的论文指出了一些评估正确校准的测试：二项式测试、卡方测试（或 Hosmer-Lemeshow）、常规测试和交通灯方法。这些测试都有重要的局限性。因此，我们可以用巴塞尔委员会的话来总结："目前还没有真正有力的、足够校准的测试。

2. 模型风险

2.1 模型风险的两大问题

模型风险包含两大类问题，一是模型建模本身相关的问题，包括模型的假设、参数等问题；二是模型使用相关的问题。和模型本身相关的问题有：

（1）在建模过程中，假设标的资产的分布是恒定不变的，比如恒定的均值或者标准差，这种假设比较强烈，可能存在问题。对于不同资产的分布，建模的时候我们会发现，如果长期采用同样的均值和标准差来建模的话，可能会出现肥尾的情况，之所以会出现肥尾，是因为在一段时间内，整个实际的数据的波

动率是在不断变化的，而用单一的确定均值和标准差的分布去建模可能会出现肥尾的问题，这个时候如果要更好去建模这种情况，可以采用体制转换的模型，在不同的波动率的情况下用不同的正态分布去进行建模，这样就可以规避肥尾出现的情况。

（2）在建模模型的时候，关注的风险度量维度数量可能会低估。以债券为例，我们可能会研究利率风险和信用风险对债券的影响。但是可能会忽略一些因素，假设该债券是一个证券化产品，就还要考虑现金流的变化，它可能会有提前偿付风险。如果建模的时候忽略掉一些风险因素，可能会对模型带来一定的问题。

（3）完美的资本市场的假设，即市场上没有摩擦，没有交易成本，所有人具有相同的预期。这种假设条件下，可能与市场实际情况产生差异，也会带来一定的模型风险。

（4）忽略流动性的影响，流动性在金融市场上对于不同产品的价格、风险有很大的影响，如果建模的时候忽略流动性的话，也会带来一定的模型问题。

（5）模型应用在不准确的情形中，比如要建模的是债券的价格，使用的是BSM 模型，他们之间就存在一定的差异，因为 BSM 是有一定的假设的，而这些假设是不适用债券产品的，这个时候也会出现模型风险。

模型使用相关的问题：

（1）模型实施过程中可能会有一定的数据帮助进行参数的估计，如果输入的数据错误，得出的参数估计就会有问题。

（2）进行样本抽样的时候，如果采用的抽样的区间并不是非常的合理的话，也会使模型建模产生一定的问题。

（3）一些核心的参数，如反映流动性风险的买卖价差，在使用的时候如果采用错误的维度进行分析的话，可能也会对模型带来一定的影响。

— 考纲要求 —
解释模型使用时可能出现的问题。

2.2　模型风险的识别

模型风险的来源：

➢ **模型的设定过程中（incorrect model specification）产生的问题**

■ 随机过程的设定错误，比如在一个随机过程里，我们假设股票价格服从几何布朗运动，几何布朗运动指的是股票价格的收益率服从正态分布，但是现实生活中股票价格的收益率很多情况下不是正态分布，而是厚尾的，这样构建模型的时候就会产生问题。

■ 丢失了风险因子，比如给期权定价的时候，以 BSM 公式为例，BSM 定价公式里假设波动率是常数，但实际上波动率是利率的函数，它也是股票价格和时间的函数，我们简单的假设波动率是常数，就会丢失一些信息。

■ 不同因子之间的关系设定错误，比如 BSM 公式里的股价是波动率和

— 考纲要求 —
识别并解释可能引入模型风险的建模假设中的错误。

利率的函数，所有的因子之间是相互影响的，不应该忽略这些变量之间的关系，建立模型的时候应该考虑到这些问题。

■ 忽略交易成本、流动性因素，比如套利时如果考虑到成本，套利可能是没有办法进行的。美国次贷危机之前，资产支持证券的定价是用AAA级公司债的收益率加上一个溢价来折现的，但是次贷危机发生的时候，资产支持证券的流动性很差，再用同样的方法给资产支持证券定价算出来的结果并不是它的真实价格水平，这时候的溢价已经显著上升，因为流动性很差。所以在用模型给产品定价的时候，要考虑综合的相关的因素。

关于模型设定的问题都是和模型假设相关的问题，一旦假设出现了问题，最终我们得到的模型都是可能会有问题的。

➤ 模型应用过程（incorrect model application）中产生的问题

■ 使用了一个错误的模型，比如用二叉树和BSM公式给期权定价，二叉树可以用来给美式期权定价，但是BSM定价公式不能给美式期权定价，如果用BSM定价公式给美式期权定价，就是使用了错误的模型，模型本身没有问题，但是用错了地方。

■ 使用蒙特卡洛模拟的时候，随机数生成器产生了问题。在蒙特卡洛模拟的时候本来应该是生成标准正态分布，但是如果生成的所有随机数都是负数，就说明模拟的过程产生了问题，蒙特卡洛模拟本身是没有问题的，但是应用失误了。一旦随机数生成器产生了问题，那么模型结果就会有问题。或者模拟的次数不够多，本来应该模拟10万次的，实际上却只模拟了100次，这样结果肯定是不准确的。

> **名师解惑**
>
> 回顾蒙特卡洛模拟，首先是生成从0至1的均匀分布的随机数，然后映射到标准正态分布的累积函数，由于概率是均匀发生的，我们产生的结果必然是中间多两边少，就服从一个正态分布的图形了，这是随机数生成的基本原理。

➤ 模型实施过程（implementation）中产生的问题

在实施模型或者选参数的过程中产生了失误，比如在评估产品价格的时候，有两种方法，一种是盯市（mark to market），对于市场上有活跃交易的产品，采用盯市的方法来确定产品的交易价格，但是有的产品交易不活跃，我们采用盯模（market to model）的方法，这两种方法得出来的结果肯定不一样。例如评估一个产品的风险，可以采用标准差也可以选择VaR值来进行评估，标准差大，说明风险大，赚钱的可能和亏钱的可能都会变大。而VaR值大，只会说明亏钱的可能变大，所以在选择风险指标来帮助银行风险管理，要关注风险指标具体的定义。

> 模型校准过程（incorrect calibration）中产生的问题

■ 模型校准最常见的问题是没有及时更新，因此模型校准过程要注重更新。比如一家银行的不良率是 3%，这个 3% 可能是经济环境比较好的时候的不良率，现在银行的不良率变成 2.3%，同时经济环境也发生了变动，我们在进行违约概率校准的时候就要去关注经济环境发生的变化，校准也要随时的更新，不能再用以前的参数去建模了。

■ 估计市场上的波动率和相关性。估计波动率和相关性用的大部分都是历史数据，我们可以构建 EWMA、GARCH 模型，等等。如果用次贷危机发生之前的数据，估计出来的波动率就会比较小；如果估计的时间窗口包含了次贷危机，那么估计出来的波动率和相关性就会很大，所以选择不同的分析时间，对结果也会产生很大的影响。

■ LTCM 之前的一个策略是买入俄罗斯的国债，卖出德国的国债，根据历史数据，这两个产品的相关性很高，一旦危机发生了，相关系数几乎变成了 -1，俄罗斯国债发生违约了，买入的俄罗斯国债价格下跌，德国国债相对比较安全价格上涨。出现了两边亏损，于是它之前的套利过程完全失效了。失效的原因就是因为 LTCM 忽略了波动率和相关性随市场的变化。所以模型的及时校准是非常重要的。

> 编程和数据（programming and data problems）应用中产生的问题

■ 如果说模型的基础设施有问题，或者模型交易的编程出了问题，也会产生很大的影响。

■ 数据是模型最基础的信息，如果数据产生了问题，就会产生模型风险。

名师解惑

2014 年的光大证券乌龙指事件，就是由一个程序员的数据编程失误造成的。当时的光大证券的一个投资策略是卖出 ETF，该 ETF 是由一系列的股票构成的，并且分别去买入相应的股票来做风险对冲，通过模型分析发现，市场上很多股票的价格被低估了，光大证券采取的策略是，买入低估的股票，同时卖出手里持有的 ETF 来套利，套利本身没有问题，但是套利过程中，编程人员将买入 100 股股票输成了 100 手，扩大了 100 倍，导致很多权重股涨停，很多散户跟风进去，第二天这些股票又跌了回来，就因为光大证券一次性买的太多了，操作发生了失误。后来投资者将光大证券告上了法庭，但是他们承受的亏损还是没有解决。光大证券的软件是外包给其他公司做的，之前光大证券发现了类似的问题，但是外包公司的程序员已经离职，于是光大证券自己做了修复，之前的漏洞修复了，又产生了新的问题，导致了最终光大证券乌龙指事件的发生。

考纲要求——
解释如何通过实施VaR模型以及将风险因子映射到投资组合头寸来产生模型风险。

2.3　VAR 值估计的问题

风险管理过程中，我们最主要关注的模型问题主要出现在在险价值的估计以及映射过程中。

（1）VaR 值有两个参数，一个是置信水平，不同机构采用的维度是不一样的，置信水平选择 95％ 还是 99％ 对于结果有很大的影响。一个是持有期，不同的时间损失的金额也是不一样的。这样，我们在分析大的 VaR 值和小的 VaR 值的差异的时候会比较模糊，因为采用的参数不一样。即使选择相同的置信区间和持有期，得出的 VaR 值估计也不一定可比。因为 VaR 值的计算方法可能不一样，可以用历史数据计算、也可以用参数法计算，两种计算方法存在一定的偏差。

（2）有许多计算和建模的决策可以极大地影响 VaR 结果：

- 时间序列的长度的选择，是选择 1 年的数据还是 10 年的数据会影响结果。
- 关于矩的估计，采用什么样的技术估计均值和方差对于结果也有可能产生影响。
  - ◆ 对于 VaR 模型映射的技术，映射过程要求把资产的风险特征映射到一些核心的风险维度上去，有时候在映射的时候会存在找不到合理的风险因子的情况，比如 MBS 产品，MBS 是一类固定收益类产品，我们在分析它的时候会考虑利率对它的影响，但是这种产品又具有其他的特征，MBS 产品的标的资产会有提起偿付，那么这个时候我们在分析的时候还要考虑提前偿付风险，这种风险因子很难去建模。是否能找到合理的风险因子去反映资产的风险对最终的映射甚至风险管理会带来一定的影响。

名师解惑

以研究债券的 VaR 值为例，可以用本金映射，只考虑本金的变化；也可以用久期映射，考虑了未来所有现金流的平均回收期限。还可以用现金流映射，这种方法对于 VaR 值的计算结果是最准确的，也是最复杂的。本金映射最简单，模型风险最小，结果最不准确。

映射过程中存在的问题：

- 映射过程要有一个权衡，例如债券的映射要在现金流映射和久期映射之间做一个选择，现金流映射较准确但是模型风险大，久期映射相对不准确但是模型风险小，这里就涉及到权衡的选择。
- 映射过程中要关注模型数据的可获得性。比如房地产抵押贷款支持证券，次贷危机之前给它定价的时候用的是 3A 级的公司债收益率加上一个溢价，随着金融危机的发生，溢价发生显著变动，用 3A 级的公司债就不能准确定价了。

不正确的映射可能带来的影响：

- 映射过程可能产生基差风险（basis risk）。有时候，我们在分析一些头寸的时候会发现，一个需要进行风险管理的头寸和它的对冲工具，二者相关性通常是较高的，有时会映射到同样的风险因子上去。那么在这个过程中就会出现一个问题，即被对冲的资产组合估算出来的 VaR 值是很小的，因为二者映射到同样的风险因子上去，相互间的风险会有抵消。但实际上，这当中可能存在基差风险，因为二者可能并不是完全同一类的产品，只是映射到同样的风险因子上，可能有些特殊的风险因子并没有考虑到，这种情况也容易出现模型风险。前面介绍的 LTCM 的案例就包含基差风险，两种资产由于相关性发生了反转最终导致了模型的失效。

- 映射过程可能产生流动性风险（liquidity risk）。流动性风险主要涉及到可转债的交易，一个可转债等于一个普通债券加上一个看涨期权，通过这个等式投资者就可以套利，但是看涨期权和普通债券的流动性要比可转债的流动性大得多，可转债的价格低并不意味着定价不合理，还要考虑流动性的因素，还要考虑买卖价差的影响，也许加上买卖价差才是可转债的合理价格，那么在套利的过程中，有可能因为流动性风险的存在，导致套利不能正常进行。

- 如果在估计波动率的时候，用到 EWMA 模型，这个模型里有一个衰减因子的选择，这个参数的选择也是会对最终结果有很大影响的。

- 在使用蒙特卡洛模拟的时候，用模拟的方法计算 VaR 值的时候，要关注随机数的生成。

2.4 模型风险的案例

—考纲要求—
解释2005年信用相关性事件的损失原因。

➢ 2005 年信用相关性事件（the 2005 credit correlation episode）

2005 年，很多投资者的策略是卖出 CDX. NA. IG 股权层级的保险，CDX. NA. IG 是一个信用违约互换的指数，NA 表示北美，IG 表示投资级，相当于是卖出了一个 CDS，承担了股权层级的信用风险，近似可以看成是买入股权层级，通过这笔交易可以收到保费，但是一旦股权层级发生违约，要偿付给投资者全部的损失。同时买入中间层级的保险，相当于是买入了一个 CDS，近似可以看成是卖出中间层级，这笔交易要付出保费。

期初的时候，股权层级的风险大，较容易违约，保费高；中间层级的风险相对较小，保费较低，投资者收到一笔比较高的保费，支付相对低一点的保费，所以期初的时候是赚钱的。通过这笔交易可以找到一个对冲比率，这个对冲比率是在交易成立之初，卖出股权层级的保护和买入中间层级的保护，二者之间的比值是按照违约率的变动对组合价值不造成影响来设计的。为了确定对冲比率，即我们要做空的中间层级的数量，我们使用违约敏感性，即 default01，default01 是指违约概率发生 1 个基点的变化，每个层级的价值发生多大的变化。

计算出股权层级和中间层级的 default01，就可以计算出 1 份的股权层级需要几份的中间层级来对冲，通过这样的对冲，可以使得 default01 为 0，也就是说，从交易成立之初，如果违约概率发生小幅变化，不会对整个的交易产生任何影响，这种交易通常在违约概率发生大额变化的时候会产生收益。假设在交易开始时，预期违约率和隐含违约相关性是 3% 和 0.3。净资产值为 1 000 000 美元名义头寸的股权层级的 default01 为 −6 880。也就是违约概率上升 1 个基点，股权层级的整体价值下降 6 880 美元。中间层级的 default01 是 −0.072 12，也就是违约概率上升 1 个基点，中间层级的整体价值下降 721。对冲比率约 −6 880/−721 = 9.54，也就是说，买入 1 000 000 美元名义价值的股权层级，需要卖出名义价值为 9 540 000 的中间层级，这就可以创建一个违约风险中性的组合。这个对冲组合的损益如下图，横轴是违约率，纵轴是损益情况。市场上的违约率是 3% 的时候，达到了完全对冲风险，当违约率小幅上升或者小幅下降时，整体的组合都会赚钱，这就类似于投资者买入了一个跨式期权，不管价格上涨还是下跌，投资组合都会盈利，损失只是期权费。但是现实生活中产生了问题，第一个因素是投资者假设回收率是恒定不变的，但实际市场上的回收率是一个随机的过程。主要的原因是第二个因素，由于模型假设违约率发生小幅变动，但是这个模型忽略了资产之间相关性的变动，而投资者是基于相关性不变的假设。这个投资结构是基于一个资产池，这个资产池里有很多的抵押贷款，这些贷款每过一个月都会给银行支付一定的现金流，银行把这些现金流做成不同的层级打包卖掉，这些层级里股权层级的风险是最大的。假设现在违约相关性增加了，说明股权层级可能不违约，也有可能全部违约。如果全部都违约的话，中间层级的风险也会增加，如果全部不违约，那么股权层级可以赚取很多的收益。所以对于股权层级来说，相关性增大，风险是下降的。再来看这个投资策略，买入股权层级，卖出中间层级。如果相关性下降，一旦有违约发生，股权层级就会亏损，所以股权层级的风险增加，卖股权层级的保护就是亏的。而中间层级，因为相关系数的下降，所以违约不会同时发生了，因而风险减小，买中间层级的保护就是亏的。投资者持有的风险增加了，卖出的风险下降了，发生了两边亏损，这和 LTCM 面对的困境是一样的，所以在建模的时候要考虑到资产之间的违约相关系数，如图 20-1。

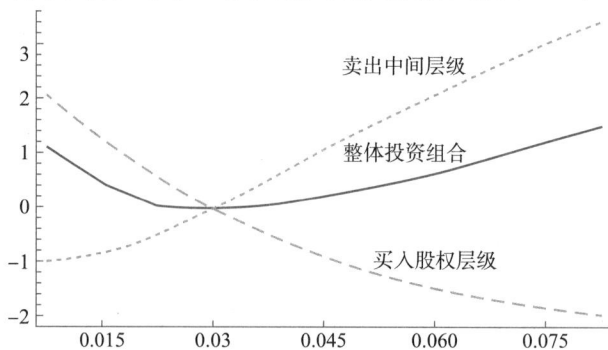

图 20-1 股权层级与中间层级的对冲

如何管理相关性的风险呢？相关系数通常都假设是静态的，但是现实生活中相关系数是在变的。所以我们要采取两个措施：一是对相关性做压力测试，测一测如果市场朝着我们不利的方向变动，会对资产组合产生怎样的影响。二是**重叠对冲**（overlay hedge），重叠对冲是指对于标的资产池当中一些核心比较容易发生违约的资产单独的去买保护，来控制未来可能发生的风险，这样的话可以减少因为相关性假设的情况带来的风险。

➤ 次级贷款违约模型（subprime default models）

次贷危机期间，对于结构化产品的风险分析，评级机构给到的评级模型并不准确，评级模型之所以出现问题，主要在于两个非常严格的假设，而这两条假设并不符合实际情况。第一个假设是美国的房价一直上升，但实际情况是房价在进一步下跌，这是评级模型没有考虑到的。第二个假设是不同区域之间的相关性很低，不同区块间房价的变动不会有相互间的影响。但是当时市场上几乎所有地区房价都在下降，相关性是上升的，这个假设也是评级模型没有充分估算风险的原因之一。这两个假设在当时的市场上都被突破了，导致模型估计是不准确的。

> **名师解惑**
>
> 　　美国是从 2000 年开始房价上升的，一直到 2006 年上半年，所有人都觉得房价一直上升的这个假设很合理。当时的美联储主席格林斯潘把这个现象比喻为"非理性的繁荣"。

➤ 伦敦鲸交易损失（London Whale Trading Loss）

考纲要求——
解释模型风险对 2012 年伦敦鲸交易损失和 1998 年长期资本管理公司崩溃的影响。

伦敦鲸案例指的是摩根大通银行的首席交易师，这个交易师做了一个合成信贷组合的交易，这个合成信贷组合交易主要是信用违约指数的交易。在当时的交易中，出现了一些损失，他并没有进行止损，而是想办法隐瞒损失，在记录收益情况的时候，本来用的是比较保守的价格来反映收益情况，这样的话收益的反映情况是比较客观的。为了隐瞒损失，他调整成了使用一个对他有利的价格来进行收益的确认，这样会虚增收益，就隐瞒了损失，这也属于模型风险，他在模型输入的参数中进行了造假。除以之外，在伦敦鲸的交易案例中，风险管理文化是缺失的，在风险管理的过程中，确实有限额的管理，但是这些限额涉及到不同的方面，比如 VaR 的限额，信用利差的限额。限额在当时都已经被突破了，被突破之后高管层并没有去进行风险管理的分析和止损，而是继续隐瞒损失来交易，减少资本要求，这也反映了摩根公司的管理问题。当时的 VaR 模型在被突破以后相关人员对此进行了调整，又捏造了一个 VaR 模型，而这个模型能够使得 VaR 值从一开始突破限额的状态下降 50%，这样就能使风险和需要留存的资本进一步下降，这也属于模型风险，由于对模型随意的调整，使得模型的结果出现天差地别的差异。

> ➤ LTCM 案例

长期资本管理公司所建模的交易模型以及风险管理的模型，在设计的时候，没有充分考虑到市场极端情况带来的恶性循环，比如相关性接近于 1、波动率大幅上升、流动性枯竭等，在模型设计中有一些假设是不适用于对冲基金的，这些假设也最终导致了模型估算是不准确的。第一，经济资本留存的时间，对于经济资本的留存要求，是经济资本能够用于覆盖可能会遇到的风险并能帮助银行渡过难关。对于对冲基金，经济资本的度量、时间段的选择不能和常见的银行业金融机构一致，银行业经济资本留存，我们考虑的时间段是比较短的，比如市场风险是 10 天，因为 10 天内的变化是很大的。但是对于对冲基金，如果出现问题，要去市场上筹资或者进行缓释，10 天的时间相对来说会比较短，所以对于对冲基金的 VaR 值分析或资本确认，用 10 天是不合适的。选用的时间应该允许对冲基金能够正常去市场上融资或进行风险缓释，所以时间段应该选取更长的时间，能够包含整个的融资过程，这是时间选择上的不合理性。第二，在 LTCM 的模型中，对于流动性的涉及也比较少，流动性并没有完全在 VaR 的模型体现出来。LTCM 的交易包含很多的期货合约交易，而期货合约最容易受到流动性的影响，如果出现流动性短缺的话，很有可能出现期货头寸的爆仓，这也是模型的弊端。第三，相关性和波动率风险也并没有在模型中清晰的体现，只能通过压力测试来反映，也对最终交易的模型达到的效果打了折扣。LTCM 公司的案例告诉我们对于金融机构的交易系统和风险管理系统要进行充分分析，避免这些系统中可能出现的不符合实际的假设对模型造成一定的影响。

2.5 模型风险的计量

模型风险的计量关注的还是组合的波动率，假设现在有一只债券，用了 10 个模型去估计这只债券的价格，这只债券真实的市场价格是 98 元，模型 1 估计出的债券价格是 98.3 元，第二个模型估计出的价格是 98.7 元，那么这些模型都会有误差，我们就可以计算所有模型产生的误差的波动率，如果知道了波动率，就可以知道模型风险的大小，这就是模型风险的基本理念。

2.6 模型风险的管理

模型风险的管理要求以下几点：

（1）大量的资金投入，花费更多的人力物力开发模型并且采用更好的统计手段进行模型的设计。

（2）不断的对模型独立的验证，比如和模型相关的文本的信息，模型的参数，核心假设。

（3）验证模型的**适用性**（**soundness of model**）。指的是模型是否适用于需要用它建模的产品，如用 BSM 模型对债券建模是否合适。

（4）验证独立的金融数据的获取渠道，比如是通过客观数据库得到还是通过其他人转手得到的。如用 BSM 模型给股票期权定价，那么股票的价格是否有客观的数据获取渠道，如果可以客观得到，就可以减少模型风险。

（5）与基准建模的对比分析，即将模型和已知有结论的成熟模型对比，比如新建模的期权定价模型就可以和 BSM 模型进行对比分析，看看二者之间得出的结论是否有非常大的差异，来判断这个模型是否存在问题。

（6）对模型的特性验证（health check）。对模型进行压力测试，验证模型是否符合产品的基本特性，如欧式期权的定价模型应该符合欧式期权的基本特点，如看涨看跌期权的平价定理。

（7）在整个综合的模型风险管理过程中，要设立正式的对模型风险的处理方式和处理政策，以更好的管理模型风险。

模型风险的管理有以下建议：

（1）要关注每个模型的局限性，相对的优势和劣势有哪些。

（2）关注关键的假设。

（3）要用已知的问题去检验模型。

（4）尽量选择简单的模型，复杂的模型会带来模型风险。

（5）回溯检验和压力测试。

（6）要定量的评估模型风险。

（7）不要忽略小的问题。

（8）把模型风险产生的误差用散点图的形式展示出来。

（9）定期的重新评估模型。

高管层在模型风险管理中的职责：

（1）高级管理层要知道模型的缺陷，哪些领域会面临模型风险，即使他们不是建模的专家。

（2）不能把模型看成是"黑匣子"，要知道对于底层员工应该问哪些正确的问题，了解模型的优缺点。

模型风险四步审查的过程：

（1）所有的模型要有规范化的文档化的管理。

（2）评估模型的合理性。

（3）找到合适的基准，比如用二叉树模型检验 BSM 定价模型是否准确。

（4）定期的测试模型。

独立的管理部门的职责：

（1）风险的识别和管理。

（2）要有独立的管理的执行条线，向公司的 CEO 汇报。

（3）要有明确的授权机制，比如哪些员工可以交易期货、哪些员工可以交易期权等。

（4）要有一个有效阻止交易进行的权限。

（5）对于所有风险的识别都要负责任，包括压力测试、回溯测试以及应急计划。

名师解惑

模型风险的管理是考试的常考点，考生应引起重视。

本章小结

本章主要讲解了模型风险的识别和管理的相关内容。

- ➢ 模型的验证
    - ■ 模型的定性验证
        - ◆ 如何得到违约概率
        - ◆ 数据的完整性
        - ◆ 客观性
        - ◆ 可接受性
        - ◆ 一致性
    - ■ 模型风险模型的定量验证
        - ◆ 样本的代表性
        - ◆ 模型的区分能力
        - ◆ 稳定性
        - ◆ 校准
- ➢ 模型风险
    - ■ 模型风险的识别
        - ◆ 模型的设定过程中产生的问题
        - ◆ 模型应用过程中产生的问题
        - ◆ 模型实施过程中产生的问题
        - ◆ 模型校准过程中产生的问题
        - ◆ 编程和数据应用中产生的问题
    - ■ VaR 值估计的问题
    - ■ 模型风险的案例
        - ◆ 2005 年的信用相关性事件
        - ◆ 次级贷款违约模型
    - ■ 模型风险的管理
        - ◆ 模型风险的管理的建议
        - ◆ 高管层在模型风险管理中的职责
        - ◆ 4 步审查的过程
        - ◆ 独立的管理部门的职责

章节练习

1. 复杂或非流动性产品的模型计算出的价值与相同产品在市场上交易的价格之间存在显著差异的风险称为（　　）。

   A. 动态风险　　　　　　　　　　B. 流动性风险

   C. 盯市风险　　　　　　　　　　D. 模型风险

   答案解析：D

   没有 A 和 C 选项这两种说法，B 选项指的是无法快速出售资产的风险，D 选项代表的含义正是题干的表述。

2. 以下哪一个不属于模型风险的来源（　　）。

   A. 编程错误

   B. 未重新校准模型

   C. 算法的最小舍入误差

   D. 为最初未设计模型的情况实施模型

   答案解析：C

   模型风险包含两大类问题，一是模型建模本身相关的问题，包括模型的假设、参数等问题；二是模型使用相关的问题。最小舍入误差是算法的一个有吸引力的特征，不属于模型风险的来源。

—— 第 21 章 ——
流动性风险

一、流动性风险的识别	1. 资产流动性风险	★★★
	2. 融资流动性风险	★★★
二、流动性风险的计量	1. 交易流动性风险计量	★★★
	2. 融资流动性风险计量	★★★
三、融资流动性风险的表现	1. 商业银行	★★
	2. 对冲基金	★★
	3. 货币市场共同基金	★★
	4. 抵押品市场	★★
	5. 结构化产品	★

本章导论

　　本章节是操作风险管理中最为重要的章节之一，本章全面描述了流动性风险，包括流动性风险的分类、计量方式、不同流动性风险的计算方法。通过本章节的学习，考生应能掌握外生流动性风险的 4 个计算公式，理解内生流动性在险价值的含义，了解市场上的流动性风险表现及其管理。

1.流动性风险的识别

1.1　资产流动性风险

—考纲要求—
区分流动性风险之间的差异，包括资产负债表/融资流动性风险，系统性流动性风险和交易流动性风险。

流动性风险分为三大类，第一类叫做交易的流动性风险（transaction liquidity risk），第二类叫做融资的流动性风险（funding liquidity risk），从一个企业的资产负债表的角度看，左边是这个企业的资产，右边是债务和所有者权益，融资性的流动性风险就是右半边，交易的流动性风险指的是左半边。第三类是**系统性风险**（systemic risk）。交易的流动性风险反映的是交易的资产在市场上变现的能力的好坏带来的风险，假设投资者持有一个资产或者想要买入一个资产，这个资产想买的时候买不进，想卖的时候卖不掉，或者只能以更加不利的价格来交易，这就是交易的流动性风险。交易的流动性风险是站在资产的角度看的。流动性可以通过流动性溢价来衡量其高低，普通的公司债和国债的收益率曲线的价差包含流动性风险和信用风险，流动性风险越大，价差就越大。

1.2　融资流动性风险

融资流动性风险也叫**资产负债表风险**（balance sheet risk），指的是资金借出方是否会提前撤资或调整资金出借的条款而使金融机构受到一定的影响。它是站在负债的角度，对于大部分银行来说大部分资产都是贷款，大部分负债都是客户的存款，存款是资金的来源。一旦所有的存款人都要提取资金的话，银行就会面临融资流动性风险。

> **名师解惑**
>
> 次贷危机期间的雷曼兄弟借来的很多证券的价格是下跌的，而他所投资的资产（MBS、CDS）的价格也是下跌的，雷曼面临着资产流动性风险，于是借出证券的人要拿回借给雷曼的钱，雷曼又面临着融资流动性风险。所以雷曼在次贷危机期间面临着双重的流动性风险，损失惨重。

交易流动性风险和融资流动性风险是金融机构所面临的非常大的挑战，因为这两大类风险不是单独发生的，而是会带来系统性风险，系统性风险指的是在极端的压力情景下，市场提供流动性的能力。如果市场始终能提供流动性的话，说明流动性比较好，但是也有可能市场提供流动性的能力受到一定的影响，就有可能出现系统性风险，如果系统性风险发生，那么信用的配置，关于金融资产对市场的支持，支付和管理结算都会受到严重的打击。

影响交易流动性的因素

（1）交易者的数量，市场上交易的人员数量越多，反映的流动性是越好的，就越容易达成交易。

（2）交易的频率和规模，市场上的交易频率越高，流动性越好；市场上交易的规模越大，流动性越好。

（3）一笔交易成交的时间，完成一笔交易花费的时间越短，流动性越好。

（4）交易成本，成本越高，流动性越差，成本越高就有人不愿意在市场上交易了。

（5）交易工具本身的基本特征也会影响交易流动性风险，交易所交易市场比 OTC 交易市场流动性要强。

在美国市场上，基本上都是做市商交易，做市商是一个中介机构，如果要卖股票，只能卖给做市商，做市商有一个买入价格（bid）；如果要买入股票，只能从做市商手里买，做市商有一个卖出价格（ask）。交易商从中赚取中间差价，通常用买卖价差（bid-ask spread）来衡量一种产品的流动性。买卖价差越大，就意味着流动性风险越高。

交易流动性风险的三个特征：

市场的紧度（tightness），市场的紧度反映的是来回做一笔交易的成本有多高，也就是从买入到卖出的过程的成本有多高。一般可以通过买卖价差或者佣金来反映，如果买卖价差或者佣金比较高，说明流动性较差。而买卖价差较小，说明来回做一笔交易的成本较低，这时候流动性是比较好的。

市场的深度（depth），市场的深度是指交易要达到多大的规模，才会对市场产生反向的影响。市场容量越小，影响就越大，市场价格变动越少，说明市场深度越高。

市场的弹性（resiliency），弹性指的是当交易使得市场偏离市场均衡价的时候，偏离均衡价的时间到底有多长，市场可以恢复到均衡水平的时间有多长。比如市场价格在某一刻由于一个大的卖单，价格大幅下跌，如果迅速恢复了说明市场的流动性很强，弹性大；如果恢复的很慢说明市场的流动性比较差，弹性小。

2. 流动性风险的计量

流动性风险的计量有也分为两大类：交易流动性风险和融资流动性风险的计量。

2.1　交易流动性风险计量

考纲要求—
区分外生和内生流动性。

交易流动性风险分为两大类，外生流动性风险（exogenous liquidity risk）和内生流动性风险（endogenous liquidity risk）。

➢ **外生流动性风险**

外生流动性风险指的是交易的量本身不是很大，交易不会影响市场价格，这个时候交易流动性风险可以通过买卖价差来反映，外生流动性是针对散户的，散户去买卖股票不会对市场造成很大的冲击，价格不会对市场产生影响，散户买卖股票面对的都是市场的客观价格，面对的风险都是买卖的价差的变化。

外生流动性风险的计量要引入一个概念——经过流动性调整的 VaR 值（liquidity adjusted VaR/LVaR），它是在常规计算 VaR 值的基础上，加上流动性成本的调整来计算的。VaR 值是衡量市场风险的工具，如果一种产品的流动性很差，那么 VaR 模型就会失效，因为市场数据不能体现市场的真实价格变动，不能体现市场的风险。所以要经过流动性的调整，要在 VaR 模型的基础上加上流动性成本（liquidity cost/LC）。

- 假设买卖价差 S 是一个常数，流动性成本＝0.5×买卖价差×组合价值，这里的买卖价差是一个百分比的概念。买卖价差＝（卖价－买价）/[（卖价＋买价）/2]，这样计算的目的是为了避免和资产的价格重复计算，因为（卖价－买价）是一个绝对的价差，但是在计算流动性成本的时候价格已经在资产组合的价值中体现出来了，因而我们要把买卖价差转化成相对的概念。

在收益服从正态分布的前提下，

$$VaR = z_a \times \sigma \times V, \quad LVaR = VaR + 流动性成本 = (z_a \times \sigma \times V) + (0.5 \times S \times V)$$

> **例** 假设 ABC 公司目前的股票价格为 100 美元，每日标准差为 2%。目前的买卖价差为 1%。假设买卖价差恒定，计算在 95% 置信水平下的 LVaR。
>
> 【解析】$LVaR = (100 \times 1.65 \times 0.02) + [0.5 \times 100 \times 0.01] = 3.80$（美元）

备考指南——
考生千万要记住，流动性成本的计算公式里面有一个常数0.5，这里有一个便于理解的小技巧，因为投资者可能会买可能会卖，买卖的概率可能各是一半，买卖是两个方向，计算一个方向的流动性风险，就是乘上0.5。LVaR的计算是考试的重点。

VaR 值是 3.3 美元，反映的是市场风险，考虑了流动性因素后，LVaR 是 3.8 美元，3.8 美元能够体现股票的流动性风险吗？并不全是，LVaR 由市场风险和流动性风险构成，这个股票的流动性风险有多大呢？我们需要计算一个比率，$\dfrac{LVaR}{VaR} = 1 + \dfrac{0.5 * S}{Z * \sigma} = 1.15$，也就是说流动性因素大概带来了 15% 的风险。

- 在价值服从对数正态分布的前提下，$VaR = [1 - \exp(\mu - \sigma \times z_a)] \times V$，$LVaR = [1 - \exp(\mu - \sigma \times z_a)] \times V + 0.5 \times S \times V$

假设 u＝0，$\dfrac{LVaR}{VaR} = 1 + \dfrac{S}{2 \times [1 - \exp(-\sigma \times z_a)]}$，我们可以根据这个比值来判断加入流动性考量之后跟没有加入之前的差异有多大。

> **例** 假设 $\mu = 0$，$\sigma = 0.012$，$S = 0.02$，求 95% 置信水平下，LVaR 与 VaR 之比。
>
> 【解析】$\dfrac{LVaR}{VaR} = 1 + \dfrac{0.02}{2 \times [1 - \exp(-0.012 \times 1.65)]} = 1.51$

市场上的价差虽然只有 2%，但是却能引起流动性风险增加 51%，所以流动性风险对资产风险的衡量有非常大的影响。

名师解惑

　　对数正态分布的 VaR 值是怎么计算出来的呢？假设今天某个资产的价值是 1 元，明天这个资产的价值达到极端情况，收益的极端变化是 $(\mu-\sigma\times z_a)$，如果按连续复利计算的话，这个资产的价值变动就是 $1-\exp(\mu-\sigma\times z_a)$，如果资产的价值是 V，损失就是 $[1-\exp(\mu-\sigma\times z_a)]\times V$，这就是对数正态分布的 VaR。

备考指南
考试的时候要尽量节约时间，对于这种流动性风险的计算题，有一种简便算法：$1-\exp(-\sigma\times z_a)\approx\sigma\times z_a$，只要 $\sigma\times z_a<0.1$，就可以用这个式子去算，在做选择题的时候几乎没有差异。不管资产服从正态分布还是对数正态分布，结果几乎是一样，只有在 $\sigma\times z_a$ 比较大的时候，二者的结果才会有差异。

$\dfrac{LVaR}{VaR}$ 受到 3 个因素的影响：

（1）买卖价差，买卖价差越大，$\dfrac{LVaR}{VaR}$ 越大，但是二者不是等比例的关系，只能说买卖价差和 $\dfrac{LVaR}{VaR}$ 是同向变化关系。

（2）置信水平，置信水平越大，z_a 越大，VaR 越大，而 VaR 是分母，所以 $\dfrac{LVaR}{VaR}$ 越小。

（3）持有期，持有期限越长，根据平方根法则，σ 越大，$\dfrac{LVaR}{VaR}$ 越小。

■ 假设买卖价差 S 不是常数，而是服从一个分布，这个分布的均值是 μ，给定置信水平，给定持有期，让价差以几倍的标准差扩大。则：
流动性成本＝$0.5\times[(\mu_s+z'_a\times\sigma_s)]\times V$。

名师解惑

　　这里求流动性成本的时候为什么买卖价差用的是"＋"呢？因为我们考虑的是流动性风险，流动性风险主要出现在买卖价差比较大的时候，所以是在均值基础上加上一定的标准差来计算一个比较大的买卖价差来反映流动性风险。在正态分布下，$VaR=z_a\times\sigma\times V$，$LVaR=VaR+$ 流动性成本 $=VaR+0.5\times[(\mu_s+z'_a\times\sigma_s)]\times V$

考纲要求
使用恒定价差和非恒定价差的方法描述和计算 LVaR。

例　假设 ABC 公司的当前股票价格为 100 美元，每日标准差为 2%。买卖价差的均值为 2%，买卖差价的标准差为 1%。假设价差的置信度参数等于 3，计算在 95% 置信水平下的 LVaR。

　　【解析】$LVaR=(100\times1.65\times0.02)+(0.5)\times100\times(0.02+3\times0.01)=5.8$（美元）

● 在对数正态分布下，$VaR=[1-\exp(\mu-\sigma\times z_a)]\times V$
$$LVaR=V\times\{[1-\exp(\mu-\sigma\times z_a)]+[0.5\times(\mu_s+z'_a\times\sigma_s)]\}$$
$$\frac{LVaR}{VaR}=1+\frac{LC}{VaR}=1+\frac{(\mu_s+z'_a\times\sigma_s)}{2\times[1-\exp(-\sigma\times z_a)]}$$

例 一个经理估计价差的均值和标准差分别为 0.02 和 0.005。收益分布的 $\mu=0$，$\sigma=0.012$，如果显著性水平为 0.05，计算 LVaR 与 VaR 的比率，假设价差的置信度参数 z'_α 等于 3。

【解析】$\dfrac{\text{LVaR}}{\text{VaR}}=1+\dfrac{(0.02+3\times0.005)}{2\times[1-\exp(-0.012\times1.65)]}=1.89$，表明流动性风险增加了 89%。

> ➤ 内生流动性风险

内生流动性风险反映的是交易规模是非常大的，卖出交易可能会降低市场价格，这个时候就需要分析交易规模带来的极端价值变动是什么样的。内生流动性风险指的是机构投资者，或者通常我们所说的庄家或一些大型的对冲基金，他们持有的股票量非常多，如果他们去市场上交易，就会占据市场交易量的很高的水平，买卖价差甚至可以忽略，他们的交易能真正的影响市场价格，大量卖出股票，股价会下跌，价格下跌越多流动性风险越大。所以对于机构投资者来说，他们面临的主要是内生流动性风险。如果一个投资者对市场价格反映越剧烈的话，那么这个流动性风险就越高，这就是内生流动性。

内生流动性风险也可以用 LVaR 来计算，这里引入一个新的概念——弹性（elasticity/E），弹性 $E=\dfrac{\Delta P/P}{\Delta N/N}$，分子是价格变动的百分比，分母是交易量占整个市场的百分比。市场弹性的经济含义表示买入百分之几的资产，会对价格造成百分之几的影响。假设是卖出资产，ΔN 是正数，价格是下跌的，ΔP 是负数。弹性就是负数，而且负数的绝对值越大，意味着对市场的影响就越高，绝对值越大就表示卖出同样百分比的资产，对价格的百分比会带来更大的影响。一般来说，我们研究的都是卖出资产导致资产价格下跌，引起投资者亏损的情况，VaR 值研究的就是亏损的金额：

$$\text{LVaR}=\text{VaR}\times(1-\frac{\Delta P}{P})=\text{VaR}\times(1-E\times\frac{\Delta N}{N})$$

$$\frac{\text{LVaR}}{\text{VaR}}=1-E\times\frac{\Delta N}{N}$$

由于 ΔP 是小于 0 的，所以 LVaR 必然大于 VaR。

假设现在有一家要大量卖出股票的公司，这家公司既面临内生的流动性风险又面临着外生的流动性风险，$\dfrac{\text{LVaR}}{\text{VaR}}\Big|_{\text{endo}}=1.1$，$\dfrac{\text{LVaR}}{\text{VaR}}\mid_{\text{exog}}=1.68$，这家公司整体的流动性风险就是内生流动性风险和外生流动性风险的乘积，

$\dfrac{\text{LVaR}}{\text{VaR}}=\dfrac{\text{LVaR}}{\text{VaR}}\Big|_{\text{endo}}\times\dfrac{\text{LVaR}}{\text{VaR}}\mid_{\text{exog}}=1.1\times1.68=1.848$，将二者相乘即可。

影响交易流动性风险的因素：

买卖价差：买卖价格指的就是买一和卖一之间相差的价格，现实生活中这个价格通常波动幅度是很大的。

不利的价格影响（adverse price impact），是指交易者自身活动对均衡价格的影响。

市场下滑(slippage)，如果价格呈下跌趋势，即使订单数量不足以影响市场，也会对交易者不利。

当市场上真的出现流动性危机的时候，市场上的流动性会体现在如下方面：

● 大量的卖单，交易变得很难进行；

● 没有投资者愿意买入；

● 买卖价差很大；

● 大量的像洪水一样的卖单使市场超过负荷；

● 流动性枯竭；

● 一些模型的假设(产品的流动性很强)没有办法实现；

● 计算流动性风险变得更加困难；

● 要衡量危机时流动性风险的话，就要使用极端的对于流动性风险的极值分析的一些维度：

(1)崩盘度量法(crashmetrics)：崩盘度量法假设市场上出现极端情况，判断极端情况下的合约价值变动，再判断收益损失情况，根据收益损失情况判断现金流的需求是怎样的，进而判断极端的流动性风险。假设投资者持有了一个期权的头寸，整体组合的价值：

$$\Pi = \Delta \cdot dS + \frac{\Gamma}{2}(dS)^2$$

期权价值的变动是关于股票价格变动 ds 的二次函数，要计算组合在何时价格的下跌达到最大值，只要取对称轴——$\frac{\Delta}{\Gamma}$，代入上式可得最大损失：

$$L^{Max} = \frac{\Delta^2}{2\Gamma}$$

也就是说期权价值的极端损失是 $\frac{\Delta^2}{2\Gamma}$，如果保持一定的损失比例 m 的话，那么最坏的现金流出就是 $\frac{\Delta^2}{2\Gamma} * m$，这种方法可以帮助判断未来的极端现金流变化是什么样的。但是这种方法是不精确的，在危机的时候，只考虑到二次项是不够的，甚至要考虑 3 次方、4 次方等。

假设投资者持有一个期货合约的头寸，危机时期货合约会有大量的保证金要求，这个时候再去判断和这笔交易极端价值变动相对应的保证金要求变化是怎样的，就可以判断出现金流的极端变化是怎样的，这可以帮助分析极端情况下的流动性风险。

(2)考虑最差情景：考虑极端情况下可能的现金流出，这种方法会用到之前所学到的极值理论。

(3)考虑危机的情景：涉及到情景分析，一定带有主观性。很多时候我们考虑情景忽略了相关性，可以采用历史情景来分析，因为历史情景是包含了相关性的，但是历史不一定能够预测未来，它也有局限性。

2.2　融资流动性风险计量

融资流动性风险和现金流是有关的，融资流动性风险的计量引入了一个新的概念——**流动性在险价值（Liquidity at Risk/LaR）**，它表示在一定置信水平、一定持有期内最大的可能的现金流出。因为现金流入不构成流动性风险，所以 LaR 值不考虑现金流入。如果 LaR 值比较大，说明未来的现金流出比较大，如果 LaR 是一个负值，说明未来是现金流入。

LaR 和 VaR 值之间有很大的差异，假设一个投资者持有一个债券，同时卖出一个关于该债券的期货合约。因为投资者对冲了风险，VaR 值会比较低。但是由于投资者是用期货合约做对冲，假设债券价格上涨，有可能会收到追加保证金的通知，投资者可能有较高的 LaR 值。

假设有一个投资者卖出了一个期权，该头寸的 VaR 值很大，风险较高。但是未来只有交易对手方执行了期权，投资者才有可能会有现金流出。如果期权不被执行，投资者不但没有现金流出，还会有期初的权利金流入。投资者此时的 VaR 值很大，但是 LaR 值较低。

> **名师解惑**
>
> LaR 的计算考的比较少，重要的是要理解它的定义。考生应会对比 LaR 和 VaR 的差异，考试中会出现 LaR 的定性的题目。

影响 LaR 值的因素：

（1）融资的情况，比如是否能在市场上借到资金，是否有提前收回，资金出借方是否愿意展期。

（2）保证金要求，如一些衍生品的交易会有保证金的要求，未来就可能会有现金流出。

（3）抵押物，场外衍生品交易中可能会有抵押合约的设计，现金作为一种抵押品，这个时候可能就会有现金的流出。

（4）如果一些交易涉及期权产品的话，由于期权合约可以提前执行，可能引起非预期的现金流出。

（5）投资策略的改变，比如投资者原先用期权进行风险对冲，现在用期货进行风险对冲，一般来说期货的保证金比期权的保证金要高一点，保证金要求发生变化，现金流的变动也会受到影响。

3. 融资流动性风险的表现

3.1　商业银行

在风险管理过程中，为了减少融资流动性风险，通常采用的流动性风险管理方式是资产负债管理，通常的操作方式是随时跟进和预测现有的现金以及未来要支出的现金的需求，并且保证随时能动用的现金和可变现的资产要保持在一定的比例，这样的话可以使得银行能够灵活地获取资金，来满足未来可能会遇到的未预期到的现金流出的需求。银行的资产主要是放出去的贷款，贷款的期限都很长，而负债大部分都是客户的存款，存款的期限都很短。银行在经营中就面临着这样的风险，它要用短期的负债去经营自己长期的资产，即期限的不匹配。如果存款者在同一时刻要提款，银行就可能面对**挤兑**（bank run），出现现金流的短缺，银行不可能在短时间内卖出自己的资产，而且大量卖出的时候资产价格会下跌，银行可能就面对流动性风险。未了避免流动性危机的发生，银行必须要有足够的现金和可以迅速变现的资产，通过变现的方式来覆盖这部分现金流的要求，这个时候就不太容易出现流动性风险。

在国际市场上，有很多银行会通过一些其他的方式来获取短期融资，比如同业市场融资，这个时候银行在进行风险管理的过程中会面临**展期风险**（rollover risk），也就是说同业市场是否愿意继续展期提供现金流，如果不愿意提供的话，也会给商业银行带来流动性风险。展期风险是指短期债务不能够再融资的风险，或者只能在非常不利的条件下再融资的风险。

3.2 对冲基金

对冲基金有很多不同的类型，它的流动性风险体现在资本结构当中，它最主要的资金来源于一些机构或者高净值客户，这些资金来源和它自有的资本流入，都会影响到最终如果出现流动性风险，如何进行管理。如果注入资金的人提前撤资的话，对冲基金也会面临很大的流动性风险。另外，很多对冲基金自有资本比较低，因而会借用大量的杠杆进行交易，面临流动性风险的处理能力会较差，这个情况下更容易受到流动性风险的影响。

> **杠杆收购**（leverage buyout/LBO）

如果对冲基金想要去收购其他公司，可以以被收购公司的资产做抵押，向金融机构借钱。这就是杠杆收购，也叫杠杆贷款。有的情况下，一家金融机构无法提供那么多的贷款，要多家机构同时提供，就会有银团贷款/联合贷款（syndicated loans），由几家金融机构共同提供资金给对冲基金。这种贷款的交易对手更多，风险也更大。一旦收购没有顺利进行，借的钱就可能还不上。杠杆收购中还会涉及到很多复杂的信用衍生产品，如 CLO、CDO 等，结构越复杂，面临的流动性风险越多。所以，对冲基金面临的不仅仅是融资流动性风险，一旦出现问题，很有可能造成系统性风险。

> **并购重组**（merger arbitrage）

收购过程中也会使用大量杠杆，一旦未来出现问题，导致收购被取消或者推迟，同样也会带来流动性风险。

➤ **可转债套利**（convertible arbitrage）

可转债等于一个普通债券加上一个看涨期权，给予投资者以一个约定的价格将债券转化成公司股票的权利。可转债的价格变动幅度很小，所以一般可转债套利交易会使用杠杆，一旦套利过程失败，就会面临流动性风险。可转债的流动性较差，交易量很少，投资者观察到的市场价格也许并不是可转债价格的真实反映，即使出现了定价不合理的机会，套利过程也很难实现。

3.3 货币市场共同基金

—考纲要求—
描述货币市场共同基金面临的具体流动性挑战，特别是在压力情况下。

货币市场共同基金就是从很多的中小投资者手里拿到资金，去市场上投资，投资的都是短期的 1 年以内的资产，货币市场共同基金的资金持有人在投资过程中，他们的权利相对银行存款人来说更少，风险更高。和普通的银行存款类似，货币市场共同基金最担心的就是投资者同时赎回资金，共同基金经历股价大幅下跌的情况，投资者都会去赎回，基金可能会在损失的时候对它的头寸进行交割，造成基金进一步的减值。越是赎回，基金大幅抛售股票，就越会导致股价下跌。

3.4 抵押品市场

抵押市场主要是通过提供一定的抵押品来获取资金或者资产融通的市场，这个抵押品并不一定是现金，如果是用资产换资金就是融资，如果是用资金换资产就是融券。一般来说，抵押品市场有一个核心的度量维度—折扣率（haircut/h），杠杆倍数就是 $1/h$，折扣率主要是帮助确认抵押品的价值并不是 100% 的获得对应的融资的，比如抵押品的价值是 100 元，折扣率是 10%，杠杆倍数就是 10 倍，那么能够融资的部分就只有 90 元，假设投资者要去买一张价格 100 元的公司债，需要自己再拿出 10 元去交易。假设市场上这张债券的价格从 100 下跌到 91 元，自有的 10 元原先是放在交易对手的保证金账户的，市场下跌的 9 元全部要在保证金账户里减掉，此时保证金账户里只有 1 元，市场价格下跌了 9%[(100−91)/100]，但是保证经账户下跌了 90%[(10−1)/10]，这就是 10 倍的杠杆。抵押品还会有**变动保证金**（variation margin），它反映的就是在整个借入资金的过程中，抵押品价值可能发生变化，那么投资者就会根据抵押品的价值变化灵活调整抵押品的供应。所以抵押品市场虽然为整个市场提供了流动性，但是在很大程度上也增加了市场的杠杆，增加了风险。

> **名师解惑**
>
> 抵押品的价值随时都会发生变化，所以在抵押品市场运作过程中，经常有变动保证金的设计，变动保证金指的是抵押品价值变动需要随时补充的一部分。抵押品交易可以增加市场用杠杆进行交易的能力，投资者就可以去投资收益率更高的产品。

　　主要的抵押品市场分为以下四种：

　　➤ **保证金贷款**（margin loans）

　　保证金贷款类似于融资业务，主要指的是通过借入资金去进行证券购买的业务。为了进行证券交易，投资者把未来购买的证券抵押给券商，从券商那里获得一笔资金，利用这笔资金去做其他的交易。抵押给券商的证券放在一个托管账户中，这个账户是一个单独的托管账户，通常以券商的名字而不是以证券买入方来命名的，券商对抵押的证券起托管作用，支配权归券商，券商可以进行将证券再抵押或者融券的交易，当投资者抵押的证券价格大幅下跌的时候，券商会要求投资者补充保证金，如果投资者无法补充保证金了，券商有权进行强行平仓，券商也可以将抵押的证券进行再抵押或者卖空。通过保证金贷款，整个市场会增加流动性，一旦价格下跌，也有可能面临流动性风险。

　　➤ **回购协议**（repurchase agreements）

　　回购协议是平时我们接触较多的一类交易，回购是一笔融资的交易，本质上也是一笔抵押贷款，它指的是融资是通过递交一定的抵押品获得的，操作方式是卖出资产获取资金流入，同时约定在未来某个时间又把资产以既定的价格买回来，这就是回购，它相当于是短期的卖出和长期的再回购结合在一起的交易。在这个交易中，资金借出方获取的利息收益就是买入价格和未来卖出价格的差额，回购协议本质上就是一笔抵押贷款。回购交易直接增加了市场上的负债，这个负债是经济意义上的负债，由于回购是表外交易，所以不计入资产负债表。

名师解惑

　　回购交易最早的时候抵押品都是非常安全的债券如国债，到后来抵押品变成了公司债，再后来慢慢的变成了高收益债券，这个时候折扣率也在增大，再到后面，一些贷款也能做抵押。抵押的产品流动性越来越差，折扣率越来越高。

　　➤ **融券业务**（securities lending）

　　融券业务需要的是资产而不是资金，这个时候投资者可以通过提供保证金来获得资产。借出方相当于是借出了资产而换取了费用收入。借出方始终是资产的所有人，所以资产的所有的现金流入是归属于借出方的。融券业务也有两步，首先借入股票，卖出；未来再把股票买回来，还给资产的出借方。假设交易对手 A 和 B，A 将资产借给 B，B 提供给 A 一定的保证金，这个时候资产的所有权还是属于 A 的，这是融券业务的特点。假设 A 把资产借给 B 之后，股票有一笔红利，B 应该支付红利给 A。对于 A 来说，相当于是做了一笔融资业务；对于 B 来说，是做了一笔融券业务，他可以把资产进一步的借给别人，还可以用这个资产去做**再抵押**（repledge/rehypothecated），融券业务必须要交**保证金**（rebate），亏损到一定程度就会收到追加保证金的通知。

> **名师解惑**
>
> 　　融券业务是一般公司都不太愿意去做的业务，因为它的交易机制是投资者借入股票后卖出，未来价格下跌后再还回来，也就是说投资者还回来的股票是一个更加不值钱的证券，所以很多公司不太愿意参与融券业务。

> **总收益互换**(total return swap)

　　总收益互换涉及两个交易对手，A 向 B 支付股票的收益，B 向 A 支付固定的收益。二者之间是一个零和博弈，假设股票价格是下跌的，B 不仅仅要向 A 支付固定利息，也要向 A 支付股票的亏损。所以如果对未来市场的判断失误，总收益互换也会面临流动性风险。总收益互换的交易对手通常都是银行和投资银行，银行由于不能直接进行股票交易，所以它可以通过总收益互换获得股票收益，投资银行的股票大多数也都是从其他交易对手那儿借来的，这里面就很有可能涉及到多重的杠杆。

备考指南——关于抵押品市场、总收益互换、结构化产品的流动性风险属于课外拓展内容，考生可以选择性的阅读。

3.5　结构化产品

　　像 MBS、CDO 等都属于结构化产品，这些产品通常基于 SPV 来运作，SPV 会进行融资，购入资产，购入的资产通常期限是较长的，借入的资金通常期限是较短的，这种情况下，期限和现金流极端不匹配，就有可能产生流动性风险。结构化信用产品反映的主要是期限错配的问题。

本章小结

本章主要讲解了流动性风险的识别和计量的相关内容。
- 流动性风险的识别
  - 交易流动性风险，和资产相关
    - 外生流动性风险。
    - 内生流动性风险。
  - 融资流动性风险，和负债相关
- 流动性风险的计量
  - 交易流动性风险的计量
    - 外生流动性风险的计量，研究的是买卖价差的变动带来的影响。
      - 价差是常数：$LVaR = (z_a \times \sigma \times V) + (0.5 \times S \times V)$
        $$LVaR = [1 - \exp(\mu - \sigma \times z_a)] \times V + 0.5 \times S \times V$$
      - 价差不是常数：$LVaR = VaR + 0.5 \times [(\mu_s + z'_a \times \sigma_s)] \times V$
        $$LVaR = V \times \{[1 - \exp(\mu - \sigma \times z_a)] + [0.5 \times (\mu_s + z'_a \times \sigma_s)]\}$$
    - 内生流动性风险的计量
      $$\frac{LVaR}{VaR} = 1 - E \times \frac{\Delta N}{N}$$

弹性通常是一个负数，负数的绝对值越大，对整个市场的影响越大，流动性风险越高。

- ◆ 考虑内生和外生的流动性风险的计量：$\dfrac{\text{LVaR}}{\text{VaR}} = \left.\dfrac{\text{LVaR}}{\text{VaR}}\right|_{\text{endo}} \times \left.\dfrac{\text{LVaR}}{\text{VaR}}\right|_{\text{exog}}$

- ■ 融资流动性风险的计量
  - ◆ LVaR 值与 VaR 值的对比。

章节练习

1. 当特定交易可以影响交易的流动性风险时，这种流动性被称为（　　）。

   A. 外生流动性风险   B. 未定义的流动性风险

   C. 内生流动性风险   D. 操作流动性风险

答案解析： C

内生流动性指的就是自身的交易规模可以影响交易价格，内生流动性风险指的是机构投资者，或者通常我们所说的庄家或一些大型的对冲基金，他们持有的股票量非常多，如果他们去市场上交易，就会占市场交易量的很高的水平，买卖价差甚至可以忽略，他们的交易能真正的影响市场价格，大量卖出股票，股价会下跌，价格下跌越多流动性风险越大；如果大量买进股票，股价会上涨。这道题的答案选 C。

2. 以下将流动性资产与（其他类似的）非流动资产进行比较的陈述中，哪个陈述最有可能是错的（　　）。

   A. 可以在不影响价格的情况下交易大量的流动资产

   B. 流动性资产具有比较小的买卖价差

   C. 流动性资产由于交易比较频繁，所以他们有更高的价格波动率

   D. 流动性资产有更大的成交量

答案解析： C

流动资产具有较小的买卖价差，较大的交易量，对价格的影响较小，但波动性不一定高于其他可比较的非流动资产。

—— 第 22 章 ——
回购协议

一、回购基本情况	1. 回购的交易结构	★★★
	2. 回购市场介绍	★
二、一般抵押和特殊抵押	1. 一般抵押和特殊抵押交易	★★★
	2. 回购交易特殊产品的融资优势	★★★
三、杠杆	1. 杠杆定义	★★
	2. 不同交易的杠杆	★★

本章导论

　　本章主要介绍了回购的主要交易机制以及回购交易中经常使用的两种抵押品交易的利率，最后补充了杠杆的基本知识。通过本章节的学习，考生应能掌握回购的交易原理，会区分两种不同的抵押利率，大致了解杠杆的定义及其计算。

1. 回购基本情况

考纲要求—
描述回购协议的
机制。

1.1 回购的交易结构

回购交易指的是一份合约，在交易开始的时候，投资者把证券先抵押出去拿到一笔钱，未来以更多的钱把这只债券买回来，这就是回购的交易结构。

回购交易通常都需要根据合约的约定来确定未来的买入价是多少，买入价一般是根据合约约定的借入资金和利率来计算，因为回购是短期的货币市场工具，所以采用的实际/360 来计算，利率的调整就是 r×合约天数/360。假设在交易初始时刻，A 公司卖出了面值 1 个亿的 DBR 4s 给交易对手 B，交易日是 2010年 5 月 31 日，现在的价格是 1.117 72 亿欧元，这是一个溢价交易债券。同时，A 公司要在 3 个月后再把债券买回来，回购利率是 0.23％，如图 22-1。

图 22-1　回购交易初始时刻

使用大多数货币市场工具的实际/360 的计算天数的方式，从 2010 年 5 月 31日到 2010 年 8 月 31 日有 92 天，回购价格为：$111\,772\,000(1+\dfrac{0.23\%\times92}{360})=$ $111\,837\,697.10$（欧元）。在这样一笔交易过程中，交易对手 B 在初始时刻借出资金，在未来拿到更多的钱，相当于是做了一笔投资，所以交易对手 B 通常叫做回购的投资者，回购的投资者大多数是货币市场基金，交易对手 A 发起了回购，如图 22-2。

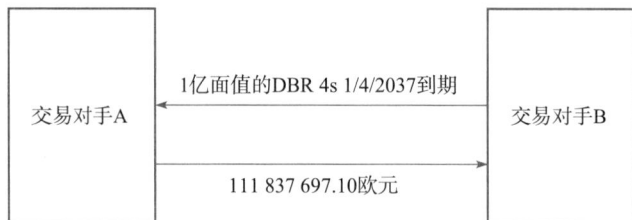

图 22-2　回购交易结束的时候

和回购相对应的是逆回购，逆回购的交易者的初始目标是借入证券，未来再把证券还回去，逆回购的参与者主要是中央银行，央行调节市场流动性的时候通常会采用逆回购的方式，从商业银行手里买回国债、政府债券，同时释放一笔现金给商业银行，这就是释放流动性的过程，即逆回购。

1.2　回购市场介绍

出于不同的目的，会有不同的人参与回购交易，最常见的目的就是现金管理，也就是说投资者可以做资金借出方，获取未来的利息收入。回购的参与者有一些政府机构、共同基金、保险公司、机构投资者等，这些机构如果有大量现金管理的需求，从保值增值的角度看可以参与到回购交易中，作为资金借出方获取利息收入。回购的投资者都是短期的，比较常见的是隔夜的，因为这些机构在参与回购交易的时候，做的是保值增值的交易，所以他们关注的是交易的安全性，也就是说他们能接受的抵押品要有高的信用质量。除此之外，还有一部分机构参与到回购交易是出于融资的需求，如银行，银行可以通过同业的短期回购的拆借市场来进行资金融入，这个时候银行是作为资金的借入方来参与回购交易的。

> **名师解惑**
>
> 在回购市场上，投资者是发起回购借入资金，而逆回购方目标是借入证券，这个证券可能是市场上新发行的，他们并不关心回购的收益率。逆回购方大多数是商业银行，商业银行做逆回购方是为市场注入流动性的。在 2007 年至 2009 年次贷危机期间，投资者交易的很多都是低质量的抵押物，低质量的抵押物价格下跌的幅度更多，而且补充保证金的时候交易对手也不再愿意接受这些低质量的证券了。所以在危机期间，投资者无法筹集更多的资产来充当抵押物；折扣率增加，流动性紧张；投资者也没有办法把自己过去签订的合约平仓，回购市场出现了大幅亏损。

贝尔斯登案例：

在 2008 年 3 月 10 日的那一周，贝尔斯登遭受了挤兑，但是当时的贝尔斯登的账面有 200 亿现金，完全可以覆盖自己的流动性。贝尔斯登为了满足提取现金的要求，就卖出自己持有的资产，市场上看到贝尔斯登出售自己的资产，纷纷抛售贝尔斯登的股票，贝尔斯登的股价在 1 个月里从 40 多美元下跌掉了 10 美元以下，并且美国市场上允许无券卖空，没有贝尔斯登的股票也可以卖空，导致贝尔斯登的股价一路下跌，最低的时候跌到了 2 美元以下，贝尔斯登的现金在一个星期之间从 200 亿美元下跌到 30 亿美元，投资者对贝尔斯登的信心的丧失导致了公司资本的快速流失，而这是无法挽救的。因为现金流的问题，导致贝尔斯登出现流动性风险，最终导致了它的失败。

> **考纲要求**
> 在2007年至2009年的信贷危机期间，评估回购交易在雷曼兄弟和贝尔斯登倒闭中的作用。

雷曼兄弟案例：

雷曼兄弟在次贷危机期间，参与了很多回购交易，一开始，在回购交易中，雷曼兄弟在金融市场上的信誉是较好的，因此他的抵押品的折扣率也是较低的，但是危机出现的时候，在回购交易中的抵押品的价值和流动性都发生了变化，这些变化让雷曼的交易对手方加大了对雷曼的折扣率和抵押品要求，目的是为了控制风险，这部分的加大并不是合理的，而是极度的调整，对雷曼兄弟的流动性产生了很大的影响，最终导致了雷曼的失败。

贝尔斯登和雷曼兄弟在次贷危机中的风险情况并不仅仅反映的是流动性的问题，但是流动性对它们的影响都起到了重要的作用，主要是为其提供回购融资的交易过程出现了问题，比如无法进行展期或者不利的抵押品条款，进而对他们造成一定的影响。

2. 一般抵押和特殊抵押

2.1 一般抵押和特殊抵押交易

—考纲要求—
比较回购交易中的一般抵押品和特殊抵押品。

回购交易根据抵押品的认可度不同分成两种情况，使用一般抵押品的交易和使用特殊抵押品的交易。前者，借出方认可的抵押品是形形色色的，没有特定的要求，大多数情况下的抵押品都是可以接受的，所以在一般抵押品的回购交易中，借出方主要获得的是利息收入。相应地，一般抵押品回购的回购利息也较高。在使用特殊抵押品的交易中，现金出借人发起回购以获得一种特定的证券。假设 A 公司把一只债券抵押给了交易对手 B，从 B 手里拿到一笔现金，这只债券就是一般抵押物，B 能够获得**一般的回购利率**（general repo rates/GC）。GC 率通常可以和**美联储联邦储备利率**（federal funds rate/FFR）来比较，美联储储备利率是由各个不同的州政府根据现金的供给和需求情况来定的，FFR 是一个加权平均的利率水平，它是不同的州政府的报价的平均数。联邦基金利率是美国同业市场上无担保的利率，通常来说是没有抵押的，有一定的违约风险，信用风险相对于回购较高，它的利率要高于 GC 率，一般用**联邦基金利率和 GC率的价差**（fed funds-GC spread）来分析市场实际情况，二者的差额会随着市场的变化而变化，当市场出现危机的时候，国债的需求量是很高的，国债等高质量的抵押品就变成了稀缺的产品，这个时候人们如果去做融出的话，更愿意接受有担保的融出而不愿意接受无担保的融出，有担保的融出要求的利息就会偏低，由于价格和收益率是反向变动的，这种情况下 GC 率会下降，FFR 和 GC 率之间的差额就会上升。

在使用特殊抵押品的回购交易中，资金借出方的主要目的是为了获得某个资产，进而可以通过这个资产进行再抵押或者融券的交易，在这种情况下，投资者对利息的要求较低，相应的，**特殊的回购利率**（special repo rates/SC）就较低。SC 与 GC 对比，SC 要低于 GC，因为它不要求赚取更高的利息收入，GC与 SC 之间的差异叫做**特殊价差**（special spread），特殊价差只体现流动性风险的差异，我们可以通过这个价差来反映市场上的融资情况。

对于 GC：A 可能抵押面值 100 元的债券，获得 95 元的资金，回购结束的时候利率是 5%，在不考虑时间的情况下，如图 22-3。

对于 SC：由于是 B 发起的交易，A 要求 B 出借更多的资金，才愿意抵押 B 想要的债券，所以 B 可能要借出 98 元，这样的回购利率是 2%，在不考虑时间的情况下，如图 22-4。

图 22-3　回购中的 GC 利率

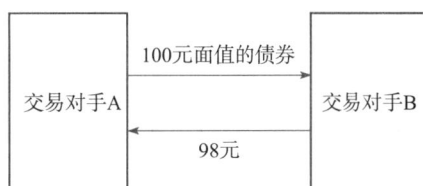

图 22-4　回购中的 SC 利率

如果把 GC 曲线和 SC 曲线画到一张图里的话，横轴是期限，纵轴是收益率水平。GC 曲线是高于 SC 曲线的，普通抵押的收益率相对特殊抵押的收益率较高。两个同样证券的信用风险、市场风险都是一样的，唯一的差异就是流动性风险差异。一般来说做特殊抵押的产品都是刚上市的产品，刚上市的产品都是

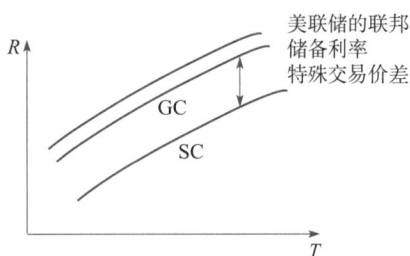

图 22-5　FFR、GC、SC 的大小比较

受欢迎的，很少有人愿意把这些产品抵押出去。在美国，GC 曲线略低于美国的美联储联邦储备利率，如图 22-5。

名师解惑

以上 3 条曲线的位置考生应熟记，考试的时候经常会问到关于 3 条曲线的相对位置。

如果国债的供应量下降，就意味着国债的价格上升，价格上升就意味着国债的收益率下降，国债的收益率下降，GC 曲线下移，就会导致 FFR 和 GC 利率之间的差异扩大。

在美国市场上，特殊价差和一个拍卖周期相关，美国市场上的国债是每 3 个月发行一次，国债采用拍卖的方式进行交易。国债有最新发行的债券（**on the run bond/OTR**）和过去发行的债券（**off the run bond/OFR**），新发行的债券和过去发行的债券的差异就是流动性的差异，一个新发行的债券的流动性很高，投资者都愿意持有，那么它的收益率就较低，而过去发行的债券流动性相对差，它的收益率也较高。如果把新发行的债券的收益率和过去发行的债券的收益率画到一张图形里，则如图 22-6 所示，过去发行的债券的收益曲线在新发行的债券的收益曲线的上方，而且越"老"越靠上，越"老"发行的债券流动性越差。

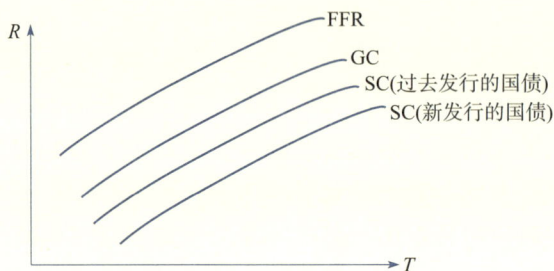

图 22-6　不同时段 SC 利率的大小比较

特殊差价并不稳定，甚至可以是相当大的，特殊价差在某些时期能达到更高的水平。虽然 OTR 特殊价差的周期不是正常的，但这些价差往往在拍卖后较小，在拍卖前达到峰值。

> **──考纲要求──**
> 描述特殊价差的特征，并解释美国财政部特殊价差在拍卖周期中的变化。

2.2　回购交易特殊产品的融资优势

评估回购交易特殊产品的融资优势：

某回购交易以 0.22% 的息差借出 100 美元，期限是 125 天，回购的收益率：$100 \times \dfrac{125 \times 0.22\%}{360} = 0.076$，现在这只债券的价格是 101.9 美元，则流动性收益率每发生 1 个基点的变动，价格变动 7.7 美分：$101.9/100 \times 0.076 = 0.077$（美元），如果我们把债券价格的波动转换为由于市场流动性发生变动造成的，那么流动性溢价的变动幅度有多大？假设债券的 DV01 是 0.085，也就是说收益率每变动 1 个基点，债券价格会变动 0.085 美元，0.077 是债券价格变动，根据公式 $\Delta p = -DD \times 1bp \times s$，$0.077 = -0.085 \times s$，解出流动性价差大约是 0.9 个基点，0.9 个基点就是融资优势，也是特殊价差。

> **──考纲要求──**
> 描述杠杆与公司回报情况之间的关系。

3. 杠杆

3.1　杠杆定义

杠杆指的是资产与所有者权益的比值，它衡量的是投入一定的资金，带来的价值是多少。所有者权益(E)是公司的自有资金，资产(A)是公司的所有能够做的业务，自有资金通过借债能够做多少业务呢？从资产负债表的角度，资产＝负债＋所有者权益，所以杠杆 $L = \dfrac{A}{E} = 1 + \dfrac{D}{E}$，D 越大，杠杆越大。通过举杠杆，公司可以利用小部分的资金赚取更多的收益，当增加杠杆的时候，股权收益也是增加的。假设一家公司资产端是 2 元，负债 1 元，所有者权益也是 1 元，那么杠杆就是 2 倍，假设资产的收益率是 10%，负债的成本是 5%，收益率 ROE＝(2×10%－1×5%)/1＝15%，虽然资产的收益只有 10%，但是经过举杠杆，比直接投资多了 5％的收益，这家公司可以获得 15％的收益。现在假设资产不是 2 元而是 3 元，所有者权益还是 1 元，负债变成 2 元，此时 ROE＝（3×10％－2×5％）/1＝20％，杠杆从 2 倍扩大到 3 倍，收益率从 15％增加到 20％，所以杠杆经营可以扩大收益。但是资产的收益是在上下波动的，如果发生了亏损，亏损也是成倍放大的。最终的收益率水平：$R_e＝L×R_a－(L-1)×R_d$，既然杠杆有放大收益和亏损的作用，那么一家公司在经营过程要用多少倍的杠杆是需要考虑的。

名师解惑

　　假设一家公司资产用 A 表示，R_a 表示资产的收益，债务用 D 表示，R_d 表示债务的成本，所有者权益用 E 表示，R_e 表示股权的收益。从资产负债表的角度，A＝D＋E，股权的收益是 $E×R_e＝A×R_a－D×R_d→R_e＝A/E×R_a－D/E×R_d＝L×R_a－(L-1)×R_d$。这就是衡量股权收益的公式，这个公式能说明通过举杠杆之后的股权收益是怎样的，可以帮助我们反映杠杆效应是多少，就可以进一步分析举杠杆之后的影响是怎样的。

3.2　不同交易的杠杆

➤ 保证金贷款（margin loans）

保证金贷款业务一般以目标资产作为抵押品来融资，而这个资产一般是留存在券商的账户里管理的。保证金贷款中一般会有折扣，如果抵押品资产是 100 元，折扣是 5％，那么实际能借入的资金就是 95 元，另外的 5 元是要自己支付的，因此 95 元代表的是借入资金，5 元就是自有资金。那么 100 元对应资产负债表里的资产，95 元对应负债，5 元对应所有者权益，杠杆＝100/5＝20。

假设一家公司用保证金贷款交易，这家公司在刚开始成立的时候资产负债表（经济意义上的资产负债表）如表 22-1：右边负债端自有资金是 100 元，即所有者权益是 100 元，这 100 元是现金，左边资产端资产增加 100 元。负债端是资金的来源，资产端是资金的去处。

表 22-1　保证金贷款初始资产负债表

资产	负债
现金 100 元	所有者权益 100 元
	负债 0 元

现在这家公司从自有资金里拿出 50 元作为保证金贷款的保证金，从券商那儿借入 50 元去市场上买入了 100 元的股票，资产负债表如表 22-2：

表 22-2 保证金贷款中间时刻资产负债表

资产	负债
股票价值 100 元	所有者权益 50 元
	保证金贷款 50 元

这家公司原本所有者权益是 100 元，资产端增加了 100 元的股票，原本就有的 100 元的现金使用了 50 元购买股票，还剩下 50 元，此时的资产负债表如表 22-3；此时的杠杆倍数是 150/100＝1.5，初始的杠杆倍数是 1，经过保证金贷款的交易，杠杆倍数上升了 50％。

表 22-3 保证金贷款结束时的资产负债表

资产	负债
现金 50 元	所有者权益 100 元
股票价值 100 元	保证金贷款 50 元

> 股票的卖空(short position)

假设初始时刻同样是有 100 元现金，所有者权益 100 元，现在投资者和经纪商借入 100 元的股票，交易所要求要有 50 元的保证金，保证金账户是投资者自己的收入，所以属于投资者的资产，将 100 元的股票卖空以后，可以拿到 100 元的股票的卖空收入，这两笔收入都是在经纪商的账户里的，如表 22-4 和表 22-5。

表 22-4 股票卖空中间时刻的资产负债表

资产	负债
从券商处借入 150 元	所有者权益 50 元
包括：	借入价值 100 元的股票
50 元的保证金	
100 元的股票卖空收入	

表 22-5 股票卖空结束时的资产负债表

资产	负债
50 元现金	所有者权益 100 元
从券商处借入 150 元	借入价值 100 元的股票

接着与初始时刻的资产负债表合并：此时杠杆倍数 L＝200/100＝2。

我们在考虑一个公司杠杆倍数的时候要考虑总杠杆(gross leverage)和净杠杆(net leverage)，总杠杆是把多头和空头作为整体来考虑的，它是把所有资产价值的总和，包括卖空所产生的现金或用现金收购的资产，除以所有者权益。净杠杆考虑的是做空对做多的抵消作用，净杠杆是做多和做空头寸的价值之差与所有者权益的比率，净杠杆更能体现风险对冲的效果，前面我们所举的例子研究的都是总杠杆，所以做空交易是可以放大杠杆的。

> **衍生品交易的杠杆**（leverage and derivatives）

在考虑衍生品交易的时候，依然是基于经济平衡表，因为这些场外的交易是不计入资产负债表的，所以是从经济的角度来看问题。在分析过程中，我们需要找到跟这些衍生品价值等价的现金标价的价值，通过这个价值来反映它给我们最终收益带来的影响。一共有两种情况：

第一，如果交易的是远期、期货和互换，这三种产品价值的变动和标的资产之间是线性的变动关系。在这种情况下，我们可以选择标的资产的市场价值来代表衍生产品的现金等价的价值，通过分析这个产品的实际价值，进而分析衍生产品的杠杆情况。

第二，期权，期权的标的资产价值变动和期权的价值变动是 1：delta，股票价值变动 1 单位，期权价值变动 delta 单位，这个时候可以用近似的方法如用期权的 **delta** 的等价值（**delta equivalent**）来计入资产负债表，通过这样的线性近似来分析期权的现金标价的等价值，进而去分析它的杠杆情况。

本章小结

本章主要讲解了回购协议和杠杆的相关内容。
> 回购的基本情况
- 回购的交易结构
- 回购市场介绍
> 一般抵押和特殊抵押
- 一般和特殊抵押交易
  ◆ GC 与 SC 之间的差异就是特殊价差
- 回购交易特殊产品的融资优势
> 杠杆
- 杠杆指的是资产与所有者权益的比值
- 不同交易的杠杆
  ◆ 保证金交易
  ◆ 卖空股票
  ◆ 衍生产品交易

章节练习

1. 提交抵押品并要求附带抵押品折扣是回购交易中的重要风险缓解因素，涉及以下哪些风险( )。

提交抵押品	抵押品折扣
A. 市场风险	利率风险
B. 信用风险	利率风险
C. 市场风险	流动性风险
D. 信用风险	流动性风险

答案解析： D

抵押品是重要的交易对手信用风险缓解因素。回购贷款以抵押品担保，这使得贷款人更不容易受到借款人信誉下降的影响。抵押品折扣对于减少回购交易中的流动性风险非常重要。在回购期间，贷方面临抵押品价值下降的风险，这可以通过要求更高的折扣率来减轻。

2. 在向管理层的陈述中，债券交易员就回购抵押品作出如下陈述：

陈述1：联邦基金利率与一般抵押利率之间的差异是特殊利差。

陈述2：在金融危机期间，联邦基金利率与一般抵押利率之间的差距会扩大。

问哪个陈述是准确的( )。

A. 两个陈述都是错的　　　　B. 只有陈述1是对的

C. 只有陈述2是对的　　　　D. 两个陈述都是对的

答案解析： C

交易员的第一条陈述是不正确的。联邦基金利率与一般抵押品（GC）利率之间的差异被称为联邦基金－GC差价。特殊差价是GC与SC之间的差异。交易员的第二条陈述是正确的。在金融危机期间，联邦基金利率和一般抵押品利率之间的差距扩大，因为国债的供应量下降，降低了GC利率（从而增加了利差）。

—— 第 23 章 ——
资本管理

一、经济资本	1. 经济资本定义	★★★
	2. RAROC	★★★
	3. ARAROC	★★★
	4. 经济资本管理的框架	★★★
	5. 经济资本框架的最佳实践	★★
	6. 经济资本管理的好处	★★
二、大型银行公司的资本管理计划	美联储的资本管理计划	★

本章导论

关于资本管理这一章，我们首先要介绍经过风险调整的表现，这里有一个绩效考核的指标 RAROC。然后介绍经济资本的实施框架，最后是美联储对美国大型控股公司的资本管理规划，这个规划是国际的最佳实践。通过本章节的学习，考生要能掌握经济资本的两个计算公式，并能根据指标判断哪些业务是创造利润的，最后了解美国大型银行控股公司的资本计划。

1. 经济资本

1.1 经济资本定义

经济资本（economic capital）指的是银行内生出来的，通过银行内部的模型来估计的银行正常运行需要留存的资本，主要针对非预期损失（UL）的资本缓冲，不包括预期损失（EL），它研究的是风险，不管是信用风险、市场风险还是操作风险。如果横轴右边表示损失，纵轴表示概率的话，就可以得到如下图所示的损失分布图，有了损失分布图，我们可以计算出预期损失，预期损失可以用拨备或者准备金来覆盖，VaR 值与预期损失之间的差值就是非预期损失，银行为了避免非预期损失，它所应该保留的资本数量就是经济资本，它能起到资本缓冲的作用，一旦发生了非预期损失，银行可以用这部分资金来覆盖。经济资本是一家银行董事会和高级管理层在进行决策管理的时候一个非常重要的工具，它的准确性受到置信水平、分析的时间段的影响，在分析经济资本的管理的时候就要对这些核心的维度进行设计。确认经济资本之后，要在不同的业务条线划分，使每个业务条线风险和收益情况都能满足整个银行的风险管理要求，如图 23-1。

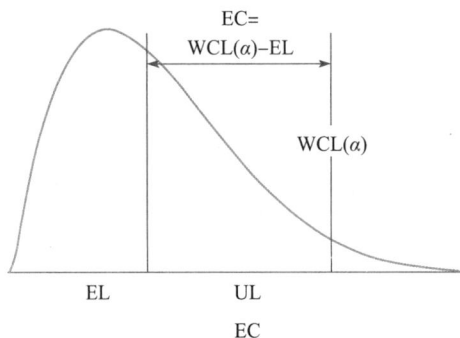

图 23-1　经济资本的划分

经济资本是一家银行的内部政策要求，内部计量经济资本的方法是要经过董事会和高管层的批准的，每家银行的计量方法都是不一样的，所以经济资本不可以在银行之间进行对比，但是经济资本可以在同一银行内部进行对比，信用风险占比高，信用风险就越大。关于经济资本，在确立的时候主要是先确立非预期损失，然后再确立对于这个非预期损失应该匹配的经济资本是多少。因为是每家银行内部管理的要求，就有很多的参数是银行自己确定的，这其中有几点基本的假设：

（1）置信水平，如果设定的置信水平很低，计算出的非预期损失也会较低，会使得资本要求比较低，分析就不够保守。所以置信水平就要设置在一个合理的水平，不要太高也不要太低。如果模型足够精细，为了满足更高评级的要求，银行可以选择一个很高的置信水平，这也是一个博弈的过程。根据风险偏好，每家银行设置的目标是不一样的。

（2）观察期，一个比较长的期限带来的不一定是资本的提高，如果衡量的时期很长的话，那准确程度就会打折扣。所以在设计的时候观察期要合理，并不是越长越好，这同样是一个博弈的过程。一般银行的观察期都是 1 年，但是对于不同的风险观察期不一样，信用风险和操作风险的观察期通常是 1 年。但是市场风险有的银行用的是 10 天的观察期，有的银行用的是 1 天的观察期，这主要是为了返回检验的需要，返回检验以看 VaR 模型是否合理。

（3）违约概率，信用风险还需要考虑违约概率，可以选用单个时点的违约概率（**at the point PD**）来进行估算，也可以把整个**经济周期**的**违约概率**（**through the cycle PD**）考虑成一个情况，用一个平均的违约概率来进行估算，经济资本确立的时候一般采用把整个经济周期考虑成一个情况来估计，因为这是一个长期的分析过程，这样可以减少经济资本的波动，使得估算结果比较平稳。

金融机构在资本管理的时候包含两部分，经济资本和监管资本，经济资本是从银行内部引申出来的评估银行正常运行需要留存的资本，监管资本是从银行外部，监管层面要求的银行在正常运行过程中，不对市场造成系统性风险的情况下需要留存的资本。监管资本的设置是**宏观审慎**（**macro-prudential**）的，宏观审慎是指每个国家在制定银行监管资本如何来进行计算的时候，都要考虑到整个宏观经济周期的影响。银行体系是具有很强的顺周期性的，经济环境比较好的时候，客户贷款不会违约，银行有好的发展，会促进经济进一步发展；当经济环境不好的时候，银行会收缩信贷，不愿意给客户贷款，经济进一步恶化。所以监管机构在考虑的时候，必须在考虑整个宏观经济周期的基础上，保证银行的资本波动不要太大。国际金融市场上最受关注的就是巴塞尔协会提出的监管资本要求。

> ——考纲要求——
> 定义和对比经济资本和监管资本。

监管资本与经济资本是不能直接比较大小的，一般来说，经济资本是小于监管资本的，但并不是绝对的。监管资本是监管机构必须要求的，经济资本是银行内部管理需要，根据内部业务定出来的，体现的是银行的真实风险。可用资本主要指银行资产负债表里所有者权益的部分，包括股票、股票的盈余、未分配利润、一般风险准备等，实际可用的资本一般来说比经济资本更大。

名师解惑

假设现在要建一栋高楼，监管资本就相当于是国家要求的最低标准，经济资本就像是银行自己画的图纸，银行可以在某些地方节省材料，但是不能比国家的标准更低。实际的资本就相当于盖楼所用的真实的材料。

1.2　RAROC

考纲要求—
描述RAROC（风
险调整资本回
报率）方法及
其在资本预算中
的使用。

关于绩效考核，有两个指标，第一个是 **RAROC（risk-adjusted return on capital）**，即经过风险调整的资本回报率，是衡量资本收益的指标，在计算经过风险调整的回报时，分子等于整个公司的业务收入加上经济资本投资的回报，减去所有的费用和预期损失，预期损失会用到公式 $EL = PD \times LGD \times EAD$，预期损失就反映了投资项目的时候承受的风险，分母就是经济资本，用公式表达：

$$RAROC = \frac{\text{经过风险调整的收益}}{\text{经济资本}}$$

$$= \frac{\text{收入} + \text{经济资本投资的回报} - \text{所有的费用} - \text{预期损失} - \text{税收}}{\text{经济资本}}$$

表示单位经济资本带来的额外风险调整收益，经济资本反映的是整个企业所要求的正常运行目标应达到的资本要求，经济资本的目标是看一看公司的经营收入是否能覆盖非预期损失，它关注的是收入覆盖资本的能力。

RAROC 计算完以后，要和公司的**自有资金的成本（cost of equity）** 对比，如果 RAROC 大于自有资金的成本，就说明这笔投资是值得的；如果 RAROC 小于自有资金的成本，就说明这笔投资是不值得的。自有资金的成本就是**评估的标准（hurdle rate）**，它是企业税后的加权平均成本，一共包含两个部分，普通股和优先股，优先股的偿付顺序是排在普通股前面的，但是优先股不能参与企业的经营。用 CE 反映普通股的规模，r_{CE} 反映普通股的成本；用 PE 反映优先股的规模，用 r_{PE} 反映优先股的成本，那么 $h_{AT} = \dfrac{CE \times r_{CE} + PE \times r_{PE}}{CE + PE}$，就可以算出每单位的资本成本所对应的加权平均收益，其中优先股的成本是事先确认的，所以直接用优先股确认的收益来反映 r_{PE} 即可，普通股的成本是通过 CAPM 模型来估算出来的，$r_{CE} = r_f + \beta_{CE} \cdot (\overline{R}_M - r_f)$，我们可以算出不同的业务模式的 RAROC，再计算出整个企业的评估的标准来分析，不同企业间的评估的标准是不同的，在不同企业间进行分析的时候就不太容易。有了评估的标准，企业就有了判断的依据，当 RAROC 大于评估的标准，我们认为这笔业务是会给企业增加价值的；当 RAROC 小于评估的标准，我们认为这笔业务是会给企业减少价值的，应该拒绝这笔交易。

> **名师解惑**
>
> 普通股的收益不是一个确定的值，是需要估算的，普通股的收益估算可以采用类似于股票的收益估算方式来分析，在一级风险管理基础这门课里，我们接触过 CAPM 模型，CAPM 模型就是对一般的股票的收益进行估算的模型，股票的收益包括两个部分，一个是无风险的部分，还有一个是风险溢价的部分，而对于股票来说只考虑系统性风险带来的风险溢价，所以股票的收益就是无风险利率加上系统性风险带来的超额收益，这样就可以算出普通股的成本了。

例　假设有一个贷款组合：

收入：8 500 万美元；预期损失：1 000 万美元；经营成本（贷款业务条线）：1 300 万美元

利息费用：5 000 万美元；经济资本的投资收入：500 万美元；经济资本：7 500 万美元

计算该贷款组合的 RAROC

【解析】$RAROC = \dfrac{85 + 5 - 13 - 50 - 10}{75} = 22.7\%$，也就是说整体的业务收入可以覆盖资本的 22.7%，或者说 1 单位的资本投资可以带来 22.7% 的回报。站在银行角度，如果 h_{AT} 是小于 22.7% 的，说明这笔业务带来的收益是较高的，超出了资本成本，就可以加大这笔业务的投资；如果 h_{AT} 是大于 22.7% 的，说明成本高于收益，企业就不会这笔投资。总的来说 RAROC 越高越好，有了 RAROC 指标，银行就可以去评估在做一笔投资的时候，这笔投资究竟值不值得。

1.3　ARAROC

考纲要求——
计 算 调 整 后 的 RAROC 以 确 定 其可行性。

RAROC 指的是一笔投资占用的经济资本能带来多少回报，这个回报率在投资过程考虑了投资可能带来的风险，但是项目究竟承担了多少的系统性风险，这一点如何去进行评估，就可以采用第二代的 RAROC 模型——ARAROC（adjusted RAROC），在 RAROC 的基础上扣除掉系统性风险带来的超额收益，用无风险利率作为判断依据，$ARAROC = RAROC - \beta_E(R_M - r_f)$，$R_M - r_f$ 指的是市场的超额回报率，这样计算出来的就是系统性风险以外的超额收益，算出来的 ARAROC 要和无风险利率进行比较，如果大于无风险利率，说明这笔投资是值得投的，风险是值得冒的；如果小于无风险利率，说明这笔投资是不值的。所有企业的评估标准都是一样的，可以使分析变得更简化。

名师解惑

$ARAROC = RAROC - \beta_E(R_M - r_f)$ 可以变形为 $\dfrac{RAROC - r_f}{\beta} > r_m - r_f$，通过这个式子也可以判断一笔投资是否值得去做，左边类似特雷诺比率，整体和市场的超额回报率比较。

例　某银行希望调整传统的 RAROC 方法，以获得考虑预期收益的系统性风险的 RAROC 计算方法。如果无风险利率为 1%，且市场组合的预期收益率为 8%，股权风险溢价为 7%，公司股权 β 系数为 1.6，若 RAROC 为 13%，以下哪个项目是可取的？

A. ARAROC 是 −7.5%，但不行，这个项目不好，因为 ARAROC 低于无风险利率。

B. ARAROC 是 -1.8%，但不行，这个项目不好，因为 ARAROC 低于无风险利率。

C. ARAROC 是 7.5%，是的，这个项目不错，因为 ARAROC 高于无风险利率。

D. ARAROC 是 1.8%，是的，这个项目不错，因为 ARAROC 高于无风险利率。

【解析】$ARAROC = RAROC - \beta_E(R_M - r_f) = 13\% - 1.6 * (8\% - 1\%) = 1.8\% > 1\%$，所以这笔投资是值得的，正确答案是 D 选项。有时候题目考察的是 $\dfrac{RAROC - r_f}{\beta} > r_m - r_f$ 判别方法，如果用这个式子判断的话，$\dfrac{RAROC - r_f}{\beta} = \dfrac{13\% - 1\%}{1.6} = 7.5\% > r_m - r_f = 8\% - 1\% = 7\%$，二者得出的结论是一致的。

在实际实施 RAROC 的时候，监管层面有一些基本建议：

（1）高级管理层的充分参与，高级管理层要积极推动 RAROC 的指标，在整个企业中进行扩散，建立业绩分析的企业文化，能够使得参与主体了解对于整个企业风险的评估是基于综合的资本收益的维度进行。

（2）一个良好的 RAROC 风险管理框架要有充分的沟通和培训，要求有专门的 RAROC 的部门，这个部门对于业绩评估指标的分析要完全透明，并且能够对所有，不仅仅是业务条线的领导，包括业务条线的参与主体，以及首席财务官等，要对他们充分的解释，使他们进一步了解基于经济资本收益来分析的业绩指标的重要性，使得所有管理层面都能充分认识到它的重要性。

（3）定期的回顾和评估，要专门设立讨论会，来定期对于经济资本管理的业绩评估指标的核心参数做一个回顾。

（4）保证实施流程的完整度和准确度，保证数据的收集和集中是准确的，使得风险和资本的估计是准确的，这样才能使得 RAROC 的计算是正确的，才能给风险管理提供有效的数据。

（5）将 RAROC 指标和一些定性的要求结合在一起，分析在整个业务条线中获得收益的质量是怎样的，对于一个业务条线的风险管理的业绩评估不仅仅要基于 RAROC，还要基于一些定性的要求分析。

（6）对于 RAROC 框架的实施还要求要有主动的资本管理的系统存在，这样能够更好地帮助 RAROC 的业绩评估。

1.4　经济资本管理的框架

考纲要求——
解释实施经济资本框架可能遇到的挑战。

经济资本框架实施过程中遇到的挑战：

（1）巴塞尔协会要求银行在进行经济资本框架中对于风险测量的时候，必须要充分认识到所计量工具的局限性。比如用 VaR 值作为风险度量维度，我们要知道 VaR 的局限性有不满足次可加性、不能够分析尾部风险，并且能够分析 VaR 值的结论带来的影响；在风险汇总过程中，巴塞尔协会建议，必须要分析不同风险之间的相关关系，比如市场风险和信用风险之间可能会出现的错路风险。在加总过程中，即使不考虑分散化效果，也可能低估风险，因为有些风险之间可能会有叠加效应。

风险汇总的方法有五种：

■ 直接相加，这是最为谨慎的方法。

■ 直接加总之后再乘一个折扣率，折扣率的确定较难。

■ 在做加总的过程要用到方差－协方差矩阵，这个计算过程会涉及相关系数，危机时的相关系数会急剧变化，相关系数如何确定也是一个挑战。

■ Copula 函数，Copula 函数针对的是非线性相关，这种方法也非常复杂。

■ 蒙特卡洛模拟，蒙特卡洛模拟面临着模型风险。

（2）模型的验证

前面我们学习过信用风险如何验证，经济资本不仅仅包含信用风险，同样的市场风险和操作风险也要验证，验证包括定性和定量角度，定性验证包括架构是否完善、流程是否健全、文档是否有效等；定量验证从底层数据开始，数据的准确完整一致性、模型是否能有效区分客户等。验证就要用到验证技术（如信用风险里的 AR/KS 等），这对验证部门的验证能力提出了很高的要求。

（3）信用风险建模的稳定性

对于一些特定的信贷组合，我们要正确的分析在压力情况下的相关关系是怎样的，相关关系可能对最终的风险造成一定的影响，所以在考虑信用组合每个资产间违约的相关性的时候，需要单独对相关系数合理建模。我们估计信用风险的时候，相关系数的准确性和稳定性在危机发生的时候会产生很大的波动，我们要关注每个模型隐含了哪些假设，哪些假设是显性的，哪些是隐性的。

（4）交易对手信用风险

对于交易对手信用风险，巴塞尔协会建议银行必须了解现存的操作手段的选择依据，并且采取类似压力测试这一类的补充手段来帮助我们更好的进行交易对手的信用风险管理，因为在国际市场上交易对手信用风险的管理还处于初期阶段，所以要重视使用的方法以及一些补充的手段。交易对手信用风险主要是指交易的衍生产品，衍生产品交易需要克服的问题：错路风险、操作风险相关的挑战、边际交易对手和非边际交易对手在交易处理上的差异以及一系列综合挑战。为了避免交易对手信用风险，我们在市场风险模型里，不仅仅要考虑VaR 模型，还要用蒙特卡洛模拟来模拟交易对手是否违约。

名师解惑

　　一般来说，单个风险加总会大于组合的风险，这是风险分散化效应。但有时候单个风险加总会小于组合风险。第一点原因，由于 VaR 值不满足次可加性，导致单个风险加总会小于组合风险；第二点原因，由于存在错路风险，单个风险加总会小于组合风险。如果有了错路风险，市场风险与信用风险会相互加强，市场风险越大，信用风险越大。

（5）银行账簿利率风险

银行的贷款通常期限都是很长的，而银行的负债期限一般是很短的，银行的资产和负债就会出现期限错配，就要通过银行账簿利率风险进行管理，我们要估计利率变动对资产价值产生多少影响。银行账簿的利率风险难以评估的原因主要有两点，一是持有期较长，二是因为资产负债端可能会因为隐含的权益，如含权的特征而使得在分析现金流的时候产生一定的难度。银行的贷款中有一些可以提前偿付的资产，这个时候就会有一些含权的成分，就会对现金流的分析造成影响，会使得风险管理造成一定的难度，那么我们要了解含权的特征的影响是什么样的，就要有一定的分析来帮助判断这些现金流的情况。如果不能很好地分析这些含权产品的风险的话，可能使得实际面临的风险要比测量的高出很多。这些现金流是非常难以进行模拟的，为了更好地进行银行账簿这一类特殊的含权资产负债的利率风险分析，可以采用和价格相关的一些度量方法。银行账户中评估利率风险的两种主要方法是缺口分析和久期分析。除此之外，还可以采用一些模拟的方法来进行分析。如要考虑到使用蒙特卡洛模拟来进行计算，模拟现金流、模拟提前偿付的可能、模拟市场利率的变化，从而分析引起整个银行账簿的利率风险变动情况。

> **名师解惑**
>
> 通常我们研究利率都是指的交易账户，交易的账户记录的是买卖的股票和债券，交易账户利率发生变动，则债券的价格发生变动。银行账户记录的是银行的存贷款业务，如果银行做了很多笔贷款，未来每过一段时间会收到贷款利息，贷款就和债券类似，所以我们在研究贷款的时候可以借用研究债券的方式。当利率水平发生变动时，贷款价值会受到多少影响呢？我们把贷款看成是债券，贷款的价值等于未来一系列的现金流的现值之和，贷款会有提前还款，提前偿付的时候分子上的现金流就发生了变动，而当市场利率发生变动的时候分母就发生了变动，所以在评估银行账户利率风险的时候，要评估利率水平和提前偿付的风险。

1.5 经济资本框架的最佳实践

考纲要求——
解释使用RAROC
分配经济资本方
法的最佳实践。

当银行使用自己的经济资本模型来进行资本管理的时候，如果监管层面要对银行经济资本框架的效果进行分析的话，分析这些银行自己使用的风险度量维度有效性的时候，国际清算银行推荐在以下十个层面来进行分析：

（1）鼓励银行用经济资本的方法来评估自己的资本充足率。使用经济资本模型来分析资本充足率的时候，要了解模型当中的特点和局限性。资本充足率的计算是基于监管资本的，现在鼓励银行用经济资本，也就是说经济资本的应用要更加广泛，那么每家银行在计算经济资本的时候要更加审慎，小心地确认哪些业务是更加占用资本的，值得注意的是单个贷款的经济资本可能是比较高的，但是如果把单个贷款放到整个贷款组合里，可能会有资本分散化的效果。单个贷款的经济资本占用高并不代表整个组合的经济资本高，经济资本是一个经过组合化之后的指标，要考虑到相关系数分散化的效果。

（2）经济资本的建立过程需要高级管理层的深度参与。高级管理层需要把董事会的想法付出实施，明白自己未来在经济资本管理中要采取哪些措施，经济资本计算采用哪些模型、采用什么样的数据、采用多少年的数据，都需要经过高级管理层的考虑。

（3）决策过程的透明度和完整性。一些大的集团，既有银行业务，又有保险、信托业务，在经济资本管理的时候，需要考虑整个集团的风险收益特征，不仅仅要考虑单个产品单个条线的风险，也要考虑整个组合的风险。

（4）风险的识别。风险识别主要是指银行要注意重要风险，如市场、信用、操作、流动性风险等等，所以银行在做风险识别的时候，首先要做重大风险评估，看看银行面对的重大的风险是什么，但是相对小一点的风险也要有明确的管理方法，如声誉风险，虽然不是操作风险，但是在公司治理的时候也要关注到声誉风险。

（5）风险的计量。要关注风险度量维度选择上采取的依据，风险计量要关注模型的颗粒度，只要是模型，就会有缺陷，风险计量的过程中我们要关注每种模型的缺陷和它的优点。

（6）风险加总的局限性。

（7）模型验证的有效性。

（8）信用风险建模的稳定性。

（9）交易对手信用风险。

（10）银行账簿利率风险。

1.6　经济资本管理的好处

—考纲要求—
解释实施经济资本框架的好处。

经济资本管理过程中的好处：

➢ 信贷资产组合管理

经济资本管理框架可以帮助分析不同参与成分、不同头寸对于整个风险的贡献程度是怎样的，而对于信贷资产组合分析过程中，我们非常关注风险的贡献程度，使用经济资本管理框架分析，就能更好地判断每个核心的资产头寸的风险贡献程度。独立风险较高的贷款不一定会给投资组合带来更大的风险。要考虑这笔贷款的分散化效果，因此，贷款对投资组合的边际贡献对于评估投资组合的集中度至关重要。

➢ 基于风险的定价

因为经济资本管理框架是基于风险来定价的模型，用经济资本管理框架来进行风险管理的话能够更好地进行管理的评估。比如对于信用资产的定价，应该包含融资成本、预期损失、分配的经济资本、额外收益，等等。通过经济资本框架来分析，考虑这些综合的因素，就能更好地帮助我们进行风险管理。

> 客户的盈利能力分析

经济资本管理框架的落实能够对客户的盈利分析提供助力，金融机构在业务运作的时候非常关注客户的盈利分析，通过经济资本管理框架能够使得单个客户的收益、成本、风险进行综合的管理，这样可以更好地帮助我们判断未来的业务走向。如果能够很好地分析收益、成本等因素，这些因素能够对最终客户的盈利和风险的评估提供一定的借鉴作用。

> 管理绩效激励机制

使用经济资本管理框架能够给管理层提供一定的激励，因为有经济资本管理的框架，决策者在决策的时候会基于这个框架，来更好地进行决策的制定，能够更好地影响到管理层的管理动机。

—考纲要求—
描述美联储的资本计划规则，并解释BHC满足有效资本充足规定的七项原则。

2. 大型银行公司的资本管理计划

美联储专门提出了大型银行控股公司的资本管理计划，结合着美国市场上综合资本分析框架，强调了美联储对于大型银行控股公司内部资本管理过程的重视，要求大型银行控股公司专门设立资本计划，基于资本计划进行综合的资本管理，这是在次贷危机之后提出的，所以资本的重要性很高，我们要在资本的数量和质量方面去控制资本。

> 美联储的资本计划

美联储建议对于大型银行控股公司，内部要有资本管理的综合框架，要有专门内部的流程制度的设计，来确定资本是不是充足的，资本的成分是什么样的，资本是否和风险管理完全匹配，而且要关注监管，强调美联储监督的重要性，不仅仅要在资本的数量上，也要在资本的质量上提出要求。

> 满足资本充足的七个原则

■ 有效的资本管理的基础，建立风险管理的框架，对风险数据收集，分析、管理，评估企业综合的风险，提出了关于风险的识别、计量和管理应该做到的事情。

■ 把风险数据转化成损失的评估数据，来估算损失情况，损失是经济资本管理的需要，银行要根据自己的业务特征得出有效的损失估计方法。

■ 把覆盖损失所对应的资源进行配置，有了非预期损失的估计以后，要判断一下能够启用的资本资源是多少，要有相应的技术去开发模型，应用到日常的资本管理中。

■ 结合着资源的分析，来判断资本是否充足，资本充足率对最终的业务运作的影响是什么样的，银行的资本基本上都是股票、未分配利润等，关于资本的应急计划、分红计划都要有明确的规定。

- 有了综合的分析，要有完善的资本政策和资本计划，包括资本充足要达到什么样的目标，资本质量要达到什么目标，从哪些渠道获得资本，在什么样的情况下资本不能额外对外进行分配等。
- 健全的内部控制流程，比如每个业务条线之间的协调，IT 系统的运行机制是否顺畅等等。
- 要有有效的公司治理，董事会和高管层要各司其职。

根据 7 条基本原则，可在以下领域为大型银行控股公司带来强大而有效的资本充足的做法：

（1）风险的识别，包括重大风险。

（2）内部的流程，包括模型的验证和监控，监控包括日常监控和定期监控。

（3）公司治理，涉及各个层面的职责，这些职责有的是重复的，有的是真空地带，所以需要各个部门的协调。

（4）跟资本相关的政策，比较重要的一条是资本的目标是什么，如果这些目标没有达到要有一个应急计划。

（5）压力测试，次贷危机之后，美联储要求美国银行每年都要进行压力测试。压力测试能否适用，结果能否被认可，是需要高管层去考虑的问题。

（6）损失、收入、费用的估计，这些都是影响利润表的因素，对于这些数据的估计要有定性和定量的方法，投资者最关注的就是利润，所以如何处理好利润表和投资者之间的关系，是要在资本管理规划里考虑的。

（7）保证银行的资本金是充足的，只有资本充足的情况下，银行的业务才会有效进行，整个金融体系才会比较稳健。在算一笔贷款风险的时候，要考虑它的风险权重（**risk weight**），有的业务风险权重较高，应当引起关注。

本章小结

本章主要讲解了经济资本和大型银行控制公司资本计划的相关内容。

➤ 经济资本定义：针对非预期损失（UL）的资本缓冲
- 经济资本是银行内部的算法，监管资本是监管机构的要求
- 经济资本在不同银行之间不可比，不同银行之间监管资本可比。

➤ RAROC
- RAROC＝（公司的业务收入＋经济资本投资的回报－所有的费用－预期损失）/经济资本，和自有资金的成本对比。

➤ ARAROC
- $ARAROC = RAROC - \beta_E(R_M - r_f)$，和无风险利率对比。

➤ 经济资本管理的框架
➤ 经济资本管理框架的最佳实践
➤ 经济资本管理的好处

> ➤ 大型银行控制公司的资本管理计划
>   ■ 满足资本充足的七个原则
>   ■ 强大而有效的资本充足的做法

章节练习

以下哪项最能说明经济资本？经济资本衡量的是(   )。

  A. 公司必须可以弥补重大信用损失并保持偿付能力的资本。

  B. 公司必须可以弥补重大信用损失并保持偿付能力的现金。

  C. 公司必须可以弥补平均信贷损失并保持偿付能力的资本。

  D. 公司必须可以弥补尾部 25％的信贷损失并保持偿付能力的现金。

答案解析： A

经济资本衡量的是企业必须维持的资本金额，以弥补重大信贷损失并保持偿付能力。

—— 第24章 ——
全面风险管理

一、全面风险管理	1. 全面风险管理体系	★★★
	2.ERM 体系的实施	★★★
二、RAF 和 IT 系统的架构	1.RAF 框架	★★★
	2. 参与者的职责	★★★
	3.IT 信息系统	★
三、压力测试	1. 压力测试背景	★★
	2. 危机前后压力测试对比	★★★
	3. 压力测试的挑战	★★
四、交易商银行的失败	1. 交易商银行的主要业务	★
	2. 交易商银行的流动性风险	★★
	3. 风险管理策略	★
五、外包风险	1. 外包业务可能存在的风险	★
	2. 有效的外包风险管理的要素	★

本章导论

全面风险管理不仅仅站在银行的角度，而是把风险管理的理念推广到所有的公司，这种先进的风险管理理念包括企业风险管理、风险偏好以及 IT 系统的设计、压力测试、交易商银行、外包风险等。本章节以定性内容为主，考生应在理解的基础上对全面风险管理进行整体的把握。

1. 全面风险管理

—考纲要求—
定义ERM并解
释实施ERM如
何创造股东价值，
包括宏观和微观
层面。

1.1 全面风险管理体系

➤ 全面风险管理主要指的是对于整个金融机构的风险，不再仅仅针对特殊风险进行管理，而是要从一个宏观的角度去进行分析，这就是全面风险管理的本质。之前的风险管理都是拆分成不同的风险类别来进行分析的，如市场、信用、操作风险等。每一次只管理一个风险，这种管理方式是单一的。从一个企业整体的角度，要综合地分析所有的风险带来的影响，这个时候就产生了全面风险管理体系，全面风险管理要关注到各个部门的协调，从一个策略制定的角度来分析。

➤ 全面风险管理体系可以为股东创造价值。

■ 宏观层面

◆ 全面风险管理使高级管理层更好的量化和管理风险和收益之间的权衡，它能够保证通过全面风险管理，能够使得企业：一是维持进入资本市场的能力。因为风险管理做得好，市场就会认可，公司上市的时候价格就会比较高，也更容易进行资金融通；二是更容易实施战略和商业计划，业务风险大，就尽量避免这样的业务。

◆ 通过全面风险管理，能够使得企业尽量减少非核心的风险，比如在风险偏好框架中明确不愿意承担的风险，可以进一步减少这一类的风险，这样的话可以使得整个企业的资源能够尽可能地放到核心业务上，会有更大的发挥优势。

■ 微观层面

◆ 如果设计了一个非常好的全面风险管理的文化，能够保证所有的核心的风险是能够充分管控的，整个企业由上而下所有的参与管理人员都把风险管理的操作方式作为一种标准化的形式来处理，整个企业核心的风险都在控制当中。

➤ 有些企业在设定全面风险管理的时候，是以评级作为主要目标来进行风险分析的，确定正确的承担风险的量主要有以下步骤：

■ 明确风险偏好，根据风险偏好框架确定极端情况对应的评级的变动，然后进行风险的分析。

■ 根据具体的评级转移矩阵来确认当前预估的目标评级，如果评级下降那么融资成本就会上升，企业应该考虑到这些影响。

■ 基于评级目标可以得到违约概率，然后得出与之对应的需要留存的最优资本，即要有最优的股权缓冲，股权缓冲可由默顿模型计算得出。

1.2　ERM 体系的实施

—考纲要求—
描述 ERM 实施
的最佳实践。

➤ 发展和实施 ERM 体系，是一个由上而下的过程

■ 从综合的层面由董事会建立风险偏好框架，风险偏好框架会有清晰的陈述书，在这个陈述书中，会描述整个企业愿意承担什么样的风险，不愿意承担什么样的风险，风险如何来进行管控，这样的话能够给整个企业所有参与人员提供一个指引，告诉他们风险的管理方式是什么样的。

名师解惑

确定公司的风险偏好，要有最优的评级，如果评级太高，资本金会很高；评级太低，去市场融资的成本很高。风险偏好决定了未来的投资走向。

■ 评估企业正常运行所需要的资本，资本是有成本的，结合成本公司需要考虑多少资本金是合适的。

■ 把整个企业实际的风险和实际需要的资本结合在一起进行分析，这其中涉及资本和风险之间的权衡。

■ 将资本这个重要的资源分配到每个核心的条线当中去，即**分权**（decentralize），让业务部门有充足的投资决策的能力，并且要把风险管理的职能一步步下分，协调各个部门。

一个公司全面风险管理的目标主要有两个：一是评估经济价值或者说市场价值；二是评估财务表现，上市公司的财务报表表现在很大程度上会影响一家公司股票的走势。公司在做全面风险管理时要在这两个角度多多关注，其中经济价值与财务价值的关系如下：

➤ 全面风险管理，最终的目标是关注公司的经济价值和财务价值

■ 关于财务价值。财务价值涉及到一些财务指标，如资产负债率、利润增长率等，也要关注信用评级，不同的信用评级算出来的比率也是不一样的。

■ 关注未来的现金流出和流入，现金流主要影响的是经济价值。

■ 现金流入流出情况一般是不会反映在财务报表上的，所以要关注现金流对财务报表波动率的影响。例如：衍生产品属于表外业务，可以对冲风险。所以衍生产品在一定程度上可以降低财务报表的波动性，但是虽然财务利润的波动被降低了，站在经济的角度，因为有衍生产品的存在，现金流波动会很大，波动率反而会更高。

在企业的全面风险管理中，会不可避免地涉及到风险的汇总。在做风险汇总的时候，因为有不同的风险，所以要考虑相关性的影响。在一般的企业风险分析的时候，都会用 VaR 作为主要的风险分析指标。这种情况下，全面风险管理要建立一个公司层面的 VaR 值判断。公司层面的 VaR 值主要包括市场风险、

信用风险、操作风险。市场风险是相对对称的，信用风险和操作风险是非对称的，由于风险之间可能存在分散化的效果，公司层面的 VaR 值通常可能小于单个的风险加总。也有可能在一些压力情景下，这些成分间的相关系数会发生变动，也许上升至 1，这个时候就不存在分散化效果，公司层面的 VaR 值可能大于单个的风险加总。在分析市场风险和信用风险的时候，这两种风险之间可能还会存在一些特殊的关系而产生错路风险，这种风险会使得风险进一步上升，这种特殊的情况也是在风险加总的时候要充分重视并进行分析的。

考纲要求——
描述 RAF 的概念，确定 RAF 的要素，并解释一个拥有完善的 RAF 的好处。

2. RAF

2.1 RAF 框架

全面风险管理中，要确定风险偏好框架，风险偏好框架起到一个非常重要的作用，因为风险偏好框架能够对整个企业的风险管理起到指引的作用。风险偏好框架要受到公司本身和监管机构的持续关注。所谓的风险偏好框架，就是事先要设定好企业愿意接受的风险和不愿意接受的风险是什么样的，愿意接受的风险的量和不愿意接受的风险的量是什么样的。一个有效的风险偏好框架能够帮助企业更好地决策。

(1)可以增加公司的战略决策和自我判断的能力。

(2)有效的风险偏好框架要求董事会和高管层起到重要作用，实施风险偏好框架的过程需要各个领导间的协调和配合，还有综合的人员参与过程：

■ 董事会是建立风险偏好框架的主体，董事会的主动参与对最终风险偏好框架的落实以及企业文化的设计都是有非常重要的作用的。

■ 管理层会基于风险偏好框架建立具体的权责制度，关注各个领导如 CRO、CEO 等之间的紧密配合，使得董事会设计的风险偏好能够转换成对于不同业务条线的激励手段，能够解读所有业务条线，使他们能够清晰地认识到整体的风险偏好是怎样的，在风险管理中应该怎样操作，来督促整个业务条线能够把全面风险偏好框架的内容作为始终的风险管理的指引。

■ 在一个企业中，应该把风险偏好作为一种企业文化进行建立，风险偏好框架可以转化成一种综合的风险偏好语言，这样的话能够使得整个企业当中所有关于风险管理的操作都可以按照同样的指引来操作。风险偏好的体系要在整个公司层面被接受，而且要有有效的监控。

(3)RAF 的好处：

■ 拥有更先进 RAF 的公司可以更快地决策，帮助公司确认未来希望承担的风险的整体情况是怎样的。

■ RAF 对企业未来的风险情况具有前瞻性的作用。

- 风险偏好框架陈述书会把风险偏好的具体情况做一个细致的描述，包括企业所关注的业务范围是什么样的，希望达到的业务中风险的占比在什么水平，在风险管理运行过程中愿意采用的方式是什么样的，并且评估董事会希望在风险管理分析过程中采用的方法。RAF 可以帮助明确风险边界，帮助公司理解哪些产品是可投的。
- RAF 要与外界环境密切结合起来，要有灵活的调整，这样可以随时帮助我们更好的控制策略发生变化的可能性，保证策略执行是统一的。同时，在风险偏好框架的落实中，需要保证实际的策略不会有大幅度的偏移，必须所有的策略都是按风险偏好框架进行落实的。

> **名师解惑**
>
> 　　比如市场环境发生变化了，之前某公司不投资煤炭行业，现在煤炭行业价格上涨了，公司认为这些企业会复苏，就可以改变风险偏好，这就是灵活的应对市场变化的一种体现。

- 有了风险偏好框架，企业能够随时对未来的非预期风险作好准备，一般来说企业风险管理的目标是应对非预期风险，那么通过风险偏好框架，企业便会定期评估和回顾，来判断风险偏好情况是怎样的，能够使得管理层在进行策略回顾的时候更好的分析怎么进行非预期的风险管理。

2.2　参与者的职责

- ➢ 董事会的职责
  - 设定风险的预期
  - 对未来的监控做一些支持
  - 要定期的动态评估
  - 要有广泛的了解金融和风险概念
  - 要收集到足够的信息，而且这些信息要和 RAF 保持一致。
- ➢ 高管层的职责
  - 企业要保证风险偏好框架有着非常好的落实，从高级管理层的角度就要有非常大的支持，高级管理层的大力支持对于 RAF 在整个公司的成功实施至关重要。
  - 首席风险官和首席财务官在风险偏好框架的落实中要紧密结合在一起，首席风险官和首席财务官之间的联盟有助于提高框架的透明度和传播度，使大家更容易理解风险偏好框架，能够更好地帮助企业策略决策。
- ➢ 业务条线的职责
  - 有了风险偏好框架，就可以约束每个业务条线的操作。业务策略的预算，要和公司的风险偏好保持一致，预算还要考虑压力测试和情景分析。

- 各个业务条线之间资源的分配和协调要保持一致。
- 公司不能随波逐流，要有明确的目标，根据风险偏好去推进公司的业务。

RAF 是一个非常好的工具，使得每个业务条线的策略始终和企业的目标风险框架结合在一起，一般来说，每个业务条线都会定期制定中期的业务计划，高级管理层通过这个业务计划来判断这个业务条线的风险是否和 RAF 完全一致，并且能够采用压力测试、情景分析等补充手段来进行评估。有了中期的业务计划，高级管理层和董事会就能更好地了解业务条线的风险是否和 RAF 结合在一起，就可以进一步判断是否需要在不同的业务条线中调整资源的配置，使得企业尽量减少偏离 RAF 的可能性，就能够更好地进行风险的管理。

风险偏好整体框架具体的实施有很多的指标，这些指标之前都是静态的、时点的数据，而现在的风险偏好设置要更加的动态和前瞻性，具体有下列指标：资本要求、流动性指标、财务报表的波动性、VaR 的限额设置、风险的敏感程度、风险集中度、预期损失、信用价差、内部审计意见、压力测试结果，等等，这些指标都可以评估风险偏好框架的最终实施情况。

2.3 IT 信息系统

在建立风险偏好框架的过程中，IT 系统是非常重要的，风险偏好如何建立，数据如何获得，一个企业能够及时并有效的用正确的数据来汇总信用、市场、操作、流动性风险是非常重要的，高级管理层的决策一般都是基于正确的信息来处理，如果有一个比较好的 IT 系统的话，能够帮助企业更好地确立风险偏好框架，来进行风险的管理。好的 IT 系统可以方便地生成报告，制定联合的战略，IT 系统构建起来成本会比较高，所以要构建 **PMO**（project management offices）—总体的管理部门来管理项目，开发系统。

一个有效的 IT 系统要求制定一个数据管理人和数据拥有者，专项对数据的质量进行管理，包括数据的正确程度、完整程度、可得性，对数据的收集和汇总承担责任。一般来说，每家银行都有一个数据管理的部门，他们就是数据的拥有者，每家银行也要建立数据的仓库；一个好的 IT 系统还要有有效的内部审计，专门对数据质量进行定期审计、评估。

目前大部分的金融机构的 IT 系统还是处于比较落后的状态，脆弱的 IT 系统是由以下原因造成的：

—考纲要求—
描述可能导致组织中的IT基础架构脆弱的因素。

- 在一个金融机构当中，IT 系统的设计和管理的部门和业务部门之间存在一定的资源竞争。整个企业的资源是一样的，资源是分配给业务条线还是信息系统建立的部门，这其实是一个博弈。
- 如果一些企业关注短期的业务效果的话，从效益的体现来看，业务条线体现出来的都是短期就能获利的情况，但是 IT 系统要是能体现作用的话就是一个长期的过程，它的建立和发展都是一个长期的过程，所以，在企业进行资源分配的时候，更愿意把资源分配到短期的业务条线当中，那么它的预算就会偏离到一些短期的业务当中，就不太愿意分配到 IT 系统中，这样就使得 IT 系统的建立更难以进行。

■ IT 系统本身的运作也会给整个运行带来一定的难度，如果 IT 系统本身就是一个弱势的操作的话，那么数据体系的不完善和数据管理本身的落后会造成整个企业当中不同系统的更新换代不一致，如果整个体系当中不是一个综合的 IT 系统的话，很有可能导致不同业务条线之间的数据汇总不一致，这个时候也会对企业综合的信息系统的建立造成影响。

■ 对于一些大型金融机构，经常有并购重组业务，在这个过程中，会有多个不同的系统的合并，多个不同的系统平台之间可能有不同的数据语言，也会对汇总造成影响。

由于以上原因，导致目前国际市场上金融风险管理中 IT 系统的发展相对来说还是比较落后的。

IT 系统对于实际风险管理是非常重要的，它的好坏会直接影响到数据汇总的实际情况，IT 系统的不足会给数据汇总带来一定的挑战：

■ 从目前的情况来看，只有很少的企业能够在避免大量的人为参与情况下汇总数据，系统还不足以支持更自动化的获取数据，会有非常多的人为参与。但是人为参与可能会对数据质量造成影响，并不是很合理。同时，因为信息系统发展落后，有不同的系统或平台同时出现，多个平台也会对数据汇总造成一定的难度。

■ 一般来说，数据汇总应该以一个企业综合的角度来汇总。但是，通过法律实体的角度来汇总也是非常重要的，对于不同的业务条线，采用的系统在目前情况下还是有很大差异的，一个法律实体使用的系统可能是一样的，但是整个集团使用的系统可能是不一样的，这样的话，除了考虑企业整体的角度外，还要基于法律实体和子公司的角度来分析数据汇总情况。

为了使得最终的风险管理是有效的，在数据加总过程中的最佳实践如下。

■ 一个好的企业如果有非常好的数据管理系统，应该尽量减少人工干预，同时要有统一的数据平台和仓库，采用统一的术语进行管理，保证所有数据的汇总和解读的一致性，人工干预是可以的，但是要严格控制。

■ 关于手工的处理要有有限的依据，修改的话要有完整的修改流程。

■ 要关注内部的风险报告机制，如果数据系统不完善的话，就会降低风险报告的有效性，也就是说给高管层的报告是要基于有效的系统的。

- 对于一个比较好的企业，在数据汇总的时候，应该包含所有重要的数据，在整个风险管理信息系统的报告中要综合的反映。也就是说风险管理信息系统要综合地反映所有和交易、会计相关的数据信息。
- 比较领先的公司要有非常完善的信息管理系统。
- 对于具有良好的数据管理系统的企业，在风险数据和业务数据之间要做到定期的检测和协调，看是否有矛盾的地方，这样可以使得数据管理达到更高的要求。
- 站在整个公司的角度去考虑问题。

3. 压力测试

3.1 压力测试背景

目前，在国际金融市场上的压力测试主要是监管层面要求金融机构进行的压力测试，主要有在美国次贷危机发生以后，美联储要求美国的金融机构进行压力测试，简称 SCAP(Supervisory capital analysis program)计划，即监管资本的评估计划，是在 2009 年提出的，是一个一次性的压力测试要求。在这个压力测试之前，是没有基于宏观经济因素设计压力测试的。还有一个是 CCAR，这也是一份对于整个公司的资本管理的综合文件，这是在 2011 年提出的，也是美国提出的一个综合的资本分析的压力测试要求，CCAR 规定了定期的压力测试要求，允许银行可以使用自己的情景设计，建立情景分析，然后得出最终关于资本充足率的结论，金融机构每年都要专门制定资本分析的规划，给到监管层面，帮助他们了解金融机构的实际情况。

> **名师解惑**
>
> 次贷危机发生之前，美国也是进行压力测试的，但是没有一家银行预测出压力测试对他们造成的影响。于是美联储设计出复杂的压力测试情景，要求 19 家银行进行压力测试，其中有 10 家银行做完压力测试以后发现要增加 750 亿美元的资本金。

在全公司层面压力测试传导路径：首先是设立压力情景(基于宏观因素可以是 GDP、失业率、住房价格指数等)，把情景设计转换成收益和损失数据，分别对损失和收益建模，有了损失和收益的预测，再建模新的资产负债表，有了新的资产负债表之后，根据财务报表间的逻辑关系，就有了风险资产的评估和资本的实际情况，就可以分析利润的变动和资本充足率。这可以进一步影响下一期的资产负债表和利润表，一直传导下去，这是压力测试的过程，所以新的压力测试是动态的。全公司的压力测试的结果就是对于资本充足率的分析。

3.2　危机前后压力测试的对比

—考纲要求—
描述压力测试过程的历史演变，并比较CCAR和SCAP压力测试的方法。

SCAP 之前，整个的压力测试相对来说较简单，一般只关注单个维度极端变化带来的影响，通常分析都是以产品或业务条线为标准区分的压力情况，是静态的分析，不考虑实际的变动情况，压力测试会直接和资本充足率挂钩，主要考虑的是损失。

SCAP 提出之后，市场上关于资本分析的压力测试发生了变化，加入了宏观因素的考量，随后考虑的是整个企业综合的环境，而不是单个业务条线或产品的损失情况，变成了动态的分析过程，资产负债表会随着市场的变化而变化，整个的分析会得出事后的关于资本限制的估算，并且整个压力测试是同时关注损失、成本、收益的综合方法。

名师解惑

以前的压力测试和现在的压力测试的差异：以前的压力测试是微观审慎的，它只关注单个的公司，主要是站在指标的角度，比如一家银行倒闭违约了，这家银行的资本充足率会下降多少，利润会下降多少；后来的压力测试是宏观审慎的，关注的是整个银行体系，不仅仅要看资本充足率、利润率等指标，还要看这家银行的倒闭会不会影响其他银行。二者主要的差异包括（如表 24-1）：

➤ 现在的压力测试覆盖了很多的宏观情景，包括 GDP、失业率，等等。
➤ 现在的压力测试对整个利润表进行评估，而之前的压力测试只关注损失。
➤ 现在的压力测试基于持续经营，而之前的压力测试只算一年的。

表 24-1　SCAP 前后的压力测试对比

SCAP 之前	SCAP 之后
单一的情景	大量的宏观情景
单个的业务条线或产品	公司整体的角度
静态的，考虑 1 年	动态的，考虑 3 年，而且过去 1 年会影响后面 2 年
不太关注资本充足率	不仅关注资本充足率，还关心股权的阈值是否被突破
只关心损失	关心损失、收益和成本

SCAP 设置的宏观情景主要包括 GDP、失业率、美国的房价。另外还有一些指标是专家设置的情景，这些情景影响到损失和收入，通过损失和收入作用到资产负债表，根据财务报表的逻辑关系，比如财务报表的留存收益最终要归到资产负债表里所有者权益里的留存收益变化部分，通过对资产负债表的影响，来判断对资本充足率的影响。所有的金融机构都用的是同一套标准来分析，而且是一次性的分析。随后 2011 年提出的 CCAR 资本分析的监管要求，这当中对

压力测试的情景设计也纳入了宏观因子的考量，同时也允许金融机构用自己的压力测试来进行分析，加上监管层面所要求的情景综合进行压力测试，要求金融机构定期制定资本计划给到监管层面，让监管层了解资本的实际情况是什么样的，做好评估和监管的工作，CCAR 是每年定期要进行的压力测试。

考纲要求——
解释设计压力测试场景的挑战，包括建模风险因素的一致性问题。

3.3 压力测试的挑战

资本管理过程中，压力测试存在一系列的挑战：

（1）建立压力测试的情景时，要注意情景设计的**一致性**（coherence），一般在危机之后的压力测试是比较综合的压力测试，会考虑多个维度极端变化带来的影响，因此压力测试的情景设计通常是多维的，在这个过程中，要求每个维度的极端变化是要能够保持一致的，如 GDP 上升的话，那么房价指数也应该是上升的，如果 GDP 上升，房价指数下降，就会出现不一致的问题。在考虑极端情况的时候，一致性的影响是很大的，当具有大规模的头寸的时候，就必须把这些大规模头寸的风险映射到很多不同的风险因子上去，这个时候风险因子的情景设计要求是要满足一致性的。

（2）情景设计的时候，要保持和现实市场的实际情况一致。

（3）对于监管层面，要能够分析相关风险之间的相互影响带来的结果是什么样的。

（4）根据压力测试的流程，在建模损失和收益的时候，我们需要把之前设计的情景转换成损失和收益数据，压力测试会用到宏观的经济因素，宏观因素是很难转换的，如何把宏观的经济因素转化成损失数据和收益数据呢，如房价指数如何转换成实际的收益和损失呢？这个转换难度是较大的。

（5）建模完收益和损失之后，接下来要建模的就是资产负债表，在压力测试中，建模资产负债表最可能遇到的挑战就是关于资产负债表的分析是静态的分析还是动态的分析，资产负债表是随时会发生变化的，但是压力测试时可能更多的假设资产负债表是恒定不变的，在进行操作的时候就是用期初的资产负债表加上所考虑的损失和收益得到期末的资产负债表，这当中没有考虑到动态变化。一般来说较好的方式是动态的分析，也就是说资产负债表会随着市场的变化而变化，但是动态的分析在建模时会有一定的难度，并且在资产负债表的动态分析的过程中，必须保证任何一个季度都不能跌破所要求的资本充足率要求，这也是压力测试实际运作过程中可能面临的局限性。

不管是美国的压力测试还是欧洲的压力测试，都要关注以下几点：

（1）不仅仅关注利润表，也要关注资产负债表和现金流量表。

（2）每个季度考虑资产的动态变化，银行的资本充足率在任意季度都不能低于最低资本充足率的要求。

（3）持续经营的要求。

4. 交易商银行的失败

4.1　交易商银行的主要业务

考纲要求——
描述交易商银行
经营的主要业务
范围。

交易商银行指的是美国的一些商业银行，相当于是场外市场的做市商，交易商银行在金融市场上起到中介的作用，主要进行证券交易或者衍生品交易的操作，交易商银行一般是大型商业银行或金融机构的分支，通常很多情况下的交易商银行被认为是"**大而不倒（too big to fail）**"的。意思是交易商银行规模非常巨大，一旦出现破产的话，可能会对市场造成系统性风险。

> **名师解惑**
>
> 美联储是美国的央行，它会发行国债给到商业银行，让商业银行去承销。美联储也会做公开市场操作，从商业银行把债券买回来，释放流动性。能够在美国市场上参与这项活动的一共有 21 家银行，比较有名的有高盛、摩根士丹利等，这 21 家银行就起到了承销拍卖的作用，美国财政部把债券都交给这些银行，如果债券没有卖出去，商业银行会自己把这些债券买下来，这些商业银行就是交易商银行。

交易商银行的主要业务：
（1）证券承销与交易；
（2）场外衍生品交易；
（3）经纪业务与资产管理；
（4）表外业务。

交易商银行面对的主要风险：**范围不经济（diseconomies of scope）**。范围不经济主要是指这些交易商银行风险管理方面所产生的问题，大型的交易商银行涉及的业务越来越多，不仅仅包含债券的承销，还包括发新股、放贷款等其他的业务，由于所经营的范围过大，风险相互叠加，导致风险管理的能力跟不上，整个金融体系的风险扩大，就产生了范围不经济的问题。交易的范围越广，整体的成本上升，带来的好处越少，风险越高，就叫做范围不经济。出现这种情况很有可能让市场对其失去信心，出现挤兑，范围不经济最有可能带来的后果就是流动性危机。

4.2　交易商银行的流动性风险

交易商银行最关注的问题就是流动性风险，交易商银行遇到的流动性危机与传统商业银行的挤兑有类似的地方，当人们对它产生质疑的时候，会减少与它的交易，但是产生的体现不一样，交易商银行在金融市场运作的时候会遇到以下流动性危机：

（1）短期融资工具（如回购）的对手方取消展期操作或者增加抵押品要求等，这种情况可能对交易商银行的流动性产生影响。

（2）交易商银行代理业务的客户不愿意继续与它的代理业务，这种情况下的佣金收入减少，也会带来一定的流动性风险。

（3）交易商银行的衍生产品的交易对手减少与它之间的交易，衍生品的交易能够增加交易商银行的收入，减少交易就会减少收入来源，这样也会造成一定的流动性风险。

（4）一些特权的丧失，比如清算交易的时候一些清算机构可能给交易商银行日间透支的特权，如果这些特权被取消，可能对交易商银行的流动性风险造成一定的影响。

传统的商业银行可能会遇到挤兑，但是传统商业银行都有存款保险制度，也就是说政府会对银行的无力偿付提供担保，所以人们不会太过于关注银行可能会发生违约的情况，出现挤兑的可能性也较小。但是在交易商银行中，没有政府担保的操作，或者说即使有保险，为了规避保险的成本，交易对手可能也不愿意进行保险的操作。这样就可能对交易商银行交易的风险造成很大的影响，使得交易商银行比较容易会遇到，一有风吹草动，大家都减少与其进行交易的情况。

—考纲要求—
描述可以减轻大型交易商银行相关的特定和系统性风险的政策措施。

4.3 风险管理策略

对于交易商银行，有如下谨慎的风险管理策略：

（1）建立信用额度管理。

（2）要有足够的现金和流动性强的证券以缓冲流动性风险。

（3）把负债做一个梯度化管理，根据负债不同的久期来进行管理。

（4）要有向中行银行借款的渠道。

（5）其他的政策：

- 对于资本要求，要从严处理，保证能够覆盖可能会遇到的流动性风险。
- 最后贷款人的设计，比如中央银行对最终无力偿付的情况提供支持或者通过资金注入来保证偿付能力等。
- 对第三方提供的回购交易提供由中央银行提供的保险。当交易商银行向第三方进行回购融资的时候，如果有一定的中央银行的保险的话，回购交易比较容易进行，不太容易出现提前结束或者增加抵押品的操作，这样可以缓释交易商银行的流动性风险。
- 由央行提供高质量的抵押贷款。
- 保险，有存款保险机制能避免出现挤兑，存款保险在一定程度上能增加整个社会的信心，但是也会引起道德风险。
- 建立紧急银行，专项处理交易商银行面临的流动性风险。

　　■ 中央交易对手。中央交易对手可以在一定程度上降低信用风险，因为所有人的交易对手都是中央清算机构，此时有一个比较好的违约管理机制，这样可以避免交易对手因为控制风险而减少与交易商银行交易的可能性。

　　■ 用信托计划管理有风险的银行。

　　■ 发行一些跟极端危机情况相关联的债券，一旦触发危机情况，可由债转股进行融资。还有由监管层面强制要求发行股票的方式来提前对可能会遇到的破产情况进行处理。

　　以上是交易商银行关于流动性风险的策略建议，能够从综合的角度来更好地管理交易商银行，减小交易商银行的倒闭对市场造成的系统性风险。

5. 外包风险

5.1　外包业务可能存在的风险

考纲要求——
解释外包活动可能产生的风险。

　　对于一些金融机构，可能有一些业务如审计、营销等外包给其他机构进行管理，这个时候可能就会牵涉到外包风险，外包过程中有六个风险：

　　（1）合规风险（compliance risk），指的是提供外包服务的服务商的业务操作是否满足当地市场上法律法规的要求，如果触发违规的话，就可能会出现合规的风险。

　　（2）集中度风险（concentration risk），指的是选用的服务商可能限定在某几个服务商或者限制在某些特殊领域的服务商，就可能受到这些特定服务商特定的影响带来的风险。

　　（3）声誉风险（reputational risk），指的是由于服务商的不当操作使得市场对这家金融机构的声誉产生质疑，这个时候就可能产生声誉风险。

　　（4）国家风险（country risk），国家风险多出现在使用外国的外包公司服务时，比如用国外的外包公司来代理国外的业务拓展，这个时候可能会涉及到当地国家的法律法规、经济制度环境对本公司造成影响，可能引起国家风险。

　　（5）操作风险（operational risk），指的是由于服务商在业务操作过程中可能会面临的一些内外部事件，系统性问题，或者是人为的问题带来的一些操作风险。

　　（6）法律风险（legal risk），指的是外包公司提供外包业务过程中面临的法律费用、法律诉讼的可能性带来的风险。

5.2　有效的外包风险管理的要素

　　金融机构在正常运行中可能会牵涉外包业务，我们需要关注这其中可能会引发的外包风险是怎样的，我们要能够进行外包风险的分析，同时也要能够对外包风险进行管理。一个有效的外包风险管理包括以下六个核心要素：

（1）风险的评估，评估在外包业务之前和外包业务之后的风险特征是什么样的，是否应该进行外包业务的权衡，等等。

（2）对外包服务的提供商尽职调查：

- 外包公司的业务背景、声誉、交易策略和战略规划。
- 外包公司的财务报表、年报状况。包括外包公司的可持续性、市场份额有多大、对对手方的潜在影响、合同的期限、哪些是要有保险覆盖的，有些业务是有分包（subcontract）的，也要注意分包商的资质，最近市场表现以及其他的信息。
- 外包公司的操作风险和内部控制。包括公司对于员工的培训、系统安全的情况、数据的保存和维护、隐私信息的保护，等等。

（3）跟外包服务的提供商签订谨慎的合约条款来控制风险，合约条款要有对于外包公司的职责范围权限的明确设定，合同的条款包括：

- 合同双方的权利义务范围、合同的成本和薪酬、外包公司审计的权利、服务商的业绩评估的标准、在接受外包服务时数据的保密性要求、外包服务商权利的分配、外包服务商的资质、合同的终止、赔偿条款、定义违约的情况、客户争端的处置、服务商参与的保险业务、分包合约的具体规定、外包服务商应急计划的设置，对于外国的服务商，要明确规定法律适用范围。这些因素能够更好地控制外包服务商的行为。

（4）和外包服务提供商之间建立有效的激励机制，激励机制要同时考虑外包业务提供商的服务带来的好处和风险，这样能够使得外包服务提供商能够更谨慎的操作。

（5）对于外包服务提供商，始终进行监控、分析、评估其操作方式。

（6）要有业务的连续性和关于外包风险的应急计划，随时应对外包风险带来的风险。

本章小结

本章主要讲解了全面风险管理的相关内容。

➢ 全面风险管理体系
  - ERM 体系
  - ERM 体系的实施
➢ 风险偏好框架
  - RAF 框架及其好处
  - IT 信息系统
➢ 压力测试

- 次贷危机前后压力测试的对比
- 压力测试面临的挑战
- 交易商银行的失败
  - 交易商银行的主要业务
    - 证券承销与交易
    - 场外衍生品交易
    - 经纪业务与资产管理
    - 表外业务
  - 交易商银行的政策治理
- 外包风险
  - 外包风险的来源
  - 尽职调查
  - 外包合同条款

章节练习

1. 大型银行控股公司的范围不经济体现在以下哪个方面(　　)。

   A. 风险管理　　　B. 信息技术　　　C. 市场营销　　　D. 金融创新

   答案解析： A

   一些人认为，信息技术，市场营销和金融创新可以为大型银行控股公司带来经济效益。相反，最近的金融危机引发了人们的担忧，即大型银行控股公司的规模在风险管理方面造成了范围不经济。

2. 董事会成员应具有以下哪些与风险管理相关的职责(　　)。

   Ⅰ. 董事会必须批准公司的风险管理政策和程序

   Ⅱ. 董事会必须能够评估风险管理活动的绩效

   Ⅲ. 董事会必须对风险管理活动进行监督

   A. Ⅰ 和 Ⅱ　　　B. Ⅱ 和 Ⅲ　　　C. Ⅰ 和 Ⅲ　　　D. Ⅰ、Ⅱ、Ⅲ

   答案解析： D

   银行董事会负责：(1)批准风险管理政策和程序；(2)确保经营管理人员具备所需的技术能力；(3)评估风险管理活动的绩效；(4)维持监督风险管理活动。

—— 第 25 章 ——
反洗钱和反恐融资

反洗钱和反恐融资	1. 反洗钱和反恐融资背景	★
	2. 反洗钱和反恐融资的建议	★★★

本章导论

本章属于近几年的新增考点，由巴塞尔委员会提出，主要介绍了反洗钱和反恐融资的最佳实践，以及一些监管者在反洗钱和反恐融资活动中的职责。本章内容定性的部分较多，不建议死记硬背，考生应该定性的理解本章内容。

1. 反洗钱和反恐融资

1.1　反洗钱和反恐融资背景

巴塞尔协会在 2015 年左右提出，要保护全球金融体系的稳健性，不仅仅要从单个银行的层面来考虑，而且要从**洗钱（money laundering/ML）和恐怖主义融资（financing of terrorism）**的角度考虑。这个建议不仅仅针对金融体系，而且也针对政治领域。这个建议同样适用于国际市场上关于反洗钱和反恐融资的政府间组织—反洗钱行动工作小组（FATF），FATF 是专门设立进行反洗钱的风险管理的。巴塞尔协会主要在针对银行业金融机构，在参照了反洗钱行动工作小组的建议的基础上，提供了反洗钱和反恐融资的建议。

> **名师解惑**
>
> 　　反洗钱和反恐融资的产生背景就是为了保护银行体系和全球金融体系的稳健性，并且强调国际合作。我们应如何评估反洗钱和反恐融资，首先要关注两大类风险：固有风险和剩余风险，固有风险是已经存在在银行内部的没有发现的风险；银行应该考虑不同国家部门、银行和各个业务条线所有相关的固有风险和剩余风险，要深入了解客户、产品、提供服务的过程。

1.2　反洗钱和反恐融资的建议

> **考纲要求—**
> 解释巴塞尔委员会建议的评估，管理，缓解和监测洗钱和金融恐怖主义（ML/FT）风险的最佳做法。

巴塞尔协会提出的建议主要针对两方面，一方面是从洗钱和恐怖融资的风险管理角度的建议；另一方面是从监管层面的监管建议，对于风险管理的建议：

（1）在风险评估方面，要求风险管理能够非常好地识别和分析现有的洗钱和恐怖融资的风险，并且要设计行之有效的制度和流程和现有风险完全匹配。

（2）在风险管理方面，董事会要评估和回顾对于风险政策和风险管理的合规操作是否能够完全考虑所面临的洗钱和反恐融资的风险。同时，高级管理层和董事会必须要专门委派合适的具有一定的资质的反洗钱和反恐融资的首席管理人员（chief AML/CFT officer）来综合进行反洗钱和反恐融资管理。在这过程中，要建立 3 道防线：

第 1 道，以整个金融机构中所有的参与人员为主体，要对他们进行一定的培训和教育，使得他们有足够的能力来实施整个金融机构的反洗钱和反恐融资的政策和流程。

第 2 道，专门设立反洗钱和反恐融资风险管理部门的首席风险管理官，进行反洗钱和反恐融资责任义务的监控和管理。

第 3 道，审计，审计对于反洗钱和反恐融资风险管理的操作应该进行独立的持续的评估，来帮助银行了解这一部分的风险管理的落实情况是怎样的。

（3）监控方面，要设置有效的交易监测系统。监控系统在设计的时候，它的规模、操作方式与复杂性要和现有银行的业务规模以及银行面临的洗钱和恐怖融资风险完全匹配，这些系统的数据要能够给高级管理层提供一定的信息支持，来帮助他们进行风险决策。同时，要能够确定银行能够自己确认反洗钱的监控基本标准，能够建立起自己的可疑报告体系，并且能够最大化地减少风险。内部审计要对 IT 系统定期评估，保证在第 1 道防线和第 2 道防线的使用中是有效的。

> **名师解惑**
>
> 在交易监测系统里，要评估每个客户的行为、金额和交易的复杂程度，交易检测的目标是为高管层提供具体的信息，包括交易的特征。如果有可疑的情况，要有可疑的交易报告，要确保这些系统都是有效可用的。

（4）关于客户准入，要建立非常清晰的客户准入制度和流程，采用合理的数据分析，来识别哪些客户是比较容易提供洗钱和恐怖融资的风险的。而这些客户是严格的不可以进行业务交易的。分析过程中要考虑客户的背景、职业、收入来源、居住地、国籍、使用产品、账户特点、相关账户特点、业务特征以及其他相关的要素，能够更好的帮助我们分析哪些客户更容易带来洗钱和恐怖融资的风险。对所有的客户做好基本的尽职调查，就不同的客户专门设置定制化的尽职调查，通过尽职调查更好地了解客户的实际情况。

（5）客户的识别和检验，要建立系统化的程序，来帮助确认哪些客户是优质客户，并且使用可靠和独立的数据支持来帮助分析。客户的证明文件应该有独立的来源，而不是其利益相关人提供的信息。如果银行不能很好地进行**客户的尽职调查**（customer due diligence/CDD），就不应该建立该客户的账户，不应该与其进行交易或者开展业务。对于要求匿名开户或者提供虚假信息的客户，这种情况下银行面临的洗钱和恐怖融资的风险很大，银行不能与其进行任何后续的业务操作。

（6）反洗钱和反恐融资都是从集团层面进行综合考量，有些金融集团在不同的国家都有分支机构，综合的风险管理必须考虑当地国家的法律法规的要求。每一个集团都应该建立集团整体的反恐融资和反洗钱的政策策略，要能够在集团内部保持统一并且持续受到管理。如果每个分支机构当中，也有对应的反洗钱和反恐融资的流程的话，即使这些流程反映了当地市场的考量，也要保证这些分支机构的反洗钱和反恐融资的操作始终跟整个集团的流程保持一致。若是当地市场的监管要求和集团的监管要求不一致的话，如果当地的风险管理要求比整个集团更严格的话，要允许这些分支机构采用更严格的那一项标准来进行管理。也就是说哪一种要求更严格，就采用哪一种方式来进行管理。

对监管层面的建议：

（1）监管机构在银行进行反洗钱和反恐融资策略设计的时候，应该设立监管

✎备考指南—
反洗钱和反恐融资这部分内容多以定性为主，考生应该在理解的基础上学习。

的预期，期望每家银行要有一个完善的政策和程序来管理这些风险。

（2）定期确保银行始终保持比较好的反洗钱和反恐融资的风险管理，不仅仅是为了自身的管理需求，也是为了整个系统的稳健性。如果出现集团和当地要求不一致的情况，监管层面要保证银行选择的是比较严格的那一项来进行，并且要定期验证银行和整个集团的反洗钱和反恐融资策略之间是否完全匹配。

（3）确保有合适的流程，将足够的资源分配给审计部门，由审计部门对反洗钱和反恐融资的实际操作进行评估。

（4）确保客户的交易信息满足保密性的要求。

> **名师解惑**
>
> 　　监管机构要采取基于风险的方法，要有专业的人员，不仅要关注本银行的安全，也要关注整个金融体系的安全，如果不同国家不同地区法律出现冲突，要遵循更加严格的标准。

由于银行靠自己的力量很难完成尽职调查，所以在反洗钱和反恐融资中可能会牵涉到第三方来帮助进行尽职调查。如果第三方和要调查的客户本身就有业务往来的话，这种情况是不能让该第三方进行尽职调查的。在有第三方参与的情况下，反洗钱和反恐融资应注意以下几点：

（1）要有明确的政策和流程来确认什么时候应该依赖于第三方的金融机构来进行尽职调查。

（2）评估依赖的合理性。

（3）要有纸质的协议来约定双方关于反洗钱和反恐融资的操作中各自的权利义务以及第三方如何达到金融机构的目标。

（4）从第三方及时收集到所有相关信息，确保这些信息是完全和客户匹配的，而且是及时更新的。

（5）跟第三方之间的合同要定期更新和评估，确保他们始终比较好地描述第三方的职责，同时保证第三方在进行尽职调查的时候能够满足我们的实际要求。

在反洗钱和反恐融资的风险管理过程中，还会牵涉到代理行的业务。如果金融机构在进行交易中涉及代理行的话，代理行在风险管理中也要关注洗钱和恐怖融资的情况。代理行和被代理行之间有签订的条款约定委托代理的业务，如 A 银行委托 B 银行在境外进行一笔交易，那么 B 银行就是代理行。B 银行在进行洗钱和反恐融资的风险管理的时候需要考虑提供的服务本身可能存在的内生风险；其次要分析被代理银行的基本特点，因为是和被代理银行进行交易的往来，被代理银行的好坏也有一定的影响；另外要分析被代理银行所处的环境，如果被代理银行所处的地方比较容易出现洗钱的问题，代理行就要关注与它之间的代理业务会不会使自己暴露在洗钱和恐怖融资的风险中。

—考纲要求—
解释银行在使用第三方进行客户尽职调查和从事代理银行业务的情况下应用ML/FT风险的政策和程序。

名师解惑

比如境外旅游的话，境外没有国内的银行，国外如果有和国内银行有交易关系的银行，可以进行交易或者提现操作，这样的银行就属于**代理银行**（correspondent banking）。比如现在某银行要和美国的客户有一项业务，但是美国客户无法直接把钱存到本行，本行可以找到一家美国的委托行，让客户直接和美国银行做交易，本行再与美国的银行做交易，这个过程就叫做代理的过程。美国的银行就叫做代理行，本行就是被代理的银行（respondent bank）。

本章小结

本章主要讲解了反洗钱和反恐融资的相关内容。

➢ 场反洗钱和反恐融资背景
➢ 反洗钱和反恐融资的建议
- 从洗钱和恐怖融资的风险管理角度
  - ◆ 3 道防线
    - ● 业务条线的管理
    - ● CXO 的管理
    - ● 审计
- 从监管层面提出的监管建议

章节练习

全球银行一直不愿任命一名首席反洗钱和反恐融资（AML/CFT）官员。结果，该银行发生了几起涉及洗钱的事件，其中一些已经被新闻界报道。下列哪一项不是与薄弱的洗钱和恐怖主义融资（ML/FT）风险管理实践相关的关键风险？

A. 市场风险　　　　　　　　　B. 操作风险
C. 合规风险　　　　　　　　　D. 集中度风险

答案解析：A

没有健全的 ML/FT 风险管理实践的银行面临着严重的风险，包括声誉风险、操作风险、合规风险和集中度风险。

第四部分

巴塞尔协议

知识导引

巴塞尔协议在 FRM 二级考试中的占比约为 10%，在原版教材中，GARP 协会将其并入操作风险合并考察。本书将巴塞尔协议单独列出，主要是出于以下两方面思考：

其一，巴塞尔协议与市场、信用、操作三大风险有着紧密的关系，部分读者在解题过程中甚至难以辨别风险的种类。巴塞尔协议的主要内容是计算风险加权资产的资本金要求，它囊括了先前所学三大风险的部分知识，通过学习三大风险与巴塞尔协议的勾稽关系，有助于读者巩固先前所学的知识。

其二，近几年来，有关巴塞尔协议的考题越来越趋于综合化、细节化，考题难度呈逐年上升趋势。本书之所以将巴塞尔协议单独成章也是为了帮助读者形成一个具有系统性与逻辑性的思考框架，最终提高做题正确率。

各位读者在学习巴塞尔协议时切忌虎头蛇尾。近年来，巴塞尔协议考题综合性不断增强，不少考生甚至选择考前放弃。在此编者想中肯地告诫各位读者：在 FRM 的学习中，巴塞尔协议的难度并不高，本书依据考纲对巴塞尔协议的逻辑性与重要知识点进行了归纳总结，只要认真学习，考试得分并不是一件难事。

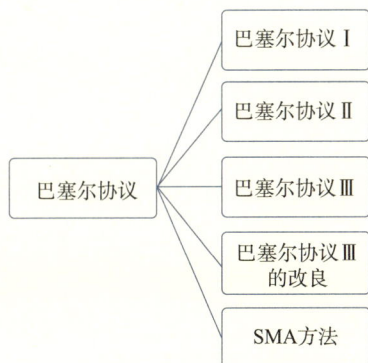

```
                          ┌─────────────┐
                      ┌───│ 巴塞尔协议 I │
                      │   └─────────────┘
                      │   ┌─────────────┐
                      ├───│ 巴塞尔协议 II│
                      │   └─────────────┘
  ┌──────────┐        │   ┌─────────────┐
  │ 巴塞尔协议│────────┼───│巴塞尔协议 III│
  └──────────┘        │   └─────────────┘
                      │   ┌─────────────┐
                      ├───│ 巴塞尔协议 III│
                      │   │  的改良      │
                      │   └─────────────┘
                      │   ┌─────────────┐
                      └───│  SMA方法     │
                          └─────────────┘
```

巴塞尔协议框架图

—— 第 26 章 ——
巴塞尔协议（Ⅰ）

一、背景知识及巴塞尔协议历程	巴塞尔协议历程	★
二、巴塞尔Ⅰ监管要求	1. 资产负债表表内项目风险加权资产计算	★★
	2. 资产负债表表外项目风险加权资产计算	★★
	3. 净额结算	★★
	4. 巴塞尔Ⅰ中的一级资本与二级资本	★

本章导论

  20 世纪 70 年代以来，全球一体化与金融国际化的趋势不断加强，跨国银行在全球蓬勃发展。由于各个国家对跨国银行缺乏统一的监管机制，以至监管漏洞频出。20 世纪 80 年代，巴西、墨西哥、阿根廷、委内瑞拉、智利和印度等发展中国家爆发了严重的主权债务危机，无论对于债务国，还是对于发达国家的债权银行，乃至整个国际社会，都形成了巨大的压力。在这场危机中，债权银行蒙受了巨大损失。鉴于危机的爆发以及监管标准的缺失，1988 年 7 月，巴塞尔委员会公布了《关于统一国际银行资本衡量和资本标准的协议》，即"巴塞尔协议Ⅰ"。该协议建立了一套国际通用的、以加权方式衡量表内与表外风险的资本充足率标准，尽管巴塞尔协议不属于国际条约，但是其所指定的监管准则已经成为国际惯例。

1. 背景知识及巴塞尔协议历程

考纲要求——
理解巴塞尔协议的变更历程以及原因，并知晓每次变更带来的变化。

为了制定统一的国际银行监管标准，十国集团中央银行行长们于 1974 年底在瑞士巴塞尔成立巴塞尔银行监管委员会(Basel Committee on Banking Supervision，BCBS)。巴塞尔银行监管委员会自成立以来，先后颁布了《关于统一国际银行资本衡量和资本标准的协议》(即巴塞尔协议Ⅰ)、《资本协议市场风险补充规定》(即 1996 年巴塞尔Ⅰ修正稿)、《资本计量和资本标准的国际协议：修订框架》(即巴塞尔Ⅱ)以及由一系列指导文件所组成的巴塞尔Ⅲ。从巴塞尔Ⅰ到巴塞尔Ⅲ，国际银行业的资本监管日趋完善，以下简略介绍巴塞尔协议体系的发展历程。

1988 年，巴塞尔委员会颁布了《关于统一国际银行资本衡量和资本标准的协议》，提出了统一的国际资本充足率标准，资本的组成以及风险加权资产的计算，也称为 1988 BIS 协议(Bank for International Settlements，BIS 国际清算银行)，即如今的巴塞尔Ⅰ。

1996 年，巴塞尔委员会颁布《资本协议市场风险补充规定》，强调了市场风险的重要性，对市场风险提出了资本金计提要求并提出了三级资本的概念。

2004 年，巴塞尔Ⅱ通过，提出了计算信用风险的内部评级法并将操作风险纳入资本充足率的计算。

2010 年，巴塞尔Ⅲ在当年 11 月召开的 G20 首尔峰会上获得正式批准实施。巴塞尔Ⅲ提出了对流动性风险管理的监管要求、引入杠杆率作为风险资本的补充以及其他方面相关的监管要求。2013 年～2019 年是各大银行满足巴塞尔Ⅲ要求的达标过渡期。

2011 年，受到全球金融危机影响，巴塞尔Ⅱ.5 对市场风险资本金作出部分修改。

> **名师解惑**
>
> ①经济资本与监管资本的区别：
>
> 经济资本：银行内部设置的资本金要求
>
> 监管资本：监管部门设置的资本金要求
>
> ②经济资本和非预期损失的关系：
>
> 通常而言，预期损失在财务报表中会结转为经营成本，而非预期损失则用经济资本金去覆盖。
>
> 经济资本(非预期损失)＝WCL(最差情况损失)－EL(预期损失)

2. 巴塞尔 I 监管要求

巴塞尔 I 资本监管的主要内容之一是提出了统一的国际资本充足率，协议提出了以下两点相关要求：

（1）银行总资产与资本比率（total assets to capital ratio）必须低于 20，即资本与总资产的比值必须大于 1/20 或 5%。

（2）银行总资本充足率 [（表内资产＋表外资产）/风险加权总资产] 不得低于 8%。在英格兰银行家彼得·库克发明库克比率之后，总资本与风险加权总资产的比率也被称为**库克比率**（Cooke ratio），表达式如下：

—备考指南—
巴塞尔协议对最低资本充足率的要求始终是8%，随着巴塞尔协议的不断革新，对于资本充足率也提出了额外的要求。

$$库克比率 = \frac{资本金}{风险加权总资产} \geq 8\%$$

巴塞尔 I 资本监管首次将基于风险调整的资本充足率作为国际银行的监管标准，在分母风险加权资产（risk-weighted assets）的计算中，主要考虑了信用风险并且区分了表内资产与表外资产。

> **名师解惑**
>
> 读者在学习巴塞尔协议时，应重点掌握巴塞尔 III 的资本充足率要求，巴塞尔 I 和与巴塞尔 II 的资本充足率要求了解即可，因为巴塞尔 I 巴塞尔 II 都已经过时了。尽管如此，读者仍需掌握风险加权资产的计算方法。

—考纲要求—
理解巴塞尔 I 框架中风险加权资产的计算规则。

2.1 资产负债表表内项目风险加权资产计算

风险加权总资产包含了表内资产于表外资产，巴塞尔 I 根据资产类别、性质以及债务主体的不同，将表内资产项目分为 0%、20%、50% 和 100% 四个风险权重档次，表内资产的账面价值与相应的风险权重乘积之和即为风险加权后的表内资产数量，如表 26-1。

表 26-1　表内资产项目的风险权重

风险权重（%）	资产类别
0%	现金，黄金，经济合作与发展组织（OECD）成员国的国债与担保贷款，如美国国债和担保住房抵押贷款
20%	经合组织成员国的银行和政府的贷款，如美国的银行贷款或市政债券
50%	无担保的住房抵押贷款
100%	公司贷款，非经合组织成员国的国债、政府债、公司债等

> **例** GF 银行的表内资产中包含了 4 000 万美元的美国国债、3 000 万美元的担保住房抵押贷款、5 000 万美元的无担保住房抵押贷款以及 2 000 万美元的公司贷款。通过表 26-1 中各表内资产的风险权重，计算 GF 银行的表内风险加权资产。
>
> **【解析】** 表内风险加权资产＝(0％×4 000)＋(0％×3 000)＋(50％×5 000)＋(100％×2 000)＝4 500(万美元)

2.2　资产负债表表外项目风险加权资产计算

巴塞尔Ⅰ在计算表外风险加权资产时采用的是信用等价金额原则(credit equivalent amount)，信用等价金额本质上可以被理解为具有相同信用风险的贷款本金，协议根据表外项目风险性质的不同，先将表外资产按照相应的信用转化系数转化为等价的未经风险加权的表内风险资产，然后再乘以相应的风险权重进行加权，最后得出表外风险加权资产之和。

银行信用风险的敞口主要来源于三个类别，第一类是表内业务带来的风险敞口、第二类是除衍生品外的表外业务带来的风险敞口、最后一类是场外衍生品(over－the－counter derivatives)业务带来的风险敞口。对于第一类表内资产业务，其信用风险权重如前表 26-1 所示，例如经济合作与发展组织(OECD)成员国的国债与担保贷款在信用风险加权资产计算中的权重等于 0；对于第二类除衍生品外的表外业务，其在信用等价金额的计算中采用的是转换因子(conversion factor)法。其中，与贷款相似的表外项目(例如银行承兑汇票)的转换因子达到了 100％，而其余风险较低的表外项目(例如票据发行便利)的转换因子相对偏低；对于诸如利率互换或远期合约的第三类业务，其信用等价金额计算公式如下：

$$信用等值金额＝\max(V,0)＋a×L$$

V：银行衍生品的当前价值；

a：附加因子；

L：衍生品合约本金。

其中，$\max(V,0)$ 反映的是银行当前的信用风险敞口，如果交易对手违约且 $V>0$ 时，银行会损失 V。如果 $V<0$，则银行的风险敞口为负，当交易对手违约时，银行既不会获得收益也不会产生损失。

$a×L$ 代表了银行潜在的风险敞口，衍生品本金数额越大、标的资产风险较高、期限越长，则附加因子也越大，潜在风险敞口也随之越大。常见衍生品附加因子如表 26-2：

表 26-2　衍生品合约的附加因子

衍生品合约剩余期限	利率衍生品	外汇和黄金衍生品	股权类衍生品	贵金属衍生品（除黄金外）	大宗商品衍生品
＜1 年	0.0％	1.0％	6.0％	7.0％	10.0％

> **备考指南**——各位读者无需记忆调整因子表格，只需定性了解表外衍生品合约信用等价金额计算的中心思想即可。

衍生品合约 剩余期限	利率衍生品	外汇和 黄金衍生品	股权类衍生品	贵金属衍生品 （除黄金外）	大宗商品 衍生品
1～5 年	0.5%	5.0%	8.0%	7.0%	12.0%
＞5 年	1.5%	7.5%	10.0%	8.0%	15.0%

例 GF 银行签订了一份本金为 3500 万美元的利率互换合约，剩余期限为三年。假设该利率互换合同的当前价值为 250 万美元。通过前表 26-2 中的附加因子，计算该利率互换的信用等价金额。

【解析】通过查询前表 26-2，该利率互换本金对应的转化因子为 0.5%。信用等价金额＝250＋(0.005×3500)＝267.5(万美元)

通过信用等价金额乘以相应的风险权重即可获得风险加权资产。

对于第二类表外业务与第三类场外衍生品业务，在计算风险加权资产的过程中所使用的交易对手风险权重依旧与交易对手相关，这个风险权重与前表 26-1 基本相同，唯一不同之处在于：当交易对手是公司时，表外业务与场外衍生品信用等价金额乘以的交易对手风险权重不再是 1.0 而是 0.5，而其余的风险权重则维持不变。

例 接上例，GF 银行签订了一份利率互换合约，已知该利率互换合约的信用等价金额为 267.5 万美元，计算以下三种情况下的表外风险加权资产。

(1) 合约的交易对手是非经合组织成员国的银行

(2) 合约的交易对手是经合组织成员国的银行

(3) 合约的交易对手是公司

【解析】(1) 参照表 26-1，当交易对手是非经合组织成员国银行时，对应的风险权重为 100%

表外风险加权资产＝267.5×100%＝267.5(万美元)

(2) 参照表 26-1，当交易对手是经合组织成员国银行时，对应的风险权重为 20%

表外风险加权资产＝267.5×20%＝53.5(万美元)

(3) 对比表 26-1，当交易对手是公司时，对应的风险权重为 50%

表外风险加权资产＝267.5×50%＝133.75(万美元)

名师解惑

附加因子用于将衍生品合约本金部分转化为潜在风险敞口。

潜在风险敞口加合约价值等于信用等价金额，即表内资产等价金额。

风险加权表内资产＋表内资产等价金额×风险权重＝风险加权资产。

风险加权资产乘以资本充足率等于监管要求的资本金。

风险权重主要由交易对手决定，附加因子主要由衍生品合约标的资产的性质决定。

银行资产负债表表内项目和表外项目总风险加权资产计算如下：

$$\sum_{i=1}^{N} w_i L_i + \sum_{j=1}^{M} w_j C_j$$

w_i：第 i 项表内资产的风险权重；

L_i：第 i 项表内资产的本金；

w_j：第 j 项表外资产的风险权重；

C_j：第 j 项表外资产的信用等价金额。

巴塞尔委员会要求银行总资本充足率［（表内资产＋表外资产）/风险加权总资产］不得低于 8％，

> **例**　接前例，计算 GF 银行所需资本，假设其利率互换合约的交易对手是一家公司。
>
> 　　由于银行总资本充足率［（表内资产＋表外资产）/风险加权总资产］不得低于 8％，因此 GF 银行所需的资本为：
>
> $$（4500＋133.75）\times 8％＝370.7（万美元）$$

2.3　净额结算

考纲要求—
定性理解净额结算对风险敞口的影响并掌握净替代比率的计算。

在信用风险中我们已经学习过**净额**（netting）结算的概念，净额结算可以有效降低信用风险的敞口，因此净额结算可以影响总信用风险敞口进而再影响风险加权资产。净额结算通常应用于衍生产品，我们可以通过下面的例子去更好地理解净额结算的概念。

假设现在投资者和交易对手 X 和 Y 有两笔交易，具体信息如表 26-3：

表 26-3　投资者和交易对手交易情况

交易对手	合约类型	名义本金	合约价值	合约到期时间
X	利率互换合约	100 万美元	＋5 万美元	4 年
Y	黄金期货合约	100 万美元	－3 万美元	10 年

在没有净额结算的情况下，与交易对手 X 合约的信用等价金额是 $\max(V,0)＋\alpha \times L＝5＋0.5％\times 100＝5.5$（万美元）。与交易对手 Y 合约的信用等价金额是 $\max(V,0)＋\alpha \times L＝0＋7.5％\times 100＝7.5$（万美元），信用等价金额总和等于 13 万美元。

当净额结算不存在时，衍生品交易的风险敞口等于：

$$\sum_{i=1}^{N} \max(V_i, 0)$$

当净额结算存在时，衍生品交易的风险敞口等于：

$$\max\left(\sum_{i=1}^{N} V_i, 0\right)$$

我们可以通过计算**净替代率**（net replacement ration，NRR）来评价净额结算的效果，净替代率计算公式如下：

$$NRR = \frac{\max\left(\sum_{i=1}^{N} V_i, 0\right)}{\sum_{i=1}^{N} \max(V_i, 0)}$$

在上例中，净替代率 NRR 计算过程为 MAX(5−3, 0)/[MAX(5, 0)+MAX(−3, 0)]=0.4，如果 NRR 等于 1，就意味着净额结算没有起到减少风险敞口效果。NRR 越小，净额结算的效果就越好。

在有净额结算的情况下，信用等价金额的计算公式为：

$$\max\left(\sum_{i=1}^{N} V_i, 0\right) + (0.4 + 0.6 \times NRR)\sum_{i=1}^{N} \alpha_i L_i$$

其中，V_i 代表了第 i 笔衍生品合约的当前敞口；α_i 代表了第 i 笔衍生品合约的附加因子；L_i 代表了第 i 笔衍生品合约的本金。

在该例中，信用等价金额等于：

$$\max(2, 0) + (0.4 + 0.6 \times 0.4) \times (0.5\% \times 100 + 7.5\% \times 100)$$
$$= 2 + 0.64 \times 8 = 7.12 < 13$$

由此不难得出：在有净额结算的情况下（只要净替代率 $NRR \neq 1$），风险加权资产会降低。

2.4 巴塞尔Ⅰ中的一级资本与二级资本

备考指南—
有关一级资本和二级资本各位读者请牢记巴塞尔Ⅲ中的定义即可，巴塞尔Ⅰ中的一级资本在巴塞尔Ⅲ中又被细分为了一级普通股资本和一级补充资本。

根据巴塞尔Ⅰ，资本由两部分组成，分别是一级资本和二级资本。

一级资本（**tier 1 capital**），也称为核心资本（core capital），主要包括但不限于以下项目：

（1）普通股（不含商誉）；

（2）非累积永久性优先股（noncumulative perpetual preferred stock）。

二级资本，也称为补充资本，主要包括但不限于以下项目：

（1）累积永久性优先股；

（2）长期债券，比如 99 年期债券；

（3）剩余期限超过五年的长期次级债券。

当损失发生时，银行先用一级资本覆盖损失，当一级资本不足以覆盖损失时，银行再用二级资本进行覆盖，相当于先用银行自己的钱弥补损失，起到保护存款人的作用。

巴塞尔Ⅰ要求一级资本在总资本中的占比不低于 50%。这意味着资本金中至少要包含 4% 的一级资本（即 8% × 50%）。而在一级资本中，巴塞尔Ⅰ又要求普通股的比率不低于 50%，即 2%。

本章小结

- 巴塞尔协议的历程
  - 1988 年，巴塞尔委员会颁布了《关于统一国际银行资本衡量和资本标准的协议》，提出了统一的国际资本充足率标准，即巴塞尔Ⅰ。
  - 1996 年，巴塞尔委员会颁布《资本协议市场风险补充规定》，即对巴塞尔Ⅰ的修正法案，强调了市场风险的重要性，对市场风险提出了资本金计提要求并提出了三级资本的概念。
  - 2004 年，巴塞尔Ⅱ通过，提出了计算信用风险的内部评级法并将操作风险纳入资本充足率的计算。
  - 2010 年，巴塞尔Ⅲ在当年 11 月召开的 G20 首尔峰会上获得正式批准实施。2013 年～2019 年是各大银行满足巴塞尔Ⅲ要求的达标过渡期。
  - 2011 年，受到全球金融危机影响，巴塞尔Ⅱ.5 对市场风险资本金作出部分修改。

- 风险加权资产的计算
  - 资产负债表表内项目风险加权资产计算
  - 资产负债表表外项目风险加权资产计算

- 净额结算
  - 当净额结算不存在时，衍生品交易的风险敞口等于：$\sum_{i=1}^{N} \max(V_i, 0)$
  - 当净额结算存在时，衍生品交易的风险敞口等于：$\max\left(\sum_{i=1}^{N} V_i, 0\right)$
  - 净替代率计算公式为：$\text{NRR} = \dfrac{\max\left(\sum_{i=1}^{N} V_i, 0\right)}{\sum_{i=1}^{N} \max(V_i, 0)}$

- 巴塞尔Ⅰ框架下的一级资本和二级资本
  - 一级资本，也称为核心资本，主要包括以下项目：
  (1) 普通股（不含商誉）
  (2) 非累积永久性优先股
  - 二级资本，也称为补充资本，主要包括以下项目：
  (1) 累积永久性优先股
  (2) 长期债券，比如 99 年期债券
  (3) 超过五年期的长期次级债

章节练习

假设某投资者和交易对手 X 和 Y 签订了两份衍生品合约，具体信息如表 26-4：

表 26-4　投资者与交易对手 X、Y 的衍生品合约

交易对手	合约类型	名义本金	合约价值	合约到期时间
X	股权类衍生品合约	100 万美元	+5 万美元	4 年
Y	大宗商品衍生品合约	100 万美元	−3 万美元	10 年

已知 4 年期股权类衍生品合约的附加因子 α 是 8%，10 年期大宗商品衍生品合约的附加因子 α 是 15%，计算当净额结算存在时，净替代率与信用等价金额的值（单位：万美元）（　　）。

A. 40%，16.72　　　B. 40%，19.72　　　C. 60%，16.72　　　D. 60%，19.72

答案解析：A

当净额结算不存在时，衍生品交易的风险敞口等于：$\sum\limits_{i=1}^{N}\max(V_i,0)=5$

当净额结算存在时，衍生品交易的风险敞口等于：$\max\left(\sum\limits_{i=1}^{N}V_i,0\right)=\max(5-3,0)=2$

净替代率计算公式为：$\mathrm{NRR}=\dfrac{\max\left(\sum\limits_{i=1}^{N}V_i,0\right)}{\sum\limits_{i=1}^{N}\max(V_i,0)}=\dfrac{2}{5}=40\%$

在有净额结算的情况下，信用等价金额的计算公式为：

$$\max\left(\sum\limits_{i=1}^{N}V_i,0\right)+(0.4+0.6\times\mathrm{NRR})\sum\limits_{i=1}^{N}\alpha_i L_i$$

因此投资者的信用等价金额等于：

$$\max(5-3,0)+(0.4+0.6\times0.4)\times(8.0\%\times100+15.0\%\times100)$$
$$=2+0.64\times23=16.72（万美元）$$

—— 第27章 ——
巴塞尔Ⅰ修正法案

一、市场风险标准法	市场风险标准法	★
二、市场风险内部模型法	1. 特定风险资本	★
	2. 回溯测试	★★★
三、三级资本	三级资本	★

本章导论

20世纪90年代以后，在世界范围内金融创新浪潮地不断推动下，以金融衍生品为主的市场交易风险屡屡发生，致使国际银行业中重大银行倒闭或亏损事件层出不穷，也由此暴露了巴塞尔Ⅰ涵盖风险种类少、风险敏感程度低等问题。为了弥补巴塞尔Ⅰ的局限性，1996年巴塞尔委员会颁布了《关于市场风险补充规定》，全面强调了市场风险的管理，在维持信用风险资本金计量方式不变的前提下，将资本充足率的计算范围扩大至了市场风险。该补充规定主要就风险量化模型与资本要求两部分进行了改进，在市场风险测量方面，银行可以依据自身情况使用标准测量法（standardized approach）或内部模型法（internal models approach，IMA），在资本要求方面，增加了三级资本。

补充规定将银行的资产账户分为两类：交易账户（trading account）和银行账户（banking account）。交易账户里含有的资产通常为短期资产，银行以转售交易为目的而持有此类资产，这类资产主要以衍生品为主，其资产价值以公允价值计量。银行账户包含的是以投资为目的的长期资产，这类资产往往是持有至到期的，主要以贷款、债券类资产（亦可归为交易账户）为主，通常以历史成本法计量。

—考纲要求—
区分计量市场风险资本金的标准法与内部模型法的不同。

1. 市场风险标准法

根据补充规定，商业银行必须通过量化的方式准确计量交易账户中的资产所面临的市场风险，市场风险主要包括由银行所从事的交易性债券、股票、外汇买卖、大宗商品交易（如贵金属交易）以及期权带来的风险。在量化模型的选择上，银行可以使用标准测量法，该方法分别对交易账户中的每个项目提出了资本要求并且忽略了各个项目之间的风险相关性。对于业务单一、风控流程简单的商业银行，更适合用标准测量法计算市场风险资本金。

—备考指南—
对于标准法的公式，读者可以从定性的角度去进行理解，考试中基本不会考察市场风险资本金标准法的计算。

标准法（Standardized Approach）下，市场风险资本金要求的计算方法如下：

$$MRC_t^{STD} = \sum_{j=1}^{5} MRC_t^j = MRC_t^{IR} + MRC_t^{EQ} + MRC_t^{FX} + MRC_t^{CO} + MRC_t^{OP}$$

MRC：市场风险资本金

IR：利率产品（例如交易性债券）

EQ：股票

FX：外汇买卖

CO：大宗商品交易

OP：期权

2. 市场风险内部模型法

在计量市场风险资本金时，商业银行还可以使用内部模型方法，即商业银行可以依据自身经营情况建立内部模型，用以计量市场风险资本金。该方法充分考虑了交易账户中各个资产之间的风险相关性，因此通过内部模型法算出的资本金要求往往会小于通过标准测量法算出的资本金要求，为了避免商业银行过度使用内用模型法，巴塞尔委员会规定通过内部模型法算出的市场风险资本金要求至少要大于通过标准测量法算出的市场风险资本金要求的50%。

—备考指南—
有关计量市场风险资本金所用的内部模型法，读者可以记忆巴塞尔Ⅲ提出的方法，该方法在巴塞尔Ⅰ内部模型法的基础上做了深度改进。

内部模型法下，市场风险资本金要求的计算方法如下：

$$MRC = Max(VaR_{t-1}, m_c \times VaR_{avg}) + SRC$$

从公式不难看出，市场风险资本金是通过VaR模型计算而得的，在补充规定中，巴塞尔委员会要求商业银行必须在99%的置信水平下，计量窗口期为10天的市场风险资本金，其中：

VaR_{t-1}：上一个交易日的VaR值。

VaR_{avg}：过去60个交易日VaR的平均值。

m_c：惩罚乘数，惩罚乘数的确切值由当地监管机构和VaR模型的回测结果确定，下限为3。

SRC：特定风险资本。

名师解惑

　　由于巴塞尔委员会要求商业银行计算窗口期为 10 天的市场风险资本金，因此在考试中，如果题干部分提供的 VaR_{t-1} 与 VaR_{avg} 是单日的 VaR，即 one-day var，各位读者请务必不要忘记将单日的 VaR 乘以 $\sqrt{10}$ 转换为 10 天的 VaR 再进行计算，或者先选出 VaR_{t-1} 与 $m_c \times VaR_{avg}$ 之间的孰大值，然后再乘以 $\sqrt{10}$ 进行转换。

2.1　特定风险资本

　　在内部模型法中，**特定风险资本（specific risks charge，SRC）**是针对交易账户中的债券类资产所面临的信用风险而计提的资本金，它采用了和市场风险一样的资本计量要求，即窗口期为 10 天，置信水平为 99% 的 VaR 值。不同的是，SRC 对应的惩罚乘数 m_c 的最小值是 4。

2.2　回溯测试

　　补充规定要求使用内部模型法的银行在窗口期为一天，置信水平为 99% 的条件下，利用前 250 个交易日的收益率数据对 VaR 模型进行回测。如果实际损失数值大于 VaR 值，就意味着银行产生了**异常损失（exception）**。如果异常损失发生的次数过多，则证明银行的 VaR 值设置偏小，低估了市场风险。为了控制风险，监管层采取了相应的惩罚措施，引入了惩罚乘数，m_c。如表 27-1 所示：

备考指南——
读者需了解回溯测试的结果对惩罚系数的影响，该系数最小等于 3，最大等于 4。

表 27-1　惩罚乘数表

异常值天数	惩罚乘数
<5	3
5	3.4
6	3.5
7	3.65
8	3.75
9	3.85
≥10	4

　　除了根据表 27-1 决定惩罚乘数外，监管层还可以自行决定惩罚乘数。如果异常值过多是由仓位变化导致的，监管层则不会使用更高的惩罚乘数。如果异常值过多是由 VaR 模型缺陷导致的，监管层则会使用更高的惩罚乘数。如果异常值过多仅仅是因为"运气"不好导致的，监管层并没有就是否采用更高的惩罚乘数达成共识。当异常值天数大于等于 10 时，巴塞尔委员会要求惩罚系数设置为 4。

> **例** 基于以下信息：
>
> $VaR_{t-1}=400$ 万美元；$VaR_{avg}=350$ 万美元；$SRC=150$ 万美元；$m_c=3$
>
> 计算市场风险资本金要求。（此处 VaR 是 99％置信水平下，单日的在险价值）
>
> 【解析】根据：$MRC=Max(VaR_{t-1}，m_c×VaR_{avg})+SRC$
>
> 所以：$MRC=Max(400，350×3)×\sqrt{10}+150=3\,470.4$（万美元）
>
> 补充规定将资本充足率的计算范围扩大至了市场风险，因此在考虑市场风险后，资本金的要求就变为了：
>
> 总资本$=8％×$（信用风险加权资产$+$市场风险加权资产）
>
> 其中，市场风险加权资产$=$市场风险资本金要求$×12.5$

> **例** 接上例，假设银行信用风险加权资产为 10 000 万美元，计算银行资本金要求。
>
> 【解析】总资本$=8％×$（信用风险加权资产$+$市场风险加权资产）
>
> $=8％×(10\,000+12.5×3\,470.4)=800+3\,470.4=4\,270.4$（万美元）

—备考指南—
读者请务必记住三级资本只能用于覆盖市场风险。

3. 三级资本

为了应对市场风险，巴塞尔 I 补充规定在资本要求方面，增加了三级资本（Tier 3 capital），三级资本主要由大于等于两年的短期次级债券构成，而且这些次级债券都是未经担保的，因此三级资本的资产质量是低于一级资本与二级资本的。此外，由于三级资本只能用于覆盖市场风险，所以巴塞尔 III 中废除了三级资本的要求。

本章小结

—备考指南—
有关计量市场风险资本金所用的内部模型法，读者可以记忆巴塞尔III提出的方法，该方法在巴塞尔I内部模型法的基础上做了深度改进。

- 市场风险标准法
  - 标准法下，市场风险资本金要求的计算方法如下：

$$MRC_t^{STD} = \sum_{j=1}^{5} MRC_t^i = MRC_t^{IR} + MRC_t^{EQ} + MRC_t^{FX} + MRC_t^{CO} + MRC_t^{OP}$$

- 市场风险内部模型法
  - 内部模型法下，市场风险资本金要求的计算方法如下：

$$MRC = Max(VaR_{t-1}，m_c × VaR_{avg}) + SRC$$

  - 特定风险资本

    特定风险资本的计量窗口期为 10 天，置信水平为 99％，且 SRC 的惩罚乘数的最小值等于 4。

- 回溯测试
- 三级资本

章节练习

A 银行交易账户上一个交易日 95％置信水平的 VaR 值等于 40 000 美元。前 60 个交易日 95％置信水平的平均 VaR 值等于 20 000 美元。已知惩罚乘数 m_c 等于 3，特定风险资本等于 0。假设 A 银行的交易账户收益呈正态分布，那么 A 银行交易账户所需缴纳的市场风险资本金最接近以下哪个选项？

A. 84 582 美元　　　　　　　　B. 189 737 美元

C. 268 200 美元　　　　　　　　D. 134 594 美元

答案解析：C

在通过内部模型法计算市场风险资本金的过程中，巴塞尔委员会要求商业银行必须在 99％的置信水平下，计量窗口期为 10 天的市场风险资本金，公式如下：

$$MRC = Max(VaR_{t-1}, m_c \times VaR_{avg}) + SRC$$

现已知 $VaR_{t-1} = 40\ 000$ 美元，$VaR_{avg} = 20\ 000$ 美元，$m_c = 3$，$SRC = 0$，则 $MRC_{1-day, 95\%} = 60\ 000$ 美元。但是计量市场风险资本金的窗口期是 10 天且置信水平等于 99％，因此需要对 $MRC_{1-day, 95\%}$ 进行调整，调整过程如下：

$$MRC = MRC_{1-day, 95\%} \times \frac{2.33}{1.645} \times \sqrt{10} = 268\ 745.54 (美元)$$

因 268 200 美元与 268 745.54 美元最接近，所以选择 C。

—— 第 28 章 ——

巴塞尔协议(Ⅱ)

一、三大支柱	1. 支柱 1：最低资本充足率	★
	2. 支柱 2：外部监管	★
	3. 支柱 3：市场约束	★
二、资本金计量导论	1. 最低资本要求	★★★
	2. 资本金的构成	★
	3. 资本金度量方法概述	★
三、信用风险——标准法	1. 风险权重	★
	2. 抵押品调整——简单法	★
	3. 抵押品调整——综合法	★★
四、信用风险——内部评级法	1. 基础模型	★
	2. 模型中相关系数 ρ	★★
	3. 基础内部评级法	★★★
	4. 高级内部评级法	★★★

本章导论

自 1988 年问世以来，巴塞尔 Ⅰ 就已经成为了国际银行业普遍遵守的国际准则，在加强银行业监管、防范国际金融风险中发挥出了重要作用；但是，在 20 世纪 90 年代金融创新和风险量化技术不断发展的背景下，监管资本套利现象层出不穷，银行通过发展表外业务规避监管的技术也在日益提高，从而暴露了巴塞尔 Ⅰ 在风险管理上的局限性。尤其在 1997 年爆发的东南亚金融危机中，巴塞尔协议并没有发挥出其应有的作用，广受理论界与银行界的诟病。

为了改变这一现状，巴塞尔委员会于 1999 年 6 月颁布了第一份意见征求稿，决定全面改进 1988 年提出的巴塞尔 Ⅰ，增强协议规则的风险敏感性。自征求稿颁布后，委员会陆续收到不少评论意见，在考虑这些评论意见和征求国际银行界及其各国监管层建议的基础上，经过了长达五年的反复讨论与修改，协会于 2004 年 6 月正式颁布了巴塞尔 Ⅱ 终稿。巴塞尔 Ⅱ 较之 1988 年的巴塞尔 Ⅰ 内容更加广泛，模型更加复杂。自此，金融监管也迎来了重大创新。

巴塞尔 Ⅱ 由三大支柱组成：最低资本充足率、外部监管、市场约束。

1. 三大支柱

—考纲要求—
描述巴塞尔Ⅱ的
三大支柱。

1.1　支柱 1：　最低资本充足率

巴塞尔Ⅱ在制定的过程中坚持和发展了巴塞尔Ⅰ以资本充足率为核心的监管思路，并且巴塞尔Ⅱ对风险的认知更加全面。在 2004 年的终稿中，巴塞尔Ⅱ首次将诸如道德风险、法律风险为代表的操作风险纳入了资本充足率的计算，扩大了风险资本要求范围。在《风险管理基础》中我们已经学过，操作风险是指由不完善的内部流程、人员、系统或外部事件造成损失的风险。对于操作风险的计量，巴塞尔委员会提出了基本指标法、标准法与高级计量法三种方法，这三个方法的复杂性呈依次递增的趋势，银行可以依据自身经营情况选择合适的方法。在市场风险资本金的计算上，巴塞尔Ⅱ延续了 1996 年《关于市场风险补充规定》关于交易账户市场风险资本金的计算方法。在信用风险资本金的计算上，巴塞尔Ⅱ提出了内部评级法，金融机构可以根据内部数据建立基础内部评级法和高级内部评级法，这也是巴塞尔Ⅱ最重要的创新之一。

巴塞尔Ⅱ延续了最低 8% 资本充足率的要求，即总资本 = 0.08×(信用风险 RWA + 市场风险 RWA + 操作风险 RWA)

1.2　支柱 2：　外部监管

监管部门的监督检查，是为了确保各银行建立起合理有效的内部评估程序，用于判断其面临的风险状况，并以此为基础对其资本是否充足做出评估。在此支柱下，监管部门应与银行保持持续的交流，以确保能进行有效的监督并在必要时采取措施。

第二支柱包含以下四大原则：

原则 1——监管机构应该根据银行的风险状况和外部经营环境，全面判断银行资本充足率是否达到要求。

原则 2——银行应当具备与其风险相适应的风险管理技术，建立起严格的内部评估体系并制定维持资本充足率水平的战略规划。

原则 3——监管机构回应：监管机构应该及时规划对银行的内部评估体系与维持资本充足率水平的战略进行回顾与评价，以确保银行有合理的内部评级程序。

原则 4——监管机构干预：在银行资本充足率未达到要求时，监管当局要及时对银行实施有效干预，从而避免银行的资本低于抵御风险所需的最低水平；当遇到危机时，监管机构要与银行保持积极的沟通。

1.3　支柱 3：　市场约束

巴塞尔Ⅱ第一次引入了市场约束机制以此来强化资本监管的有效性。巴塞尔Ⅱ强调了以市场的力量来约束银行，发挥市场约束力的前提就在于银行必须提高信息披露的水平，包括其承担的所有风险、资本构成以及资本充足率等。第三支柱的理念是：银行必须与股东（包括潜在投资者）分享更多信息，以帮助他们做出更好的风险管理决策。一般来说，稳健的银行更容易以更有利的价格在市场上融资，这种激励措施会促进银行增强信息披露，提高资本充足率。

2. 资本金计量导论

2.1 最低资本要求

巴塞尔Ⅱ延续了商业银行资本充足率不低于8%的要求，计算公式如下：

$$\frac{总资本金}{风险加权资产_{信用} + [资本金_{市场} \times 12.5] + [资本金_{操作} \times 12.5]} \geq 8\%$$

上式的分母就代表了总风险加权资产，其中：市场风险资本金×12.5就等价于市场风险加权资产，而操作风险资本金×12.5就等价于操作风险加权资产。

例 如果一个银行信用风险加权资产为880万美元，市场风险资本金为15万美元，操作风险资本金为20万美元。

(1) 该银行的总风险加权资产是多少？

880＋15×12.5＋20×12.5＝1317.5（万美元）

(2) 总资本金要求最低是多少？

880×8%＋15＋20＝105.4（万美元）

2.2 资本金的构成

巴塞尔Ⅱ延续了资本金的分级方式，在巴塞尔Ⅱ中，银行的资本依旧被分为一级资本（Tier 1 capital），二级资本（Tier 2 capital）和三级资本（Tier 3 capital）。其中，一级资本是最严格的资本，三级资本是最不严格的资本。一级资本和二级资本相加至少大于总风险加权资产的8%，且一级资本必须大于二级资本。

2.3 资本金度量方法概述

巴塞尔Ⅱ中，资本金度量方法如表28-1所示：

考纲要求—
描述和比较计量操作风险资本金的标准法、基本指标法和高级计量法。

表 28-1　资本金度量方法表

风险种类	监管层允许的资本金度量方法
市场风险	标准法(市场风险) 内部模型法
信用风险	标准法(信用风险) 内部评级法
操作风险	基本指标法 标准法(操作风险) 高级计量法

参照表 28-1，读者不难发现：

(1) 三大风险都有"标准法"，但是每个风险的标准法各有异同。

(2) 在市场风险资本金度量中，巴塞尔Ⅱ延用巴塞尔Ⅰ的方法。

(3) 操作风险资本金有三大度量方法，这三大度量方法在《操作风险》中已有过相关介绍，本章将不再赘述。

3. 信用风险——标准法

3.1　风险权重

> **备考指南—**
> 巴塞尔Ⅱ中计量信用风险资本金需求的标准法通常不会以计算题形式进行考察，读者需区分标准法与内部评级法的区别。

在信用风险的计算上，巴塞尔Ⅱ保留了巴塞尔Ⅰ中的标准法，对于业务单一的小型商业银行或者不具备专业技术及资源用以构建内部评级体系的银行，通常采用标准法。

巴塞尔Ⅱ对部分风险权重做出了变化，其特点是通过外部评级机构未确定各项资产的风险权重，具体风险权重如表 28-2 所示：

表 28-2　巴塞尔Ⅱ风险权重

	AAA 到 AA—	A+ 到 A—	BBB+ 到 BBB—	BB+ 到 BB—	B+ 到 B—	低于 B—	未评级
国家	0%	20%	50%	100%	100%	150%	100%
银行	20%	50%	50%	100%	100%	150%	50%
公司	20%	50%	100%	100%	150%	150%	100%

在巴塞尔Ⅱ中，零售贷款业务的风险权重为 75%，对于抵押贷款，住房抵押贷款业务的风险权重为 35%，商业用房抵押贷款业务的风险权重为 100%。

名师解惑

　　巴塞尔协议Ⅱ与巴塞尔协议Ⅰ相比，标准法的风险权重发生了较大变化，出于应试角度，读者需记住以下三点变化：

　　(1)巴塞尔Ⅱ更加关注外部信用评级，根据信用评级判断风险权重；

　　(2)在巴塞尔Ⅱ下，交易对手是否为经合组织成员国不再作为判断依据；

　　(3)主权国家的风险权重范围是0%～150%；银行和公司的风险权重范围是20%～150%；

例　假设某银行的资产业务情况如下：

　　贷款1亿美元给外部评级为A的公司；

　　贷款1700万美元给外部评级为AAA的政府；

　　住房抵押贷款5 000万美元；

　　计算巴塞尔Ⅱ下的总风险加权资产。

　　风险加权资产 $RWA = 50\% \times 10\,000 + 0\% \times 1\,700 + 35\% \times 5\,000 = 6\,750$(万美元)

名师解惑

　　标准法根据资产的不同类型，给予不同的风险权重。对于表内资产，商业银行将资产规模与风险权重相乘便可计算相应的风险加权资产数额。对于表外资产，商业银行将表外项目的名义本金乘以信用转换因子，转化为对应的信用等价金额，然后再根据交易对手的外部评级确定风险权重，计算表外项目的风险加权资产。巴塞尔Ⅱ下，标准法的一项重大创新是：某些低质量资产的风险权重可能会超过100%。

3.2　抵押品调整——简单法

　　在巴塞尔Ⅱ中，委员会考虑了抵押品对风险敞口与风险加权资产的调整。

　　抵押品可以缓释借款人所面临的信用风险，对风险敞口具有抵消的作用。对于风险敞口与风险加权资产的调整，通常有两种方法，一种是简单法，另一种是综合法。对于银行账户，银行可以在这两种方法中自由选择，对于交易账户，银行只能选择综合法(conprehensive approach)调整并计量交易对手信用风险资本金。

　　简单法包含了以下三条规则：

　　(1)简单法下，抵押品的最低风险权重是20%。

　　(2)对于被抵押品覆盖的风险敞口，在计算风险加权资产的过程中是根据抵押品的属性来决定风险权重的，而不是根据交易对手外部评级来决定风险权重。

（3）抵押品的价值每半年需重估一次且质押期限不得早于风险敞口结束日。

> **例** GF 银行对甲公司拥有价值 2 亿美元的授信。该风险敞口中有 8 000 万美元授信由抵押品覆盖，假设抵押品是 AAA 级国债。甲公司的信用评级是 B。在考虑抵押品调整的情况下，使用简单法计算风险加权资产。
>
> **解**：虽然抵押品是 AAA 即债券，但是抵押品的最低的风险权重是 20％，所以被等值 8 000 万美元抵押品覆盖的风险敞口，仍需按照 20％ 计算风险权重。而剩下 12 000 万美元的风险敞口则依据交易对手的外部评级计算风险权重（公司评级为 B，风险权重是 150％）。
>
> 风险加权资产 RWA ＝ 8 000×20％＋12 000×150％＝19 600（万美元）

3.3　抵押品调整——综合法

综合法分为两步：

第一步：调整未来风险净敞口。具体方法如下：

调整后的风险敞口＝初始风险敞口×(1＋调整因子$_1$)

调整后的抵押品价值＝初始抵押品价值×(1＋调整因子$_2$)

调整后的风险净敞口＝调整后的风险敞口－调整后的抵押品价值

第二步：根据调整后的风险净敞口和交易对手的风险权重，计算风险加权资产。

> **例** 接上例，假设 GF 银行未来的风险敞口将上升 15％，未来的抵押品价值将下降 10％，使用综合法计算 GF 银行的净敞口并计算其风险加权资产。
>
> 风险调整后的净敞口＝20 000×(1＋15％)－8 000×(1－10％)＝15 800（万美元）
>
> 风险加权资产＝15 800×150％＝23 700 万美元

4.　信用风险——内部评级法

4.1　基础模型

巴塞尔 Ⅱ 最主要的创新之一就是提出了计算信用风险的内部评级法(Internal Ratings Based Approach，IRB Approach)，委员会充分肯定了内部评级法在风险管理和资本监管中的重要作用，并鼓励商业银行建立和开发内部评级体系和相关系统。内部评级法是银行和监管机构都青睐的方法，银行可以使用内部评级模型，精确计量风险，而且通过内部模型算出的资本金要求也通常低于标准法算出的资本金要求；对于监管机构来说，商业银行使用内部评级法算出的资本金要求会更为精确，这也符合了其监管的初衷。例如，美国监管机构仅将巴塞尔Ⅱ

> **—考纲要求—**
> 描述并区分计量信用风险资本金的标准法、基本内部评级法与高级内部评级法。

应用于大型银行，并且，美国监管机构规定美国银行必须使用内部模型法。

为了避免银行过度使用内部评级法以降低资本金的缴存，巴塞尔 II 规定：采用内部模型法的商业银行当年缴存的资本金不得低于前一年使用标准法算出的资本金要求的 90%，且该银行第二年的缴存的资本金不得低于前两年使用标准法算出的资本金要求的 80%。假设、银行在前一年使用标准法算出的资本金要求为 1 000 万美元，当年使用内部评级法算出的资本金要求至少要大于 900 万美元，而下一年使用内部评级法算出的资本金要求至少大于 800 万美元。

通过内部评级法计量信用风险资本金是基于窗口期为 1 年，置信水平为 99.9% 的前提下的，该方法的理论模型如图 28-1 所示。

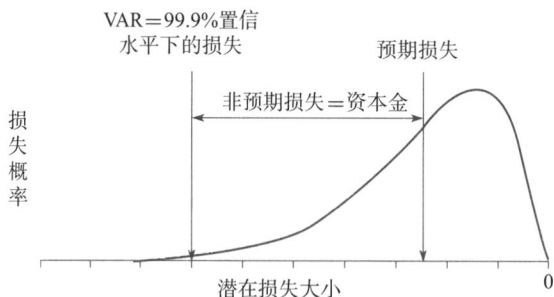

图 28-1　损失概率密度函数与资本金需求

如图 28-1 所示，内部评级法的核心在于在窗口期为 1 年，置信水平为 99.9% 的情况下，确定信用风险损失的 VaR 值，通常而言，银行在经营过程中产生的预期损失在财务报表中会结转为经营成本，而非预期损失则必须使用经济资本金去覆盖。因此，银行所需的信用风险资本金等于信用风险的 VaR 值与预期损失（expected loss）之差，计算公式如下：

$$UL = WCL - EL$$

其中，

$$WCL_{99.9\%,1-year} \approx \sum_i EAD_i \times LGD_i \times WCDR_i$$

$$WCDR_i = N\left[\frac{N^{-1}(PD_i) + \sqrt{\rho}\, N^{-1}(0.999)}{\sqrt{1-\rho}}\right]$$

备考指南—2019年考纲新增部分，需掌握计算及应用。

名师解惑

2019 年 FRM 二级考纲中首次增加了 WCDR 的计算，因此从备考的角度出发，读者需对其计算公式有着深入的理解。

WCDR_i（worst-case default rate）表示的是银行最差情况下的违约概率，即在 99.9% 的置信水平下，来自第 i 个交易对手方在一年内违约的概率不超过最差情况违约率；

PD_i 指的是第 i 个债务人在一年中发生违约的概率（假设有很多债务人）；

ρ 表示的是各债务人间的违约相关性，在实务操作中由高斯 copula 模型获得。

在高斯 copula 模型中，WCDR 的数值是取决于违约概率 PD 和违约相关系数 ρ 的，通常来说，违约相关系数越大，即债务人共同违约的概率越大，WCDR 数值也越大，当 $\rho=0$ 时，从 WCDR 公式中不难得出，WCDR 就等于 PD，因为当违约相关系数等于 0 时，每个债务人的违约情况都是不相关的，所以 WCDR 的期望就是 PD，在 PD 不变的情况下，违约相关系数 ρ 上升，WCDR 也会上升，不仅如此，当 ρ 不变时，PD 上升，WCDR 也会上升。

参照前文，信用风险的资本金要求的计算式为：UL＝WCL－EL

$$WCL_{99.9\%,1-year} \approx \sum_i EAD_i \times LGD_i \times WCDR_i$$

$$EL = \sum_i EAD_i \times LGD_i \times PD_i$$

信用风险资本金要求 $= \sum_i EAD_i \times LGD_i \times (WCDR_i - PD_i)$

由上式还可知，信用风险加权资产（RWA）计算式为：

$$RWA = 12.5 \times EAD \times LGD \times (WCDR - PD) \times MA$$

由于不同信用风险敞口（如企业信贷、衍生品合约带来的敞口）的到期年限不同，而资本金的要求又是基于窗口期为一年的前提下进行计算的，因此在计算的过程中需要对信用风险敞口的年限做出调整，调整后公式如下：

资本金要求＝EAD×LGD×(WCDR－PD)×MA

MA 代表了风险敞口年限调整系数，M 代表了风险敞口的到期年限，公式如下：

$$MA = \frac{1+(M-2.5)\times b}{1-1.5\times b}$$

M 代表了风险敞口的到期期限。

$$b = [0.118\,52 - 0.054\,78 \times \ln(PD)]^2$$

从 MA 式中不难发现：

(1) 信用敞口到期期限 $M=1$ 时，$MA=M$，此时风险敞口剩余期限等于窗口期，无需调整，而当 $M>1$ 时，M 越大，调整系数 MA 也越大，这是因为随着时间的流逝，银行交易对手的信用质量可能逐渐变低，违约概率会逐渐上升，因此需要对敞口年限进行调整。

(2) 交易对手违约概率 PD 越小，MA 越大。

第 2 个结论具体推导过程如下：

$$MA = \frac{1+(M-2.5)\times b}{1-1.5\times b} = \frac{1-1.5\times b+M\times b-b}{1-1.5\times b} = 1 + \frac{(M-1)}{\frac{1}{b}-1.5}$$

通常 $M > 1$ 时，即 $M-1 > 0$ 时，PD 越小，b 越大，$\dfrac{1}{b}$ 越小，因此 $\dfrac{(M-1)}{\dfrac{1}{b}-1.5}$ 越大，MA 也越大。需要注意的是，在内部评级法中，PD 的最小值为 0.03%。

4.2 模型中相关系数 ρ

在上述模型中，细心的读者不难发现影响 WCDR（最差情况下的违约概率）的影响因子是 ρ，ρ 代表了各债务人之间的违约相关系数，相关系数越高，意味着各资产项目共同违约的可能性上升，进而导致非预期损失 UL 变大。

巴塞尔委员会根据实证研究，规定了各类风险敞口中的违约相关系数，即巴塞尔委员会对于各类风险敞口，例如公司业务风险敞口、住房抵押贷款敞口等，都确定了组合间的相关系数，不允许银行自行计量违约相关系数。一言以蔽之，内部评级法充分考虑了因资产分散化引发的共同违约概率降低带来的好处，但资产之间的分散程度（效果）是由监管层决定的，不是银行自己决定的。

巴塞尔委员会规定的不同风险中债务人间的违约相关系数如表 28-3。

> **备考指南——**
> 在WCDR的计算中需要用到参数 ρ，因此读者在备考时还需掌握 ρ 的计算公式

表 28-3　不同风险敞口中债务人的违约相关系数

风险敞口的来源	相关系数
企业、政府和银行	$\rho = 0.12 + 0.12\,e^{-50 \times PD}$
零售贷款	$\rho = 0.03 + 0.13\,e^{-35 \times PD}$
房屋抵押贷款	$\rho = 0.15$

特别注意的是，对于零售贷款，内部评级法则不考虑期限调整（MA 调整），银行可自行估计违约概率 PD、风险敞口 EAD 和违约损失程度 LGD。

例 假设某银行的资产业务中包含一笔 10 000 万美元的评级为 A 的公司的贷款，假设该公司的违约概率是 0.1%，LGD 是 60%，该笔贷款平均到期期限是 2.5 年。

（1）计算 MA 公式中的 b；

（2）计算 MA；

（3）计算 $WCDR_i$；

（4）计算该笔业务的信用风险加权资产。

【解析】（1）$b = [0.118\,52 - 0.054\,78 \times \ln(0.001)]^2 = 0.247$

（2）$MA = \dfrac{1}{1 - 1.5 \times 0.247} = 1.59$

（3）$\rho = 0.12 + 0.12 \times e^{-50 \times 0.001} = 0.2341$

$$WCDR_i = N\left[\frac{N^{-1}(0.001) + \sqrt{\rho}\,N^{-1}(0.999)}{\sqrt{1-\rho}}\right] = 0.034$$

（4）风险加权资产 $= 12.5 \times capital = 12.5 \times 10\,000 \times 0.6 \times (0.034 - 0.001) \times 1.59 = 3\,935.25$（万美元）

4.3 基础内部评级法

内部评级法可以分为两种方法，一种是**基础内部评级法**（Foundation IRB Approach），另一种是**高级内部评级法**（Advanced IRB Approach）。

在基础内部评级法中，银行自己可自行计量的参数是违约概率 PD，而其他参数或参数计算方法，则由巴塞尔委员会决定（LGD、EAD、M 和 ρ 由巴塞尔委员会决定），相关条款如下：

(1) 对于银行同业敞口与公司业务敞口，违约概率 PD 不得低于 0.03%；

(2) 对于偿付等级是优先级的债务，其 LGD 设定值是 45%，次级债务的 LGD 设定值是 75%。当交易存在符合条件的抵押品时，可以根据综合法重估调整后的风险敞口数值和调整后的抵押品价值，按比率折算出 LGD；

(3) 对于衍生品业务，其风险敞口的计算类似于巴塞尔Ⅰ中"当前风险敞口加潜在风险敞口通过附加因子转化为信用等价金额"的方法，并且也可以在计算过程中考虑净结算（netting）的影响；

(4) 在大多数情况下，信用风险敞口的到期期限被设置为 2.5 年。

> **备考指南—**
> 读者需牢记在基础内部评级法中，银行可以自行估计的参数只有违约概率 PD，而其余的参数或参数计算方法需由巴塞尔委员会而非当地监管机构提供。

4.4 高级内部评级法

在高级内部评级法中，银行可以自行估计 PD、LGD、EAD 以及公司业务、主权债、同业业务风险敞口的调整年限，相关规定如下：

(1) 违约概率可以通过信用缓释工具降低，不过对于同业业务和公司业务的风险敞口，违约的最低概率依旧是 0.03%。

(2) LGD 主要受抵押品质量和债务偿付层级的影响。

(3) 经过监管层批准后，银行可以通过内部模型计算风险敞口，对于衍生品合约，银行可以使用蒙特卡洛仿真法计量下一年的风险敞口预期。

> **备考指南—**
> 操作风险资本金的计量方法在《操作风险》中有详细介绍，巴塞尔协议考纲的要求是能够对这些方法进行辨别和区分。

名师解惑

巴塞尔Ⅱ首次将操作风险纳入了资本监管框架，并且还为操作风险资本金的计算提出了基本指标法、标准法和高级计量法三种由简单到复杂的计算方式，在《操作风险》中我们已经学过这三种方法的相关概念与计算，故在本章不再进行展开，各位读者如有遗忘，可以回顾《操作风险》第一章。

本章小结

➤ 巴塞尔Ⅱ的三大支柱
- 最低资本充足率
  - ◆ 巴塞尔Ⅱ延续了最低 8% 资本充足率的要求，即总资本 = 0.08×（信用风险 RWA + 市场风险 RWA + 操作风险 RWA）。

- ■ 外部监管
- ■ 市场约束
  - ◆ 市场约束的理念是：银行必须与股东（包括潜在投资者）分享更多信息，以帮助他们做出更好的风险管理决策。一般来说，稳健的银行更容易以更有利的价格在市场上融资，这种激励措施会促进银行增强信息披露，提高资本充足率。
- ➢ 资本金计量导论
  - ■ 巴塞尔Ⅱ首次将诸如道德风险、法律风险为代表的操作风险纳入了资本充足率的计算，扩大了风险资本要求范围。
  - ■ 对于操作风险的计量，巴塞尔委员会提出了基本指标法、标准法与高级计量法三种方法，这三个方法的复杂性呈依次递增的趋势。
  - ■ 信用风险资本金的计算上，巴塞尔Ⅱ提出了内部评级法，充分肯定了内部评级法在风险管理和资本监管中的重要作用并鼓励商业银行建立内部评级体系，这也是巴塞尔Ⅱ最重要的创新之一。

风险种类	监管层允许的资本金度量方法
市场风险	标准法（市场风险） 内部模型法
信用风险	标准法（信用风险） 内部评级法
操作风险	基本指标法 标准法（操作风险） 高级计量法

- ➢ 风信用风险标准法
  - ■ 风险权重
  - ■ 抵押品调整-简单法
  - ■ 抵押品调整-综合法
- ➢ 信用风险内部评级法
  - ■ 基础模型及 WCDR 计算

$$WCDR_i = N\left[\frac{N^{-1}(PD_i) + \sqrt{\rho}N^{-1}(0.999)}{\sqrt{1-\rho}}\right]$$

  - ■ 债务人违约相关系数 ρ 的计算

风险敞口来源	相关系数
企业、政府和银行	$\rho = 0.12 + 0.12\,e^{-50 \times PD}$
其他零售贷款	$\rho = 0.03 + 0.13\,e^{-35 \times PD}$
房屋抵押贷款	$\rho = 0.15$

  - ■ 基础内部评级法

在基础内部评级法中，银行自己可自行计量的参数是违约概率 PD，

而其他参数或参数计算方法，则由巴塞尔委员会决定（LGD、EAD、
M 和 ρ 由巴塞尔委员会决定）。

■ 高级内部评级法

在高级内部评级法中，银行可以自行估计 PD、LGD、EAD 以及公司
业务、主权债、同业业务风险敞口的调整年限。

章节练习

1. ABC 银行的流动资产和资本在下表中提供：

风险加权资产	美元（百万）
信用风险加权资产	889
市场风险资本金	26
操作风险资本金	46
总监管资本	170

根据巴塞尔协议（Ⅱ），ABC 目前的监管资本总额与风险加权资产的比率是多少？

A. 5.94%　　B. 8.40%　　　　C. 8.95%　　　　D. 9.50%

答案解析： D

由上表可知：总风险加权资产（RWA）＝信用风险 RWA＋市场风险 RWA＋
操作风险 RWA＝889＋26×12.5＋46×12.5＝1 789（百万美元）

资本充足率＝总监管资本÷总风险加权资产＝170÷1 789＝9.50%

2. 以下哪些资产隶属于一级监管资本？

A. 权益资本、留存收益。

B. 次级债务，未披露的准备金。

C. 权益资本，到期期限大于五年的次级债务。

D. 长期债务，重估储备。

答案解析： A

巴塞尔Ⅱ延续了巴塞尔Ⅰ中规定的资本金要求，一级资本包含权益资本和留
存收益。二级资本包括未公开的储备、累积优先股和次级债务等。

3. 根据《巴塞尔协议Ⅱ》，商业银行可以使用由短期次级债务组成的三级资本覆
盖损失，以满足资本充足率要求。请问三级资本覆盖了以下哪一种风险？

A. 市场风险资本金要求。

B. 信用风险资本金要求。

C. 市场风险和信用风险资本金要求。

D. 所有类型风险资本金要求。

答案解析： A

三级资本只能用于覆盖市场风险，并且在巴塞尔Ⅲ中被取消了。

—— 第 29 章 ——

巴塞尔协议Ⅱ.5

一、压力 VaR	压力 VaR	★★★
二、新增风险资本金(IRC)	新增风险资本金(IRC)	★★★
三、综合风险度量(CRM)	综合风险度量(CRM)	★★

本章导论

在 2008 年金融危机中，交易账户承受了巨大的损失，尤其是复杂的证券化产品，如债务抵押债券等，造成了交易账户违约风险提高，市场风险不断增大。巴塞尔Ⅱ暴露了对交易账户风险控制不足的问题，市场参与者认识到巴塞尔协议框架下的市场风险资本金计算方法需要调整，巴塞尔Ⅱ.5 是对这些调整的汇总。巴塞尔Ⅱ.5 的实施日期是 2011 年 12 月 31 日，这些调整主要涉及三个方面：

（1）压力 VaR 的计算(Stressed VaR，SVaR)；

（2）新增风险资本金要求(Incremental Risk Capital Charge，IRC)；

（3）基于信用相关性风险的综合风险度量(Comprehensive Risk Measure，CRM)。

1. 压力 VaR

在先前计量市场风险的方法中，大多数银行采用了历史模拟法来计算 VaR，2003～2006 年间市场变化的波动率始终处于低位，因此，利用这一区间的数据所得到的 VaR 也较低。此外，即使在 2008 年危机爆发后，通过历史模拟法计算出的 VaR 值仍然保很长时间，这种情况就是《市场风险》中介绍过的"鬼魂效应（ghost effect）"。为了消除"鬼魂效应"带来的影响，巴塞尔委员会引入了"压力VaR"的概念。

压力 VaR（Stressed Value at Risk，SVaR） 的计算公式如下：

$$Max(SVaR_{t-1}, M_s \times SVaR_{avg})$$

其中，$SVaR_{t-1}$ 代表了前一个交易日的 SVaR，$SVaR_{avg}$ 代表了前 60 个交易日 SVaR 的平均值。

压力惩罚（乘数）因子 M_s 由各监管当局根据风险管理系统质量而确定，最小值是 3。

在引入了压力 VaR 之后，计量市场风险资本金的内部模型法就更新成了如下形式：

$$Max(VaR_{t-1}, M_c \times VaR_{avg}) + Max(SVaR_{t-1}, M_s \times SVaR_{avg})$$

从上式不难看出，在巴塞尔Ⅱ.5 框架下，银行要计算 2 个 VaR 值，其中 VaR_{t-1} 和 VaR_{avg} 是通过过往一年至四年的历史数据算出来的，而 $SVaR_{t-1}$ 和 $SVaR_{avg}$ 是通过某一压力年份的数据得到的，在数据特征上，市场风险资本金要求依旧是 10 天的窗口期，99% 的置信水平。

> **考纲要求**——
> 掌握压力VAR的计算。

> **名师解惑**
>
> 巴塞尔Ⅱ.5 出台之初，监管机构认为商业银行应该使用 2008 年的经济环境作为压力测试中的压力环境，但是这并不适用于所有银行。因此，如今巴塞尔委员会以及监管机构允许商业银行自行选择他们所认为表现最差的一年作为压力环境，而不再局限于 2008 年。

2. 新增风险资本金(IRC)

> **考纲要求**——
> 理解IRC的背景并计算IRC。

2005 年，巴塞尔委员会发现了交易账户上的头寸所要求的资本低于银行账户所要求的的资本金，以债券为例，如果将债券并入交易账户中，资本金缴存数量等于 10 天的窗口期 99% 置信水平计算的 VaR 值再乘以惩罚系数 M_c（计量市场风险资本金），如果将此债券并入银行账户，所需资本金的数量则等于 1 年的窗口期 99.9% 置信水平计算的 VaR 值减去预期损失（计量信用风险资本金）。不难发现，通过这种"会计手段"，交易账户所需的资本金数量远远小于银行账户所需的资本数量，因此银行更愿意将与信用有关的可交易资产并入交易账户中。为了解决这一问题，巴塞尔委员会采纳并考虑了新增违约风险资本金（incremental default risk capital charge，IDRC）的概念。

2008 年，巴塞尔委员会意识到，违约并非是造成 2008 年全球金融危机的唯一因素，信用评级的变化，市场流动性的缺失才是造成损失的主要元凶。因此，巴塞尔委员会修改了的新增违约风险资本金的建议，由此 IDRC 演变成了新增风险资本金（incremental capital charge，IRC）。

新增风险资本金规则要求银行对交易账户中与信用风险相关的产品按照 1 年的窗口期，99.9％置信水平额外计提对应的信用风险资本金，以此作为对原内部模型法计量市场风险资本金的补充，在计算的过程中，银行不仅要考虑违约的可能，还要考虑信用评级的变化。

在考虑新增风险资本 IRC 和原有的特定风险资本 SRC 后，市场风险资本金计算式也可写为：

$$MRC_t^{IMA} = Max\left(k \frac{1}{60} \sum_{i=1}^{60} VaR_{t-i}, VaR_{t-1}\right)$$
$$+ Max\left(k_s \frac{1}{60} \sum_{i=1}^{60} SVaR_{t-i}, SVaR_{t-1}\right) + SRC_t + IRC_t$$

惩罚系数 k 和 k_s 的最小值都为 3，最大值都为 4，具体值由 VaR 模型回测的结果和监管层决定。

—考纲要求—
从定性角度理解 CRM。

3. 综合风险度量（CRM）

综合风险度量（comprehensive risk measure，CRM）考虑了信用相关性账户存在的风险，因此需要对存在信用相关性风险的资产需额外征收资本金，典型的具有信用相关性的金融资产包括了资产支持证券（ABS）和债务抵押债券（CDOs）。

CRM 是一个特定的资本金要求，它取代了具有信用风险相关性的金融资产的新增风险资本金要求 IRC 和特定风险资本金要求 SRC。

—备考指南—
2019年考纲并没有要求 CRM 的计算，因此备考过程中需掌握带有 SRC 和 IRC 参数的计算题。

本章小结

- ➢ 压力 VaR
  - ■ 计算公式：
    $$Max(SVaR_{t-1}, M_s \times SVaR_{avg})$$
    其中，$SVaR_{t-1}$ 代表了前一个交易日的 SVaR，$SVaR_{avg}$ 代表了前 60 个交易日 SVaR 的平均值。
  - ■ 在引入了压力 VaR 之后，计量市场风险资本金的内部模型法就更新成了如下形式：

$$\text{Max}(\text{VaR}_{t-1}, \text{M}_c \times \text{VaR}_{avg}) + \text{Max}(\text{SVaR}_{t-1}, \text{M}_s \times \text{SVaR}_{avg})$$

> 新增风险资本金
>> ■ 在考虑新增风险资本 IRC 和原有的特定风险资本 SRC 后，市场风险资本金计算式变为：

$$\text{MRC}_t^{\text{IMA}} = \text{Max}\left(k\,\frac{1}{60}\sum_{i=1}^{60}\text{VaR}_{t-i}, \text{VaR}_{t-1}\right)$$
$$+ \text{Max}\left(k_s\,\frac{1}{60}\sum_{i=1}^{60}\text{SVaR}_{t-i}, \text{SVaR}_{t-1}\right) + \text{SRC}_t + \text{IRC}_t$$

>> ■ 惩罚系数 k 和 k_s 的最小值都为 3，最大值都为 4，具体值由 VaR 模型回测的结果和监管层决定。
> 综合风险度量 CRM

章节练习

以下关于压力 VaR 的描述正确的是：（　　）

Ⅰ 在巴塞尔Ⅱ.5 的框架下，银行可以自行选取他们所认为表现最差的一年作为计量市场风险压力 VaR 的数据来源。

Ⅱ 在计算市场风险资本金时，压力 VaR 取代了原有内部模型法中的 VaR。

Ⅲ 在巴塞尔Ⅱ.5 框架下，市场风险资本金需求至少是在巴塞尔Ⅱ框架下市场风险资本金需求的两倍。

Ⅳ 在计算压力 VaR 时，银行可以根据自身规模自行选择置信水平。

Ⅴ 市场风险资本金计算式中的惩罚乘数由巴塞尔委员会决定且最小值等于 3。

A. Ⅰ 和Ⅳ　　　　B. Ⅰ 和Ⅲ　　　　C. Ⅰ、Ⅲ 和Ⅳ　　　D. Ⅰ、Ⅲ 和Ⅴ

答案解析： B

巴塞尔Ⅱ.5 颁布期初，监管层要求银行必须使用 2008 年的金融环境作为压力测试中的压力环境，但这一规定在后来的商讨中被取消，现在银行可以使用自己认为表现最糟糕的一年的情景作为压力环境。

在引入了压力 VaR 之后，计量市场风险资本金的内部模型法就更新成了如下形式：

$$\text{Max}(\text{VaR}_{t-1}, \text{M}_c \times \text{VaR}_{avg}) + \text{Max}(\text{SVaR}_{t-1}, \text{M}_s \times \text{SVaR}_{avg}) + \text{SRC} + \text{IRC}$$

由于 $\text{Max}(\text{SVaR}_{t-1}, \text{M}_s \times \text{SVaR}_{avg}) \geqslant \text{Max}(\text{VaR}_{t-1}, \text{M}_c \times \text{VaR}_{avg})$，因此，在巴塞尔Ⅱ.5 的框架下，市场风险资本金需求至少是在巴塞尔Ⅱ框架下市场风险资本金 $\text{Max}(\text{VaR}_{t-1}, \text{M}_c \times \text{VaR}_{avg})$ 的两倍。

压力 VaR 的计算是基于 99% 的置信水平下的，而非银行自行选择的置信水平；市场风险资本金计算式中的惩罚乘数由 VaR 模型回测结果和监管机构决定且最小值等于 3。

—— 第 30 章 ——

巴塞尔协议 III

一、资本金要求	资本金要求	★★
二、留存缓冲资本	留存缓冲资本	★★★
三、逆周期缓冲资本	逆周期缓冲资本	★★★
四、流动性风险监管	1. 杠杆比率	★★★
	2. 流动性覆盖率	★★★
	3. 净稳定融资比率	★★★
	4. 信用估计调整	★
	5. 对全球系统性重要银行的监管	★★★
	6. 应急可转化债券	★★
五、交易账户风险管理审查	交易账户全面审议	★

本章导论

次贷危机暴露了巴塞尔 II 的诸多不足，如现行监管体系对系统性风险、顺周期效应、交易账户风险控制不足、未对杠杆率进行监管等。为了解决上述问题，巴塞尔委员会不断推出新的风险管理准则和计量方法来加强银行业稳健经营和公平竞争，并最终于 2010 年 12 月 16 日正式公布了巴塞尔 III 的文本终稿。

巴塞尔 III 结合次贷危机的经验教训，从银行个体和金融系统两方面加强全球金融风险监管。并做出了以下改进：

（1）提高资本质量与透明度

（2）实现多层次资本监管框架

（3）引入杠杆率补充风险资本要求

（4）扩大风险覆盖范围（新增流动性风险管理与交易对手信用风险管理）

1. 资本金要求

巴塞尔Ⅲ废除了用于覆盖市场风险的三级资本，并对一级资本和二级资本作了更清晰的界定。如表 30-1 所示：

—考纲要求—
了解巴塞尔Ⅲ对资本金的定义。

表 30-1 巴塞尔Ⅲ框架下资本金的种类及所包含的项目

资本金种类		资本金包含的项目
一级资本	一级核心资本	普通股，留存收益等，不包含商誉和递延所得税资产
	一级补充资本	非累积优先股
二级资本		资产重估储备、普通准备金，到期期限大于 5 年的优先偿债顺序靠后的债务
无三级资本		

一级核心资本（core tier 1 capital）又称之为一级普通股资本（tier 1 equity capital），它等于以下项目之和：

（1）银行发行的普通股

（2）资本公积

（3）留存收益

（4）盈余公积

以上项目不包含商誉和递延所得税资产。

巴塞尔Ⅲ资本充足率要求如表 30-2 所示：

—备考指南—
一级普通股资本也被称为一级核心资本，尽管诸如非累积永久性优先股等一级资本也被称为核心资本（一级资本统称核心资本），在巴塞尔Ⅲ中，一级核心（普通股）资本是最严格、最优质的资产。

表 30-2 资本充足率要求

资本金种类	最低资本充足率要求
一级核心资本	4.5%
一级资本	6%
总资本	8%

名师解惑

有关资本充足率要求和资本金种类，读者仅需记住最新的巴塞尔Ⅲ要求即可。在巴塞尔Ⅲ中，一级资本（也称核心资本）被进一步细分为了一级核心（普通股）资本与一级补充资本（additional tier 1 capital）。

2. 留存缓冲资本

—考纲要求—
理解并掌握设置留存缓冲资本的意义。

巴塞尔Ⅲ要求商业银行在正常情况下需持有一级核心（普通股）资本进行缓

冲，该资本被称为留存缓冲资本（Capital Conservation Buffer，CCB），其数值等于风险加权资产的 2.5%。巴塞尔委员会之所以会出台这个规定，是希望商业银行能够在危机发生时候使用缓冲资本吸收损失。加入 CCB 之前的资本充足率要求和加入 CCB 之后的资本充足率要求如表 30-3 所示：

表 30-3 留存缓冲资本 CCB 对资本充足率要求的影响

资本金种类	加入 CCB 之前资本充足率要求	加入 CCB 之后资本充足率要求
一级资本	6%	8.5%
一级核心资本	4.5%	7%
一级补充资本		
总资本	8%	10.5%

如果银行没有满足留存缓冲资本充足率的要求，那么监管层就会对银行的股利发放有所限制，具体的限制比例如表 30-4 所示：

表 30-4 加入 CCB 后未满足一级核心资本充足率的红利发放限制

一级核心资本充足率	被限制分红的留存收益比率
4.000%～5.125%	100%
5.125%～5.750%	80%
5.750%～6.375%	60%
6.375%～7.000%	40%
7%	0%

—考纲要求—
理解并且掌握设置逆周期缓冲资本的意义。

3. 逆周期缓冲资本

除了留存缓冲资本之外，监管层还要求商业银行设置逆周期缓冲资本（countercyclical buffer）。由于顺周期效应会因为杠杆的作用，在经济低迷时放大影响，导致金融机构亏损，进而蔓延至实体经济，实体经济的亏损又会反作用于金融部门，造成恶性循环。逆周期缓冲资本旨在抑制顺周期效应造成的影响，增加超额资本储备，用于弥补因经济衰退导致的损失，以保证商业银行能够持续地达到最低资本充足率要求。

各国监管机构可根据自身情况自行确定不同时期的逆周期缓冲资本，其范围在 0 至 2.5% 之间。在正常市场情况下，逆周期缓冲资本设为 2.5%，当经济衰退时，银行可以以合理的速度释放缓冲资本以此减轻周期性影响。

逆周期缓冲资本应使用一级核心资本，如果银行没有满足监管当局的逆周期资本留存要求，则其红利发放、股票回购和股权激励等行为都将受到限制。

加入逆周期缓冲资本之后，相关资本充足率要求如表 30-5 所示：

表 30-5　逆周期缓冲资本对资本充足率的影响

	一级核心资本	一级资本	总资本
最低资本要求	4.5%	6%	8%
留存缓冲资本	2.5%		
最低资本要求＋留存缓冲资本	7.0%	8.5%	10.5%
逆周期缓冲资本	0%～2.5%		
系统性重要银行额外资本要求	1%～3.5%		

4. 流动性风险监管

流动性风险管理是巴塞尔Ⅲ改革的重要组成部分，在全球金融危机爆发之前，巴塞尔委员会一味地强调对资本充足率的管理。但是在危机爆发时，流动性风险所体现出的强传染力与冲击性使得各国监管当局认识到流动性风险监管的重要性。2009 年 12 月，巴塞尔委员会颁布了《流动性风险计量、标准和监管的国际框架（征求意见稿）》，在该框架中，巴塞尔委员会提出了流动性覆盖率指标和净稳定融资比率指标以帮助监管当局理性分析商业银行的流动性风险。

4.1　杠杆比率

巴塞尔Ⅲ引入了杠杆率作为风险资本的补充，以弥补资本充足率监管的缺陷，杠杆率是一级资本与总风险（表内业务＋表外业务＋衍生品合约＋诸如回购、融资融券等证券融资交易业务）敞口的比率，其最小值必须大于等于 3%，定义式如下：

$$杠杆率 = \frac{一级资本}{总的风险敞口} \geqslant 3\%$$

杠杆率作为一种风险管理的补充措施可以有效地防止银行利用风险加权资本的计算漏洞规避资本金的缴存，并在一定程度上防范了模型风险与计量误差。在巴塞尔Ⅲ出台之前，商业银行通过表外业务"合理"地规避了资本充足率的要求，尽管这些商业银行表面上满足了资本充足率要求，但是过多的表外业务使得他们始终处于高杠杆的运营状态，这也为 2008 年全球金融危机的爆发埋下了祸根。

4.2　流动性覆盖率

在金融危机爆发之前，巴塞尔协议的重心在于要求银行有足够的资本充足率。然而当危机来临时，人们发现其实银行缺少的并不是资本金，而是对流动性风险的应对措施。

《流动性风险计量、标准和监管的国际框架（征求意见稿）》提出的第一个流动性定量监管指标叫做**流动性覆盖率**（**Liquidity Coverage Ratio**），它是优质性流动资产储备与未来 30 日的资金净流出量的比值，且该比值应大于等于 100%，定义式如下：

$$流动性覆盖率 = \frac{优质流动性资产}{未来\ 30\ 天净现金流出} \geq 100\%$$

优质流动性资产存量与未来 30 天净现金流出的比值必须大于等于 100%，优质流动资产可以在关键时候转换成现金，以提高商业银行应对短期流动性风险的能力。

优质流动性资产的主要特点如下：

（1）发行人的信用评级较高且该资产的市场风险极低，一般而言，资产风险越低，其流动性也越高。

（2）容易定价，越容易被确定价值的资产流动性往往也越高。因此，绝大部分的衍生产品或结构化产品都不属于优质流动性资产。

（3）与风险资产的相关性极低。

（4）在交易所上市交易（在交易所上市交易的资产的透明度高于非上市交易的资产）。

流动性资产又被分为 1 级流动性资产、2 级流动性资产、2B 级流动性资产。1 级流动性资产主要包含现金、在巴塞尔 Ⅱ 标准化方法中风险权重被赋予 0 的可交易证券以及风险权重等于 0 的主权债券与中央银行债券。2 级流动性资产的质量相较于 1 级流动性资产更低，主要包含了在巴塞尔 Ⅱ 框架中风险权重稍高的资产，在优质流动性资产的构成中，2 级流动性资产的权重不能超过 40%。2B 级流动性资产的质量是三者中最差的一类，2B 级流动性资产占总优质流动性资产的比重不得超过 15% 且占总 2 级流动性资产的权重不得超过 40%。

上式中，银行未来 30 天净现金流出计算式如下：

银行未来 30 天净现金流出 = 总预期流出 − min(总预期流入，0.75×总预期流出)

读者在计算未来 30 天净现金流出时，千万不要简单地认为这个值就等于总预期流出减去总预期流入，因为如果按照这种方式进行计算的话，商业银行一定会不择手段去提高总预期流入值，从而满足流动性覆盖率。所以巴塞尔委员会对银行未来 30 天的净现金流出计算式做出了优化，从而避免商业银行钻监管漏洞。

此外，在计算流动性覆盖率时，同一项资产不能被重复计算，例如对于风险权重为 0 的货币基金来说，该资产既可以算作分子中的优质流动性资产，也可以算作分母中未来 30 天净现金流出（换言之，基金在未来 30 天到期偿还投资者本息）。因此，在计算的过程中商业银行不得出现重复计算的情况。

现金流出主要包含但不限于以下情况：

（1）来自零售客户的存款支取；

（2）无担保批发存款的流失；

（3）衍生品合约的支付；

（4）因衍生品合约中信用评级下降而被要求的流动性弥补。

4.3　净稳定融资比率

次贷危机后，流动性监管的框架和要求得以确立，监管层对于流动性风险管理的积极性达到了空前的高度，为了最大限度地保证商业银行在各种压力情形下都有足够的优质资产维持其流动性，巴塞尔委员会引入了另一个流动性定量监管指标－净稳定融资比率（net stable funding ratio，NFSR）来加强流动性风险管理。NSFR 指标的目的就是防止银行在市场繁荣、流动性充裕时期过度依赖批发性融资，而鼓励其对表内外资产的流动性风险进行更充分的评估。

净稳定融资比率侧重于一年期间内的流动性风险管理，即长期流动性风险管理，具体要求如下：

$$\text{净稳定融资比率} = \frac{\text{可用的稳定资金（Amount of stable funding，ASF）}}{\text{所需的稳定资金（Required Amount of stable funding，RSF）}} \geqslant 100\%$$

> 备考指南—
> 净稳定融资比率
> 必须大于100%，
> 考试中往往也会
> 以定性题方式进
> 行考察。

该比率的分子 ASF 代表了银行可用的各项稳定资金来源，主要包含股权、一年期债券、个金储蓄以及非金融机构对公储蓄等。分母 RSF 代表了银行发展各类资产业务所需的稳定资金来源，主要包含现金、有价证券、抵押贷款等。

在计算净稳定资金比率的过程中，ASF 与 RSF 并不直接以账面价值代入上式进行计算，而是先各自乘以对应的折算因子后，再代入公式计算。

银行可用稳定资金 ASF 及其折算因子如表 30-6：

表 30-6　银行可用稳定资金及对应系数

ASF 系数	负债和权益分类
100%	一级资本与二级资本、优先股以及剩余期限大于等于 1 年的借款
90%	来自于零售客户和小企业客户的剩余期限小于 1 年的稳定存款
80%	来自于零售客户和小企业客户的剩余期限小于 1 年的不稳定存款
50%	来自于非金融企业、主权国家、中央银行、多边发展银行和公共部门的剩余期限小于 1 年的定期存款
0%	除以上所列之外的所有其他负债和其他权益

银行所需稳定资金 RSF 及其折算因子如表 30-7：

表 30-7　银行所需稳定资金及对应系数

RSF 系数	资产分类
0%	现金、剩余期限小于 1 年的短期信用工具、证券以及贷款
5%	由主权政府或相关机构发行或担保的债务，且到期期限大于等于 1 年并在巴塞尔 Ⅱ 标准评级法中被赋予 0 的风险权重
20%	期限大于 1 年且评级为 AA－及以上的公司债券、由主权国家、中央银行、非央行公共机构担保的债务且期限大于等于 1 年，在巴塞尔 Ⅱ 标评级法中被赋予 20% 的风险权重
50%	黄金、给非金融机构客户、主权国家和公共部门提供的到期期限小于 1 年的贷款、外部评级为 A＋到 A－的非金融公司债券

续表

RSF 系数	资产分类
65%	住房抵押贷款
85%	到期期限小于 1 年的零售贷款和小企业客户贷款
100%	除以上所列之外的所有其他资产

例 GF 银行资产负债表如表 30-8

表 30-8　GF 银行资产负债表　　　　单位：百万美元

现金	5	零售客户存款(稳定)	40
美国国债(剩余期限＞1 年)	5	大额定期存款	48
住房抵押贷款	20	二级资本	4
中小企业商业贷款	60	一级资本	8
固定资产	10		
	100		100

（1）求 ASF；

（2）求 RSF；

（3）求 NSFR。

【解析】

（1）ASF＝$40 \times 90\% + 48 \times 50\% + 4 \times 100\% + 8 \times 100\% = 72$，即 7 200 万美元。

（2）RSF＝$5 \times 0\% + 5 \times 5\% + 20 \times 65\% + 60 \times 85\% + 10 \times 100\% = 74.25$，即 7 425 万美元。

（3）NSFR＝$72/74.25 = 0.9697$

由 NSFR＝0.9697 可知该银行未能满足巴塞尔Ⅲ的要求。

—考纲要求—
了解CVA的风险管理框架。

4.4　信用估计调整

金融危机暴露了商业银行对交易对手信用风险管理的缺失，交易对手信用风险是一项交易在最终结算前交易对手出现违约的风险，如果在最终结算前与交易对手的合约经济价值为正，则会产生损失。相关验证表明，金融危机爆发之前，银行用于评估交易对手信用风险的内部模型存在着较大的缺陷，尤其是不能够准确估计非线性暴露的风险。为了应对这一客观存在的问题，巴塞尔委员会提出了计提信用估计调整(credit value adjustment)导致的损失。委员会建议将 CVA 损失作为持有交易对手发行的债券来处理，并通过市场风险监管资本要求来计算 CVA 的监管资本。有关 CVA 的具体计算方法在《信用风险》中有详细介绍，在巴塞尔协议中仅需了解 CVA 的提出背景与概念即可。

4.5 对全球系统性重要银行的监管

针对**全球系统性重要银行**（global systemically important banks，G-SIBS），巴塞尔委员会提出了额外的核心资本充足率要求，除了 4.5% 的一级核心资本与 2.5% 的留存缓冲资本（也由一级核心资本构成）外，G-SIBS 还必须额外留存 1% 至 3.5% 不等的一级核心资本用于吸收潜在的损失（见前表 30-5），这一比例的具体数值与逆周期缓冲资本不同，后者是由各国的监管机构根据银行业发展情况自行决定，而前者是由巴塞尔委员会决定。

例如某系统性重要银行的额外资本要求是 2.5%，那么根据巴塞尔协议规定该银行至少保留 4.5%（一级核心资本基本要求）+2.5%（CCB，留存缓冲资本）+2.5%（额外资本要求），即 9.5% 的一级核心资本，各国监管机构可以依据情况要求银行补充逆周期缓冲资本。

—考纲要求—
理解 G-SIBS 留存额外资本金用于吸收潜在损失。

4.6 应急可转化债券

应急可转换债券（Contingent Convertible Bonds，Cocos）是一种可转换债券，不过与普通可转债不同的是，Cocos 是一种强制可转换债券，它有自救机制，即当银行的一级资本充足率低于风险加权资产的一定百分比时，Cocos 将自动转为股权，以满足银行的资本充足率要求。

应急可转债券对银行而言是非常有吸引力的，因为在正常情况下，银行可以通过发行债券进行融资。当银行面临财务困境或亏损时，应急可转债被则会转换为股权，从而使得银行能够维持资本充足率，避免破产。

基于以上原因，监管层也鼓励银行在规定的限额内发行应急可转换债券。

—备考指南—
全新系统性重要银行所需留存的额外资本金比率由当地的监管机构决定，如果考试选项中陈述的是由巴塞尔委员会决定，则该选项是一个错误的选项。

5. 交易账户全面审议

自巴塞尔协议诞生以来，交易账户市场风险的计量在不断完善，在全球金融危机爆发后，市场风险资本金的计量也被提出了新的要求。继巴塞尔Ⅱ.5 引入压力 VaR 后，巴塞尔委员会于 2012 年 5 月发布了《交易账户全面审议》，经过数次修稿以及汲取各方意见后，巴塞尔委员会于 2016 年 1 月正式公布了交易账户市场风险资本计量框架的终稿《市场风险的最低资本要求》。

首先，《交易账户全面审议》对巴塞尔Ⅲ 中的市场风险资本金要求度量作出了重大修改，弃用了原先 99% 置信水平下的 VaR，改用 97.5% 置信水平下的 ES 进行替代。尽管巴塞尔Ⅱ.5 中的压力 VaR 被取消了，但巴塞尔委员会延续了设置压力情景的思路，并要求银行必须采用使用最近 12 个月的极端压力情景数据计算 ES。

之所以用 97.5% 的 ES 代替 99% 的 VaR，是因为 VaR 只能反映特定置信水平下的损失临界值，而无法反映分布左尾中小概率事件引发的损失，而 97.5%

—考纲要求—
了解银行发行应急可转换债券的动机。

的 ES 对肥尾事件更加敏感。在正态分布下，97.5％的 ES 和99％的 VaR 这两个数值的差别并不大，即在不发生肥尾事件时，97.5％的 ES 和99％的 VaR 并没有显著区别，但是一旦出现肥尾事件，97.5％的 ES 值会比99％的 VaR 值大很多，所以使用 97.5％的 ES 也更稳健。

《交易账户全面审议》的第二个重大修改是有关资产的流动性管理。

在市场风险资本金计量中，我们采用的是 10 天的窗口期，之所以用 10 天的窗口期，是因为 VaR 模型是基于完备市场的假设，即市场参与者都是价格的接受者，他们自身的买卖行为是不会影响资产价格波动的，在这个理想的条件下，人们认为当风险发生时，银行可以在 10 天持有期内能够及时平仓或实行完整的风险对冲策略。然而事实并非如此，银行交易账户中的不同资产的流动性是不同的，尤其在危机期间，市场流动性会迅速枯竭、买卖价差会显著上升，这违背了 VaR 模型的前提假设。为了考虑在压力环境下资产流动性的问题，交易账户全面审议根据资产在压力环境下出售或被对冲所需时间（流动性持有期）的不同，将资产分为 5 类，分别是 10、20、40、60 和 120 个工作日，如果某一资产类别被划分为 120 个工作日资产，则我们可以理解为银行最多需要 120 天就能够将该资产出售或对冲。

《交易账户全面审议》的第三个重大修改是对交易账户和银行账户的界定。

由于交易账户和银行账户的资本金要求存在差异，银行往往会通过会计手段将银行账户的资产归入交易账户，为了减少银行资本套利的机会，巴塞尔委员会对于这两个账户的划分做了更清晰的界定，审议稿提供了一系列应该纳入交易账户或银行账户的资产名录，并且规定在界定交易账户资产时，不再基于"意愿交易"（intend to trade）的原则，而是要求银行提供真实的交易台账。不仅如此，审议稿对资产在交易账户和银行账户之间的划转加以了极大的限制，只有在特殊情况下（例如会计准则变化）才允许资产划分至另一账户。

《交易账户全面审议》对于模型的回测也提出了相关要求，银行需要在 horizon 等于 1 天，窗口期等于最近 1 年的条件下对 99％和 97.5％置信水平下的 VaR 值进行回测，如果存在超过 12 个高于 99％VaR 的异常值或存在超过 30 个高于 97.5％VaR 异常值时，银行则必须使用标准法计量交易账户资本金，直到这两种情况都不再发生为止。

最后，《交易账户全面审议》提出了对真实市场的损益与模型估计的损益比较的方法，如果模型预测值不显著区别于真实损益值，则说明模型是适用的，反之则认为模型是存在缺陷的。我们主要通过以下两个指标公式判断比较结果：

第一个指标公式：u 的均值/V 的标准差，该指标认为计算结果在 −10％至 10％之间是合理的。

第二个指标公式：u 的方差/V 的方差，该指标认为计算结果＜20％即是合理的。

其中：

U 表示一天中实际损益和模型损益之间的差异；

V 表示一天中的实际利润或损失。

本章小结

➤ 资本金要求

资本金种类	资本金包含的项目
一级核心资本	普通股，留存收益等，不包含商誉和递延所得税资产
一级补充资本	非累积优先股
二级资本	到期期限大于 5 年的优先偿债顺序靠后的债务
无三级资本	

➤ 留存缓冲资本
- 巴塞尔 III 要求商业银行在正常情况下需持有一级股权资本进行缓冲，该资本被称为留存缓冲资本（Capital Conservation Buffer，CCB），其数值等于风险加权资产的 2.5%。巴塞尔委员会之所以会出台这个规定，是希望商业银行能够在危机发生时候使用缓冲资本吸收损失。

资本金种类	加入 CCB 之前资本充足率要求	加入 CCB 之后资本充足率要求
一级资本	6%	8.5%
一级核心资本	4.5%	7%
一级额外资本		
总资本	8%	10.5%

➤ 逆周期缓冲资本
- 逆周期缓冲资本旨在抑制顺周期效应造成的影响，增加超额资本储备，用于弥补经济衰退损失，以保证商业银行能够持续地达到最低资本充足率要求。

  加入逆周期缓冲资本之后，相关资本充足率要求可参照前表 30-5 所示。

➤ 流动性风险监管
- 杠杆比率

$$杠杆率 = \frac{一级资本}{总的风险敞口} \geq 3\%$$

- 流动性覆盖率

$$流动性覆盖率 = \frac{优质流动性资产}{未来 30 天净现金流出} \geq 100\%$$

- 净稳定融资比率

$$\text{净稳定} \over \text{融资比率} = \frac{\text{可用的稳定资金（Amount of stable funding，ASF）}}{\text{所需的稳定资金（Required Amount of stable funding，RSF）}}$$

$$\geqslant 100\%$$

- 信用估计调整
- 对全球系统性重要银行的监管

    针对全球系统性重要银行（global systemically important banks，G-SIBS），巴塞尔委员会提出了额外的核心资本充足率要求，除了4.5%的一级核心资本与2.5%的留存缓冲资本（也由一级核心资本构成）外，G-SIBS还必须额外留存1%至3.5%不等的一级核心资本用于吸收潜在的损失。

- 应急可转换债券（Contingent Convertible Bonds，Cocos）

备考指
净稳定融资
必须大于10
考试中往往
以定性题方
行考察。

章节练习

1. 根据巴塞尔Ⅲ，下列关于一级普通股资本说法正确的是？

    A. 从2015年1月1日起，普通股/风险加权资产比例不得低于6%。

    B. 一级核心资本的主要组成是优先股，因为优先股股东不能迫使银行破产。

    C. 普通股是最不严格的一级资本。

    D. 作为核心一级资产，普通股对资产具有剩余追索权。

    答案解析：D

    普通股/风险加权资产比例不得低于4.5%，一级核心资本由普通股，留存收益等资产构成，且不包含商誉和递延所得税资产，作为一级核心资本，普通股的定义是最为严格的。因此选择D。

2. 以下哪一项不是留存缓冲资本的特征：

    A. 在压力时期留存缓冲资本可以提供额外的2.5%资本缓冲风险。

    B. 引入留存缓冲资本后，银行一级资本充足率不得低于总风险加权资产的8.5%。

    C. 留存缓冲资本只适用于LCR和NSFR低的银行。

    D. 留存缓冲资本使一级普通股资产与风险加权资产的比值从原来的4.5%上升到7.0%。

    答案解析：C

    留存缓冲资本由一级核心资产（一级普通股资产）构成，商业银行需要在正常时期缴存占总风险加权资产2.5%权重的留存缓冲资本，当危机发生时，留存缓冲资本可以用于缓冲银行所遭受的损失，在引入留存缓冲资本后，商业银行的一级资本充足率由6%上升到了8.5%，一级核心资本充足率由4.5%上升到了7.0%。留存缓冲资本使用于所有的商业银行，如果商业银行未能满足在留存缓冲资本要求下的一级核心资本充足率，则其发放留存收益的行为会被限制。

3. 基于以下信息，A 银行的流动性覆盖率是多少？
   ● 优质流动性资产：50 万美元
   ● 稳定性融资所需金额：200 万美元
   ● 未来 30 天内现金总预期流出：100 万美元
   ● 可获得稳定资金：210 万美元
   ● 未来 30 天内现金总预期流入：80 万美元
   A. 83％　　　　　B. 90％　　　　　C. 200％　　　　　D. 250％

答案解析：C

根据流动性覆盖率要求：

$$流动性覆盖率 = \frac{优质流动性资产}{未来\ 30\ 天净现金流出} \geqslant 100\%$$

其中，未来 30 天内净现金流出＝总预期流出－min(总预期流入，0.75×总预期流出)，因此 A 银行未来 30 天内的净现金流出等于 100－min(80，0.75×100)＝25(万美元)。所以，流动性覆盖率等于 50/25＝200％。

4. 基于以下信息，计算 A 银行的净稳定融资比率？
   ● 优质流动性资产：100 万美元
   ● 银行所需稳定资金(RSF)：200 万美元
   ● 未来 30 天内现金总预期流出：100 万美元
   ● 银行可用稳定资金(ASF)：220 万美元
   A. 65％　　　　　B. 89％　　　　　C. 105％　　　　　D. 110％

答案解析：D

由净稳定资本比率要求可知：

$$\frac{净稳定}{资金比率} = \frac{可用的稳定资金(Amount\ of\ stable\ funding, ASF)}{所需的稳定资金(Required\ Amount\ of\ stablefunding, RSF)} \geqslant 100\%$$

因此，A 银行的净稳定融资比率等于 220/200，即 110％。

—— 第31章 ——
其他监管协议

一、偿付能力标准 Ⅱ	偿付能力标准 Ⅱ	★★
二、多德-弗兰克法案	多德-弗兰克法案	★

本章导论

  多德-弗兰克法案是在金融危机发生之后，由两个美国参议员的参与制定并以其名字命名的，多德-弗兰克法案旨在避免重蹈金融危机的覆辙。

1. 偿付能力标准 Ⅱ

目前，没有国际标准来规范保险公司的资本金要求。在欧洲，偿付能力标准 Ⅰ 即 Solvency Ⅰ 为保险公司的承保风险建立了资本充足率要求。Solvency Ⅱ 取代 Solvency Ⅰ，除承保风险外，还考虑运营和投资风险。偿付能力标准 Ⅱ 具有类似于巴塞尔协议 Ⅱ 的三大支柱。

Solvency Ⅱ 的支柱 1 规定了保险公司资本充足率要求。与巴塞尔协议不同的是，支柱 1 设立了两个资本金要求，一个是偿付能力资本要求（**solvency capital requirements，SCR**），一个是最低资本要求（**minimum capital requirements，MCR**）。保险公司违反偿付能力要求（SCR）的影响不如违反最低资本要求（MCR）那么严重，如果资本充足率低于偿付能力资本要求，保险公司可能会收到来自监管机构的警告并被要求补充资本金以恢复至所要求的资本充足率水平，如果保险公司资本充足率低于最低资本要求，监管机构会限制保险公司开展新业务，甚至可能强制保险公司进行清算或合并。

Solvency Ⅱ 框架下，保险公司用于计算的 SCR 的两种方法是：

（1）标准法；

（2）内部模型方法。

标准法（standardized approach） 类似于巴塞尔协议 Ⅱ 中计量操作风险的标准法，在偿付能力标准 Ⅱ 框架中计算 SCR 的标准法适用于那些不能开发自己公司特定风险计量模型或者业务单一不复杂的保险公司。它旨在捕捉普通公司的风险状况，对于风险管理功能不完善的小型公司来说更具成本效益。

内部模型方法（internal models approach） 类似于巴塞尔 Ⅱ 中计量信用风险资本金的内部评级法（IRB）。偿付能力标准 Ⅱ 框架下，VaR 的计算窗口为一年，置信水平为 99.5%。使用内部模型法计算偿付能力要求时需要注意以下三种风险：

（1）承保风险：分为人寿保险，非人寿保险（如财产保险）和健康保险等风险。

（2）投资风险：类似于巴塞尔协议中的市场风险和信用风险。

（3）操作风险。

2. 多德-弗兰克法案

多德-弗兰克法案吸取金融危机的经验教训，重点关注消费者保护、增强信息透明度等方面，具体如下：

（1）新增两大监管机构，一个是金融稳定监管委员会（**Financial Stability Oversight Council，FSOC**），一个是金融研究办公室（**Office of Financial Research，OFR**），这两个机构旨在监测系统性风险和研究经济状况。目标是识别对美国金融稳定的风险，促进市场纪律，并保持投资者信心。

（2）美国联邦存款保险公司（Federal Deposit Insurance Corporation，FDIC）的有序清算权范围扩大，美国公民的存款保险额度提升至 250 000 美元，同时，美国储蓄监管局（The Office of Thrift Supervision）被取消。

（3）出台相关规定，要求大型对冲基金和类似的金融中介机构向美国证券交易委员会（SEC）注册并报告其经营活动。

（4）成立联邦保险办公室，从各个方面监管保险行业，并与州监管机构合作。

（5）"沃克尔规则"应运而生。银行的自营交易和其他类似的存款机构业务被缩减。

自营交易是指银行利用自有资金和融入资金（包括储户的存款）直接参与证券市场交易并承担风险的一项业务，自营业务是市场风险的主要来源。

（6）标准化的场外衍生品需要由中央结算方（CCP）或交易所进行结算，即场外衍生品透明结算。

（7）成立互换执行机构（SEF），以促进场外交易，并在场外交易市场上提供更透明的报价。

（8）成立商品期货交易委员会（CFTC），负责监督 CCP 和 SEF 的经营活动。

（9）美联储被要求为从事支付、结算和清算等活动的具有系统重要性的金融机构制定风险管理标准。

（10）要求评级机构使其评级背后的假设和方法更加透明，并增加评级机构的潜在法律责任。SEC 设立了一个信用评级办公室，对评级机构进行监督。

（11）金融机构监管中禁止使用外部信用评级，需自行评级。

（12）美国联邦储备委员会（Federal Reserve）内设立了金融保护局（Bureau of Financial），以确保消费者在购买抵押贷款和信用卡等金融产品时获得清晰和准确的信息。

（13）证券化产品的发行人被要求持有 5% 的产品头寸。

（14）联邦银行监管机构被要求发布规章制度，禁止使用可能导致过度冒险的薪酬制度（高额奖金）。薪酬制度应由董事会下属的薪酬委员会制定。

（15）必须对房贷借款人的信用做验证，证明借款人有能力偿还贷款。如果不这样做，可能会导致借款人丧失抵押品赎回权，同时银行承担连带风险。

（16）大型金融公司的董事会中，至少要有一位具有在大型复杂公司风险管理经验的专家。

（17）联邦存款保险公司（FDIC）被允许在大型金融机构倒闭时接管该机构并出售其资产，从而将直接损失转嫁给股东和债权人。

（18）FSOC 和 OFR 负责识别具有系统重要性的金融机构。FSOC 有权要求系统重要性银行额外增加资本金充足率。

（19）联邦储备委员会和联邦存款保险公司要求所有系统重要性银行确立"遗

嘱"，注明一旦发生危机事件，他们该如何应对，从而促使这些银行提高风险忧患意识。

本章小结

> 偿付能力标准 II
>> ■ 偿付能力资本要求
>>> ◆ Solvency II 况下，保险公司用于计算的 SCR 的两种方法是：
>>>> 1. 标准法
>>>> 2. 内部模型方法
>> ■ 最低资本要求
> 多德-弗兰克法案

—— 第 32 章 ——

对场外衍生品市场的监管的变化

场外衍生品市场的监管变化	1. 危机后场外衍生品的监管变化	★★★
	2. 监管变化带来的影响	★★★

本章导论

　　巴塞尔协议前后主要分为巴塞尔Ⅰ、巴塞尔Ⅱ、巴塞尔Ⅲ以及当下正在酝酿的巴塞尔协议第四版，尽管本章并不包含于巴塞尔协议中，但也属于行业监管的法律法规，主要介绍了次贷危机之后场外衍生品交易市场现在的监管变化以及这些监管变化带来的影响。读者应该从定性的角度理解本章内容。

1. 危机后场外衍生品的监管变化

考纲要求——
掌握场外交易市场的结算方式。

➤ 中央清算

场外交易市场长期以来缺乏相关监管，交易也相对更加自由，正因如此，场外交易市场的规模日益庞大，对金融体系产生了极大的威胁。次贷危机之后，国际社会就实施场外市场监管达成了共识并出台了一系列的举措。场外市场交易需要与场内市场一样实行清算监管，例如中央清算，中央清算是双边清算的改进，在 FRM 一级《金融市场与产品》中我们已经学过，中央清算可以有效提高交易透明度并降低交易对手信用风险。此外，中央清算所的清算模式也可以减轻交易参与者的流动性压力。

在中央清算中，参与者的违约风险几乎可以忽略不计，CCP 通过严格的保证金制度极大降低了违约的概率。CCP 的市场参与者需要在交易之前缴纳初始保证金并在保证金余额低于维持保证金水平时补充变动保证金至初始保证金水平。保证金可以是现金，也可以是有价证券或其他相关资产，有价证券本身的价值是时刻在变的，当保证金是有价证券时，出于保险起见，需要对有价证券的价值打折，公允价值为 100 美元的有价证券可能只能等价 98 美元的保证金，2％的差值就是折扣率(haircut)。

> **名师解惑**
>
> 初始保证金的设计思想：假设合约的初始价值是 100 美元，随着市场的波动，合约价值在 99％的情况下，不会低于 82 美元，那么初始保证金就应该是 100－82＝18 美元。换言之，在 99％的情况下，18 美元的保证金是足够用于应对市场波动的。

实际中，并不是所有的交易清算都是通过 CCP 进行结算的，双边清算仍然存在，只有一些标准化、透明化程度较高的合约才可以进行场内清算。对于定制化程度很高的合约，仍需在场外市场交易。为满足市场参与者关于订立金融衍生产品统一交易标准、秩序与协议的迫切需要，国际掉期与衍生交易协会(ISDA)制定了大量标准格式的条款，如果交易双方需要签订双边交易协议，则可以直接沿用 ISDA 的相关条款，这些条款涉及双边交易的保证金、抵押品、提前结算、违约情况等。

当违约发生的时候，可能会出现两种情况，第一种情况是当交易对手违约时，非违约方的合约经济价值为正；第二种情况是当交易对手违约时，非违约方的合约经济价值为负。

—考纲要求—
了解金融危机发
生后，场外交易
市场监管的变化。

➤ 危机后监管的变化

越来越多的人意识到衍生品场外交易市场是导致 2008 年金融危机的元凶之一，在 2009 年 9 月召开的 G20 峰会匹兹堡会议上，各国元首就 OTC 市场的系统性风险提出了改良建议，主要包括以下 3 大改良措施：

（1）所有标准化的场外衍生品合约都需要通过 CCP 进行清算，这些标准化衍生品合约包括但不限于利率互换、信用违约互换等合约，通过 CCP 清算旨在降低系统性风险，降低信用风险敞口。

（2）标准化的衍生品合约必须通过电子平台交易，从而提高合约的透明度。

（3）所有的场外市场交易都要向中央交易机构进行细节的汇报。

名师解惑

三大改良措施的前两项只适合于标准化合约，但是第三项适合所有的场外交易，不管是标准合约还是非标准合约，都要汇报交易情况，这样有利于监管机构对于衍生品市场有统一的了解。对于目前还不能通过 CCP 清算的非标准化的产品，依然要进行严格的监管，比如严格的抵押品（包含但不限于现金或现金等价物）制度等。

2. 监管变化带来的影响

OTC 市场监管带来的市场影响主要体现在以下三个方面：

➤ 流动性的影响

场外衍生品交易市场的抵押品往往是以现金或现金等价物的形式存在的，如果抵押品收取过多，有可能会造成市场流动性枯竭，这是监管带来的负面影响之一。

➤ 再抵押（rehypothecation）

假设交易双方 A 和 B，A 将抵押品抵押给 B，但是 B 将抵押品再抵押给另一个交易对手 C，这就是再抵押，一旦 C 违约了，A 就拿不回抵押品了，这就是再抵押风险。

➤ 场外和场内交易逐渐趋同

场外交易和场内交易正慢慢趋于一致，场外交易转移到到场内，二者渐渐融合。

本章小结

本章主要讲解了对场外衍生品市场的监管变化的相关内容。

➢ 场外衍生品市场的监管变化

  ■ 危机后场外衍生品的监管变化

    ◆ 所有标准化的衍生品需要到 CCP 来进行清算

    ◆ 标准化的衍生品需要到电子平台交易

    ◆ 整个的交易要向中央机构进行细节的汇报

  ■ 监管变化带来的影响

    ◆ 可能会造成现金流的枯竭

    ◆ 再抵押

    ◆ 场外和场内交易的趋同

—— 第 33 章 ——

巴塞尔协议 Ⅲ 的改良

巴塞尔协议 Ⅲ 的高度概括	巴塞尔协议 Ⅲ 的主要改进	★

本章导论

2017 年 12 月，巴塞尔委员会巴塞尔 Ⅲ 做出了部分修订，本章内容旨在对巴塞尔 Ⅲ 进行高度概括，包括对改良后版本的概述，部分内容会与先前章节有所重复，读者应从定性的角度理解本章内容。

巴塞尔协议Ⅲ的高度概括

> 信用风险

在信用风险中，巴塞尔Ⅲ对信用风险的细致度与敏感度做出了的改善，降低了对外部评级的依赖，并且对于内部模型的参数值设定了最低要求。

此外，巴塞尔Ⅲ还针对信用风险敞口提出一些更为精细和敏感的方法，这些方法主要针对以下领域：

(1)未评级的银行或公司的信用风险敞口；

(2)银行信用风险敞口；

(3)公司信用风险敞口；

(4)住房抵押贷款市场信用风险敞口；

(5)零售客户信用风险敞口。

> 对内部评级法的限制

内部评级法有利于银行通过内部模型与数据更准确地计量信用风险，但是在实践中，银行可能会滥用内部评级法计算出对自身有利的资本金要求。不仅如此，不同银行内部评级模型之间缺乏可比性(lack of comparability)；对于一些特定资产项目的风险计量，内部评级法的可靠性也一直受到银行界的质疑。

在巴塞尔Ⅱ中我们已经学过计量信用风险资本金的方法一共有两种，一种是基础内部评级法，另一种是高级内部评级法，后者在信用风险资本金计量上给予了银行更高的自由度，银行可以根据内部模型自行估计违约概率PD，风险敞口 EAD 以及违约损失率 LGD。为了避免银行过度依赖内部评级法尤其是高级内部评级法规避资本充足率要求，巴塞尔委员会做出了如下限制：

(1)对于某些特定资产项目，银行不得使用高级内部评级法(advanced IRB)，而采用基础内部评级法进行替代，且参数 LGD 和 EAD 由监管机构提供。

(2)在所有内部评级法中，违约概率参数 PD 的下限是由监管机构设置的，在高级内部评级模型中，参数 LGD 和 EAD 的下限由监管机构提供，银行不得擅自更改。

(3)对于权益类资产信用风险敞口的计量一律不准使用内部评级法。

> 取消 CVA 内部模型法

为了加强信用估计调整 CVA 计提的准确度，巴塞尔委员会禁止商业银行通过内部模型法计算 CVA，只能使用标准法(standardised approach)或基础法(basic approach)。并且，修正后的 CVA 框架与修正后的市场风险框架保持一致。

> 取消操作风险高级计量法

对于操作风险资本金的计算，巴塞尔Ⅲ提出采用标准计量法 SMA 替代原有的高级计量法 AMA，高级计量法比标准计量法更为灵活，银行可以通过不同的内部模型得到不同的资本金需求。但是各家银行的内部模型彼此不同，给监管机构造成了很大的困扰，因此从监管者的角度来说，相对死板的标准计量法更有利于对全行业的监管。

➤ 杠杆率的限制

巴塞尔委员会单独针对全球系统性重要银行提出杠杆率缓冲(leverage ratio buffer)资本要求，即这些银行需要提供额外的一级资本来应对风险。而且杠杆率缓冲资本要求满足与否会直接影响到这些系统性重要银行的分红。

本章小结

➤ 巴塞尔协议Ⅲ的主要改进

- 对信用风险模型参数及敞口计算的改良
- 对内部评级法的限制
- 取消 CVA 内部模型法
- 取消操作风险高级计量法
- 杠杆率的限制

—— 第 34 章 ——
SMA 方法

一、SMA 产生的背景	1. AMA 方法的缺点	★
	2. SMA 方法的产生	★★
二、SMA 计算与应用	1. SMA 方法计算公式	★
	2. SMA 数据要求的一般标准	★★★
	3. SMA 数据要求的特定标准	★★★

本章导论

在巴塞尔Ⅲ的改良版中，委员会对于操作风险资本金计量提出了全新的标准计量法(standardized measurement approach,SMA)，GARP 协会顺应潮流，将这一方法加入了 2019 年的 FRM 二级考纲之中。本章主要介绍了 SMA 方法的产生背景、计算公式和巴塞尔委员会规定的在操作风险数据收集过程中应注意的一般性原则和特殊性原则。各位读者应了解它与高级计量法(Advanced Measurement Approach，AMA)的差异，掌握 SMA 中心思想、简明了解 SMA 方法的产生背景及公式构成以及理解数据收集时的一般性和特殊性原则。

1. SMA 产生的背景

1.1 AMA 方法的缺点

考纲要求——
比较SMA与AMA
方法的优劣性。

在巴塞尔 Ⅱ 的框架中，高级计量法允许不同国家银行各自使用自己的内部模型来计量操作风险，由于各家银行的风控技术参差不齐，数据获取渠道不尽相同，从而产生很多不同的建模方法，进而给监管机构带来了极大的监管困难。在巴塞尔 Ⅲ 改良版中，巴塞尔委员会提出了一种相对简单的方法—标准计量法，AMA 方法主要有两点缺陷：

（1）目前整个金融市场上的操作风险管理还处于初期阶段，对模型并不需要有太大的灵活性。与操作风险的现有监管模式相比，AMA 方法过于超前。监管机构对于 AMA 领域的相关经验不充分，比如 AMA 中的卷积法，很少有人能灵活运用。

（2）AMA 方法内在的复杂性以及敏感性使得监管机构难以对不同银行算出的操作风险资本金进行比较，这对其管理造成很大的影响。例如 A 银行算出来的操作风险资本金是 8 亿美元，B 银行算出的操作风险资本金是 10 亿美元，因为两家银行使用的内部模型不同，所以仅从金额上无法判断哪家银行的风险管理更严格。由于高级计量法太过敏感，在实际应用中容易高估 VaR 值，尤其在经济环境很差的时候，操作风险资本金的要求会非常高，这也是银行最不愿意得到的结果。

1.2 SMA 方法的产生

2014 年，巴塞尔委员会正式提出用标准计量法（Standardised Measurement Approcach，SMA）逐渐替代 AMA 法，2018 年，巴塞尔委员会对 SMA 方法进一步更新，更新后的 SMA 法比基本指标法（basic indicator approach）和标准法（standardized approach）有着更高的敏感度，但相较于 AMA 法却显得更为"死板"，所以 SMA 法更容易帮助监管层进行行业监管，减少因 AMA 法过度灵活带来的不确定性。

SMA 法采用了统一的监管模型，模型数据全部来源于银行自身的内部数据，SMA 法介于标准法和高级计量法之间，它既考虑到了银行内部数据的复杂性，也考虑到了风险因子的敏感性。它比高级计量法简单，但是又比标准法复杂，SMA 法是目前巴塞尔委员会提出的计量操作风险资本金的第四种计量方法，它取代了原先所有计量操作风险资本金的方法。

2. SMA 方法

2.1 SMA 方法计算公式

SMA 法提高了银行间风控水平的可比性，为了使模型比原有的标准法和基本指标法更具有风险敏感度，SMA 不仅使用自上而下的方法，还使用了自下而上的方法，既综合考虑了财务数据，也考虑了内部操作风险损失数据。

SMA 方法包含两个成分，业务指标成分和内部损失成分。业务指标是通过财务报表获得的，类似于基本指标法里的总收入；内部损失则是基于操作风险的内部数据来计算的。整个操作风险资本金的计算过程包含了 4 个步骤。在计算之前先要根据表 34-1 对每家银行按照收入规模进行分类并确定其业务指标 BI 的边际系数 α，如果某银行隶属于第一个分类，那么其操作风险的资本金就是业务指标 BI×边际系数 α，如果该银行不属于第一个类别（即属于类别 2 或类别 3），其操作风险资本金计算步骤如下：

步骤 1：计算商业银行业务指标 BI(business indicator)，公式如下：

$$业务指标\ BI = ILDC + SC + FC$$

其中，I 代表了利息(interest)收益；L 代表了经营租赁(lease)收益；DC 代表了股利分红(dividend component)收益；SC 代表了服务费用(service component)收益，比如托管业务、中间业务等；FC 代表了银行的金融收益，例如股权投资等。

步骤 2：计算业务指标成分 BIC(business indicator component)，公式如下：

$$BIC = \sum BI_i \times 边际系数\ \alpha_i(i = 1,2,3)$$

边际系数的取值如表 34-1：假设 BI 的大小是 350 亿欧元，BIC＝BI×α＝$(1\times12\%)+(30-1)\times15\%+(35-30)\times18\%=5.37$，即 53.7 亿欧元。

表 34-1　边际系数取值表

分类	BI 范围(十亿欧元)	BI 的边际系数 α
1	$<=1$	12％
2	$1<BI<=30$	15％
3	>30	18％

名师解惑

以上的计算过程涉及到分段计算，读者在本章学习中务必要掌握 BIC 的分段计算过程，近年来协会对于表格题的考察数与难度日益增加，需引起重视。

步骤 3：计算内部损失乘数 ILM(Internal Loss Multiplier)：

$$ILM=Ln\left[\exp(1)-1+(\frac{LC}{BIC})^{0.8}\right]$$

其中，损失成分 LC(Loss Component)等于银行过去 10 年平均历史损失的 15 倍。

步骤 4：计算操作风险的资本金要求：

$$操作风险资本金＝BIC\times ILM$$

> **名师解惑**
>
> 　　2019 年的考纲中首次新增了标准计量法 SMA 的计算，关于 SMA 的计算公式与步骤，读者需理解每一个指标代表的含义。

考纲要求——掌握SMA数据要求的一般准则。

2.2　SMA 数据要求的一般标准

　　SMA 法对银行内部的操作风险损失数据一般要求如下：

　　（1）对于内部数据，银行需找到与损失相关性最高的数据，并留存包含关于如何去识别、收集和处理内部损失数据的纸质文档记录。

　　（2）通过 SMA 法计算操作风险资本金时，银行需要收集过往 10 年的相关损失数据。如果银行第一次使用 SMA 方法且没有过往 10 年的数据，这种情况下，银行可以用过往 5 年的数据进行替代。

　　（3）风险管理过程要经过验证和评估，所有收集到的操作风险损失数据都需要映射至操作风险的 7 类损失事件。

　　（4）银行的内部损失数据必须覆盖所有的重大的损失和经营活动。

　　（5）对于操作风险损失需留存文档记录，记录包含但不限于损失的起因、过程与核销。

　　（6）银行的内部数据需满足综合性，即包含所有在极端情况和重要时点的相关信息，这些信息涵盖所有的子系统以及不同的业务条线。对于银行分支机构也需要有完备的数据收集机制。

　　（7）在损失数据确认中，需要对一些核心的维度进行清晰的定义和设计，例如损失发生的日期、损失发现的日期和损失正式被记录到财务报表的日期，这 3 个日期需要审慎记录在损失信息中。损失发生时并不一定能被发现，所以在收集操作风险损失数据时，记录的日期可能是发现损失的日期，也可能是损失被正式记录到财务报表的日期，但最晚日期不能晚于计入报表的日期。

　　（8）银行需要关注损失数据的回收情况并留存相应的描述，以及造成风险的驱动因素。关于回收的数据，每家银行需制定具体的标准，规定哪些回收数据需要计入操作风险损失，哪些回收数据不能计入操作风险损失。数据回收综合考虑了不同层面的损失数据。

　　（9）风险之间是存在相关性的，操作风险损失可能和信用风险相关，也有可能和市场风险相关，处理情况如下：

　　■　如果操作风险损失是由信用风险造成的，比如在信用违约发生时，因抵押物没有及时处理引发了损失，则该笔损失被计入信用风险损失数据库。

　　■　如果操作风险损失是由市场风险造成的，则该笔损失被计入操作风险损失数据库。

2.3　SMA 数据要求的特定标准

　　SMA 法对数据要求的特定标准如下：

考纲要求——掌握SMA数据要求的特定标准

（1）银行需制定明确的政策和程序，规定损失数据计入至操作风险数据库的时间期限，相关政策要在不同业务条线、不同业务部门、与不同分行之间保持一致性。

（2）在获取内部数据的过程中，银行需对部分特殊的业务条线单独制定数据管理办法，该数据管理办法需对各业务部门的职能，损失数据的收集范围，记录时间做出详细规定。

（3）总损失（gross loss）是考虑回收（recovery）之前的损失，净损失（net loss）是考虑了回收之后的损失。回收是独立的回收部分，通常来源于第三方提供的对损失的补偿，总损失减去回收的部分就是净损失。总损失包含：

- 操作风险产生的直接费用，比如银行账户的损失金额，生产设备的减值等。
- 日常经营中成本，例如法律诉讼费、律师费等外部费用。
- 操作风险损失准备金
- 由操作风险产生的损失费用，这些费用有可能暂时还没有在利润表中反应出来，这是因为利润表的编制采用的是权责发生制，尽管相关费用还未被计入到利润表中，但实际上它已经对银行造成损失了，所以这部分损失也必须计入到总损失中。
- 对于超过 1 年的法律诉讼事件可能造成经济损失也计入操作风险资本金。

总损失不包含：

- 生产设备的维修费用。
- 系统升级改进的费用。
- 保险费用。

本章小结

本章主要讲解了 SMA 方法的相关内容。

➢ SMA 方法产生的背景
- AMA 方法的不适用性
  - 不利于监管。
  - AMA 方法使得不同银行之间的可比性很差。
➢ SMA 方法
- SMA 数据要求的一般标准。
- SMA 数据要求的特定标准。

章节练习

1. 巴塞尔Ⅲ是全球银行业监管的标杆，其出台引发了国际金融监管准则的调整和重组，影响了银行的经营模式和发展战略。它解决了危机前监管框架中的一些缺陷，为一后危机时代的银行风险体系奠定了基础。以下关于巴塞尔Ⅲ的陈述哪一个是错误的？

A. 约束内部模型方法的使用。

B. 引入杠杆比率缓冲器，进一步限制 G－SIB 的杠杆。

C. 对参数建立一个更稳健、对风险更敏感的下限。

D. 在监管框架中加入微观审慎因素。

答案解析：D

A、B、C 都是巴塞尔Ⅲ框架里的规定，D 选项的准确描述应该是在监管框架中加入宏观审慎因素。

2. 现已知业务指标成分 $BIC=\sum BI_i \times$ 边际系数 α_i，边际系数的具体数值由下表所示：

分类	BI 范围（十亿欧元）	BI 的边际系数
1	$<=1$	12％
2	$1<BI<=30$	15％
3	>30	18％

如果某银行的业务指标 BI 等于 40，那么该银行的业务指标成分 BIC 是多少（单位：十亿欧元）？

A. 6.27   B. 7.20   C. 5.54   D. 6.89

答案解析：A

基于边际系数取值表，我们可以计算出：BIC＝$1 \times 12\% + (30-1) \times 15\% + (40-30) \times 18\% = 6.27$，即 6.27 亿欧元。

第五部分

风险管理与投资管理

知识导引

　　FRM 二级中涉及计算的科目不多，主要分布在市场风险与投资组合风险中，其中投资组合风险的比重要更大一些，因为投资组合中以计算题为主，所以需要记忆的公式比较多，有些公式会在本书中给大家推导一下。

　　本科目在二级整体考试中的占比是 15％，其他的三大风险的比重都是 25％，投资组合风险相较三大风险的比重低一些，其中主要因为投资组合风险不是银行认可的主流风险，银行认可的主流风险是市场风险、信用风险和操作风险。

　　这门科目主要涉及六个部分的内容，第一部分就是要素理论，主要内容是在定价资产时，我们不应该把资产当成是单个资产来看，因为世界上的资产都是同质的，都是由风险要素构成的。其实要素理论在 FRM 一级中已经有过涉及了，在《风险管理基础》这门课中，学过 APT 理论，APT 理论讲的是资产的收益率等于无风险收益率加上 $\beta \times \lambda$，这其实就是要素理论的一种表达形式。风险要素是近两年新增的章节，后面的章节在投资组合中都是比较常见的知识。投资组合涉及的第二部分是组合构建，主要讲解构建的步骤，策略等。第三部分是组合风险测量，主要讲解风险测量方式以及风险测量指标等。第四部分是风险管理，主要讲解风险管理的步骤以及注意事项。第五部分是业绩评价，主要讲解基金经理业绩评价的方式是什么。第六部分是对冲基金，主要讲解对冲基金的策略。

　　夏普比率表示的就是每单位风险对应的风险补偿是多少，所以夏普比率的数值越大越好。本章认为仅有夏普比率是不够的，所以新增了一些测量风险收益的维度。理论上 FRM 的风控是基于银行体系的，所以会在操作风险中介绍讲解巴塞尔协议，除了银行体系的风控，当然也会有资管方面的风控，券商方面的风控，这些都是存在的，但和接下来要讲解的风控体系或多或少会有些出入。尽管如此，资管方面的风控若想要学习一些理论知识还是要学习 FRM，因为风险管理中所有重要的风控都是由 FRM 衍生出来的，都是大同小异的。本门课程也讲解了对冲基金的相关知识，本质上 FRM 是不涉及的，因为银行是不可以投资对冲基金的，其实 FRM 主要想通过对冲基金来介绍一下投行，比如高盛和 JP 摩根的投行部，可能会跟银行的一些传统业务有些不同，这些是大家在一级和二级都没有接触到的。

为什么要学习 FRM，原因是 FRM 紧跟时代潮流，比如今年的案例中涉及的内容是大数据和机器学习，人工智能和神经网络等，都是当前比较火热的话题。

—— 第 35 章 ——
要素投资

一、要素理论	1. 要素理论的假设	★
	2. 要素理论的内容	★★
	3. 要素理论的应用	★★★
	4. 要素理论与 CAPM 模型	★★★
	5. 要素理论与多因素模型	★★
二、要素	1. 宏观要素	★★
	2. 微观要素	★★
三、超额收益以及低风险异常现象	1. 低风险异常现象	★★★
	2. 风格分析	★★★
	3. 低风险异常	★★★
四、非流动性资产	1. 非流动性资产特点	★★
	2. 流动性风险要素的性质	★
	3. 注意事项	★★
	4. 获取非流动性风险溢价的方式	★★

本章导论

考纲要求——
了解要素理论的假设、内容，以及与模型之间的联系和应用。

什么叫要素？举一个食物的例子，在日常生活中有很多食物，但我们不应区别对待每一种食物，因为食物的本质是由要素构成的，比如说水、碳水化合物、蛋白质、纤维素、脂肪等。假设世界上所有食物都是由这五类营养要素构成，那么市场上任何食物的价格都应该被这五个要素所决定。若一个蛋糕，它仅仅由水和蛋白质构成，其中含有 100 克水，50 克蛋白质，水的价格是 1 元/克，蛋白质的价格是 2 元/克。那么这块蛋糕的定价就应该是 $100 \times 1 + 50 \times 2 = 200$ 元。这是一个合理的理论价格，但在实际市场中，蛋糕的价格可能比 200 元高一些，原因就在于有交易费用的存在，首先 200 元是水和蛋白质组合的价格，但是将两种要素组合的过程可能会产生费用，在金融中这个费用叫做交易费用；从另一方面来讲，要素还可以继续划分，例如，蛋白质可以继续分类，牛肉有牛肉的蛋白质，羊肉有羊肉的蛋白质，两种蛋白质是不同的，所以价格也应该不同。

金融产品中的要素类似于食物中的营养要素，金融资产本身类似于日常所吃的食物。通过要素可以为金融产品制定一个合理的理论价格。

1. 要素理论

1.1　要素理论的假设

经济学家在提出要素理论时假定了一些前提条件，比如说是市场是完美的，没有任何的摩擦，没有任何的交易费用和税费，这些假设在要素理论中并没有体现出来，只是肯定了市场上有要素的存在，可以把要素和资产做一个类比。

1.2　要素理论的内容

在市场上，对于任何资产的定价其实都是对资产的收益率进行定价。在实际定价时，可以对股票的价格定价，也可以对于股票的收益率定价。比如，现在股票 A 的理论价格是 50 元，但市场上的价格是 45 元，投资者现在要做的应该是买入这支股票。同理，若股票 A 按照 CAPM 理论计算出来的收益率是 10%，对应的市场上的实际收益率是 15%，投资者应该也是买入，因为股票的价格应该遵循低买高卖的原则，收益率与之相反。投资者根据收益率也是可以为产品定价，从而得出买卖的结论。所以通常说的定价，既可以说是对于资产的定价也可以是对于资产收益率的定价。

任何资产的收益率都由两部分构成，一部分是无风险收益率，另一部分是风险溢价。市场上，无风险收益率是相同的，那么决定资产价格不同的就只有资产的风险溢价。这也是在 CAPM 中，无风险收益率是作为截距的原因，因为无风险收益率是一个常数。所以对于资产的定价其实就是对于资产的风险溢价进行定价。比如，现有两个资产，A 资产是余额宝，B 资产是 P2P 产品，很显然 P2P 产品具有更高的风险溢价，原因是 P2P 产品比余额宝多了一些信用风险和流动性风险，P2P 产品的违约概率远远大于余额宝，余额宝一天就可赎回，但 P2P 产品可能会需要 1 个月甚至是 3 个月。由于投资者要承担更多的风险，所以就应该获得更高的回报率。

所以要素理论的内容到底是什么呢，若要用要素理论对于资产进行分析定价，会发现有一些问题。第一个问题，构成资产的要素是比较复杂的；第二个问题，资产的定价就是对于收益率的定价，但收益率由两部分构成的，一部分是无风险收益，还有一部分是风险溢价，由于市场上的无风险收益率是相同的，所以对于资产的定价其实就是对于风险溢价的定价，风险溢价的要素是比较简单的，就比如说是常见的信用风险，流动性风险，市场风险等，就可以把风险溢价制定出来了。如果风险敞口是越大的，对应的得到的风险溢价就是越大的。在 APT 模型中，$E_r = r_f + \beta_1\lambda_1 + \beta_2\lambda_2 + \beta_3\lambda_3 \cdots$，假设其中 λ_1 表示的是单位信用风险，β_1 表示信用风险的数量单位，所以，不同的风险资产拥有相同的 λ_1，不同的 β_1。不同的风险资产，对于单位风险的补偿都是相同的，只不过是风险数量不同。这就是要素理论。

例如，给 P2P 产品和余额宝产品分别进行定价，假设市场上每承担一单位信用风险就会有 1％的风险补偿，每承担一单位流动性风险就会有 0.5％的风险补偿。现在若 P2P 产品中含有 50 单位的信用风险，10 单位的流动性风险，那么投资者应拿到的风险补偿就应该是 $50 \times 1％ + 10 \times 0.5％ = 55％$，余额宝产品含有 2 单位的信用风险，1 单位的流动性风险，那么余额宝产品对应拿到的风险补偿就应该是 $2 \times 1％ + 1 \times 0.5％ = 2.5％$。

1.3　要素理论的应用

要素理论解释了一个现象，就是投资者在经济状况不好时投资风险产品，遭受到较大损失的可能性上升，投资者购买风险产品的主要原因是在经济状况较好时，风险产品可以给予投资者相对应的补偿。比如，垃圾债。若垃圾债券的收益率为 20％，那么就会有投资者购买，因为投资者坚信在不违约的情况下会得到 20％的收益。高收益债券之所以高收益，是因为产品的不确定性很高，它既可以使投资者在经济状况良好时获得较大收益，也可以使投资者在经济状况较差时遭受较大亏损。

名师解惑

　　在经济学中，以通胀率为例，一般情况下高通胀发生在经济状况较差的情况，典型的例子就是津巴布韦；同样，低通胀也会发生在经济状况较差的情况，只有通胀率维持在比较稳定的阶段才是经济状况良好状态。所以经济学中把高通胀和低通胀都定义为是经济状况较差的情况

1.4　要素理论与 CAPM 模型

➤ CAPM 模型与要素理论的联系

CAPM 模型与要素理论是有一定联系的，首先 CAPM 的公式为：$E_{ri} = r_f + \beta(R_m - r_f)$。如何用要素理论来解释 CAPM 模型？首先，在公式中，$\beta(R_m - r_f)$ 就表示风险溢价的部分，风险溢价由两部分构成：风险数量单位和单位风险溢价，其中 β 表示的是风险的数量单位，$(R_m - r_f)$ 表示单位风险溢价，单位风险溢价就是在经济状况良好时，投资者每承担每一单位风险，对应的会得到的风险补偿。

大家在一级学习的 CAPM 模型本质上就是要素理论，只不过是要素理论的特殊形式，CAPM 模型中只有一个要素，这个要素被称为市场要素。

➤ CAPM 的应用和影响

第一，根据 CAPM 模型，理性的投资者不会去购买风险资产，而是购买风险要素，即市场风险溢价。比如，投资者可以去购买大盘指数，如果觉得收益不够高，可以通过举杠杆的方式增加风险。所以 CAPM 的投资方式也称作是被

动投资。

第二，每个投资者都有其最理想的风险敞口。就像是一级学习过的 CAL 和 CML 的曲线。投资者一般会在 CML 线上进行资产配置来做投资，然后根据每个投资者的效用，组成一组无差异曲线，无差异曲线与 CML 线相切的点就是投资者会投资的组合。这种投资方式是威廉夏普提出来的，CML 与马科维茨有效前沿相切的点就是市场组合，这个切点（即市场组合）的 beta＝1。

第三，对于所有投资者而言，所有资产的平均 beta＝1，换句话说，所有投资者的资产收益率的期望就是市场组合的收益率。

第四，通常投资者在投资资产时，一般都会选择夏普比率比较高的资产，其实就是找出 CML 和最优资产配置点的过程。

第五，每个投资者的风险敞口不同，每个投资者的 beta 是不同的。

第六，若现在有一个资产，在经济状况不好时，依旧可以赚钱，那么这样的资产在经济环境比较好时，就应该获得比较小的风险溢价，典型的例子就是黄金，在战争年代，黄金的价格是疯长的，但是在和平年代的，黄金的价格一直都是不温不火的。此类资产通常情况下的特点是 beta 的取值为负数，所以拥有负 beta 的资产通常都会有避险的功能，尽管一般的金融资产都不具有这个特点。

1.5　要素理论与多因素模型

CAPM 模型是只有一个要素的模型，如果增加了很多个因素的话，就变成了多因素模型，就很像一级时学习过的的 APT 模型，APT 模型是多因素模型。

➢ **证明 APT 模型是一个要素理论**

证明 APT 模型是要素理论用到的方法是随机折现模型（stochastic discount factor 简称：SDF）。具体思想是这样的：现在有一个资产 A，在未来有一系列的现金流，若要为资产 A 定价，只要把未来的系列现金流折现到现在即可。但是需要注意的是 1 年期的折现率和 2 年期的折现率应该是不同的，但即使折现时用到的 1 年期和 2 年期的折现率使用不同的数值，依旧还会有不合理的地方，原因是用这种方式折现的假设前提就是在这 1 年内或 2 年内，折现率是一直保持不变的。

那么，到底如何定价才算是合理的定价方式呢，假设现在一笔现金流，以非常微小的时间 Δt 折现，一直折现到 0 时刻，以不同的折现率折现无数次，这种方式才应该是最合理的方式，但在此方法中，每个折现率应该都被估算，所以可以考虑用蒙特卡洛模拟的方式来模拟折现率的大小。这种思想被称之为随机折现模型。也就是说折现率是带有一定的随机性的。

➢ **SDF 的步骤**

第一步，任何资产的价格等于未来的现金流除以折现率。有这样一个公式：

考纲要求—
SDF的推导过程及步骤了解即可。

$$P_i = E\left(\frac{\text{payoff}_i}{1+E_{ri}}\right)$$

公式中的 payoff 表示在 i 这个时间点，把这个资产卖掉的所得到的收益。

第二步，在 CAPM 模型的表达式为：$E_p = r_f + \beta(R_m - r_f)$，模型中只有一个要素，但这是不合理的，所以要对其进行转换。即用 m 来代替 $\frac{1}{1+E_{ri}}$，所以 m 表示的含义是折现因子。公式表达形式为：

$$P_i = E(m \times \text{payoff}_i)$$

第三步，对于参数做一些比较灵巧的处理。即将第二步的公式两边同时除以 P_i，即可得到公式为：

$$\frac{P_i}{P_i} = E\left(m \times \frac{\text{payoff}_i}{P_i}\right)$$

化简一下得到：

$$1 = E[m \times (1 + r_i)]$$

该公式表示折现因子和收益率相乘的期望是 1，从公式中可以看出来收益率越高，折现因子就越低。同时，该公式将作为一个起始式子，对其做推演。如果说资产的收益率正好是无风险收益率，此时，公式的形式应为：

$$1 = E[m \times (1 + r_f)]$$

因为无风险收益率是常数，所以可以将公式写成：

$$\frac{1}{1+r_f} = E(m)$$

该式子说明虽然折现因子是随机的，但是折现因子的期望是常数，由于经济环境不同，折现因子可能会发生改变，但不管如何变化，折现因子的期望都是无风险收益率加 1 的倒数

第四步，协方差有一个公式：$\text{Cov}(X,Y) = E(XY) - E(X)(Y)$，若把 m 看成是 X，把 $1+r_i$ 看成是 Y，那么这个式子就变成了 $\text{Cov}(m, 1+r_i) = E[m \times (1+r_i)] - E(m) \times E(1+r_i)$。协方差本质上描述的是两组数据的相关关系，所以加减常数不会影响两组数据的相关关系。所以可将式子化简为：$\text{Cov}(m, 1+r_i) = \text{Cov}(m, r_i)$；所以得到的式子为：

$$\text{Cov}(m, 1+r_i) = 1 - \frac{1}{1+r_f}E(1+r_i)$$

$$1 = E[m \times (1+r_i)] = E(m) \times E(1+r_i) + \text{Cov}(m, 1+r_i)$$

两个式子联立，右边式子通分得到：

$$\frac{1+r_f - E(1+r_i)}{1+r_f} = \frac{E(r_i) - r_f}{1+r_f}$$

再将式子变形：

$$E(r_i) - r_f = -(1+r_f) \times \text{Cov}(m, r_i)$$

此时公式的表现形式类似于 CAPM 模型，整理成 CAPM 模型的形式为：

$$E(r_i) - r_f = \frac{\mathrm{Cov}(m, r_i)}{\sigma_m^2}\left[-\sigma_m^2(1+r_f)\right]$$

其中 $\frac{\mathrm{Cov}(m, r_i)}{\sigma_m^2}$ 相当于 CAPM 模型中的 β，$\left[-\sigma_m^2(1+r_f)\right]$ 相当于 CAPM 模型中的 $E_m - r_f$。由此说明，折现因子 m 都具备类似 CAPM 的形态。只不过表达式可能不同，这也是 APT 模型的由来。

> **有效市场理论**

—考纲要求—
了解有效市场理论的内容。

前面的要素理论解释的是资产收益率，在 FRM 考试中，主要的资产收益率是债券和衍生产品，很少提及股票，有效市场理论适用于股票市场，要素理论是否也是适用的呢？

2013 年的诺贝尔经济学奖授予给两个人，一个是 Fama 还有一个是 Robert Shiller，但出乎意料的是，两人的观点是完全相反的，Fama 是经典的有效市场假说，他认为金融市场是有效的，根据有效的程度不同，可以分为弱势有效，半强势有效，强势有效。所谓强势有效市场指的是不可以通过任何形式的信息牟利，哪怕是内幕消息也不可以。弱势有效市场指的是可以通过一些形式的信息牟利，比如基本面分析的技巧，通过基本面分析也是可以赚取超额收益的，或者内幕消息。

Robert 认为市场是无效的，所以积极型的基金经理可以通过对于信息的搜集来获取超额收益。所以他们两人一个认为市场是有效的，只能是通过被动的投资方式获取收益，一个认为市场是无效的可以使用积极的投资方式获取收益。

有效市场假说是比较好理解的，因为弱势有效，表示任何资产的单价都是已知的。较难解释的是无效市场，无效市场通过要素方式来解释，第一，一般来讲，大多数投资者会认为在经济状况良好时，是可以带来收益的，经济状况较差时会带来损失。但是每个人对于较差的经济环境的定义都是不同的，这就造成了差异。例如，石油是一种典型的大宗商品，若现在市场上面临大幅通胀，此时在股票市场上，石油的表现就会差一些，但在大宗市场上石油的表现反而会比较好，因为大宗商品的价格本身就是跟着通过通胀来变动的，所以不同的人对于高通胀的定义也是不同的。

第二，从行为金融学的角度，这里主要讲过度反应的问题，例如，如果现在有一个信息可以使得股票价格上升 10%～15%，但现在的结果是这条消息还没有出来，一个预热的信息就把股票价格推到了 20% 的价格，真正消息出来之后，收益率反而会出现回调。

第三，无效市场的一部分情况是理性人的解释思路，还有一部分是由行为金融学的解释思路。例如，一般来讲，投资者对于风险溢价都是比较理性的，如果股票的波动率比较大，则收益也是比较高的，与此同时还有一部分是行为金融学，叫做惯性，所谓惯性就是马太效应，即强者更强。

要素理论最重要的一句话就是，投资证券，在经济情况不好时，可能会蒙受损失，所以必须在经济状况良好时，弥补这部分的损失，弥补的这个部分叫做风险溢价。

—考纲要求—
掌握要素的具体的分类，以及风险溢价的构成部分。

2. 要素

要素这部分内容主要讲解的是要素的分类以及常见的要素有哪些。要素对于投资者来讲其实可以直接理解为风险，比如说流动性风险，市场风险，信用风险，操作风险等。

要素大致可以分为两类，一类是宏观要素，还有一类是微观要素（又称为与投资相关的要素）。宏观因素包含经济增长、通货膨胀率、波动率，人口比率等；与投资相关的要素分为两类，一类是静态的要素，静态要素的特点就是不用调仓，买完股票后不用再进行一系列操作；另一类是动态要素，动态要素就是需要调仓的要素。

2.1　宏观要素

> **经济增长率**

通常情况下，在经济状况较好时，经济增长率是比较高的，在经济状况较差时，经济增长率是比较低的，如果想要投资经济增长率要素的话，那么就可以投资国债。

> **通货膨胀率**

通常情况下，通货膨胀率较高时，股票债券等产品的表现都是相对比较差的，但对于大宗商品来讲，通货膨胀率越高，大宗商品的表现都是相对较好的。所以说，在通货膨胀率中的结论中，有一类产品是特例，即大宗商品。

> **波动率**

在宏观要素中，重点要掌握的是波动率。通常情况下，波动率越高，对应的是经济状况不好的情况。因为波动率越高，风险越大。为什么波动率越高时对应的就是经济状况不好的情况呢，原版书中给出了两个解释角度。

如果现在市场波动率是比较高的，会发现现在股票价格是比较低的。

第一个角度：杠杆思想，如果现在股票价格是下跌的，在一家公司中，资产＝负债＋所有者权益，股票价格的下跌会导致所有者权益的下跌，那么这家公司的财务杠杆就是上升的$\left(财务杠杆＝\dfrac{资产}{所有者权益}\right)$，如果一家公司的杠杆上升，那么这家公司的负债率是上升的，此时投资这家公司的风险是上升的。从这个角度可以看出股票价格的下跌，对应的市场情况应该是风险上升。

第二个角度：如果现在市场上的波动率是比较高的，那么金融产品的风险溢价就是比较高的，金融产品收益率的公式：

$$E_{ri} = r_f + RP$$

所以，可以知道整个金融市场的收益率是上升的。金融产品的价格是所有未来的现金流折现求和：

$$P = \sum \frac{CF_i}{(1 + r_i)^i}$$

折现率上升，对应的金融产品价格就是下跌的，所以说波动率越高，对应的金融产品的价格是越低的。

总而言之，波动率与金融产品的价格之间是负向相关性。

如果市场上有风险厌恶者，不想承担波动率可能带来的损失，那么可以投资债券。根据市场调查，债券与波动率之间的相关关系大概是 0.12。除了买债券外，想要避险也可以通过买波动率保险的方式达到目的，这种保险就是波动率互换，一般的波动率互换是用浮动利率(市场的波动率)来换固定利率。以上的两种方式都是对冲者的思想。

市场上有对冲者的思想，也就会有主张激进的思想。激进者的想法就是天下没有免费的午餐，想要获取收益率，就应该承担波动率可能带来的损失。

2.2　微观要素

在投资风格要素中，静态因素典型的例子是 CAPM 模型中的市场要素，所以不过多赘述。本节主要分析的就是动态要素，动态要素中主要分为三类：大小、价值、惯性。

➢ **大小策略(SIZE STRATEGY)**

该策略指的是买入小盘股，卖出大盘股。这种策略在量化交易中被称之为小盘股策略。

➢ **价值策略(VALUE STRATEGY)**

该策略指的是买入价值股，卖出成长股。但这种策略在我国是行不通的。不同的策略应用范围是不同的，因为每个国家的国情是不同的。

➢ **动量因子(MOMENTUM)**

该策略指的是买入近期一直涨的股票，卖出近期一直跌的股票。这个策略在国内还有一个名字叫做追涨杀跌。

➢ **三个策略的异同点**

前面两个策略在长期来看的话，是可以赚钱的，但是动量因子策略，必须注意时机。前期追进去的叫做收益，后期进去的话是在给其他人接盘。

其实这些要素在 Fama and Franch 模型中都是存在的。

Fama and Franch 模型：

$$E_{ri} = r_f + \beta_{i,MKT} E_{MKT} + \beta_{i,SMB} E_{SMB} + \beta_{i,HML} E_{HML}$$

这种没有动量因子，所以另一个科学家 Cahard，研究出了加入动量因子的模型：

$$E_{ri} = r_f + \beta_{i,MKT}E_{MKT} + \beta_{i,SMB}E_{SMB} + \beta_{i,HML}E_{HML} + \beta_{i,WML}E_{WML}$$

通过实证发现，Fama and Franch 模型的调整 R^2 能达到 90%，Cahard 四因素模型的调整 R^2 能达到 95%，所以用这两个模型能解释市场上的大部分现象。在一级学习过的 CAPM 模型的 R^2 是大约等于 25% 的，所以相比之下就可以看出差别了。

（1）相同点：上面提到的所有策略都是横截面的策略。所有策略都是买一只股票，然后卖一只股票，这两只股票都是同时期的。

（2）不同点：价值策略是负向反馈，动量因子是正向反馈。所谓负向反馈就是价格越低越要买入，正向反馈就是价格越高越要买入。

对于正向反馈和负向反馈，在市场上是众说纷纭的。有人认为负向反馈是不好的，原因是股票下跌的，说明该股票不是一个好的投资产品，所以买入是不理智的行为；当然，也有人认为正向反馈是不好的，原因是市场上所有的股票价格都是随着股票价值波动，所以最后都是回归长期均值的，不会有股票一直上涨，也不会有股票一直下跌。

考纲要求
考生可以从两个角度解释低风险异常现象。

3. 超额收益（以及低风险异常现象）

3.1 低风险异常现象

在市场中可能存在一种 beta 和波动率都是非常低的股票，beta 低说明该股票和整个市场的关联程度是不大的，波动率低说明该股票的风险是较低的，正常来讲这种股票的收益率也应该是较低的，但是在实际市场中会发现这种股票的收益是很高的。这就和前文讲过的要素理论就背道而驰了，要素理论认为风险越高，收益率才应该是比较高的。这种带有风险异常现象的产品，最典型的就是上海的房子，风险很低，收益很高。

这一节的内容就是针对违反要素理论的这类金融产品进行理论解释，为什么会有这样的现象。这一节所有的解释思路都是从数据的角度来解释的。一方面是波动率的数据是错误的，可能实际波动率是很高的，只不过观察出来的波动率是很低的；还有一方面是收益率的数据是错误的，收益率实际上是很低的，但是观察出来的是很高的。

第一个方面就是收益率是有问题的，观测的收益率是不能反映真实的收益率，真实的收益率可以是由 alpha 来表示的，$\alpha = R_p - R_B$，若此时 alpha 是有问题的，那么一定是 R_p 或者 R_B 出了问题。第一个角度就是 R_B 可能是错误的，一个好的标准，应该满足四个特点：可以被定义、在市场上可以进行交易、可以被复制和可以基于风险进行调整。其中这四个特点中最后一个是最为重要的。

为什么这个标准要根据风险进行调整呢，举一个简单的例子，若基金经理手里有 10 亿美元资金，但他不会将全部的资金都配置到股票中去，这样做是极其危险的，如果说某天有客户想要赎回基金，那么基金经理只能通过卖掉股票的方式来实现客户的提前赎回，但是卖出股票很有可能会造成损失，所以一般基金经理会先预留 0.5 亿美元以供流动性的需求，9.5 亿美元用来投资。假设 9.5 亿美元的资产可以带来 10% 的收益，0.5 亿美元只有无风险收益率 2%，那么今年 10 亿美元资产的收益率应该为 $10\% \times 95\% + 2\% \times 5\% = 9.6\%$，但是在研究 alpha 时很容易会直接把 10% 作为真实收益率。所以对于公募基金而言，收益率是不高的，因为标准收益率就不高，至少不会超过 10%。这种思想即为对风险的调整。

> **例**　现有基金 A，跟踪的基准是罗素 1 000 指数，回归的方程如下：
>
> $$r_t = 0.0150 + r_t^{R1\,000} + \varepsilon_t$$
>
> 此时意 alpha 的值为 0.015，原因就是 $\alpha = R_p - R_B$。但有人质疑该回归方程是错误的，因为基金经理有一部分资金投资了无风险资产，所以在回归时应该包含罗素 1 000 的收益率和无风险资产的收益率，所以将回归方程改良后为：
>
> $$r_t = 0.034\,4 + 0.272\,8 r_t^f + 0.727\,2 r_t^{R1\,000} + \varepsilon_t$$
>
> 此时 alpha 是 0.0344，在此回归方程中，基准为：$0.272\,8 r_t^f + 0.727\,2 r_t^{R1\,000}$，相当于整体资产的 27.28% 投资无风险资产，资产的 72.72% 投资罗素 1 000 指数。

3.2　风格分析

基金经理风格的转移可以通过回归方程看出，例如，1 年前基金经理 A 收益率的回归方程为：

$$r_p = 0.034\,4 + 0.272\,8 r_t^f + 0.727\,2 r_t^{R1\,000} + \varepsilon_t$$

现在基金经理 A 收益率的回归方程为：

$$r_t = 0.027\,8 + 0.372\,8 r_t^f + 0.627\,2 r_t^{R1\,000} + \varepsilon_t$$

通过回归方程可以判断基金经理 A 变得更加谨慎保守。风格分析的相关知识点在考试中就是定性的分析，了解基金经理的变化即可。

前面对于 alpha 的调整是通过回归的方式，还有一种是通过非线性的方式，比如说可以是二次函数的形式，也可以是分段函数的形式。二次函数比较好理解，就是形如 $Y = X^2$ 的形式。比较难理解的是分段函数，其实分段函数就是有选择权的函数。对于非线性回归的方式了解即可。

以上方式都是对于 alpha 进行修正的，并没有修正跟踪误差；其实只要修正了 alpha，那么跟踪误差也是间接进行了修正的。

> ➤ **IR**

IR 的计算是有两种，一种是事后的计算方式，一种是事前的计算方式。事前和事后最后得出的结果可能是不同的，因为正常来讲基金经理的历史数据是不能代表未来基金经理表现的。

—考纲要求—
掌握并利用IR的两个公式描述基金经济的能力以及完成相对应的计算。

事前 IR 的计算公式为：

$$IR \approx IC \times \sqrt{BR}$$

其中 IR 是表示信息比率，IC 表示的是信息系数（即基金经理预测的收益率和真实收益率之间的相关系数，IC 是衡量基金经理的预测能力的指标），BR 表示的是基金经理的预测次数。

首先需要注意的是公式中是约等号，所以是一个近似式，精确式如下：

$$IR = IC \times \sqrt{BR} \times TC$$

TC 表示的是基金经理的行为和其预测决定之间的相关性。

> 考纲要求—
> 掌握两个公式之间的差异。

3.3 低风险异常

➤ 波动率异常

这一部分内容都是实证结论，是根据市场上的数据得到的。

从数据的角度得出的结论有两个：一个是滞后期的波动率与未来收益率之间是负向关系；另一个是同期的波动率与收益率之间也是负向关系。

➤ BETA 异常

关于 beta 异常的结论也有两个：一个是滞后期的 beta 与未来的收益率之间的关系是不显著的；另一个结论是同期的 beta 与同期的收益率之间是正向关系。

➤ 风险异常解释

数据挖掘：即不管是波动率异常还是 beta 异常其实都是数据的问题。

杠杆限制：若现有一只 beta 很高的股票，但收益率很低，则认为该股票是有杠杆限制的。根据 CAPM 模型，如果 beta 很高，意味着是举杠杆投资的，如果现在股市有规定，无法进行融资业务，此时只能是用自有资金买股票，不能加杠杆。

杠杆限制只能解释 beta 比较高，收益率比较低的现象，其他现象是无法解释的。

代理问题：客户和基金经理签了协议，客户对基金经理有收益率的要求，对承担的风险程度有要求。比如，该基金经理跟踪大盘指数，投资者对基金经理的要求是跟踪误差不能高于 10%，基于此条件，基金经理寻找对应的股票进行投资。若现有一只股票的收益率比较高，但其跟踪误差大于 10%，此时基金经理不能买入股票进行投资，基于基金经理这样的行为，市场上会出现很多被错误定价的产品。

投资者偏好：若此时投资者都偏爱黄金，即使黄金的价格已经偏离了理论价格，但是由于中国大妈喜欢，所以黄金的价格依旧是居高不下的。正因为有很大一部分投资者是不理性的，才造成了产品价格的不理性。

以上四种都是定性的描述风险收益异常现象。

4. 非流动性资产

—考纲要求—
了解非流动性资产的四个特点。

4.1 非流动性资产的特点

第一，世界上大部分资产都是非流动性资产，例如，现金被认为是流动性较好的资产，但是随着时代在进步，技术在发展，现金的流动性也是可能被吞噬掉的。如果说去市场买白菜，最后结算之后是 5.1 元，但由于老板没有 4.9 元找零，在特别极端的情况下，就意味着白菜是买不到的。

第二，非流动性资产市场是较大的。

第三，投资者手中持有很多的非流动性资产，最典型的是中国的房子。

第四，流动性是会枯竭的，因为流动性好的产品不多，所以流动性很容易枯竭。这也是当前我们现在面临的问题。

即便之前是流动性较好的市场，但随着时间的流逝流动性也有可能会变得较差，最典型的就是现金。通常情况下现金的流动性是很好的，但在一些极端情况下，现金的流动性也是有可能受到限制的。如果手中持有一些流动性比较差的资产，在经济状况不好时，就可能会产生较大损失，所以在经济状况较好时，就应该得到一些风险补偿，这其实就是要素理论，这个要素就是流动性要素。

4.2 流动性风险要素的性质

投资者若投资流动性较差的资产，就应该获得流动性的风险溢价。但在实际过程中，由于流动性风险非常难估计，所以一般来讲流动性风险溢价都是被低估的。

为什么会有流动性资产溢价呢，根据要素理论来解释，流动性资产溢价越高，说明该资产的风险越大，在经济状况不好时，资产的损失越大，所以在经济状况良好时要给予对应的风险补偿，这是其中一种解释方式，还有其他的解释：投资流动性较差的市场相较于投资流动性好的市场会产生一些额外成本，比如说参与成本，交易成本和搜寻成本，这三个是典型的非流动性产品会面临的成本。

参与成本：是指进入该市场需要的成本。

交易成本：是指中介商的费用。例如，佣金，税费等

搜寻成本：因为该资产在市场上交易较少，所以想要交易非流动性资产是需要寻找交易对手方的，获得买卖的信息费用是未知的，但通常来讲都是较高的。

由于非流动性资产对比流动性资产会有以上额外费用，所以非流动性资产的收益一定要远远大于流动市场上的收益，才会有投资者投资于非流动性产品。

上面的三个原因是主要原因，除此之外还有其他一些因素，比如说信息不对称，价格操控还有融资限制等。

总结一下就是，流动性差的市场成本高，信息不对称现象严重，市场容易被操控，举债可能会有限制等种种困难，但投资者依旧选择投资该产品，那只能说明该产品的收益率是极其高的。

4.3 注意事项

通常市场上报出来非流动资产的收益率是偏高的。原因有三：原因一是存活偏差，在市场中若产品的收益率一直都是很低的，那么该产品会被直接淘汰掉，被淘汰掉之后就不会计入收益率的计算中；所以存活偏差一定会使收益率被高估；原因二是选择偏差，指的是基金经理将特定的、比较高的基金收益率报给投资者，存活偏差和选择偏差的区别是存活偏差是一种客观的选择，选择偏差是一种主观的选择；由于筛选掉很多不好的数据所以整体数据组的波动率相较于实际数据的波动率小；原因三是非频繁样本偏差，由于非流动性产品的交易量是较少的，所以可获得的数据也是很少的。原版书中给出了两个比较直观的图，如图 35-1，图 35-2。

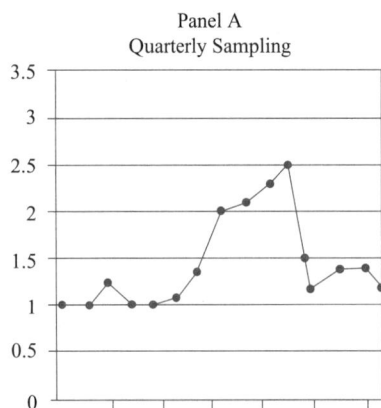

图 35-1　产品季度交易

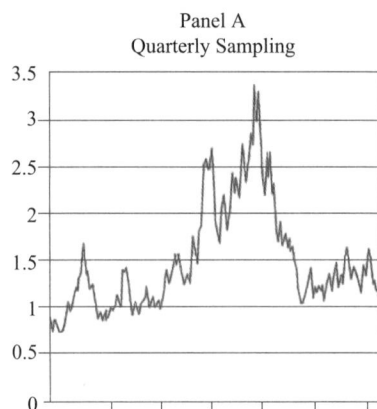

图 35-2　产品月度交易

图 35-1 表示每个季度交易一次，图 35-2 表示每个月交易一次。图 35-1 相对于图 35-2 更加光滑，一般来讲真实的数据都是比较不光滑的，但流动性差的资产能观察到的数据是极少的，就像图 35-1，所以投资者能观察到的非流动性资产的数据一般都是图 35-1，而真实的数据一般都是图 35-2（观测不到的）。

图 35-2 过渡到图 35-1 的过程叫做平滑过程（**smoothing**），图 35-1 过渡到图 35-2 的过程叫做去平滑过程（**unsmoothing**）。对数据做平滑处理之后，现在的数据与原来的数据之间的异同为：原数据与现在数据的均值是一样的，原数据的波动率比现在数据的波动率大。

均值相同：根据大数定理，因为平滑后的数据其实就原来数据的样本，样本均值若是一个无偏估计量，那么样本均值的均值与总体均值应该是同一个数字。

方差偏小：平滑过程把一些极端数据平滑掉了，所以现在数据的波动率低于原数据的波动率。

去平滑过程其实就是平滑过程的反面，所以去平滑过程的特征是均值保持不变，方差变大。除了这两个和平滑过程相关的特点，还有一个特征是不能被忽略的，就是去平滑过程不会影响收益率之间的相关性的(收益率之间是没有线性关系的)。

4.4　获取非流动性风险溢价的方式

—考纲要求—
掌握非流动性风险溢价的方式。

因为投资非流动性资产会得到较高的风险补偿，所以投资者乐于将钱投资在非流动性资产中。非流动性风险补偿一般源自两方面：资产与资产之间，资产与资产之内。

资产与资产之间指的是不同资产之间的非流动性风险补偿，例如股票和债券。

如果说投资者采取的是规模策略，那么就会得到规模风险补偿。对应的策略就应该是买入小盘股卖出大盘股。

资产与资产之内指的是相同资产之间的非流动性风险补偿，例如股票 A 和股票 B。

通常来讲，股票与股票之间是有流动性差异的，原版书给出一些例子，比如说是债券，由于发行时间不同，两张债券也会有不同的流动性，一般来讲刚刚发行的债券的流动性较大，已经发行过一段时间债券的流动性会相对差一些。所以此时的策略应该是买入发行过一段时间的债券，卖出刚刚发行的债券，这样会获得比较稳定的流动性风险溢价；

通过债券之间的买卖价差可以很好地判断债券的流动性。

两个获取流动性的方式中，资产与资产之间获取流动性是很好的选择，原因有二：

第一，资产大类之间缺乏整合。意思是资产与资产之间的相互转化成本较高。例如，房地产的流动性较差，股票的流动性较好，刚开始买入房地产，卖出股票，可以获得流动性风险溢价。一段时间过去后，若债券的流动性比房地产的流动性还要差，此时作为一个理性人，就应该买入债券卖出房地产，但若如此，就要将手中所有房地产全部转换成债券，此时可能会涉及到基金经理的能力问题，基金经理都有其擅长的领域，如果现在的基金经理擅长投资房地产，不擅投资债券，那么即使知晓买入债券卖出房地产的策略是更加有效的，但在实施的难度上也是比较大的。

第二，资产大类之间的非流动性可能并没有想象中那么高。如果当大部分投资者都知晓房地产的流动性较差，当所有投资者都想要获得房地产市场的流动性风险溢价时，此时可能会由于买入者过多，价格会被推高，反而收益率是被拉低的。

本章小结

本章主要讲解了风险要素的相关内容。

> 要素理论
  - 要素理论的假设
  - 要素理论的内容
  - 要素理论的应用
  - 要素理论与 CAPM 模型
  - 要素理论与多因素模型
    - 证明 APT 模型是要素理论。
    - SDF 的五个步骤。
    - 有效市场理论。
> 要素
  - 宏观要素
    - 经济增长率
    - 通过膨胀率
    - 波动率
  - 微观要素
    - 大小策略
    - 价值策略
    - 动量因子
    - 三个策略的异同点
> 超额收益（以及低风险异常现象）
  - 低风险异常现象
  - 风格分析：IR
  - 低风险异常
    - 波动率异常
    - BETA 异常
    - 风险异常解释
> 非流动性资产
  - 非流动性资产特点
  - 流动性资产要素特征
  - 获取非流动性风险溢价方式

章节练习

下列关于低风险异常哪种说法是错误的？

A. 不管是同期还是滞后期的波动率都与收益率呈反向关系

B. 同期的 beta 与收益率之间呈反向关系

C. 滞后期 beta 与风险调整后的收益呈反向关系

D. 最小方差组合的收益率会优于市场组合的收益率

答案解析：B

此题中考察的均为实证结论。其中正确的说法是：同期的 beta 与当前收益率呈正相关。

—— 第36章 ——

投资组合构建

一、投资组合构建的输入变量	1. 五个输入变量	★
	2. 对于超额收益率的修正	★★
	3. 实操中会遇到其他问题	★
二、投资组合的构建方法	1. 筛选法	★★★
	2. 分层筛选法	★★★
	3. 线性规划法	★★★
	4. 二项规划法	★★★
三、再平衡策略	1. MCAR，MCVA 的理解	★
	2. 不交易区间	★★
四、投资业绩管理	业绩离散	★

本章导论

　　本章主要讲解在构建投资组合过程中会遇到的风险问题。一般来说，投资组合在构建之前会有很多准备工作，这些准备工作除了客户资料的采集，客户投资目标的确定，同时也包含对市场的未来走势判断和其他信息搜集，当然，对于可投资产品收益率与风险的分析也是必要的。在搜集好这些必要的信息之后，投资经理会按照自己的技巧和方法构建适合客户的投资组合。在投资组合构建完成之后，基金经理还需对投资组合进行不断调整来反映市场或客户的变化。在投资结束之后，基金经理需要对整体投资业绩作出评价。在这个过程中，每个环节都有暴露风险的可能。基于此，本章的学习内容也可以分为以下四个部分：第一部分是了解投资组合构建过程中需要的必要输入变量；第二部分是掌握在已知输入变量的情况下，几种经典投资组合的构建方法；第三部分是判断投资组合在不断调整过程中合适的调仓时机；最后是投资组合在业绩评价中需要额外注意的风险。

1. 投资组合构建的输入变量

1.1　五个输入变量

　　一般来说，投资组合构建之初需要搜集的输入变量一共有五个。分别是现有投资组合，资产的超额收益率(α)，资产的交易成本，资产与资产之间协方差和客户的风险厌恶系数(λ)。

　　现有投资组合的确认在五个输入变量中是最容易，也是最精确的。通常来讲，现有投资组合包含了客户的金融资产持有情况，这些资产可以是有活跃市场报价的(比如债券股票)，也可以是没有市场活跃报价需要估计价值的(比如房地产)。

　　资产的超额收益率通常是基金经理在投资组合构建中的主要参考依据。一般而言，资产的超额收益率越高，该资产在整个投资组合中所占有的比重也会越高。所以，超额收益率被操控的可能性也是最高的，为此对于超额收益率的数据修正就显得尤为重要，在本节中会介绍三种常见的修正超额收益率的方法，帮助读者从多个角度解读超额收益率的真正内涵。

　　资产的交易成本，在市场是完美的假设下是不考虑的，但在现有金融市场中，交易成本的大小将直接影响对于金融产品的选择。在投资组合的构建初期，投资组合不断调整再平衡以及投资组合清仓时都会涉及到交易费用。交易费用的出现，对基金经理估计超额收益率的要求进一步提升，只有超额收益率高，交易成本低的金融产品才是真正意义上的"好产品"。

　　资产与资产之间的协方差决定了投资组合的风险分散程度。投资组合的分散程度越好，整个组合的风险调整后的收益(我们将在《投资组合业绩度量》这章中详细讲解这些指标的使用)也就会越高。但是协方差的估计比较繁琐而且精确度差，容易陷入所谓的"维度的诅咒"。

> ✎ **备考指南—**
> 交易成本的出现，不仅将投资组合构建过程中原来需要重点关注超额收益率这个"一维问题"上升到了"二维问题"(需要同时兼顾交易成本和超额收益率)，而且也给基金经理后期调仓换股增加了难度，本节也将针对这个问题展开深入探讨。

> **名师解惑**
>
> 　　"维度的诅咒"指的是对于参数协方差的估计，会随着投资组合中资产的个数上升而出现非线性增长。比如 2 个资产构成的投资组合会有 1 个协方差参数的估计，3 个资产构成的投资组合会有 3 个协方差参数的估计，4 个资产构成的投资组合会有 6 个协方差参数的估计，5 个资产构成的投资组合会有 10 个协方差参数的估计……，以此类推，n 个资产构成的投资组合会有 C_n^2 个协方差参数的估计。协方差参数的增长速度远超过资产个数的线性增长。

　　客户的风险厌恶系数也是投资组合构建中的重要输入变量，风险厌恶系数的大小影响基金经理的可发挥空间。一般来说，基金经理没有选择客户的能力，只能根据客户的风险厌恶水平有针对性的为客户制定合适的方案。换句话说，若有一个非常擅长衍生产品交易的基金经理遇到了一位风险厌恶水平很高的客户，也不得不为客户配置稳健的投资产品，即便这些投资产品并不是该基金经理所擅长的。于整个金融市场来说，这种情况是一种资源的错配。

1.2 修正超额收益率

投资组合构建中对于超额收益率的修正主要有三个方面：其一是修正超额收益率的规模；其二是修正超额收益率的异常值；其三是修正超额收益率的风险，也叫做中性化。

➤ **规模修正（scaling）**

规模修正的理论基础来源于超额收益率的一条天然性质：

$$\alpha = \text{residual risk} \times \text{IC} \times \text{Score}$$

其中，residual risk 代表跟踪误差，IC 代表基金经理的预测能力，Score 服从标准正态分布，代表预测方向。

基于该条性质，可以得出结论：超额收益率是服从于一个均值等于 0，标准差为 residual risk×IC 的正态分布。如果实际获得的数据不满足这个分布，那么就应该对数据进行规模调整。

> **名师解惑**
>
> 在实操过程中，规模化的调整是非常复杂的流程，在本节的学习中需要了解规模调整的大致方法即可，举例说明：
>
> 基金经理的预测能力为 40%，跟踪误差为 15%，那么理论上超额收益率应该服从一个均值为 0，标准差为 6% 的正态分布。换句话说，实际数据中应该有约 95% 的超额收益率数据处于（-12%，+12%）的区间中。若实际的数据中约 95% 的落在（-24%，+24%）的区间中，那么将实际数据规模缩小不失为一个很好的选择（比如将所有数据同时除以 2）。
>
> 实际数据的分布和理论的分布之所以存在差异，主要的原因来源于两个方面：一个是来源于基金经理的过度自信（错误估计了预测能力），另外一个来源于市场的诸多限制（不允许做空等）。

➤ **异常值修正（triming）**

异常值修正和规模修正的思路类似，既然理论上的超额收益率服从正态分布，那么去掉正态分布的尾部值将有利于整组数据的稳定，降低异常值出现的概率。

➤ **中性化（neutraliazation）**

超额收益率的定义是超越基准收益率的表现，换句话说，被动式投资不应该产生超额收益率。

在要素投资中提到，超额收益率在计算过程中要确定参考基准。一个好的参考基准需要满足可定义，可交易，可复制以及经过风险调整这四个条件。将基准组合的风险和投资组合的风险调整为一致水平，那么计算出来的超额收益率才是有意义的。在超额收益率的修正过程中，类似的思想被转化为——一个正确的基

—备考指南—

在实操过程中，异常值的修正也是数据清理中必不可少的一环。方法也是多种多样，本节的学习中异常值的处理通常是和规模化修正相辅相成，接上文的例子说明：基金经理的预测能力为40%，跟踪误差为15%，那么理论上超额收益率应该服从一个均值为0，标准差为6%的正态分布。换句话说，规模化调整后的数据中应该有约95%的超额收益率数据处于（-12%，+12%）的区间中。此时将低于-12%和高于+12%的数据全部剔除掉，虽然剔除了约5%的数据，但是以此作为代价异常值出现的概率将大大降低。

准组合的超额收益应该等于 0。将投资组合收益率和正确的基准组合收益率做差得到的修正超额收益率才是正确的。这个过程，被称为基准中性化，简称中性化。

名师解惑

同样的，在实操过程中有很多中性化的处理思路。在这里用一个例子加以说明：

若投资基准的超额收益为 1‰，投资组合的收益率为 5‰，投资组合的 beta 值为 1.2，此时超额收益率应为多少，经过中性化调整之后的超额收益率应为多少？

如果不考虑中性化，那么超额收益率等于 5‰−1‰＝4‰。

如果考虑中性化，那么超额收益率等于 5‰−1‰＊1.2＝3.8‰。理由如下：

投资组合的 beta 值等于 1.2，说明投资组合较基准组合增加了杠杆。若将基准组合的风险调整为投资组合目前的风险，那么基准组合的收益率应该增加到 1‰＊1.2＝1.2‰。此时，可以计算出新的超额收益率为 3.8‰

1.3 实操中的其他情况

在实际投资组合构建中，输入变量的获得会因为当时遇到的个别情况发生变化，在本节中主要探讨三种可能会遇到的问题，并提出了对应的切实可行的解决思路。

➢ 最优风险厌恶系数

最优风险厌恶是实际操作中会出现的一种特别情况。一般而言，在投资市场上，客户是需求方，基金经理是供给方，前者对于稳定的高收益率有需求，后者则通过提供对应的服务获得回报。

那么，如果市场上是基金经理占主导地位呢？就应该与初高中课外辅导市场相似，中学生家长对名师趋之若鹜，如果基金经理的名气和能力到达一定的水平，那么就会有很多客户希望这位基金经理来帮助打理资产，在这种情况下，基金经理可以选择一个最"适合自己"的客户。

如果只考虑风险厌恶系数的话，这个最"适合自己"的客户的风险厌恶系数具有如下表达式：

$$\lambda = \frac{IR}{2 \times TEV}$$

备考指南
在市场上一般都是需求方，也就是客户，占主导地位。所以，一般都是客户根据自己的偏好和基金经理的名声选择基金经理，而基金经理没有选择客户的权力。

例 若一个基金经理的信息比率(IR)等于 0.5，客户可以承受的最大的跟踪误差等于 0.1，那么对于这个基金经理而言，最理想的风险厌恶系数等于多少？

【解析】

$$\lambda = \frac{IR}{2 \times TEV} = \frac{0.5}{2 \times 0.1} = 2.5$$

直接代入数据即可，得到最理想的风险厌恶系数等于 2.5。

名师解惑

对于公式的理解，大家可以从定性和定量两个方面来考虑。

从定性的角度理解，在客户跟踪误差不变的情况下，一个能力更强（IR更大）的基金经理应该选择风险厌恶系数更高的客户，因为这种客户会有更多的投资限制和约束，也使得这种类型的投资变得更有挑战性；同样的，在基金经理能力不变的情况下，投资组合允许承担的跟踪误差越多，基金经理越应该选择那些风险厌恶系数小的客户。

从定量的角度理解，与经典的投资理论相似，基金经理挑选出最理想的风险厌恶系数本质上都是为了整个投资的效用最大化。已知效用函数为：

$$U = \alpha - \lambda \times TEV^2 = -\lambda \times TEV^2 + IR \times TEV$$

对效用函数的构成分析，在风险厌恶系数和信息比率确定的情况下，效用函数是关于 TEV 的二次函数，这个二次函数在 $TEV = \dfrac{IR}{2 \times \lambda}$ 时取到最大值，即 $\lambda = \dfrac{IR}{2 \times TEV}$。

➤ **一般风险厌恶和特殊风险厌恶**

虽然基金经理确定了最优风险厌恶水平，但是这依然很难应付客户复杂多变的投资态度。比如，有些客户的风险厌恶水平非常高，投资品种局限在定期存款、货币基金等风险非常低的投资产品中，对于股票和衍生品及其排斥，但是却对 P2P 网贷情有独钟。因此这种类型的客户很难用一个风险厌恶系数来评价其风险态度。

在这种实际操作中基金经理通常会引入两个风险厌恶系数，**一般风险厌恶系数**和特别风险厌恶系数。这类客户的效用函数也会因此变为：

$$U = \alpha - \lambda_{CF} \times TEV_{CF}^2 - \lambda_{SF} \times TEV_{SF}^2$$

一般而言，客户的特别风险厌恶系数大于一般风险厌恶系数，这么做的目的是为了降低定制化的决策风险。因为客户对于特别投资产品的偏好很多时候源于一时兴起，所以无效或者是低效配置的可能性较大，一个更高的风险厌恶系数可以减少对于此类资产的配置，进而降低这种定制化的决策风险。

➤ **基准收益缺失**

基准收益的缺失也是在实际操作中很容易遇到的问题。一般来说，有以下两种可能情况。

（1）投资组合中产品在事先确定的投资基准中不存在。比如投资基准是沪深300 指数，但是投资组合投资了数字货币产品。此类问题的解决办法是构建新的投资基准。新的投资基准包含原投资基准的所有资产，所有资产的权重和原投资基准保持一致，额外再加上没有包含在原投资基准的资产，给予这些资产的权重为 0。这样一来，新的投资基准在数值上和原投资基准保持一致，但是在构成上更加具有代表性。

（2）投资基准的资产在年末无法获得收益率。比如投资基准中的股票在今年退市或者停牌了。这种情况的处理方法可以参考对超额收益率的修正，处理思路分为两个步骤：第一步，在原投资基准中剔除那些无法获得收益率的资产，并对其他资产的权重也做同步调整；第二步，重新计算超额收益率并对收益率进行修正，使得新的超额收益率满足中性化的要求。

2. 投资组合的构建方法

考纲要求——
分别了解区分筛选法，分层法，线性规划法和二项规划法的特点。

投资组合的构建方法按照处理复杂程度可以分为四种，分别是筛选法（screen），分层法（stratification），线性规划法（linear programming）和二项规划法（quadratic programming）。下面依次说明。

> 筛选法（Screen）

这种方法是构建方法中最简单直白的，一共分为三步：

第一步，将所有可投资资产按照超额收益率的大小，从大到小进行排序；

第二步，选择超额收益率最大的前 n 个资产；

第三步，按照等权重的方式配置这 n 个资产。

筛选法最大的优点就是简单易懂，一方面通过筛选出最大超额收益率的资产保证了投资组合的高收益率，另一方面则通过等权重的资产配置方法分散了风险。不仅如此，即便超额收益率出现了估计或者计算错误，因为排序和等权重资产组合，可以保证异常值的影响是微乎其微的。

筛选法的缺点也比较明显，主要有两个。首先这种方法只考虑了超额收益率一个输入变量，没有考虑协方差，交易成本，现有投资组合和风险厌恶系数，所以配置的结果可能会比较偏激。其次这种方法可能导致配置资产过度集中于少数行业，因为近期某些行业的整体表现出色，而近期表现糟糕的行业则可能面临没有任何资产配置的境地。那么，原来通过等权重的资产配置方法分散风险的效果将会被减弱。当然，这两个缺点在后面几种方法里将被显著改善。

> 分层法（Stratification）

分层法的出现极大改善了筛选法中可能出现的行业过度集中的现象，这种方法的核心思想来源于抽样分析中的分层抽样。具体的步骤如下：

第一步，将所有的可投资资产按照不同的行业分组；

第二步，确定每一个行业在投资组合中的配置权重 W_i

第三步，在每一个行业中按照筛选法找到超额收益率最高的 n_i 个资产并按照等权重的方法配置。

分层法保证了每一个行业都在整体资产组合中有一定的权重，增加了风险分散的作用。当然，这种方法和筛选法一样，只考虑了超额收益率一个输入变量。

> 线性规划法(linear programming)

筛选法和分层法都只考虑了超额收益率一个输入数据，构建的投资组合自然也相对片面。线性规划法在前两者的基础上考虑了更多的输入变量，这也使得线性规划法更加全面，它考虑了更多的参考变量诸如行业，资产收益率标准差，资产beta值和资产规模等。

如果说前两种方法更加倾向于从整个可投资资产池中挑选出最棒的资产，那么，线性规划法则侧重于通过设置额外的条件，在已经构建完成的投资组合中剔除不符合要求的资产。

比如，设置条件"beta大于3"就可以将已经构建完成的投资组合中高beta(beta大于3)的资产全部剔除掉。

这样的组合构建方式主要有三点好处：首先，这种考虑了除超额收益率之外的其他数据信息，投资组合构建更加有效全面；其次，通过人为设置的条件使得行业与行业之间的风险分散化效果更加明显(汽车行业和能源行业虽然为两个行业但却有很高的相关性，若分为beta大于5的行业和beta小于3的行业则相关性会低很多)；最后，可以有更多的投资定制化方案。

> 二项规划法(quadratic programming)

二项规划法对线性规划法又进行了改良，增加设置了一些非线性条件，比如风险厌恶系数，主动风险，交易成本等。

二项规划法在四种方法中考虑的信息是最多的，也是最全面的，整体而言这种方法是所有方法里面最好的，但更多的输入变量就意味着对输入数据的更多依赖，如果输入数据中有较多误差，那么最终组合构建的效果也会大打折扣。

备考指南——

当然，线性规划法依旧是有缺陷的。如果设置条件太少显然起不到效果，但是设置条件得太多，可能最后导致一个资产都选不出来。不仅如此，条件与条件之间还可能互相矛盾，这样即便挑选出了资产也可能没有经济意义。

3. 再平衡策略

在组合构建结束之后，投资经理需要做的事情就是持续监督和观察市场走向。发现市场可能出现的潜在风险点并提前做好布排，观测市场走向的变动并及时调整策略。这些策略被称之为再平衡策略。

很明显，再平衡意味着需要变卖现有资产或买入新的资产，不管哪种情况都需要考虑交易成本。交易成本对于再平衡策略的影响较大，若投资经理可以很好的权衡成本与收益之间的关系，那么，再平衡策略造成的成本增加就是值得的；若投资经理不能很好的权衡成本与收益之间的关系，那么，一个残忍但却行之有效的方法就是减少调仓。

那么，如何在交易成本与投资收益之间取舍呢？

假设现有投资组合的超额收益率为α，整体积极风险为φ，投资者的风险厌恶系数为λ。目前投资经理有两个再平衡的策略需要进行分析，判断是否需要执行。

策略 1：买入一个超额收益率为 α_1 的资产，交易成本为 PC，该资产的买入将会增加整体投资组合的积极风险，增加的风险为 $MCAR_1$。

策略 2：卖出一个超额收益率为 α_2 的资产，交易成本为 SC，该资产的卖出将会减少整体投资组合的积极风险，减少的风险为 $MCAR_2$。

不管是策略 1 还是策略 2，投资经理最终是否决定要执行，主要看的是执行之后是否增加了整体投资效用。如果整体的投资效用增加，那么执行再平衡策略；如果整体的投资效用没有增加，那么不执行再平衡策略。已知现有投资组合的效用函数为：

$$U = \alpha - \lambda \times \varphi^2$$

所以，每增加一单位风险，投资效用降低 $2\lambda\varphi$。

对于策略 1，若选择买入，增加的效用为 α_1，降低的效用为 $2\lambda\varphi \times MCAR_1$，净增加额为 $\alpha_1 - 2\lambda\varphi \times MCAR_1$，我们不妨将其记做 $MCVA_1$。所以，若 $MCVA_1$ 大于 PC，那么，投资经理应该执行策略 1，反之则不执行。

同样的，对于策略 2，若选择卖出，减少的效用为 α_2，增加的效用为 $2\lambda\varphi \times MCAR_2$，净增加额为 $-(\alpha_1 - 2\lambda\varphi \times MCAR_1)$，我们不妨将其记做 $-MCVA_2$。所以，若 $-MCVA_2$ 大于 SC，或者说 $MCVA_2$ 小于 $-SC$，那么，投资经理应该执行策略 2，反之则不执行。

如果将这两个结论结合起来我们还会得到一个更有趣的结论：

若 $-SC \leqslant MCVA \leqslant PC$，则投资经理不应该选择任何再调整策略。

4. 投资业绩管理

基金经理在忙碌一年之后会面临业绩的评价，关于业绩评价的方法和指标在《业绩评价》这一节中会有更加细致的介绍，在本节中主要介绍一种常见的业绩现象——业绩离差（dispersion）。

若一个基金经理为多个客户管理资产，因为不同的客户在这个基金经理处都开设了单独账号，所以基金经理今年的业绩在不同的账户处可能会反映出不同的数值。从属于一个基金经理的不同账户中最大的年化收益率和最小的年化收益率之间的差值称之为业绩离差。

业绩离差产生的原因是多方面的。从客户的角度，不同的客户对于投资的要求不同，风险厌恶程度不同，对于投资产品的限制也不同，那么产生投资收益率的差异也理所应当；从基金经理的角度，一个人的关注时间的精力有限，所以势必有些账户关注更多一些，有些则关注更少一些。受到更多关注的账户收益率不一定更高，因为这些账户可能享受了更多的投资机会，但也同样面临了更多的交易成本。

业绩离差过大对于基金经理是不利的，这会让潜在客户感受到基金经理业绩波动大，不稳定。为了改善这个现象，比较好的切入点是从基金经理自己的角度去思考问题。通俗地讲，如果基金经理精力有限，那么就将资金的规模控制在一定范围内；如果基金经理不能很好得平衡交易成本和收益之间的关系，那么减少再调整的频率不失为一个谨慎的策略。

本章小结

本章主要讲解在投资组合流程中会遇到的风险问题。

➤ 了解投资组合构建过程中需要的必要输入变量
- 输入变量：超额收益率、现有投资组合、交易成本、协方差、风险厌恶系数
- 超额收益率的修正方法
  - ◆ 规模调整
  - ◆ 去除异常值
  - ◆ 基准中性化

➤ 掌握在已知输入变量的情况下，几个经典投资组合的构建方法之间的差异
- 筛选法
- 分层筛选法
- 线性规划法
- 二项规划法

➤ 判断投资组合在不断调整过程中的合适调仓时机
- 减少调仓是非常审慎且行之有效的方法

➤ 投资组合在业绩评价中需要额外注意的风险
- 管理多个账户要减少业绩离差

章节练习

1. 关于投资组合构建中风险控制的说法哪项是正确的？
   A. 二次规划法可以通过参数估计进行风险控制，相较于其他方式，二次规划法通常需要更多的数据输入变量。
   B. 筛选法通过直接根据 α 的大小来集中筛选资产，从而提供完美的风险控制
   C. 当使用分层筛选法时，风险控制是通过增加风险较低类别的权重，并会降低风险较高类别的权重来实施的。
   D. 当使用线性规划法时，通过选择具有最低风险水平的投资组合来控制风险。

   答案解析： A

此题的正确答案为 A 选项，二次规划法是所有方式中需要输入变量最多的方式。B 选项，筛选法是根据 α 的大小来筛选资产的，但是这种方式有很多缺陷，不是一个完美的风险控制。C 选项，使用分层筛选法时，不论风险较高还是风险较低都是等权重的。D 选项，线性规划法侧重于通过设置额条件，在已经构建完成的投资组合中剔除不符合要求的资产，条件是主观条件，是基金经理根据投资者的风险偏好等因素而设定的，是定制化的条件。

—— 第 37 章 ——

组合风险的测量

一、投资组合在险价值	分散在险价值与未分散在险价值	★★
二、在险价值的拓展指标	1. 边际在险价值	★★★
	2. 增量在险价值	★★★
	3. 成分在险价值	★★★
三、投资组合管理	投资组合再平衡	★★★

本章导论

本章在投资组合风险管理中占据非常重要地位。

从知识点学习的角度，本章重点探讨了在险价值（VaR）在投资组合风险管理中的应用。在市场风险管理中，我们提到了在险价值这个指标很难应用到投资组合中，主要的劣势来源于投资组合波动率在估计过程中会面临维度的诅咒，即随着组合中资产个数增加，需要估计的参数诸如相关系数会急剧增加。

那么在险价值这个指标在投资组合风险管理中是不是完全不能使用了呢？其实不完全是。本章针对在险价值在投资组合风险管理中的缺陷，提出了在险价值的其他衍生指标以及具体应用，这些指标包括边际、增量和成分在险价值指标。

从考试的角度，本章的知识点考察也是每年的考察的主要对象。主要的考察方式还是以定量的计算为主。需要大家注意的是，本章学习过程中的相关数学推导，主要为了帮助大家更好的理解记忆，不是考试中的考纲范围，所以简单了解即可。

1. 投资组合在险价值

构成一个组合的各个资产共同描述了整个投资组合的特征。比如投资组合收益率是各个资产收益率的加权平均，其中权重由期初投资比例决定。同样的，投资组合的风险也是由各个投资组合的风险来决定的。在一级的学习中，我们提到过，由两个资产构成的投资组合的风险为：

$$\sigma_p^2 = \omega_1^2\sigma_1^2 + \omega_2^2\sigma_2^2 + 2\rho\omega_1\omega_2\sigma_1\sigma_2$$

那么，投资组合的在险价值是不是也可以按照这样的计算方法呢？答案是肯定的。

对于单个资产而言，单个资产的在险价值计算公式：

$$VaR_i = z_c\sigma_i|V_i|$$

对于组合而言，组合在险价值的计算公式为：

$$VaR_p = z_c\sigma_p|V_p|$$

如果将这个组合的在险价值和单个资产的在险价值联系在一起，则有

$$VaR_p^2 = VaR_1^2 + VaR_2^2 + 2\rho VaR_1 VaR_2$$

> **名师解惑**
>
> 我们在是市场风险的讲解中提到，在在险价值的时间间隔选取上，太长的时间间隔通常是不好的。因为投资组合的风格和风险都会因为组合构成的改变而改变，所以选取时间间隔较小的在险价值指标具有更高的可比性。一般讲，一天的在险价值在市场风险的度量中更加可靠。虽然计算在险价值的公式应该是 $VaR=|\mu-z\times\sigma|\times V$，但由于每天的收益率可以忽略不计，所以组合在险价值的计算公式变为了 $VaR_p=z_c\sigma_p|V_p|$。

组合的在险价值按照是否有风险分散的效果可以分为两类：一类是分散在险价值，一类是未分散在险价值。分散在险价值指的是考虑了构建组合的各个资产之间的相关系数而计算出来的在险价值。未分散在险价值则没有考虑风险分散化，或者说默认资产之间的相关系数为 1，所以，未分散在险价值的计算只要直接将各个资产的在险价值相加即可。

只要相关系数不等于 1，那么投资组合就会有风险分散的好处，使得整体组合风险下降，那么未分散在险价值就会小于分散在险价值，两者的差额体现了风险分散的效果（即好处）。

> **例** 现有分析师 A 想要计算一个投资组合的在险价值。已知该投资组合包含两个资产，其中资产 1 的在险价值为 2 400 万美元，资产 2 的在险价值为 1 600 万美元。若资

备考指南—
从考试的角度，本章的知识点考察也是每年的考察的主要对象。主要的考察方式还是以定量的计算为主。需要大家注意的是，本章学习过程中的相关数学推导，主要为了帮助大家更好的理解记忆，不是考试中的考纲范围，所以简单了解即可。

备考指南—
如果没有特别说明，在险价值指的一般是分散在险价值。

产 1 与资产 2 之间无相关性，那么该组合的分散在险价值和未分散在险价值各为多少？分散的效果如何？

【解析】根据在险价值计算公式：$VaR_P^2 = VaR_1^2 + VaR_2^2 + 2\rho\, VaR_1\, VaR_2$，

将相关系数等于 0 带入公式，得到分散在险价值的结果 $VaR_P = 2\,880$（万美元）；

将相关系数等于 1 带入公式，得出未分散在险价值的结果 $VaR_P = 4\,000$（万美元）。

风险分散的效果等于 $4\,000 - 2\,880 = 1\,120$（万美元）。

2. 在险价值的拓展指标

虽然在险价值在设立初期的目的是为了衡量整个投资组合的风险，虽然长久以来它为风险管理师提供了很大的便利，但是在日新月异的金融发展中，这个单一的数据指标越来越体现出它的局限性。比如，在险价值无法告诉风险分析师如何调整资产权重以进一步降低投资风险，也无法告诉分析师在整个组合中各个资产的风险占比。针对于以上的种种问题，我们在本节提出了三个在险价值的拓展指标，它们分别是：边际在险价值、成分在险价值和增量在险价值。

2.1　边际在险价值

—考纲要求—
重点掌握边际在险价值、成分在险价值以及增量在险价值的含义，公式和计算，这部分知识点每年必考。

边际在险价值（以下简称 MVaR）指的是在投资组合中，再投入一货币单位（通常为 1 美元）的资产，整体组合的在险价值变化量。假设一个投资组合由两个资产，A 和 B 共同组成，那么再投入 1 美元 A 资产，对应组合在险价值的变化量为 $MVaR_A$；再投入 1 美元 B 资产，对应组合在险价值的变化量为 $MVaR_B$。MVaR 的计算公式为：

$$
\begin{aligned}
MVaR_A &= \frac{\partial VaR_P}{\partial V_A} \\
&= z_a \times \frac{\mathrm{Cov}(R_A, R_P)}{\sigma_P} \\
&= z_a \times \rho_{A,P} \times \sigma_A \\
&= z_a \times \beta_{A,P} \times \sigma_P \\
&= \frac{VaR_P}{V_P} \times \beta_{A,P}
\end{aligned}
$$

名师解惑

关于 MVaR 的公式推导，需要一定的高等数学知识作为基础，以 $MVaR_A$ 为例：$MVaR_A = \dfrac{\partial VaR_P}{\partial V_A}$ 这个式子是 $MVaR_A$ 的定义式，表示资产 A 的价值变动一单位时对应组合在险价值的变动量，具体推导过程如下。

$$
MVaR_A = \frac{\partial VaR_P}{\partial V_A}
$$

$$= \frac{\partial (z \times \sigma_p \times V_p)}{\partial (\omega_A \times V_p)}$$

$$= z \times \frac{\partial \sigma_P}{\partial \omega_A}$$

$$= z \times \frac{\partial \left(\sqrt{\omega_A^2 \sigma_A^2 + \omega_B^2 \sigma_B^2 + 2\omega_A \omega_B \mathrm{Cov}(R_A, R_B)} \right)}{\partial \omega_A}$$

为了简化推导过程，将 ω_A 对 σ_P 的求导先转化为 ω_A 对 σ_p^2 求导，即 $\frac{\partial \sigma_p^2}{\partial \omega_A}$：

$$\frac{\partial \sigma_p^2}{\partial \omega_A} = \frac{\partial \sigma_p^2}{\partial \sigma_p} \times \frac{\partial \sigma_P}{\partial \omega_A}$$

$$= 2\sigma_P \times \frac{\partial \sigma_P}{\partial \omega_A}$$

如此转换可以避免对于根号的求导处理，只需先对 σ_p^2 求导，然后将再除以 $2\sigma_P$，就可以得到 $\frac{\partial \sigma_P}{\partial \omega_A}$。此时，

$$\frac{\partial \sigma_p^2}{\partial \omega_A} = \frac{\partial \left[\omega_A^2 \sigma_A^2 + \omega_B^2 \sigma_B^2 + 2\omega_A \omega_B \mathrm{Cov}(R_A, R_B) \right]}{\partial \omega_A}$$

$$= 2\omega_A \sigma_A^2 + 2\omega_B \mathrm{Cov}(R_A, R_B)$$

$$= 2\omega_A \mathrm{Cov}(R_A, R_A) + 2\omega_B \mathrm{Cov}(R_A, R_B)$$

$$= 2\mathrm{Cov}(R_A, \omega_A R_A) + 2\mathrm{Cov}(R_A, \omega_B R_B)$$

$$= 2\mathrm{Cov}(R_A, \omega_A R_A + \omega_B R_B)$$

$$= 2\mathrm{Cov}(R_A, R_P)$$

所以，

$$\frac{\partial \sigma_P}{\partial \omega_A} = \frac{\partial \sigma_p^2}{\partial \omega_A} \times \frac{1}{2\sigma_P}$$

$$= \frac{2\mathrm{Cov}(R_A, R_P)}{2\sigma_P}$$

$$= \frac{\mathrm{Cov}(R_A, R_P)}{\sigma_P}$$

最后，

$$MVaR_A = \frac{\partial VaR_P}{\partial V_A}$$

$$= z \times \frac{\partial \sigma_P}{\partial \omega_A}$$

$$= z \times \frac{\mathrm{Cov}(R_A, R_P)}{\sigma_P}$$

将 $\mathrm{Cov}(R_A, R_P) = \rho \sigma_A \sigma_P$ 带入公式，得到，

$$MVaR_A = z_a \times \rho_{A,P} \times \sigma_A \qquad 将 \ \rho_{A,P} = \beta_A \frac{\sigma_P}{\sigma_A} \ 代入公式，得到，$$

$$MVaR_A = z_a \times \beta_{A,P} \times \sigma_P$$

由于 $VaR_P = z_a \times \sigma_P \times V_P$，那么 $z_a \times \sigma_P = \dfrac{VaR_P}{V_P}$，将这个关系带入，得到，

$$MVaR_A = \frac{VaR_P}{V_P} \times \beta_{A,P}$$

以上即为 MVaR 公式的推导过程，为了降低学习难度，推导中是假设了一个投资组合只有两种资产构成的情况。当然，对这块有基础的学员可以尝试着将资产组合包含的资产从 2 个推广到 n 个，也可以按照这个方法推导出来。

虽然本节中所有的推导过程不要求掌握，但是通过四种计算方法求解 MVaR 是 FRM 二级考试必考考点，所以这些公式必须掌握且会计算。

—考纲要求—
边际在险价值的公式推导了解即可。

2.2　增量在险价值

增量在险价值（以下简称 IVaR）指的是在投资组合中，增加或删除一种资产对投资组合在险价值的影响。IVaR 的概念与 MVaR 有些类似，但是二者的不同点也很明显：IVaR 是增加或删除一种资产所引起的组合在险价值的变化，所以金额是任意的；MVaR 则是增加一单位货币的资产所引起的组合在险价值的变化，所以金额是确定的。按照这个定义，IVaR 的计算公式为：

$$IVaR_A = VaR_{P+A} - VaR_P$$

IVaR 的近似式为：

$$IVaR_A \approx MVaR_A \times V_A (any\ amount)$$

名师解惑

IVaR 的近似式，可以用经济学里边际效应递减的理论来解释。举个例子，夏天小明想吃冰淇淋，吃第一口的时候，是最满足的，再吃一口，冰淇淋还是原来的冰淇淋，但是小明获得的满足感就没有第一口吃那么多，这个现象就是边际递减效应。所以，如果小明吃了十口将这个冰激凌全部吃完了，那么吃这个冰激凌的总效用一定小于吃第一口效用的十倍。

回到投资组合，假设投资组合目前包含 10 美元的资产 A，在卖掉第一个 1 美元的时候，投资组合的在险价值变化量为 $MVaR_A$，如果再卖掉第二个 1 美元，投资组合的在险价值变化量一定小于等于 $MVaR_A$。正因为如此，将这个投资组合的 A 资产全部卖掉的时候，投资组合的在险价值变化量为 $IVaR_A$，这个数值小于等于 $MVaR_A \times 10$ 美元。

如果这个近似式尽可能准确的话，那么就需要 V_A 的值尽可能小。

2.3　成分在险价值

成分在险价值（以下简称 CVaR）可以对组合的在险价值进行成分分析，了解每一个资产对于整个组合在险价值的贡献量，在投资组合风险分析中是非常有用的

指标。若由两个资产构成的投资组合在险价值为 100 万美元，资产 A 对组合在险价值的贡献是 40 万美元，资产 B 对组合在险价值的贡献是 60 万美元，那么 $CVaR_A$ 是 40 万美元，$CVaR_B$ 是 60 万美元。成分在险价值的计算公式为：

$$CVaR_A = MVaR_A \times V_A$$

如果想要了解每一个资产对在险价值的相对贡献率，那么

$$VaR\ Contribution\ to\ Asset\ A = \frac{CVaR_A}{VaR_P}$$

$$= \frac{MVaR_A \times V_A}{VaR_P}$$

$$= \frac{\dfrac{VaR_P}{V_P} \times \beta_{A,P} \times V_A}{VaR_P}$$

$$= \frac{\beta_{A,P} \times V_A}{V_P} = \omega_A \times \beta_{A,P}$$

所有贡献率求和为 100%，即为：$\sum_{i=1}^{N} \omega_i \beta_{i,p} = 100\%$

考试中对于 MVaR、IVaR 以及 CVaR 的考察，通常以计算题的形式出现，三者之中重点考察 MVaR 的计算。下面用两个例题加以说明。

> **例 1**　现有由两个资产构成的投资组合 P，其中资产 A 的风险敞口为 400 万美元，资产 B 的风险敞口为 200 万美元，资产 A 与组合 P 的协方差为 0.0144，资产 B 与组合 P 的协方差为 0.039 2，资产 A 与资产 B 之间无相关性。分别计算资产 A 与资产 B 的 MVaR。其中 z=1.65，组合的方差为 0.136。
>
> **【解析】** 根据题干信息可知：$V_A=400$，$V_B=200$，$Cov(R_A, R_P)=0.0144$，$Cov(R_B, R_P)=0.0392$，$\rho_{A,B}=0$，$\sigma_P=\sqrt{0.136}$，$z=1.65$
>
> 根据 MVaR 的计算公式：
>
> $$MVaR_A = Z_a \times \frac{cov(R_A,R_P)}{\sigma_P} = 1.65 \times \frac{0.0144}{\sqrt{0.136}} = 0.064\ 4$$
>
> $$MVaR_B = Z_a \times \frac{cov(R_B,R_P)}{\sigma_P} = 1.65 \times \frac{0.0392}{\sqrt{0.136}} = 0.175\ 4$$

╰┐备考指南—

虽然在文中我们用 CVaR 表示成分在险价值，但是大家要注意在 FRM 二级中，CVaR 还表示了其他含义，比如市场风险中的条件在险价值（Conditional VaR）简称 CVaR，信用风险中的信用在险价值（Credit VaR）简称 CVaR。所以，这几个类似的简称一定要注意区分。

> **例 2**　现有由两个资产构成的投资组合 M，其中资产 A 的风险敞口为 400 万美元，资产 B 的风险敞口为 200 万美元，资产 A 的 MVaR 为 0.064 4，资产 B 的 MVaR 为 0.175 4，分别计算资产 A 与资产 B 的 CVaR。
>
> **【解析】** 根据题干信息可知：$V_A=400$，$V_B=200$，$MVaR_A=0.064\ 4$，$MVaR_B=0.175\ 4$
>
> 根据公式：
>
> $$CVaR_A = MVaR_A \times V_A = 0.064\ 4 \times 4\ 000\ 000 = 257\ 713\ 美元$$
>
> $$CVaR_B = MVaR_B \times V_B = 0.175\ 4 \times 2\ 000\ 000 = 350\ 777\ 美元$$

3. 投资组合管理

在险价值的拓展指标在实际风险管理过程中有很大作用。比如在增加仓位的时候，MVaR 可以帮助基金经理了解哪一种资产的增仓对投资组合风险的改变是最小的；在研究整个公司的风险构成的时候，通过 CVaR 还可以研究每一个部门的风险贡献度。在本节中，主要为大家讲解在险价值拓展指标在投资组合再平衡中的应用。

➢ 投资组合再平衡

现有两个资产 A 和 B，构成了一个投资组合，资产 A 的 MVaR 为 0.1 美元，这意味着在组合中新投资 1 美元到 A 资产中，整体组合的在险价值会变大 0.1；资产 B 的 MVaR 为 0.15 美元，同样的，这意味着在组合中新投资 1 美元到 B 资产中，整体组合的在险价值会变大 0.15。若两资产的收益率相同，基金经理希望通过组合再平衡（即调整资产 A 和资产 B 的权重）来降低整个组合的在险价值，他可以如何去做呢？

做法其实很简单，基金经理可以将 B 资产减仓 1 美元，然后将这 1 美元转投到 A 资产中。此时，整体组合的在险价值因为减少 B 资产的权重而降低 0.15 美元，但是因为增加 A 资产的权重而上升 0.1 美元，所以组合在险价值净减少 0.05 美元。基金经理的做法其实就体现了 MVaR 在投资组合再平衡中的一种应用。

那么这个策略到底能为投资组合降低多少风险呢？既然 1 美元的调仓可以降低风险，那么 2 美元的调仓是不是会有更好的效果呢？

由于会有边际效应递减，所以每多投 1 美元都会使得 A 资产的 MVaR（目前等于 0.1 美元）上升，B 资产的 MVaR（目前是 0.15 美元）下降，直至 A 资产与 B 资产的 MVaR 相等。当二者相等时，已经不能再使用以上的策略，此时，投资组合的在险价值降为最低。

所以我们可以得出以上的结论：在不考虑投资组合中各个资产的收益率和交易成本的时候，只要保证构成组合的每个资产 MVaR 都相等，投资组合的在险价值就是所有配置方案里面最低的，也是任何再平衡策略可以达到的最小组合在险价值。

但是，在做投资组合时，需要考虑的不仅是风险，还要考虑对应的收益。若将整个组合的风险降到最低，但是与此同时收益率降低得更多，这显然得不偿失。所以，在通过 MVaR 进行投资组合再平衡的时候，如何平衡收益与风险之间的关系是投资组合中需要重点关注的问题。一个理性的投资者应该是在承担等量的风险时最大化收益率，换句话讲，投资者的终极目标应该是最大化夏普比率。

备考指南—
在投资组合构建中，我们讲解了投资组合再平衡策略，但是从交易成本的角度来分析再平衡策略。在本节中我们将从投资组合风险的角度来进行阐述。

备考指南—
有同学会问到这里的再平衡策略为什么不考虑交易成本，如果考虑交易成本的话应该怎么去操作。其实这是在金融乃至其他学科里都会遇到的问题。我们在思考一种因素对于决策的影响的时候，一定要注意控制变量的思想。
当然，作为一个合格的基金经理，在做投资决策的时候应该通盘考虑所有可能对决策结果产生影响的因素，这样才是真正对客户负责。

$$\text{Max } SR = \frac{E(R_P) - R_f}{\sigma_P} \Rightarrow \text{Max } \frac{E(R_P) - R_f}{VaR_P}$$

和前面提到的调仓方法类似，为了达到整个投资组合的夏普比率最大，只要使得各个资产的超额收益率与边际在险价值之比相等即可。若一个资产组合包含两个资产，A 和 B，那么只要满足以下表达式此时整体投资组合的夏普比率就达到了最大。

$$\frac{E(R_A) - R_f}{MVaR_A} = \frac{E(R_B) - R_f}{MVaR_B}$$

具体调仓的方法为：

- 若 $\dfrac{E(R_A) - R_f}{MVaR_A} > \dfrac{E(R_B) - R_f}{MVaR_B}$，那么应该卖出 B 资产买入 A 资产；

- 若 $\dfrac{E(R_A) - R_f}{MVaR_A} < \dfrac{E(R_B) - R_f}{MVaR_B}$，那么应该卖出 A 资产买入 B 资产；

- 若 $\dfrac{E(R_A) - R_f}{MVaR_A} = \dfrac{E(R_B) - R_f}{MVaR_B}$，那么此时投资组合不需要调仓。

备考指南——
在考试中，切记看清楚题目的条件。
如果不考虑资产的收益率，那么再平衡的最终状态为
$MVaR_i = MVaR_j$
如果不考虑资产的收益率，那么再平衡的最终状态为
$\dfrac{(E(R_A)-R_f)}{MVaR_i} = \dfrac{(E(R_B)-R_f)}{MVaR_j}$

名师解惑

在考试中，切记看清楚题目的条件。

如果考虑资产的收益率，那么再平衡的最终状态为

$$MVaR_i = MVaR_j$$

如果不考虑资产的收益率，那么再平衡的最终状态为

$$\frac{E(R_A) - R_f}{MVaR_i} = \frac{E(R_B) - R_f}{MVaR_j}$$

【案例分析】现有投资者 A 持有两个外汇产品，分别是价值 200 万欧元的加元与 100 万欧元，现假设加元与欧元之间无线性相关，加元的波动率为 5%，欧元的波动为 12%，置信水平为 95%，请问：

（1）加元与欧元的 MVaR 与 CVaR 分别是多少？

（2）为了将整个组合的风险降到最低，投资者应如何操作？

（3）若加元的预期收益为 8%，欧元的预期收益为 5%，无风险收益率为 0，则应如何做调整可以得到最优的风险收益组合？

【解析】根据题目信息：$V_A = 200$，$V_B = 100$，$\sigma_A = 5\%$，$\sigma_B = 12\%$，$\rho_{A,B} = 0$，$z = 1.65$

（1）根据题干的条件，首先计算投资组合的标准差，

$$\sigma_P = \sqrt{\omega_A^2 \sigma_A^2 + \omega_B^2 \sigma_B^2 + 2\rho \omega_A \omega_B \sigma_A \sigma_B}$$

$$= \sqrt{\left(\frac{2}{3}\right)^2 \times (5\%)^2 + \left(\frac{1}{3}\right)^2 \times (12\%)^2}$$

$$= 5.207\%$$

接下计算每一个资产与投资组合的相关系数，

$$\rho_{A,P} = \frac{\mathrm{Cov}(R_A, R_P)}{\sigma_A \sigma_P}$$

$$= \frac{\mathrm{Cov}(R_A, \omega_A R_A + \omega_B R_B)}{\sigma_A \sigma_P}$$

$$= \frac{\mathrm{Cov}(R_A, \omega_A R_A) + \mathrm{Cov}(R_A, \omega_B R_B)}{\sigma_A \sigma_P}$$

$$= \frac{\omega_A \mathrm{Cov}(R_A, R_A) + \omega_B \mathrm{Cov}(R_A, R_B)}{\sigma_A \sigma_P}$$

$$= \frac{\omega_A \sigma_A^2}{\sigma_A \sigma_P}$$

$$= \frac{2/3 \times 5\%}{5.207\%}$$

$$= 0.640\,8$$

$$\rho_{B,P} = \frac{\omega_B \sigma_B}{\sigma_P} = \frac{1/3 \times 12\%}{5.207\%} = 0.768\,2$$

最后计算 MVaR 和 CVaR，根据公式：

$$MVaR_A = z_a \times \rho_{A,P} \times \sigma_A = 1.65 \times 0.640\,8 \times 5\% = 0.052\,87$$

$$MVaR_B = z_a \times \rho_{B,P} \times \sigma_B = 1.65 \times 0.768\,2 \times 12\% = 0.152\,10$$

$$CVaR_A = MVaR_A \times V_A = 0.052\,87 \times 200 = 10.574（万欧元）$$

$$CVaR_B = MVaR_B \times V_B = 0.152\,10 \times 100 = 15.21（万欧元）$$

（2）初始时刻资产 A 与资产 B 的投资权重分别为 $\frac{2}{3}$ 和 $\frac{1}{3}$，假设经过调整后，整个组合达到最低风险时的权重分别为 ω'_A 和 ω'_B。其中 $\omega'_A + \omega'_B = 1$，若要整个组合风险达到最低，应满足条件 $MVaR'_A = MVaR'_B$，将式子做如下变换：

$$MVaR'_A = MVaR'_B$$

$$\rightarrow z_a \times \rho_{A,P} \times \sigma_A = z_a \times \rho_{B,P} \times \sigma_B$$

$$\rightarrow z_a \times \frac{\omega'_A \sigma_A}{\sigma_P} \times \sigma_A = z_a \times \frac{\omega'_B \sigma_B}{\sigma_P} \times \sigma_B$$

最终得到：$\omega'_A \sigma_A^2 = \omega'_B \sigma_B^2$

联立两个方程得到方程组：

$$\begin{cases} \omega'_A \sigma_A^2 = \omega'_B \sigma_B^2 \\ \omega'_A + \omega'_B = 1 \end{cases} \rightarrow \begin{cases} \omega'_A = 85.21\% \\ \omega'_B = 14.79\% \end{cases}$$

此时对于 A 资产的投资金额应为 $300 \times 85.21\% = 255.63$（万欧元），投资 B 资产的金额应为 $300 \times 14.79\% = 44.37$（万欧元），所以投资者应该做的操作为：将卖出 55.63 万欧元的 B 资产来买入 A 资产。

（3）若要达到最优的风险收益组合，只需满足：$\dfrac{E(R_A) - R_f}{MVaR_A} = \dfrac{E(R_B) - R_f}{MVaR_B}$ 即可。

根据题干信息，公式可变形为：

$$\frac{E(R_A)}{MVaR_A} = \frac{E(R_B)}{MVaR_B}$$

$$\rightarrow \frac{MVaR_A}{E(R_A)} = \frac{MVaR_B}{E(R_B)}$$

$$\rightarrow \frac{\omega'_A \sigma_A^2}{E(R_A)} = \frac{\omega'_B \sigma_B^2}{E(R_B)}$$

联立两个方程得到方程组：

$$\begin{cases} \dfrac{\omega'_A \sigma_A^2}{E(R_A)} = \dfrac{\omega'_B \sigma_B^2}{E(R_B)} \\ \omega'_A + \omega'_B = 1 \end{cases} \rightarrow \begin{cases} \omega'_A = 90.21\% \\ \omega'_B = 9.79\% \end{cases}$$

若要达到最优风险收益组合，则 A 资产的投资金额应为 $300 \times 90.21\% =$ 270.63(万欧元)，投资 B 资产的金额应为 $300 \times 9.79\% = 29.37$(万欧元)。所以投资者应该做的操作为：将卖出 70.63 万欧元的 B 资产来买入 A 资产。

本章小结

本章主要讲解在投资组合风险管理中会使用的指标以及这些指标的应用。
➢ 计算投资组合在险价值
■ 分散在险价值和未分散在险价值(假设相关系数为 1)
➢ 计算在险价值拓展指标
■ 边际在险价值、增量在险价值和成分在险价值
➢ 利用在险价值拓展指标对投资组合再平衡
■ 不考虑投资收益率
■ 考虑投资收益率

章节练习

1. 现有组合 P 由资产 A 与资产 B 构成，具体信息如下：

资产	头寸(单位：万美元)	波动率(%)	β
A	40	3.60	0.5
B	600	8.63	1.2
组合	1 000	5.92	1

请问，在 95% 的置信水平下，资产 A 的成分 VaR 与资产 B 的边际 VaR 分别是多少？

A. 21 773 美元和 0.130 6　　　　B. 21 773 美元和 0.116 9

C. 19 476 美元和 0.116 9　　　　D. 19 476 美元和 0.130 6

答案解析：C

根据公式可得：

$$MVaR_A = z_a \times \beta_{A,P} \times \sigma_P = 1.645 \times 0.5 \times 5.92\% = 0.048\ 692$$

$$CVaR_A = MVaR_A \times V_A = 0.048\ 692 \times 400\ 000 = 19\ 476(美元)$$

$$MVaR_B = z_a \times \beta_{B,P} \times \sigma_P = 1.645 \times 1.2 \times 5.92\% = 0.116\ 9$$

—— 第 38 章 ——

组合风险管理

一、风险管理的三大支柱	1. 制定风险计划	★
	2. 筹备风险预算	★★★
	3. 定期风险监管	★
二、在险价值在不同风险中的应用	1. 绝对风险与相对风险	★★★
	2. 政策组合风险与积极管理风险	★★
	3. 融资风险	★★★
	4. 发起人风险	★

本章导论

本章主要讲解在险价值在投资组合风险管理中的应用。首先，常见的组合管理会在这几个行业领域中被使用到，比如资产管理，养老金管理和对冲基金管理。不同的行业由于对投资组合管理目的的不同，所以在风险管理中也会大相径庭。

比如在资产管理中常见的策略分为主动式策略和被动式策略，在风险管理中前者更加注重积极风险的管理后者更加注重基准组合风险管理，比如在养老金管理中现金流风险就显得额外重要，又比如在对冲基金中其实风险管理不是核心问题。

考纲要求——
本章主要探讨了以上三种行业在风险管理中的实践，其中第一节讲解了资产管理公司风险管理的三大支柱，在第二节中讲解了养老金组合管理中的若干问题，和对冲基金相关的风险管理我们将在第三十一章进行说明。

1. 风险管理的三大支柱

对资产管理公司投资组合的风险管理可以归纳为风险管理的三大支柱。和操作风险的三大支柱不同，资产管理公司将这三大支柱归类为制定风险计划、筹备风险预算和定期风险监管。

1.1 制定风险计划

风险计划是组合风险管理的第一条支柱，纳入公司战略规划的一个单独部分。

一个合格的风险计划应该包含五个方面：

（1）设定收益率与风险目标。在 FRM 一级学习中的风险目标通常形容一家公司的风险偏好，或风险容忍度。

（2）设立投资成功与失败的标准。比如，什么样的投资结果公司界定为是投资成功？是公司产生了实际的高收益，还是公司的投资提供了社会福利，亦或是公司的品牌影响力更加深远了。投资失败也是同理，比如对公司或社会产生什么样的影响便可以界定为投资失败。

（3）设立合适的风险资本。一旦发生风险，公司或企业可以利用风险资本来覆盖损失。这一点在银行业和保险业使用的更多一些，风险资本要符合监管标准。

（4）设立警戒线。任何触及警戒线的投资方式都是绝不容许的，比如说不能触犯法律。

（5）明确组织内部和外部存在的相互依赖关系。这一部分会在操作风险中的外包风险时进一步讲解。

1.2 筹备风险预算

筹备风险预算是风险管理的第二大支柱。风险预算主要有三个步骤，第一步是资产大类风险预算，第二步基金经理风险预算，第三步是投资组合风险预算。

比如现有一家较大的投资管理公司，在年初时，公司上层需要筹备风险预算。公司做的第一步风险预算是资产大类风险预算。这里的风险预算和费用预算有类似之处但是稍有不同，比如费用预算通常是规定明年开销最多不能超过一个确定金额（不规定资金的去向，但是规定总金额），相似的，风险预算通常是规定投资组合的在险价值不能超过一个确定的金额（不规定组合的构成和金额大小，但是规定在险价值的最大额）。若该投资管理公司涉及非常多的领域，比如房地产、大宗商品等，资产大类预算其实就是确定在各个领域内的在险价值。

> **例** 现有一个资产管理公司管理 10 亿美元的资产规模，目前有 5 亿美元已经购置了 W 资产，该公司目前考虑将剩余的 5 亿美元再投资于 A 资产或者 B 资产。已知 W 资产的波动率是 10%，公司对于整个投资组合的 99% 置信水平下的风险预算为 2 亿美

元（这里的风险预算指的是组合在险价值）。已知资产 A 的波动率为 9%，$\rho_{A,w}=0.7$，资产 B 的波动率为 12%，$\rho_{B,w}=0$，问公司应该配置资产 A 还是资产 B？

　　【解析】根据题干信息可知：$V_w=5$ 亿美元，$V_A=5$ 亿美元，$V_B=5$ 亿美元，$\sigma_w=10\%$，$\sigma_A=9\%$，$\sigma_B=12\%$，$\rho_{A,w}=0.7$，$\rho_{B,w}=0$。

根据公式：

$$VaR_w=2.33\times10\%\times5\text{ 亿}=1.165\,0\text{ 亿美元}$$

$$VaR_A=2.33\times9\%\times5\text{ 亿}=1.048\,5\text{ 亿美元}$$

$$VaR_B=2.33\times12\%\times500=1.398\,0\text{ 亿美元}$$

若投资资产 A，那么

$$VaR_{w+A}=\sqrt{(1.165)^2+(1.048\,5)^2+2\times0.7\times1.165\times1.048\,5}$$
$$=2.04\text{ 亿美元}>2\text{ 亿美元}$$

若投资资产 B，那么

$$VaR_{w+B}=\sqrt{(1.165)^2+(1.398)^2}=1.82\text{ 亿美元}<2\text{ 亿美元}$$

所以，B 资产是符合标准的，最后应该选择资产 B。

◤备考指南—
在确定了各个资产大类的风险预算之后，接下去要确定如何将每一个资产大类的投资金额需要如何分摊到每个基金经理手里，这个过程称之为基金经理风险预算。

　　以这家公司的房地产投资业务为例，在这个资产大类下，投资房地产的基金经理有主动型也有被动型。主动型的基金经理有的擅长投资美国房地产有的擅长新加坡房地产，有的擅长投资商品房有的擅长投资写字楼，等等，所以按照不同细分领域合理安排基金经理是非常重要的。

　　一般来说，主动投资型基金经理可能会为投资者带来超额收益，同时承担较大风险。但是，一个信息比率较高的基金经理通常也意味着在收益和风险之间的权衡更好；被动投资型基金经理因为跟踪的是市场指数，不会为投资者带来超越市场的收益，但也不会承担较大风险。一个理性的投资者可以同时雇佣主动型与被动型的基金经理，在进行风险分散化的同时，最大化投资组合的信息比率，进而得到最优基金经理风险预算。

　　基金经理的合理配置一直是积极投资组合管理的一个重要话题，如何调配两类基金经理的风险头寸更是重中之重。为了达到最优基金经理风险预算，

　　每一个主动投资型的基金经理配置也给与配置的资金的权重为：

$$\omega_{Active,i}=\frac{IR_{Active,i}\times TEV_{Portfolio}}{IR_{Portfolio}\times TEV_{Active,i}}$$

　　所有被动投资型的基金经理（视作一个整体）配置资金的权重为：

$$\omega_{Benchmark}=1-\sum\omega_{Active,i}$$

名师解惑

　　基金经理的风险预算涉及到非常多的推导和前提，所以在本节中不要求了解。在公式的使用上请注意以下几点：

（1）被动投资型基金经理资金的权重是不可以用主动投资型的权重公式，原因是被动投资是没有跟踪误差项（TEV）的，即 TEV＝0，会使得公式无意义。

（2）被动型基金经理在实操中其实就是投资基准组合。

（3）如果计算出来的 $\omega_{Benchmark} < 0$，那么说明需要做空一定比例的基准组合，将做空的资金再交由主动投资型的基金经理来配置。

在每一个基金经理分配到确定的资金之后，基金经理就要想方设法将投资组合的夏普比率达到最大。这个过程其实就是在讲解的投资组合再平衡策略，每一个资产的最优配置比例正好使得各个资产的超额收益与 MVaR 的比值保持一致，这个过程就是投资组合风险预算。

投资组合风险预算的本质是基金经理平衡收益与风险之间的关系，当一个投资组合达到最优配置的时候应该满足：

$$\frac{E(R_1)}{MVaR_1} = \frac{E(R_2)}{MVaR_2} = \cdots = \frac{E(R_i)}{MVaR_i} = \cdots = \frac{E(R_n)}{MVaR_n}$$

1.3　定期风险监管

定期风险监管是风险管理的最后一道防线，保障设立的风险计划以及风险预算按照既定的章程执行。定期风险监管既需要避免由于过高的风险而造成的不可接受的损失，也需要预防因承担过低的风险造成收益过低的窘况。

一般来说，按照被动式投资和主动式投资目的的不同，定期风险监管也可以分为这两类。

如果资产管理公司的风格是被动式投资，那么监管的主要思路就是检查投资组合的在险价值和基准组合的在险价值是否保持一致，如果两者的偏离超过一定范围，说明投资组合承担了过量的风险。

如果资产管理公司的风格是主动式投资，那么投资组合的在险价值和基准组合肯定是存在差异的，所以此时基金经理更需要了解的是投资组合的在险价值出现突然陡增的时机以及出现的原因。通常，主动式投资出现在险价值陡增有这几种情况：

（1）有基金经理承担了过量风险；

（2）基金经理之间出现了非常相似的投资决策，导致基金经理之间风险分散的效果减弱；

（3）市场出现了巨大的波动。

当然，除了这些方法之外，在险价值的一些拓展指标（诸如 MVAR 和 CVAR）可以进一步帮助基金经理了解组合内部各个资产的风险情况。

值得一提的是，以上的风险监管中很多的思路是以在险价值为蓝本的，所以，对于流动性较差的资产，比如像房地产等，因为获取的数据量少，所以计算出来的在险价值指标会不可靠，这也会定期风险监管增加了难度。

> **备考指南—**
> 定期风险监管是风险管理的第三大支柱。

2. 在险价值在不同风险中的应用

除了在资产管理公司有应用之外，在险价值在养老金等计划（比如大学捐赠基金等）中也有应用。当然，在险价值的指标在养老金公司中通常不能单独使用，需要对原有的指标进行一些修改来反应此类公司的风险特点，这些风险包括：

（1）绝对风险和相对风险；

（2）政策组合风险和积极管理风险；

（3）融资风险；

（4）发起人风险。

备考指南—
掌握绝对风险与相对风险的内容及计算。

2.1 绝对风险与相对风险

绝对风险与相对风险的差别是绝对风险没有与之比较的标准，相对风险是有对应的标准的。比如，之前学过的指标，跟踪误差，他是一个相对风险指标，因为跟踪误差是超额收益的标准差，超额收益＝资产的收益－无风险收益。公式为：

$$TE = R_P - R_B$$

$$TEV = \sigma(e) = \omega = \sqrt{\sigma_p^2 - 2\rho\sigma_p\sigma_B + \sigma_B^2}$$

2.2 政策组合风险与积极管理风险

政策组合风险也叫做基本指标风险，他是跟踪大盘指数可能会有的风险，其中政策相当于是一个基准。积极管理风险可以理解为是积极投资可能会面临的风险。整个组合的风险会有两部分组成；同理，组合的收益率应该也是由两部分组成，一部分是积极投资获得的收益，一类是被动投资获得的收益，公式如下：

$$R_{asset} = R_{policy\,mix} + R_{active\,mgt} = \sum_i \omega_i^b R_i^b + \sum_i (\omega_i R_i - \omega_i^b R_i^b)$$

备考指南—
掌握盈余的计算方式，以及盈余在险价值的计算。

2.3 融资风险

融资风险指的是筹资活动中由于筹资的规划而引起收益变动的风险。在融资风险中有个概念叫做盈余（Surplus），盈余指的是资产与负债的差值，即 Surplus＝Asset-Liability。基金经理希望盈余可以保持在一定范围内波动。搜集历史盈余数据，可对应画出分布，已知分布就已知分布的均值与方差，以及对应的盈余的 VaR，盈余 VaR 在 FRM 中有一个专有名词为 SaR（Surplus at Risk），对应的公式表达为：

$$\text{Expected surplus} = A \times (1 + R_A) - L \times (1 + R_L)$$

$$\sigma_{Surplus} = \sqrt{A^2\sigma_A^2 + L^2\sigma_L^2 - 2A\sigma_A L\sigma_L\rho}$$

$$Surplus\ at\ risk = Expected\ surplus - z_a \times \sigma_{Surplus}$$

2.4　发起人风险

发起人风险是融资风险的拓展。发起人是养老金的持有者，对养老金最终的收益或损失负最终责任。发起人风险的主要来源有两个：

第一个是现金流风险，现金流风险等价于融资风险。养老金公司每年的现金流收入和现金流支出都会出现波动。如果收不抵支，养老金公司就会出现赤字，如果收大于支，养老金公司就会出现盈余。

第二个是经济风险。经济风险来源于养老金公司因为整体经济变化出现投资收益的波动。如果养老金公司的现金流风险可以通过其他的方式解决（比如增加养老金征收额或国家注入流动性），但是经济风险是养老金管理公司很难解决的。

本章小结

本章主要讲解在投资组合风险管理中在险价值评价体系在三个行业中的应用：

➢ 在资产管理行业，风险管理设立了三大支柱
  ■ 制定风险计划
  ■ 筹备风险预算
    ◆ 资产大类风险预算
    ◆ 基金经理风险预算
    ◆ 投资组合风险预算
  ■ 定期风险监管
    ◆ 主动式风险预算
    ◆ 被动式风险预算
➢ 在养老金管理行业，在险价值经过一定的变换可以衡量多种风险
  ■ 绝对风险与相对风险
  ■ 政策组合风险与积极管理风险
  ■ 融资风险
  ■ 发起人风险
➢ 在对冲基金管理行业，在险价值面临更多挑战。

章节练习

公司的养老基金为固定福利计划，因此董事会必须考虑融资风险。关于养老基金的融资风险，以下哪项陈述是正确的？

A. 预期支出的期限越长，融资风险越低。

B. 降低利率将降低融资风险。

C. 融资风险已有效转移给员工。

D. 融资风险风险代表计划发起人的真正长期风险。

答案解析：D

A 选项，到期时间不会使得融资风险减少。B 选项，在低利率环境下，股票价值会上升，负债价值可能会增加，从而加剧融资风险。C 选项，融资风险会转移给具有固定缴款计划的员工。D 选项，投资组合处于完全对冲状态，即保持资产和负债在时间上相匹配，可以降低融资风险。

—— 第 39 章 ——
业绩测量评估

业绩测量评估	1. 业绩测量评估框架	★★★
	2. 不同收益率的计算	★★★
	3. 业绩测量指标	★★★
	4. 市场实际能力	★★

本章导论

　　本章在投资组合这门课中的占据重要地位。考试中，投资组合大概有 20%
的题目都是在考察本章的知识点，本章中涉及到一些数学推导，主要记忆结论，
推导过程了解即可。

备考指南—
重点掌握不同收
益率的计算以及
业绩测量指标。

1. 业绩测量评估框架

在常见的业绩评估框架中有五个方式：

➤ 红绿灯

红绿灯指标是将基金经理的业绩分为三个区间，不同的业绩给予不同的区间，在市场风险与操作风险中，红绿灯指标也是被应用的。

绿灯：指的是正常事件，即便有所偏离，但整体问题是不大的。

红灯：指的是非同一般的事件，并且立刻马上跟踪调查。

黄灯：通常起到的作用是警戒，即发生了不同寻常的事件，但还是可以弥补的。

➤ 夏普比率与信息比率(SR 与 IR)

夏普比率与信息比率，在精确度方面二者是比红绿灯指标法好一些的。夏普比率与信息比率又被称为风险调整指标。

➤ Alpha(与基本指标相比的超额收益)

一般来讲，超额收益率≠alpha，alpha 是利用基金收益率做线性回归，得到线性回归方程：$R_p = \alpha + \beta R_B + \varepsilon$，其中截距项是 alpha；斜率项是 beta，或者可以称为杠杆。只有当 beta=1 时，超额收益在数值上等于 alpha。

➤ Alpha(与同行业相比的超额收益)

这里涉及一个概念，叫做被平均陷阱。指的是客户要求基金经理的业绩是高于同行的，看似要求是不高的，但其实是有问题的，如果所有的客户都要求基金经理高于平均水平，这就是不可能达到的状态，因为有人高于平均，自然就有人低于平均。

若此时拿同行业的指标做回归，此时得到的线性回归方程表示的是超过同行的平均收益率。此时线性回归方程的 beta 一般等于 1。使用该指标时要谨慎。

➤ 业绩归因

通过该方式可以知晓收益率的来源有哪些，以及贡献程度是什么，可能是基金经理的选股能力，择时能力，也有可能是基金经理举杠杆。

2. 不同收益率的计算

➤ 持有期收益率(HPR)

一般来讲，日常生活能见到的收益率都是以年化利率的形式出现的。但是持有期收益率不是年化利率，他表示持有产品一段时间获得的收益。计算公式为：

$$r_i = \frac{红利 / 利息收益 + 资本利得}{初始投资额}$$

➤ 时间加权回报率(TWR)

时间加权回报率又被称为几何收益率。时间加权回报率计算的是一段时间内的平均收益率。计算公式为：

$$1+r_G=\left[(1+r_1)(1+r_2)\cdots(1+r_n)\right]^{1/n}$$

> **例** 现有一金融产品，第一年收益率为 10%，第二年收益率为 20%，问时间加权回
> 报率是多少？
>
> 【解析】根据公式：$1+r=\sqrt{(1+10\%)(1+20\%)}=1.1489$，所以 $r=14.89\%$，
> 所以该金融产品的时间加权回报率为 14.89%

➤ 价值加权回报率（DWR）

价值加权回报率指的是内部收益率。即当净现值为 0 时的折现率。价值加权回报率的计算公式为：

$$DWR=CF_0+\frac{CF_1}{(1+r)}+\cdots=\frac{CF_i}{(1+r)^i}$$

> **例** 现有一金融产品，期初投资 100 元，第一年末又投资 95 元，到期收益 220 元，问
> 该金融产品的价值加权回报率为多少？
>
> 【解析】根据公式计算：
>
> $$DWR=100+\frac{95}{(1+r)}=\frac{220}{(1+r)^2}\Rightarrow r=8.24\%$$
>
> 所以该金融产品的价值加权回报率为 8.24%。

3. 业绩测量指标

我们在一级学过夏普比率，特雷诺比率，信息比率等，这些指标都在衡量每承担一单位风险对应的超额收益是多少。这类指标叫做风险调整后收益。其中夏普比率衡量总风险，特雷诺比率衡量系统性风险，信息比率衡量非系统性风险。

➤ 夏普比率

夏普比率的数值不是收益率，而是一单位风险对应的收益率。单位为：收益/风险。相当于贩卖产品时，产品的单价。

➤ 莫迪利亚尼平方指标（M^2）

莫迪利亚尼平方指标的数值是收益率，而且是考虑了风险的收益率指标。公式表达为：

$$M^2=\frac{\sigma_M}{\sigma_P}(R_p-R_f)-(R_M-R_f)=\sigma_M\times(SR_P-SR_M)$$

表示组合的夏普比率比基准夏普比率高多少，意味着每单位风险可以多补偿多少收益率，乘以市场的波动率，相当于市场总共会有多少单位的风险。总结一下，莫迪利亚尼平方指标表示投资组合比投资大盘指数收益率高出多少。

莫迪利亚尼平方指标与夏普比率是很相似的，但是莫迪利亚尼平方指标单

纯的形容收益率而不是单价的概念，所以对于投资者而言，是更易于理解的。

> **特雷诺比率**

特雷诺比率的数值不是收益率，而是每单位系统性风险对应的收益率。单位为：收益/风险。与夏普比率类似，也是单价的概念。公式表达为：

$$TR = \frac{R_P - R_F}{\beta_P}$$

> **T^2**

T^2 与M^2 类似，M^2 表示组合的夏普比率比基准夏普比率高多少，而T^2 则表示组合的特雷诺比率比基准特雷诺比率高多少。T^2 的数值表示的同样是收益率，公式表达为：

$$T^2 = \beta_M \times (TR_P - TR_M) = TR_P - (R_M - R_f)$$

> **信息比率**

信息比率公式表达式为：

$$IR = \frac{\alpha}{\sigma_\alpha}$$

其中，α 表示超额收益率，σ_α 表示非系统性风险或者误差风险或跟踪误差。

基金经理夏普比率的上限表达式为：

$$SR_P^2 = SR_B^2 + IR^2$$

该公式证明极其复杂，该公式表达的含义是在基金经理的运作下，资产的夏普比率是可以超过市场组合的夏普比率的，二者之间的差值是信息比率的平方。该公式表示基金经理可实现的最大的夏普比率的数值。

4. 市场择时能力

随着时间的变化，基金经理的能力可能会发生变化。基金经理的能力分为择时能力与择股能力。基金经理在做投资时都应顺势而为，基金经理顺势而为的能力叫做择时能力，即通过某种方法来判断大势的走势情况，上涨、下跌或是盘整。如果判断是上涨，则买入持有；如果判断是下跌，则卖出清仓。

有择时能力的基金经理业绩图像应为，如图 39-1：

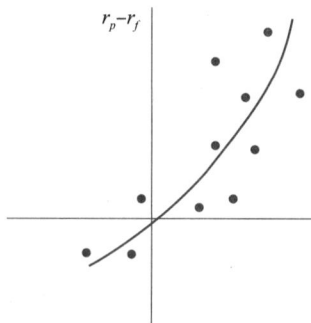

图 39-1 基金经理业绩

　　图像表示在整个市场行情较好时，该基金经理的收益率上涨的更多，在市场行情较差时，该基金经理的收益率下跌的更少。

　　特雷诺与 Mazuy 发明了一个回归模型，该回归模型可以判断基金经理是否具有择时能力，该回归模型表达式如下：

$$r_P - r_f = a + b(r_M - r_f) + c\,(r_m - r_f)^2 + e_P$$

　　在该回归模型中只要 $r_m - r_f$ 前的系数 c 是大于 0 的，即可说明该基金经理是有择时能力的。

　　Henriksson and Merton 也同样发明了一个回归模型，该回归模型表达式为：

$$r_P - r_f = a + b(r_M - r_f) + c(r_M - r_f)D + e_P$$

对应的图像为，如图 39-2：

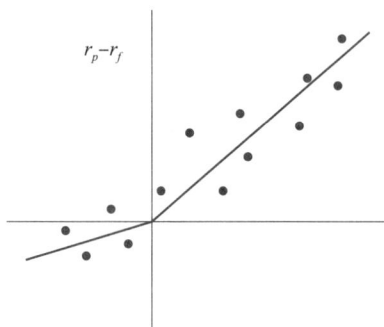

图 39-2　基金经理业绩

　　从图像中可以看出该回归模型图像是分段函数的图像。X 轴左边直线的斜率明显小于 X 轴右边直线的斜率。意味着该基金经理在整体市场状况好时举杠杆，从而使得收益率变大，从而可以看出该基金经理有择时能力。

　　在回归模型中，D 是哑变量，在 $r_M > r_f$ 时，D = 1，在 $r_M < r_f$ 时，D = 0。该回归模型写成分段函数的形式为：

$$\begin{cases} r_P - r_f = a + b(r_M - r_f) + e_P, & r_M > r_f \\ r_P - r_f = a + (b + c)(r_M - r_f) + e_P, & r_M < r_f \end{cases}$$

本章小结

➤ 业绩评估框架五种方式
➤ 不同收益率的计算
　■ 持有期收益率
　■ 时间加权回报率
　■ 价值加权回报率
➤ 业绩测量指标

➢ 市场择时能力

章节练习

基金经理 A 去年投资组合表现的报告显示：投资组合收益率为 9.3%，投资组合标准差为 13.5%，beta 为 0.83。无风险利率为 3.2%，投资组合的半标准差为 8.4%，投资组合与基准指数的跟踪误差为 2.8%。索提诺比率（相对于无风险利率计算）与夏普比率之间的差异是多少？

A. 1.727   B. 0.274   C. −0.378   D. 0.653

答案解析： B

$$夏普比率 = \frac{9.3\% - 3.2\%}{13.5\%} = 0.451\,9$$

$$索提诺比率 = \frac{9.3\% - 3.2\%}{8.4\%} = 0.726\,2$$

所以两个比率之差为 0.274。

—— 第 40 章 ——
对冲基金策略

一、趋势策略	1. 期货杠杆策略	★
	2. 全球宏观策略	★★
二、事件驱动型策略	1. 兼并收购策略	★★
	2. 垃圾债投资策略	★★
三、相对价值套利策略	1. 固定收益套利	★★
	2. 可转债套利	★★
	3. 交易股票套利	★★
四、薄利多销策略	1. 做空市场策略	★★
	2. 新兴市场策略	★★
	3. 股票市场中性策略	★★
五、对冲基金的风险管理	对冲基金风险管理挑战	★
六、对冲基金常见的风险	对冲基金常见风险	★
七、尽职调查	尽职调查过程	★

本章导论

　　本章的重点内容是对冲基金常见的四类策略。这四类是根据个人能力的不同和风险程度的不同来划分的，第一大类叫做**趋势策略**，该类策略多以技术分析为主；第二大类叫做**事件驱动型策略**，该策略主要是消息类投资，可能会因为某个重大事件的发生而收益，也可能因为某个重大事件的发生而亏损；第三大类叫做**相对价值套利策略**，其核心思想是套利；第四大类叫做**薄利多销策略**，叫做 Niche，即单价很低，但销量很高，所以最后利润比较大。

> **备考指南**——
> 考试中对于这四大策略的要求是，可以根据描述判断是哪种类型的策略即可。

1. 趋势策略

趋势策略，是指投资者看准一个大趋势，要想赚到更多收益可以通过加杠杆的方式。如果股票市场比较红火，就可以加大杠杆投资股票。

趋势策略有两种类型：第一类，期货杠杆策略，主要赌期货价格走向，杠杆一般在 5 到 10 倍左右。这种策略交易对象只有期货。

第二类，全球宏观策略，该策略直接赌国家的宏观经济政策，比如说日本降息，可能会用类似量化宽松的政策来大幅降低本国利率；

名师解惑

全球宏观经济政策的典型投资者——索罗斯，当年在英国汇率事件上，索罗斯赌对了汇率方向，豪赚了大约 20 亿英镑；在 1997 年东南亚金融危机中，索罗斯狙击泰铢，由于东南亚国家缺乏外汇储备，无法阻止本币的贬值，所以索罗斯的做空策略使他赚的盆满钵满。当然他也有失败的案例，狙击泰铢之后，索罗斯转战香港地区，做空港币，但由于当时香港有中国政府支持，最后索罗斯铩羽而归，损失惨重。

全球宏观策略有时也被称为狮子策略，因为这种策略像狮子盯住猎物一样，寻找机会和目标一般会需要很多年，豪赌的机会并不是年年都有，只有等到合适时机以最大限度的杠杆进行一次豪赌，才会大赚一笔。

期货杠杆策略与全球宏观策略都是要求投资者赌对方向，进行单方面的对赌，赌了方向会赚得盆满钵满，赌错方向就会损失惨重。

2. 事件驱动型策略

事件驱动型策略，也可以称为内幕交易策略。由于无法确定消息的具体来源，所以对内幕消息的定义是比较模糊的。事件驱动型策略分为两类，第一类叫做兼并收购策略，第二类叫做垃圾债投资策略。

第一类，**兼并收购策略**。若 A 公司要收购 B 公司，B 公司是被收购方，收购行为通常是大公司收购小公司，大公司一般在成熟度、成本方面占据优势，所以大公司在收购小公司后，在大概率上，股价下跌，而小公司股价会上涨。若投资者获得了 A 公司与 B 公司兼并收购的内幕消息，该如何做套利呢？答案是卖掉 A 公司股票，买入 B 公司股票。这是一种信息式的策略，获得了信息，才做的策略。若信息准确，投资者会收益，若信息错误，投资者就会亏损。

备考指南—
垃圾债投资策略
本质上是一种从
公司的错误定价
中获利的策略。
当然，确切知道
一家公司质量的
好坏是比较困难
的事情，所以可
能会涉及一些内
幕消息。

> **例** E公司收购了M公司，股票兑换比例为1.320 15∶1，发布公告前股价分别是72.7美元和78.4美元，公告发布三天后股价变为71.6美元和84.2美元。现在若有投资者A做空了E公司股票，作多了M公司股票，那么投资者A在M公司的投资上赚5.8×1.320 15＝7.656 9美元，在E公司的投资上赚1.1美元投资者把这样的策略叫做内幕交易，因为在这时公告尚未发布。

> **例** A公司收购B公司，股票兑换比例为1∶2，投资者在公告发布后进入市场，两家公司股票现在的价格分别为50美元和90美元，理论价格应是120美元和60美元，由于现在并未达到，说明还有获利空间，所以此时投资者应该采取的策略为卖出A公司股票，买入B公司股票，对应比例为B公司买入一股，A公司卖出两股。利润为：(120－90)－2×(60－50)＝10(美元)。

　　当然，内幕消息策略也是有风险的，最主要的风险是最后的兼并收购没有成功。目前来讲，在国内兼并收购有很多的方法，比如对冲基金可以作为中间人来撮合交易，如此兼并收购成功的机会就会提高很多。但同时，对冲基金的成本也会大幅上升，因为撮合交易可能会涉及大量人力物力的投入。

　　第二类，**垃圾债投资策略**，该策略在国内受到较多投资者的青睐。例如乐视公司，在前期乐视公司经济状况出现一些问题，一位融创的大佬曾经试图尝试救助乐视公司。救助乐视的原因是他认为乐视是一家好企业，只是目前公司周转出现问题，未来走出困境后能带来高额的回报。当然，这种救助也是有风险的，如果乐视本来就是一家比较差的企业，投入的资金就不能收回来了。这种策略被称为垃圾债投资策略。如果投资者投资的是一家暂时出现财务危机最终是可以渡过难关的公司，在这种情况下，就是一种成功的垃圾债投资策略。

3. 相对价值套利策略

　　采取相对价值套利策略的投资者，每次的收益率是不高的，进入壁垒也是较低的。所以想要获利主要靠的是速度，这类交易目前是被量化交易占领的，只有量化交易才能较快的发现机会并能快速的执行。相对价值套利策略包括固定收益套利、可转债套利和交易股票套利。

　　第一类，**固定收益套利**。该策略可能比较少见，因为固定收益类产品风险主要体现在久期上。若存在两张久期相同的债券，组成一个对冲策略，此时该策略的利率风险可以忽略，投资此类产品目的是为了发现除利率风险外的其他原因导致的错误定价。该策略不需要关注利率的走势。

　　第二类，**可转债套利**。国内的可转债市场并不发达，流动性也比较低。可转债是根据事先约定，可以转换成若干份股票的债券。只有当转换后股票的价格高于债券原有价格时，投资者才会行使转换股票的权利。该策略的风险主要来自于股票价格的变化。

第三类，**交易股票套利**。交易股票套利策略是一手做多股票，一手做空股票。比如，先投资沪深300指数，若投资者想提高收益率，可以投资沪深300指数中的中国工商银行(ICBC)、宁波银行(BN)、中国银行(BOC)三家银行，如果银行板块大涨，先涨起来的应该是作为小盘股的宁波银行。通过投资沪深300指数，挑出龙头股(先涨起来的股票被称为龙头股)追加投资，再做空价格反映较慢的股票(也就是依靠做空价格反映慢的股票来追加龙头股的投资)，这样就能增加收益率，但整体还是盯紧沪深300指数，所以风险还是相对比较小的。

备考指南——
相对价值策略包括固定收益套利、可转债套利、交易股票套利，这三者的核心思想都是找出资产之间定价的差额。

4. 薄利多销策略

薄利多销策略只在一些比较小的领域中应用，薄利多销策略分为三类：

第一类，做空市场策略，做空市场策略中只做空资产，但只做空资产的公司社会影响不是很好，因为投资者卖出的股票一般都是未来收益较差的，所以该股票市场是不太好拓展的。

第二类，新兴市场策略，新兴市场是比较小的市场，比如印度市场。

第三类，股票市场中性策略，指的是beta等于零，若投资者要构建一个beta等于零的组合，可以做多沪深300指数，同时做空上证50指数，但沪深300指数与上证50指数的beta是不同的，通常上证50指数的beta会更大一些，所以投资者可能需要做多1.2份沪深300指数，然后做空一份的上证50指数，以此保证整个资产组合的beta等于零。股票市场中性策略每次只能获得较小的收益率。

5. 对冲基金的风险管理

对冲基金的风险管理总结起来就是一句话，它是失效的。

对冲基金风险管理的挑战：

第一，异质性，由于每个对冲基金都是不同的，目前没有统一的管理对冲基金风险的办法，所以风控难度较大。

第二，对冲基金一般投资在流动性很差的资产，所以很难进行风控，有比较高的杠杆，换手率较高，几乎每天都在变化，所以风控难度较大。

第三，透明度不高。对冲基金的数据是可以不对外公布的，数据无法获得，无法进行风控。

6. 对冲基金常见的风险

对冲基金常见的风险有流动性风险、杠杆风险、代理商风险、基金经理出现的风格转换风险和欺诈风险等。其中，最常见的是流动性风险。

> **流动性风险**

主要分为两种，第一种是资金流动性风险，在资产端，有资金流动性，表示在极端市场情况下，想要卖出资产但是卖不掉。第二种是负债流动性风险，在负债端，投资者有对应的还款能力（投资者有资产），只是目前拿不出资金，比如 A 刷信用卡刷了 10 000 元，还不出来，但投资者有房产只是现在拿不出现金。

对冲基金常见的流动性风险是负债流动性风险。比如，长期资本管理公司当时遇到的就是负债流动性风险，投资者要赎回资金，但是对冲基金没有那么多的现金支持赎回，规避负债流动性风险的方式就是少投流动性比较差的资产。因为流动性非常好的资产与大盘的相关系数基本是没有的，所以自相关性一般是等于零的，检验自相关性的方式可以用 BP(Q) 或 LB(Q) 检验。

> **杠杆风险**

杠杆越大，越容易造成挤兑风险，挤兑风险又称为踩踏风险，杠杆比较高赚钱时收益率很高，但亏损时，也会损失惨重，此时会造成一系列的挤兑，投资者会竞相要求赎回，那么此时风险较大。

> **代理商风险**

代理商风险说的是投资股票中，收益与亏损都是针对投资者而言的，基金经理仅收管理费，所以基金经理可能没有很关心资产是涨或是跌，因为真正想赚钱的人与帮他人赚钱的人在思想境界上是不同的，此类风险就叫代理商风险。

规避代理商风险的方式有很多种，

第一，激励费用，有了激励费用就能将投资者和基金经理的利益捆绑在一起，基金收益越高，激励费用越高。

第二，若基金经理 A 的业绩太差，A 依旧会拿到管理费，但名声会下降，名声下降之后 A 只有重新去开一家基金公司，若重新开一家基金公司的成本是比较低的，那么 A 是不会有动力管理好基金的，如果 A 东山再起的成本比较高，那么他会非常在乎自己的名声。所以，只要东山再起的成本是非常高的，基金经理就会竭尽全力管理好基金。

第三，自有资金投资，在基金经理投资时，客户要求基金经理也投资一部分资金，这相当于公司中对高级管理层一些股权激励。

> **基金经理风格转化风险**

对于对冲基金来讲，最重要的不是财富而是投资策略。任何个人能力都是有限的，有人可以在全球宏观测量上做得很好，比如索罗斯，但即使是索罗斯也不是万能的，转换投资策略后也可能表现得很糟糕。当投资者发现对冲基金的风格转变了，这其实是个危险的信号，这意味着基金经理要开始从事一个并不擅长的领域。在实际中，即使观察到这样一个现象，也要一分为二看问题，首先要知道风格转化是什么原因导致的，主要有以下五个原因：

第一，对冲基金投资的策略市场表现较差，所以需要转换风格，这是比较常见的原因。

第二，该投资策略赚了很多钱，若投资策略是买房子，现在赚的钱已经足够买下中国所有的房子，收益达到了顶峰，此时只能找寻其他的投资产品。

第三，基金经理的表现不佳，与第一个原因类似，但不一定是基金经理的过失，比如地震、海啸龙卷风等不可抗力带来的损失。

第四，重要人事发生变化。若更换基金经理，则是投资者需要重点关注的事情。

第五，常规变化。比如比特币，监管更严格后对应的交易一定会发生变化。

> **欺诈风险**

分为以下两种：第一，基金经理欺骗投资者，此时做尽职调查时可以规避此类风险。第二，旁氏骗局，类似于传销。

7. 尽职调查

尽职调查主要分为四步，分别是投资、风控、操作环境、模型风险，考试中出题会朝着这四个大方向。

第一，投资过程，主要包含策略的构成、策略如何进展以及对应的交易记录。

第二，风控相关，主要包含风险的测量、资产的估值以及投资组合的杠杆和流动性。

第三，操作环境相关，操作环境分为内部环境和外部环境，内部环境也就是内部控制，外部环境通常是由审计部门来把关的，审计部门通过财务报表、对外披露文件以及第三方的研究报告来进行判断的。

第四，模型风险，交易模型通常指的是投资者在做投资时的投资过程。模型风险可能会出现在四个方面：对冲策略、模型使用、审查流程、欺诈等。这是做尽职调查时常见的四大步骤。

以上是对冲基金最终失败淘汰的常见原因，通过学习可知，一些原因是可以通过尽职调查发现的。

第一，错误的投资决策，可以通过尽职调查第一步中第一点了解到；第二，模型的好坏可以通过尽职调查第四步第二点了解到。若每个投资决策都经过三个人审核，在做尽职调查时，错误的决策同时被三个人接受的概率就会低很多。

本章小结

> 趋势策略：期货杠杆策略、全球宏观策略
> 事件驱动型策略：兼并收购策略、垃圾债投资策略
> 相对价值套利策略：固定收益套利、可转债套利、交易股票套利

➢ 薄利多销策略：做空市场策略、新兴市场策略、股票市场中性策略

➢ 对冲基金的风险管理

➢ 对冲基金的常见风险

➢ 尽职调查

章节练习

1. 在对潜在投资经理进行尽职调查时，以下哪些因素对投资者来说最不重要？

   A. 风险控制　　B. 商业模式　　　C. 过去的表现　　　D. 投资过程

答案解析： C

投资者应以客观和公正的心态评估潜在的管理者及其投资策略。鉴于过去的表现并不总是表明未来的表现，他们不应过分担心经理过去的成功。风险控制、业务模式和投资流程都是尽职调查流程的基本组成部分。

后　记

　　写书是一项系统工程，从书的策划到最终脱稿，从框架体系到具体内容，从第一稿到最后清样，很多人都为此投入了大量的精力，耗费了许多的心血，反复地讨论，不断地争执，最后达成意见统一。在整个编写过程中，所有人不敢有一丝一毫的懈怠，担心任何一个遗漏或者笔误会辜负大家对金程教育的期望，对承诺的期望。因为我们深知自己担负的是责任、是信任、是托付。

　　我们知道我们是在多少人的关爱、重托和信任下成长的，一套书的出版是众多人的心血智慧和殷切希望。借此机会，首先，我们要感谢那些培养我们成长的那些孜孜不倦的师长、对我们寄予厚望的家人和对我们充满期待的读者，没有这种鞭策、期待和信任就没有我们的今天、没有我们的成长和这本书的出版。

　　其次，我们要感谢活跃在教学第一线、专注热情和全心投入的金程教育FRM教学团队，他们的全情投入、对培训事业一如既往的关注，是促成本书出版的关键要素。他们在教学过程中总结的方方面面，不断为丛书注入新内容、添入更有价值的元素。

　　再次，我们要感谢在本书编撰过程中金程教育产品研发部的研究员和民主与建设出版社，他们默默付出，忍受孤独，互相包容，困难时彼此鼓励。正是这种辛勤工作，确保了本书的正确性和可读性；作为本书的"把关员"，他们以其专注和投入，尽职尽责地守护读者的信任。

　　最后，我们要感谢汤震宇老师和洪波老师对于本书的支持和指导；感谢以下以"找茬"的态度，审阅书稿、提供批注并与我们讨论问题的学员，对本书的评论及建议：曾思婷，李洁，陈城。

　　总而言之，希望我们的努力能够回报社会，帮助读者，希望我们的不足能够得到大家的原谅和帮助，真诚欢迎读者指出所有问题，因为我们是诚意的、我们是努力的、我们是向上的。

　　祝所有FRM考生顺利通过考试！

　　祝所有有志于金融行业的人们实现职业理想！

金程金融研究院

2019 年 9 月于上海